U0503468

本报告的出版得到

国家重点文物保护专项补助经费资助

编辑委员会

主　任：马宝杰

副主任：李新全　李龙彬

委　员：郭　明　李海波　李　霞

主　编：徐　政　褚金刚

锦凌水库考古发掘报告

辽宁省文物考古研究院
锦州市博物馆 编著

文物出版社

图书在版编目（CIP）数据

锦凌水库考古发掘报告／辽宁省文物考古研究院，
锦州市博物馆编著．--北京：文物出版社，2021.9

ISBN 978－7－5010－7226－2

Ⅰ.①锦… Ⅱ.①辽… ②锦… Ⅲ.①文化遗址—考
古发掘—发掘报告—凌海 Ⅳ.①K878.05

中国版本图书馆 CIP 数据核字（2021）第 187744 号

地图审批号：辽 S〔2021〕229 号

锦凌水库考古发掘报告

编　　著：辽宁省文物考古研究院　锦州市博物馆

责任编辑：崔叶舟
封面设计：程星涛
责任印制：张　丽

出版发行：文物出版社
社　　址：北京市东城区东直门内北小街 2 号楼
邮　　编：100007
网　　址：http://www.wenwu.com
经　　销：新华书店
印　　刷：宝蕾元仁浩（天津）印刷有限公司
开　　本：889mm×1194mm　1/16
印　　张：26.25　插页：2
版　　次：2021 年 9 月第 1 版
印　　次：2021 年 9 月第 1 次印刷
书　　号：ISBN 978－7－5010－7226－2
定　　价：380.00 元

本书版权独家所有，非经授权，不得复制翻印

Archaeological Excavation Report of Jinling Reservoir

by

Liaoning Provincial Academy of Cultural Relics and Archaeology

Jinzhou Museum

Beijing · 2021

目　　录

插图目录

彩版目录

第一章　概　述

第一节　自然环境

凌海市①为县级市，地处锦州市南部，西接朝阳市、葫芦岛市，东临北镇市、盘山县，北靠义县、北票市，南临渤海的辽东湾，地处辽西走廊的咽喉地带，历来是兵家必争之地。地理坐标为北纬40°48′~41°26′、东经120°42′~121°45′。

凌海市的自然地貌结构大体为"四山二水四分田"，境内"山、平、洼、海"俱全，地势西北高，东南低，从平均海拔200米的松岭山和医巫闾山余脉，向南逐渐降到海拔20米以下的滨海平原。凌海市在全国地层分区上属于华北地层区燕山分区、朝阳—阜新小区及山海关小区，其中沈山线以北以前第四系地层为主，以南皆为第四系松散堆积物。凌海市位于华北地台北缘，西部属山海关隆起，东部为下辽河沉降。西部隆起区主要由东北—西南向的松岭山脉组成，其南部被小凌河、女儿河等切割，地形较为破碎；东部沉降地区则在大凌河、小凌河及其支流在沉降区的冲击作用下，形成辽河平原，地势较为平坦。

凌海市属于温带季风大陆性气候，具有四季分明、日照充足、雨量适中的特点。年平均温度为8.4℃，一月份平均温度为-9.8℃，七月份平均温度为24.0℃，极端最低气温-25.6℃，极端最高气温39.7℃，年平均无霜期177天。市境内的气温年际变化特点为冬、夏两季气温变化较小，春、秋两季气温变化较大。年平均降水量为606.9毫米，各季、各月降水量和降水强度差异较大，降水量多集中于夏季，且持续时间较长、降水强度较大；春、秋两季雨水量大致相似，但秋季多于春季；冬季降水量最少。各季平均降水量比例为13%、66%、17%、4%。全年的蒸发量为1726.6毫米，年平均湿度为62%，属于半湿润农业气候区。

凌海市境内主要的河流有大凌河和小凌河。大凌河古称"渝水"，又名"白狼河"，辽代改称"灵河"。金、元时期易"灵"为"凌"，明代始称"大凌"。大凌河西支发源于河北省平泉县，牤牛河为其最大支流，最终汇入辽东湾，全长403千米。大凌河上游地区植被稀少，侵蚀严重，每遇大雨，表土大量被冲刷，河水含沙量猛增。小凌河"古名唐就水，又曰参柳水，辽称小灵河，

---

① 锦州市地方志编纂委员会办公室：《锦州市志·综合卷》，中国统计出版社，1994年9月。

金、元易灵为凌，明迄今仍之"①，属于山溪性河流，发源于辽宁省建昌县东北境的楼子山东麓，自缸窑口进入凌海境内，最终汇入渤海，全长206千米。小凌河有老虎关河、北小河、女儿河等众多支流，汛期众水猛集，极易泛滥。

凌海市地处暖温带，其地带性植被为落叶阔叶林，其区系组成主要是栎属的蒙古栎、辽东栎、栓皮栎、槲栎、槲树等落叶阔叶树种，并混有松、桦、槭、椴等其他树种。但由于历年来的人为破坏，多数林地现已不存，取而代之的则为荆条白羊草、黄背草酸枣灌丛以及大片的玉米等旱作农田。

凌海市矿产资源十分丰富，金、铁、锰等金属及煤、石油、重晶石、珍珠岩、耐火土、花岗岩等非金属矿藏均有分布，其中石油、煤、耐火土、珍珠岩、花岗岩等已大量开采。

第二节　历史沿革

凌海市旧称锦县，有着悠久的历史。

公元前664年，山戎攻打燕国，齐桓公发兵救燕，攻破山戎的屠河，"山戎伐燕，燕告急于齐。齐桓公救燕，遂伐山戎，至于孤竹而还"②，这是古籍中涉及凌海历史的最早记录。公元前300年，燕昭王派遣大将秦开击败东胡，开始东筑长城，开拓辽河流域，并置上谷、渔阳、右北平、辽西、辽东五郡。其时，凌海市属于辽西郡，这是其纳入郡县制的开始。

秦统一六国后，沿袭燕制，凌海仍归辽西郡管辖。

西汉时期，凌海市属于幽州刺史部辽西郡狐苏县管辖。东汉安帝时期，为治理迁入辽河以西的乌桓人，开始在辽西、辽东郡之间设置辽东属国，时凌海属于辽东属国徒河县管辖。

曹魏时期辽东公孙氏后，凌海开始归属昌黎郡管辖。

隋代时，凌海归辽西郡之辖境；唐代属营州之汝罗守捉。辽代属中京道，设锦州临海军并置永乐县。金袭辽制，元代属大宁路。

明代置广宁中、左、右三屯卫。康熙元年（1662年），合并三屯卫为锦县，隶属奉天府，从此始有锦县之名。1664年，改属广宁府。翌年，裁广宁府设锦州府，属于锦州府，直至宣统三年（1911年）裁锦县。

1913年又撤锦州府重置锦县，隶属奉天省。1914年属辽沈道。后奉天省改称辽宁省，废除道制，隶属于辽宁省。1934年，置锦州省，锦县改隶锦州省。抗日战争胜利后，锦县隶属于辽宁省。

1948年锦州解放后，锦县隶属于热河省热东专署。1949年1月，隶属于辽西省。1954年并省后属于辽宁省。1956年至1958年为锦州专员公署辖县。1993年6月撤销锦县，设立凌海市，最终确定了现在的凌海市辖区。

---

① 金毓黻：《奉天通志》，辽海出版社，2002年10月影印本。
② 司马迁：《史记·齐太公世家》，中华书局，1959年9月，第1488页。

第三节　考古工作概述

2010 年锦凌水库正式修建，按照当时的设计，大刘台山遗址、龙台遗址、锡匠沟遗址、西大砬子遗址、大马南山遗址及沙河堡遗址正好位于库区内（图一）。由于这些遗址年代较早，保存状况较好，按照国家"重点保护，重点发掘。既对基本建设有利，又对保护文物有利"的文物工作方针，经文物部门与工程部门的多次协商，我们决定先行发掘上述遗址。

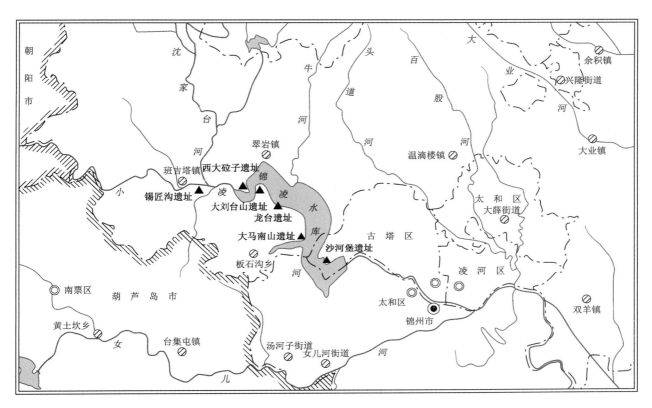

图一　锦凌水库淹没区发掘遗址地理位置示意图

锦凌地区属于小凌河流域，正处于辽西山地地区到辽河平原的过渡地带，地理环境多样，同样是多种文化的交错地带，沿河分布有多座早期城址。因此，在对上述遗址开展考古工作的同时，还应综合考虑各遗址之间互动关系等其他因素。鉴于以上特点，考古工作一开始就制定了明确的课题思想，即探讨小凌河流域青铜时代城址的布局及相关问题，弄清遗址内各遗迹之间的关系，以及遗址与遗址之间的时空互助关系。因此，我们在对上述遗址进行详细地考古调查、勘探和大面积发掘的同时，还对小凌河流域的相关早期城址进行了考古调查，这些工作对于我们进一步认识小凌河流域的早期城址布局打下了良好的基础。

2011 年 6 月～8 月，我们对龙台遗址进行了考古发掘工作。此次发掘，共布 5 米×5 米探方 32 个，发掘面积 800 平方米，清理各类遗迹 31 个。该考古发掘项目负责人为白宝玉，先后有褚金刚、李霞、王宇、薛英勋、马宏光、崔蕾（锦州市博物馆）等 6 名同志参加了田野考古发掘工作。

2011 年 7 月～2012 年 10 月，我们对大刘台山遗址进行了连续的考古发掘工作。此次发掘，共布 5 米 ×5 米探方 126 个（另有 3 处扩方）、探沟 4 条，发掘面积约 3450 平方米，清理各类遗迹 118 个。该考古发掘项目负责人为白宝玉，先后有白宝玉、李海波、辛宏伟、徐政、于怀石、姚志勇、吴鹏、刘潼、张树军、尹世丹（锦州市博物馆）、陈亦峰（阜新市公共文化服务中心）及孙明明（吉林大学 2010 级硕士研究生）等 12 名同志参加了田野考古发掘工作。在整理资料的过程中，我们也有幸得到了多位专家学者的帮助和指导。吉林大学考古学院陈全家教授对遗址内出土的动物骨骼进行了初步鉴定，吉林大学地质学院程新民教授对遗址内出土的石器岩性进行了鉴定等。

2011 年 8 月 ~12 月，我们对大马南山遗址进行了考古发掘工作。此次发掘，共布 5 米 ×5 米探方 218 个，发掘面积 5450 平方米，清理各类遗迹 20 个。该考古发掘项目负责人为辛岩，先后有辛岩、梁振晶、万成忠、尹世丹、崔嵩、武威、陈亦峰等 7 名同志参加了田野考古发掘工作。

2011 年 8 月 ~10 月，我们对锡匠沟遗址进行了考古发掘工作。此次发掘，共布 5 米 ×5 米探方 26 个，发掘面积 650 平方米，清理各类遗迹 26 个。该考古发掘项目负责人为白宝玉，先后有褚金刚、马宏光、尹世丹、崔蕾等 4 名同志参加了田野考古发掘工作。

2012 年 5 月 ~7 月，我们对沙河堡遗址进行了考古发掘工作。此次发掘，共布 5 米 ×5 米探方 32 个，发掘面积 800 平方米，发掘区域内的地层堆积均为受河流影响形成的次生堆积。该考古发掘项目负责人为白宝玉，先后有赵少军、肖新琦、郭息波、顾凯（锦州市博物馆）等 4 名同志参加了田野考古发掘工作。

2012 年 6 月 ~11 月，我们对西大砬子遗址进行了考古发掘工作。此次发掘，共布 5 米 ×5 米探方 35 个，发掘面积 875 平方米，清理各类遗迹 55 个。该考古发掘项目负责人为白宝玉，先后有褚金刚、张铭、马宏光、崔蕾、郭息波（锦州市博物馆）等 5 名同志参加了田野考古发掘工作，此外，中国人民大学历史学院吕学明、张林虎、陈晓露老师及 2010 级历史系同学参与了考古发掘实习工作。

最后需要补充说明的是，限于篇幅，并考虑到遗存的丰富程度，本书中未收录大马南山遗址及沙河堡遗址的考古发掘报告，这两处遗址的正式考古发掘报告有待将来整理。

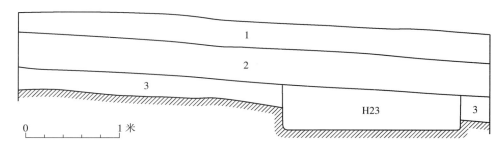

图三　大刘台山遗址Ⅰ区 T1303 北壁剖面图

本层下开口的单位有 H23。

第③层：厚约 20 ~ 25 厘米。灰褐色土，夹杂有少量的小碎石块等，土质较疏松。包含物多为夹砂红褐陶片、黑褐陶片、石器等。

此层下即为生土。

Ⅱ区 T3 南壁（图四），位于Ⅱ区南部。

第①层：现代耕土层，厚约 15 ~ 20 厘米。灰褐色土，土质较疏松。植物根系发达，包含有大量的各时期陶片、瓷片等。

本层下开口的单位有 H70。

不见第②层堆积。

第③层：厚约 8 ~ 15 厘米。灰褐色土，夹杂有少量的小碎石块、红烧土颗粒等，土质较疏松。包含物多为夹砂红褐陶片、黑褐陶片等。

此层下即为生土。

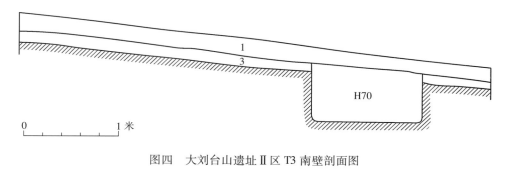

图四　大刘台山遗址Ⅱ区 T3 南壁剖面图

Ⅲ区 TG1 南壁（图五），位于Ⅲ区南部。

第①层：现代耕土层，厚约 5 ~ 20 厘米。灰褐色土，土质较疏松。植物根系发达，包含有大量的各时期陶片、瓷片及少量的砖块等现代建筑垃圾。

第②层：厚约 11 ~ 15 厘米。黑褐色土，土质较疏松。包含物多为泥质灰陶片、瓦片、白瓷片、残铁器等。

第③层：厚约 15 ~ 35 厘米。灰褐色土，夹杂有少量的小碎石块等，土质较疏松。包含物多为夹砂红褐陶片、黑褐陶片、石器残段等。

本层下开口的单位有 H68。

此层下即为生土。

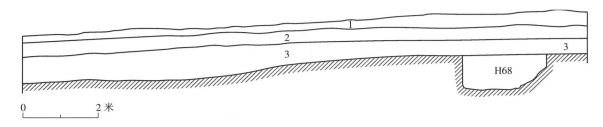

图五 大刘台山遗址Ⅲ区 TG1 南壁剖面图

二 遗址分期与年代

以上三个发掘区的地层堆积表明，大刘台山遗址的地层主要包括现代、金代、夏家店下层文化时期等时期，这些地层自下而上顺序叠压，分属于不同时期的城墙、城门、马面、房址、石墙、石仓、石台、石窖、灰坑、灰沟、室外灶址等遗迹分布密集，相互之间或叠压或打破，关系复杂，从各遗迹之间的多组叠压打破关系看，则存在着夏家店下层文化时期、战国晚期、金代、清代及现代各时期遗迹从早到晚的发展顺序。因此，大刘台山遗址的文化遗存从早到晚可分为夏家店下层文化时期、战国晚期、金代及清代四个时期。在上述的夏家店下层文化时期及金代两个文化期内，各遗迹之间又存在着复杂的打破关系，表明它们之间也存在着明显的早晚差异，因而这两期又可细分为小期，这些具体分期将在各章的文化分期中分别叙述。这里将各大文化层的地层单位和遗迹单位分列如下。

夏家店下层文化时期：

属于这一时期的地层有：Ⅰ区第③层、Ⅱ区第③层、Ⅲ区第③层。

属于这一时期的遗迹有城墙 1 道、城门 2 座、马面 1 座、城内石墙 4 条、石仓 6 座、石台 5 个、房址 10 座、石窖 6 个、灰坑 49 个及灰沟 1 条等。

战国晚期：

在发掘区域内未发现属于该时期的地层堆积。

属于这一时期的遗迹仅有灰坑 2 个。

金代：

属于这一时期的地层有：Ⅰ区第②层、Ⅲ区第②层。

属于这一时期的遗迹有石墙 2 条、房址 3 座、铸造井台 1 座、室外灶址 1 处、灰坑 23 个等。

清代：

在发掘区域内未发现属于该时期的地层堆积。

属于这一时期的遗迹仅有灰坑 1 个。

表一　　　　　　　　　大刘台山遗址各时期遗迹数量统计表

	城墙	城门	马面	石墙	石仓	石台	房址	石窖	铸造井台	室外灶址	灰坑	灰沟
夏家店下层文化时期	1	2	1	4	6	5	10	6			49	1
战国晚期											2	
金代				2		3			1	1	23	
清代											1	

第二节　夏家店下层文化遗存

大刘台山遗址在夏家店下层文化是一座石城址，在发掘区域内我们共清理出南城墙 1 道、城门 2 处、马面 1 个、房址 10 座、石墙 4 条、石仓 6 座、石台 5 个、石窖 6 个、灰坑 49 个、灰沟 1 条（图六）。

一　城防体系

（一）石城的布局

大刘台山城址位于小凌河南岸的一级台地上，多为平缓的坡地，平均海拔 70 米。该城址南接绵延群丘，北、东、西三面多为陡峭险峻的断崖、陡坡，相对独立于周围的山势，从而构成了该山城的第一道天然御敌防线。

大刘台山城址依山丘地形走向而建，平面呈不规则的几何形，南部略外凸，北部内凹，近似"M"状。全城南北长约 109～137 米，东西宽约 84 米，面积近 9200 平方米。

大刘台山城址未见环壕，但设有城墙，按形制可分为天然墙和人工墙两类。天然墙是利用陡峭的悬崖或陡坡直接作为屏障，不见人力加工痕迹，主要见于东墙、北墙及西墙北段。人工墙则由人工砌筑而成，见于南墙及西墙南段。全城设有两处门址，分别位于南墙的中部及东部。此外，南墙的东段还发掘有一座马面。城墙、城门及马面构成了大刘台山城址的人工御敌防线。

城内的遗迹多分布在城址中部的南北中轴线两侧，推测为当时人类活动的主要区域，东部及西部则少见遗迹。城内遗迹主要有房址、石墙、石窖、石仓、石台及灰坑等，种类齐全，体现了该城址集居住、祭祀及防御三大功能于一体。

（二）南城墙

南城墙系人工砌筑而成，东起陡坡，西接西城墙，全长 83.53 米，平面呈弧形，整体走势向南部外凸，有效地增加了该城的防御面积。南城墙建于生土之上，生土表面经夯实，其砌筑方式为内、外两侧由石块包砌，中部堆夯黄土，因此城墙较宽。南城墙的砌筑顺序与其他城址略有不同，先堆夯黄土，再在夯土外侧包砌石墙（彩版三，1）。

南城墙由东南门及南门分割为东段、中段及西段三部分，下面分别予以介绍。

1. 南城墙东段

南城墙东段（图七）自东部陡坡起，至东南门门道东壁止，东北—西南走向，存长 3.84 米。由于历年来的人为破坏，外侧包石石墙现已不存。内侧包石石墙北壁由经过简单修整的大石块逐层错缝垒砌而成，最高处现存 2 层，但无收分现象，墙面较为规整；石墙墙芯堆垒小块毛石，缝隙处填充黄土。内侧包石石墙残长 3.84、宽 1.02～1.13、残高 0.36 米。夯土以黄土为主，夹杂有少量的料姜石，均为堆夯，未见分层现象。由于历年来的自然原因及人为破坏，夯土南部现已破坏殆尽，仅存北部夯土。夯土残长 3.48、残宽 1.17～1.41、残高 0.36 米。

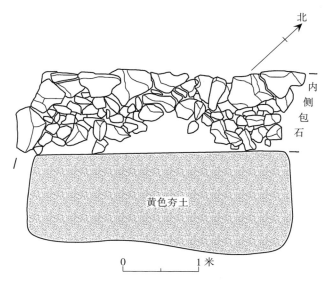

图七 大刘台山遗址南城墙东段平面图

2. 南城墙中段

南城墙中段（图八）东部起于东南门址的西墩台东立壁，西部终于南门址的东墩台西立壁，东北—西南走向，全长约28.9米。除西南部的外侧包石石墙现已不存外，其余墙体保存尚好。通过发掘可知，该段城墙的外侧包石石墙系一次性整体砌筑而成，较为规整；而内侧包石石墙则分段垒砌而成，墙面错落有致，较为随意。并且，外侧包石石墙明显宽于内侧包石石墙。夯土以黄土为主，夹杂有少量的料姜石，均为堆夯，未见分层现象。依据内侧包石石墙的分段特征，从东向西可将南城墙中段细分为八小段（彩版三，2；彩版四，1、2）。

A 小段：即为东南门的西墩台。长3.42、宽5.51、残高0.48米。

B 小段：内侧包石石墙较为狭长，墙面较为规整。长5.32、宽5.85、残高0.34米。

C 小段：内侧包石石墙砌筑的较为随意，墙面较外鼓。长3.50、宽6.51、残高0.42米。

D 小段：内侧包石石墙由大石块垒砌而成，墙面较窄。长2.62、宽6.27、残高0.38米。

E 小段：内侧包石石墙墙面略外鼓。长3.04、宽6.49、残高0.40米。

F 小段：内侧包石石墙墙体较宽，墙面较规整。长4.53、宽6.94、残高0.43米。

G 小段：内侧包石石墙由大石块垒砌而成，外侧包石石墙多已不存。长2.33、残宽6.01、残高0.42米。

H 小段：即为南门的东墩台。长约4.36、宽6.58、残高0.44米。

3. 南城墙西段

南城墙西段（图九；彩版五，1、2）东部起于南门址的西墩台东立壁，西部连接西城墙，东北—西南走向，全长约49.4、最大体宽7.36、残高0.33米，该段城墙保存较差。城墙整体东宽西窄，而夯土墙芯则东窄西宽。外侧包石石墙的墙面均已不存，仅保留有少量的填隙小碎石。该段城墙仅在东部砌有内侧双重包石石墙，西部则直接夯土夯实。夯土以黄土为主，夹杂有少量的料姜石、红烧土等，均为堆夯，未见分层现象。

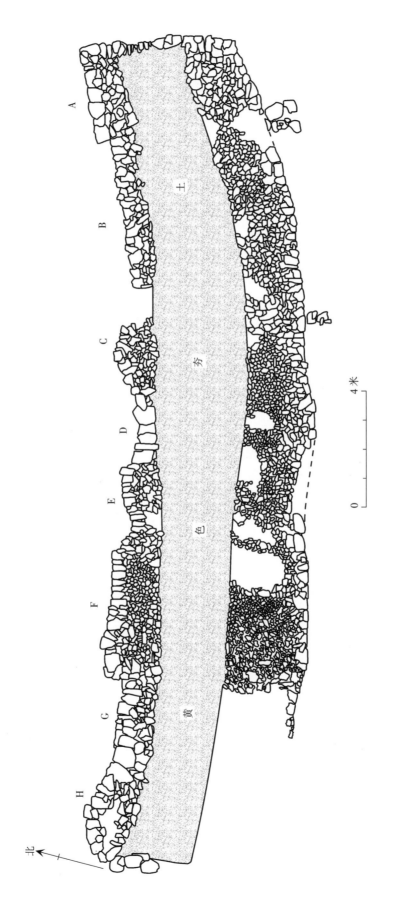

北

A B C D E F G H

土 夯 色 黄

4 米

0

图八　大刘台山遗址南城墙中段平面图

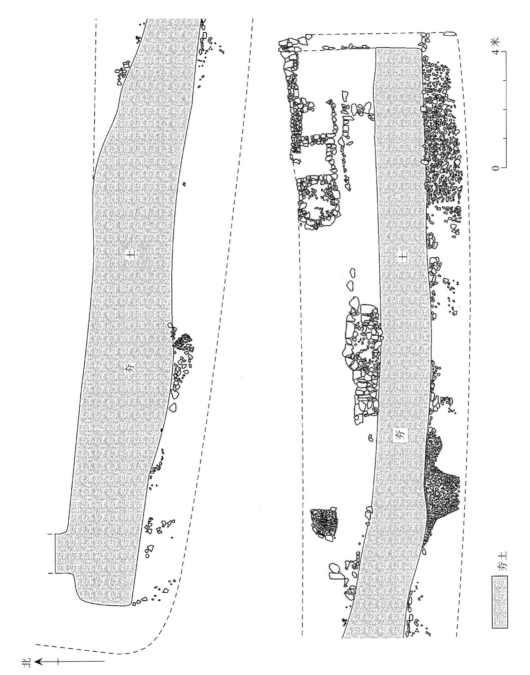

北

土

夯

土

夯

夯土

0 4 米

图九 大刘台山遗址南城墙西段平面图

（三）城门

1. 南门

（1）形制与规格

南门位于南城墙中段和西段之间，东距东南门 25.43 米。门址坐北朝南，仅设一个门道，整体由东墩台、门道及西墩台组成，其中，西墩台体积大于东墩台。该门址东西宽 7.45、南北长 9.85 米（图一〇；彩版六，1、2）。

东墩台破坏较为严重，平面近似长方形，长约 6.58、宽 4.36、残高 0.44 米。墩台北端外鼓，西南角圆弧，东端与城墙齐平。东墩台中部堆夯黄土，四周原包砌石墙，现仅存北墙及东墙北端，石墙墙面多由块石逐层垒砌而成，缝隙处填充黄土，墙面较为规整。东墩台的北侧石墙宽 1.13 ~ 1.82、西侧石墙宽 0.63 米。

西墩台平面近似梯形，长 7.45、宽 3.52、残高 0.33 米。墩台南、北端均与城墙齐平。西墩台中部夯土芯可分为两部分，其中，南部黄色夯土与南城墙东段夯土芯相接，北部灰色夯土夹杂有大量的小碎石；夯土四周包砌石墙，石墙墙面多由块石或楔形石逐层垒砌而成，缝隙处填充黄土，墙面较为规整。西墩台的北侧石墙宽 0.40 ~ 0.68、东侧石墙宽 0.67、南侧石墙宽 1.58 米。

门道整体近似 ")(" 状，中部狭窄、南北宽阔，北高南低。方向 170°。门道进深 7.45 米，南端面阔 2.95、中端面阔 1.94、北端面阔 3.90 米。

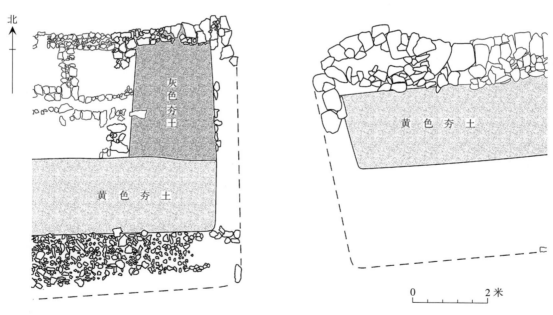

北

灰色夯土

黄色夯土

黄色夯土

0   2米

图一〇　大刘台山遗址南门平面图

（2）出土遗物

石镰　1件。

标本 NM:1，浅褐色流纹岩。磨制，整体较为细长，平背，背脊略圆鼓，尾端微外弧，距尾端约五分之二处对穿一圆孔，单面弧刃，刃部与镰体相接处较圆滑，刃线不明显，刃部前端急挑与背部相连，前锋较尖锐，刃部由于长久使用而略内凹。长 23.6、宽 5.5、最大体厚 1.4 厘米（图一一，1；彩版三五，1）。

　　陶瓮　1件。

　　标本 NM 填:6,泥质红陶,器表磨光。仅存口部残片,方唇,大敞口,折沿,束颈,略显圆肩,腹部及底部现已残损。肩部附有一周圆形小泥饼;肩部存留有一周截面呈三角形的附加堆纹,附加堆纹上戳压绳纹。口径 38.3、残高 9.1、壁厚 0.8~1.1 厘米(图一一,2)。

　　中型大口深腹陶罐　1件。

　　标本 NM 填:7,夹砂红陶。方唇,敞口,折沿,束颈,溜肩,腹部及底部现已残损。唇部施有绳纹。口径 18.2、残高 7.7、壁厚 0.6~0.7 厘米(图一一,3)。

　　中型小口鼓腹陶罐　1件。

　　标本 NM 填:9,夹细砂红陶,器表施有一层红陶衣。圆唇,大敞口,微卷沿,束颈,溜肩,腹部及底部现已残损。口沿外侧施有一周凸棱。口径 18.3、残高 6.2、壁厚 0.8~1.1 厘米(图一一,4)。

　　陶尊　2件。

　　标本 NM 填:5,泥质黄褐陶,器表磨光。器体较大,圆唇,大敞口,展沿,束颈,下腹部及底部现已残损。素面。口径 28.3、残高 7.3、壁厚 0.5~0.7 厘米(图一一,5)。

　　标本 NM 填:8,夹砂黑陶。圆唇,大敞口,展沿,折腹,上腹部较矮,下腹部圆鼓,底部现已残损。下腹部施有绳纹。口径 10.2、残高 5.5、壁厚 0.4~0.6 厘米(图一一,6)。

　　陶袋足　1件。

　　标本 NM 填:10,夹砂黑褐陶,陶色不纯,局部呈红褐色。袋足肥厚,足跟现已残断。器表满

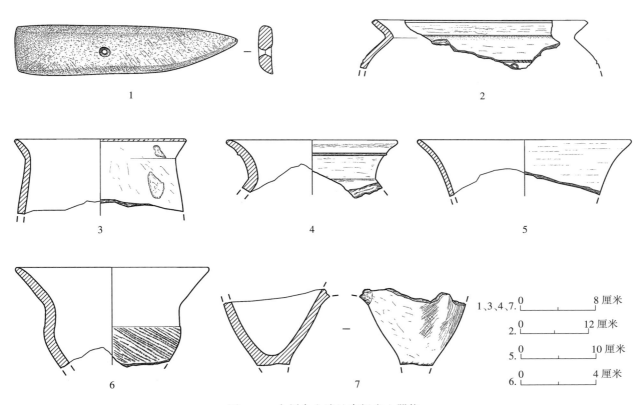

1,3、4、7.	0	8 厘米
2.	0	12 厘米
5.	0	10 厘米
6.	0	4 厘米

图一一　大刘台山遗址南门出土器物

1. 石镰(NM:1)　2. 陶瓮(NM 填:6)　3. 中型大口深腹陶罐(NM 填:7)　4. 中型小口鼓腹陶罐(NM 填:9)　5、6. 陶尊(NM 填:5、8)　7. 陶袋足(NM 填:10)

施绳纹，但多经抹平处理。残高8.1、壁厚0.7~0.9厘米（图一一，7）。

陶网坠　1件。

标本 NM 填：3，夹砂红褐陶。整体呈圆管状，纵向穿有一孔。素面。长6.4、最大体径2.0、孔径0.6厘米（图一二，1）。

陶盘状器　2件。

标本 NM 填：2，夹砂红褐陶。由陶瓮腹部残片改制而成，平面近似圆形，边缘略加修整。表面存留有四道横截面呈三角形的附加堆纹。直径11.6、厚0.7~0.8厘米（图一二，2）。

标本 NM 填：4，夹砂红褐陶。由陶罐底部残片改制而成，平面呈不规则的圆形，边缘较不规整。素面。直径7.9、厚0.7~0.8厘米（图一二，3）。

陶算　1件。

标本 NM 填：1，夹砂红褐陶。现已残损，整体呈圆饼状，表面较平，穿有多个圆孔。素面。直径约5.1、厚1.3厘米（图一二，4）。

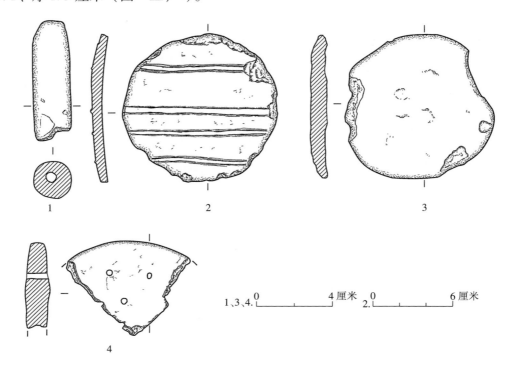

图一二　大刘台山遗址南门出土器物

1. 陶网坠（NM 填：3）　2、3. 陶盘状器（NM 填：2、4）　4. 陶算（NM 填：1）

2. 东南门

（1）形制与规格

东南门位于南城墙东段和中段之间，西距南门25.43米。门址坐西北朝东南，仅设一个门道，整体由东墩台、门道及西墩台组成。该门址东西长7.12、南北宽5.30米（图一三；彩版七，1；彩版八，1）。

东墩台破坏较为严重，仅存北侧部分。据残存部分分析，东墩台平面近似长方形，长约5.50、宽2.70、残高0.36米。墩台北端与城墙齐平。东墩台中部堆夯黄土，四周原包砌石墙，现仅存北

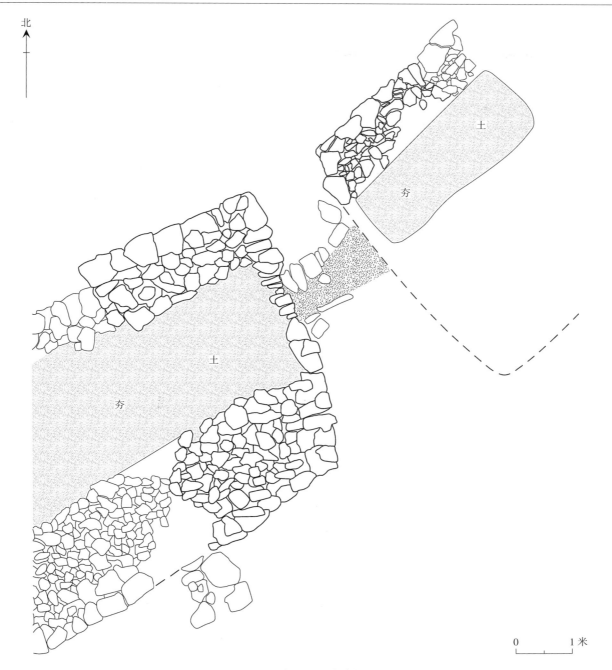

图一三　大刘台山遗址东南门平面图

墙及西墙北端，石墙墙面多由楔形石逐层垒砌而成，缝隙处填充黄土，墙面较为规整。东墩台的
北侧石墙宽1.13、西侧石墙宽0.25米。

　　西墩台平面近似梯形，长5.51、宽2.75～3.42、残高0.48米。墩台北端向北伸出于城墙
0.40米，南端与城墙齐平。西墩台中部堆夯黄土，四周包砌石墙，石墙墙面多由块石或楔形石逐
层垒砌而成，缝隙处填充黄土，墙面较为规整。西墩台的北侧石墙宽1.60、东侧石墙宽0.55、南
侧石墙宽2.20米。

　　门道整体呈喇叭状，内窄外宽，北高南低。方向147°。门道进深5.30米，面阔1.37～3.35
米。门道内发现有大量的红烧土，应为门址废弃时火烧所致（彩版七，2）。

该门址中部后经封堵。封堵墙体为黄土外包石结构，其中北侧墙体由石块垒砌而成，南侧墙体为石板立砌，中部填充黄土，但未经夯打。该墙宽1.05、残高0.42米。

（2）出土遗物

石镰　1件。

标本DNM填：4，灰白色粉砂岩。磨制，整体较为细长，平面近似直角三角形，平背，背脊较圆鼓，尾端残损，镰体残存一对穿圆孔，单面弧刃，刃部与镰体相接处较陡直，刃线较明显，刃部前锋较圆钝，刃部由于使用而形成小崩豁。残长10.0、宽5.2、最大体厚1.0厘米（图一四，1）。

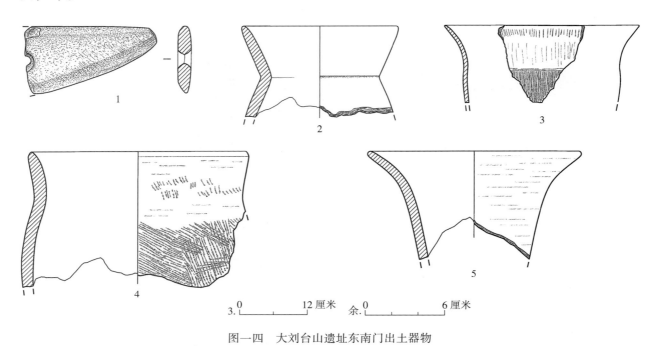

图一四　大刘台山遗址东南门出土器物

1. 石镰（DNM填：4）　2、4. 中型大口深腹陶罐（DNM填：8、9）　3. 陶盆（DNM填：5）　5. 陶尊（DNM填：6）

中型大口深腹陶罐　2件。

标本DNM填：8，夹砂黑褐陶。圆唇，敞口，折沿较长，束颈，溜肩，腹部及底部现已残损。残存器体素面。口径11.8、残高7.1、壁厚0.6~0.8厘米（图一四，2）。

标本DNM填：9，夹砂黑褐陶。尖圆唇，侈口，展沿，束颈，溜肩，卵形腹，腹部最大径位置靠近肩部，下腹部及底部现已残损。口沿外侧施有稀疏的绳纹，但多经抹平处理；腹部施有较为凌乱的绳纹。口径16.7、最大腹径17.4、残高10.6、壁厚0.7~0.9厘米（图一四，4）。

陶盆　1件。

标本DNM填：5，夹砂红褐陶。仅存口部残片，尖圆唇，大敞口，展沿，束颈，微鼓腹，腹部最大径位置靠近肩部，底部现已残损。通体施有绳纹，但口沿外侧绳纹多经抹平处理。口径34.5、最大腹径27.8、残高14.1、壁厚0.6~0.8厘米（图一四，3）。

陶尊　2件。

标本DNM填：6，泥质红陶。圆唇，大敞口，展沿，上腹部外展，下腹部及底部现已残损。素面。口径 16.2、残高 8.3、壁厚 0.5～0.7 厘米（图一四，5）。

标本 DNM 填：7，泥质红陶。口部及上腹部现已残损，下腹部圆鼓，平底。素面。底径 8.1、残高 2.8、壁厚 0.5～0.6 厘米（图一五，3）。

陶鋬耳　1 件。

标本 DNM 填：10，夹砂黄褐陶。平面近似舌状，耳上面戳压椭圆形凹窝。耳长 7、耳宽 1.8、壁厚 0.7～0.9 厘米（图一五，1）。

陶鬲足　1 件。

标本 DNM 填：11，夹砂红褐陶。柱状实心足跟，足跟较平。器表施有绳纹，但多经抹平处理。残高 5.6 厘米（图一五，2）。

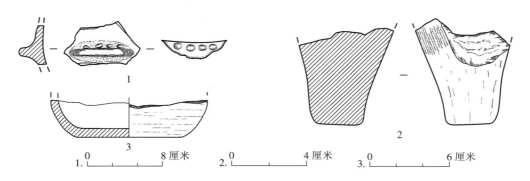

图一五　大刘台山遗址东南门出土器物

1. 陶鋬耳（DNM 填：10）　2. 陶鬲足（DNM 填：11）　3. 陶尊（DNM 填：7）

陶盘状器　3 件。

标本 DNM 填：1，夹砂红褐陶。由陶瓮颈部残片改制而成，弧度较大，平面近似圆形，边缘略加修整。直径 7.1、厚 0.7～0.8 厘米（图一六，1）。

标本 DNM 填：2，夹砂红褐陶。由陶瓮腹部残片改制而成，平面近似圆形，边缘略加修整。表面存留有三道戳印有麦粒纹的附加堆纹。直径 9.5、厚 0.9～1.0 厘米（图一六，2）。

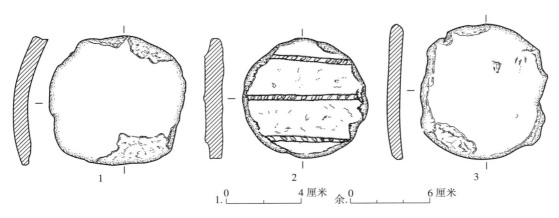

图一六　大刘台山遗址东南门出土器物

1～3. 陶盘状器（DNM 填：1、2、3）

标本 DNM 填:3,夹砂红褐陶。由陶罐底部残片改制而成,平面呈不规则的圆形,弧度较小,边缘较不规整。素面。直径 10.4、厚 0.9~1.0 厘米(图一六,3)。

(四)马面

在发掘区域内,我们清理出马面 1 座,位于南城墙中段,紧邻东南门。

马面整体保存状况较差,平面推测呈马蹄形。马面贴建在南城墙外,墙面由经过简单加工的石块垒砌而成,中心部分用黄土填实。马面南北残长 1.02、东西宽约 7.70、残高 0.24 米(图一七;彩版八,2)。

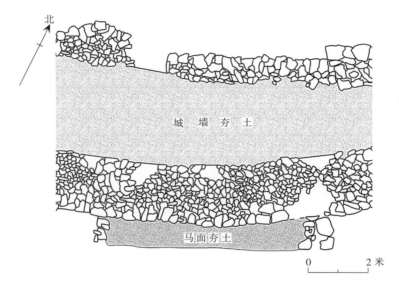

图一七 大刘台山遗址马面平面图

二 城内单位遗迹详述

大刘台山遗址夏家店下层文化城内的遗迹种类主要有石墙、石仓、石台、房址、石窖、灰坑及灰沟等。

(一)石墙

大刘台山遗址共清理出 4 条夏家店下层文化的石墙,多数保存状况较差,这些石墙均与相关石仓同时修建而成,因此,我们推测这些石墙的功用应为院落墙体。

1. Q3

位于 I 区 T1006、T1007 及 T1008 内,坐落于第③层上,墙基距地表深 29 厘米。Q3 保存状况一般,现在仅保存有东墙大段及北墙少段。东墙保存状况最好,残存有 3 层墙体,墙体也最宽,中部夹建 C2;北墙及西墙较窄。从残存部分判断,Q3 应为一平面呈长方形院落的墙体。石墙由经过简单加工的大石块及石板垒砌而成,缝隙处填充小石块及黄土,石墙内、外侧均较为规整。东墙残长 7.89、宽 0.56~0.87、残高 0.21 米,北墙残长 1.56、宽 0.89、残高 0.15 米(图一八;彩版九,1、2)。

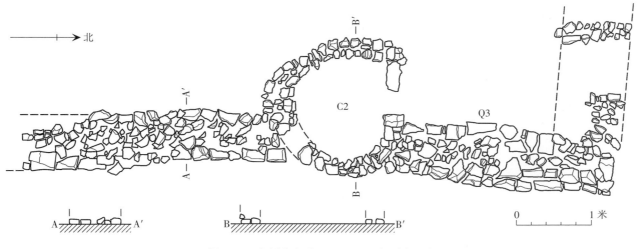

图一八　大刘台山遗址 Q3、C2 平、剖面图

2. Q4

位于 I 区 T1117、T1216 及 T1217 内，坐落于第③层上，墙基距地表深 23 厘米。Q4 保存状况一般，现在仅保存有北墙全段及西墙少段。北墙保存有 2 层墙体，整体略显弯曲，其与东墙的连接处夹建 C3；西墙现在仅保存有 1 层墙基部分。从残存部分判断，Q4 应为一平面略呈长方形院落的墙体。石墙由经过简单加工的较为平整的石板双排垒砌而成，缝隙处填充小石块及黄土，石墙内、外侧均较为规整。北墙长 3.35、宽 0.46、残高 0.14 米，西墙残长 1.28、宽 0.50、残高 0.08 米（图一九；彩版一〇，1）。

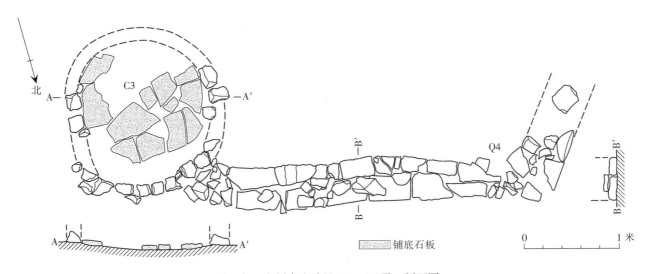

铺底石板

图一九　大刘台山遗址 Q4、C3 平、剖面图

3. Q5

位于 I 区 T1209、T1309 内，坐落于第③层上，墙基距地表深 27 厘米。Q5 保存状况极差，仅残留有北墙的少段墙体，其西端连接 C4。石墙由经过简单加工的石板垒砌而成，缝隙处填充黄土。Q5 残长 5.06、宽 0.76、残高 0.08 米（图二〇）。

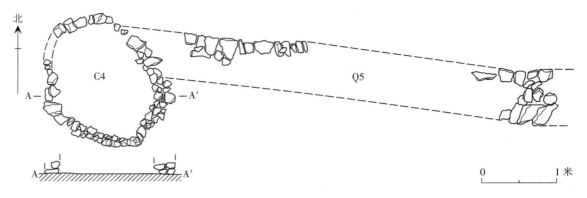

图二〇　大刘台山遗址 Q5、C4 平、剖面图

4. Q6

位于Ⅰ区 T1316 内，坐落于第③层上，墙基距地表深 25 厘米。Q6 保存状况极差，仅残留有北墙的少段墙体，其东端连接 C5。石墙由经过简单加工的较为平整的石板双排垒砌而成，缝隙处填充小石块及黄土，石墙内、外侧均较为规整。Q6 残长 1.46、宽 0.48、残高 0.18 米（图二一）。

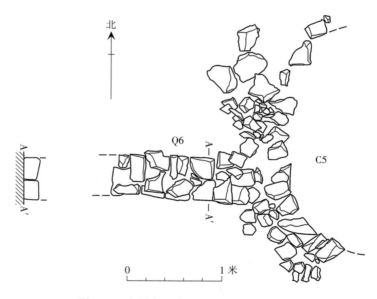

图二一　大刘台山遗址 Q6、C5 平、剖面图

（二）石仓

大刘台山遗址共清理出 6 座夏家店下层文化的石仓①。这些石仓大多与相关石墙整体修建而成，均为地面式建筑，平面形状以圆形为主，由石块或石板垒砌而成，仓内包含物不多。

1. C1

位于Ⅰ区 T1103 东北角，坐落于第④层上，墙基距地表深 78 厘米。C1 平面近似圆角长方形，保存状况一般，南部保存有最高的 3 层墙体，东北角墙体现已不存。墙基由经过简单加工的较为

---

① 在本遗址中，石仓与石窖的区别为：石仓为地面起建，石窖均为半地穴式。

平整的石板、石块单排垒砌而成，缝隙处填充黄土，内侧比外侧规整。仓底仅经过简单平整。C1墙宽0.16～0.22、残高0.29米，仓内长1.60、宽0.92米（图二二；彩版一一，1）。

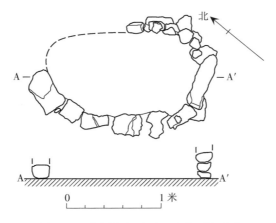

图二二　大刘台山遗址 C1 平、剖面图

仓内堆积主要为黑土，夹杂有少量红烧土，土质较疏松。

中型大口深腹陶罐　1件。

标本C1：1，夹砂红褐陶。口部及上腹部现已残损，大平底。下腹部满施绳纹。底径8.1、残高4.2、壁厚0.8～0.9厘米（图二三，1）。

2. C2

位于Ⅰ区T1007中部，坐落于第③层上，与Q3整体修建而成，墙基距地表深34厘米。C2平面近似圆形，北壁较平直，最高处保留有2层墙基。墙基主要由经过简单加工的石块双排垒砌而成，缝隙处填充黄土，内、外侧均较为规整。仓底由黄土掺杂料姜石铺垫而成，厚约2厘米。C2墙宽0.22～0.44、残高0.29米，仓内直径1.16～1.40米（参见图一八；彩版一一，2）。

仓内堆积主要为灰土，夹杂有少量红烧土、黑土，土质较疏松。

中型大口深腹陶罐　1件。

标本C2：3，夹砂黑褐陶。尖圆唇，侈口，展沿，束颈，溜肩，腹部及底部现已残损。口沿外侧施有较为凌乱的绳纹，但多经抹平处理。口径13.8、残高6.3、壁厚0.6～0.9厘米（图二三，2）。

陶鬲袋足　1件。

标本C2：1，夹砂红褐陶。袋足肥厚，足跟现已残断。器表满施绳纹。残高11.3、壁厚0.9～1.0厘米（图二三，3）。

陶鬲　1件。

标本C2：2，夹砂红褐陶。尖圆唇，敞口，展沿，束颈，微鼓腹，鬲足现已残损。腹部饰有较为稀疏的绳纹，但多经抹平处理。口径13.7、残高9.1、壁厚0.5～0.7厘米（图二三，4）。

3. C3

位于Ⅰ区T1216、T1217内，坐落于第③层上，与Q4整体修建而成，墙基距地表深32厘米。C3平面近似圆形，保存状况较差，墙基多数现已不存。墙基主要由经过简单加工的石块单排垒砌而成，缝隙处填充黄土，内侧较为规整，外侧则较为随意。仓底由经过简单加工的平整石板拼铺

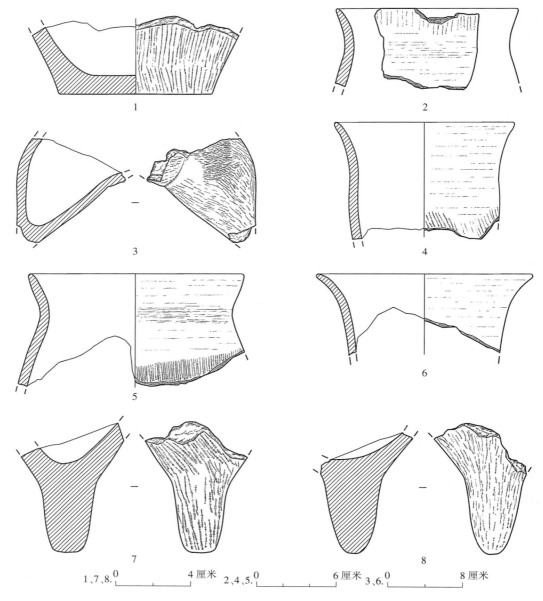

图二三　大刘台山遗址 C1、C2、C3 及 C4 出土器物

1、2、5. 中型大口深腹陶罐（C1:1、C2:3、C3:1）3. 陶甗袋足（C2:1）4. 陶鬲（C2:2）6. 陶尊（C3:3）7、8. 陶鬲足（C3:2、C4:1）

而成，铺底石板厚约 5 厘米。C3 墙宽 0.13～0.22、残高 0.12 米，仓内直径 1.28～1.40 米（图一九；彩版一〇，2）。

仓内堆积主要为黑土，夹杂有少量红烧土、黄土，土质较疏松。

中型大口深腹陶罐　1 件。

标本 C3:1，夹砂红褐陶。圆唇，侈口，展沿，束颈，溜肩，腹部及底部现已残损。肩部施有绳纹。口径 16.2、残高 8.7、壁厚 0.5～0.7 厘米（图二三，5）。

陶尊　1 件。

标本 C3:3，泥质黑陶，器表磨光。圆唇，大敞口，展沿，腹部及底部现已残损。素面。口径 23.0、残高 8.5、壁厚 0.6～0.8 厘米（图二三，6）。

陶鬲足 1 件。

标本 C3：2，夹砂红褐陶。柱状实心足跟，足跟较平钝。器表施有绳纹。残高 7.2、壁厚 0.8 ~ 1.1 厘米（图二三，7）。

4. C4

位于Ⅰ区 T1209、T1210 内，坐落于第③层上，与 Q5 整体修建而成，墙基距地表深 31 厘米。C4 平面近似椭圆形，保存状况一般，最高处保存有 2 层墙基。北侧墙基主要由经过简单加工的平整大石块单排垒砌而成，缝隙处填充黄土，内侧要比外侧规整；南侧墙基则由经过简单加工的小石块双排垒砌而成，缝隙处填充细小石块及黄土，内、外侧均较为规整。仓底仅经过简单平整。C4 墙宽 0.12 ~ 0.26、残高 0.16 米，仓内长径 1.64、短径 1.21 米。

仓内堆积主要为黑土，夹杂有少量红烧土，土质较疏松（参见图二〇）。

陶鬲足 1 件。

标本 C4：1，夹砂红褐陶。乳头状实心足跟，足跟较尖。器表施有绳纹。残高 7.1、壁厚 0.6 ~ 0.9 厘米（图二三，8）。

5. C5

位于Ⅰ区 T1316 内，坐落于第③层上，与 Q6 整体修建而成，墙基距地表深 38 厘米。C5 保存状况较差，仅保存有西侧的少量墙体，根据残存墙体推测，C5 平面形状应呈圆形。墙基主要由经过简单加工的大石块双排垒砌而成，缝隙处填充小石块及黄土；内、外侧原建时都应该较为规整，只是由于后期破坏而略有零散。C5 墙宽 0.45、残高 0.21 米，仓内直径（由残存部分判断）2.60 米（参见图二一）。

仓内堆积主要为灰土，夹杂有少量红烧土、黄土，土质较疏松。

由于破坏严重，C5 内未见任何人工遗物。

6. C6

位于Ⅰ区 T1413 东北部，坐落于第③层上，墙基距地表深 34 厘米。C6 保存状况较差，仅保存有西南部墙体，根据残存墙体推测，C6 平面形状应呈圆形。墙基主要由经过简单加工的石块垒砌而成，缝隙处填充小石块及黄土；内、外侧均较为规整。C6 墙宽 0.46、残高 0.25 米，仓内直径（由残存部分判断）1.30 米（图二四）。

仓内堆积主要为灰褐土，夹杂有少量小石块、黄土等，土质较疏松。

由于破坏严重，C6 内未见任何人工遗物。

（三）石台

大刘台山遗址共清理出 5 座夏家店下层文化石台。

1. ST1

（1）形制与规格

位于Ⅰ区 T1316、T1317 内，坐落于第③层上，台底距地表深 42 厘米。ST1 平面呈圆形，修砌得极为规整，整体由二层石块垒砌而成，边缘石块相对较大，石块缝隙处填充黄土。ST1 直径

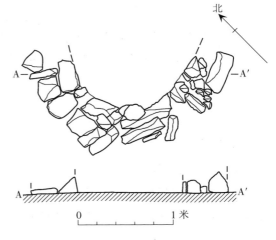

图二四 大刘台山遗址 C6 平、剖面图

1.30 ~ 1.38、高 0.20 米（图二五；彩版一二，1）。

（2）出土遗物

该石台上未见任何人工遗物。

2. ST2

（1）形制与规格

位于 I 区 T1313 西南部，坐落于第③层上，台底距地表深 46 厘米。ST2 平面近似圆形，由经过简单加工的毛石堆砌而成，石块缝隙处填充黄土及红烧土颗粒等。ST2 直径 1.12 ~ 1.30、高 0.15 米（图二六；彩版一二，2）。

（2）出土遗物

该石台上未见任何人工遗物。

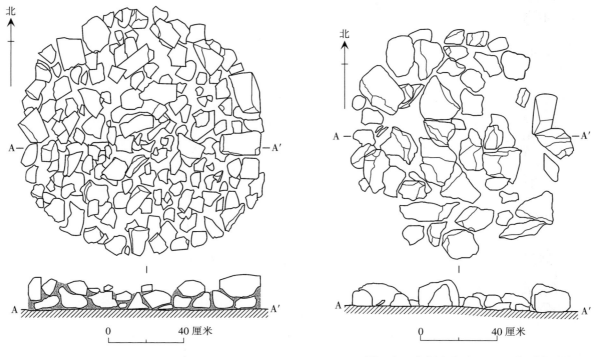

图二五　大刘台山遗址 ST1 平、剖面图　　　　　　图二六　大刘台山遗址 ST2 平、剖面图

3. ST3

（1）形制与规格

位于 I 区 T1111 内，坐落于第④层上，台底距地表深 68 厘米。ST3 平面近似梯形，整体由大石块堆砌而成，较为随意，石块之间填充小石块及黄土。ST3 长 1.70、宽 1.60、高 0.22 米（图二七）。

（2）出土遗物

该石台在修建时放置有 1 件陶鼎。

陶鼎　1 件。

标本 ST3:1，泥质红褐陶，器表磨光。圆唇，大敞口，盆形腹较深，微圜底，底附三个实跟足。素面。口径 25.0、高 17.6、壁厚 0.6 ~ 0.7 厘米（图二八；彩版二七，3）。

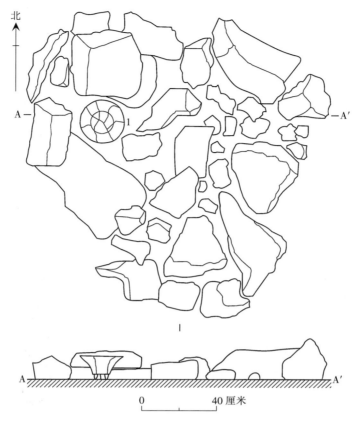

北

A—　　　　　　—A'

1

A—　　　　　　—A'

0　　　　40 厘米

图二七　大刘台山遗址 ST3 平、剖面图

1. 陶鼎

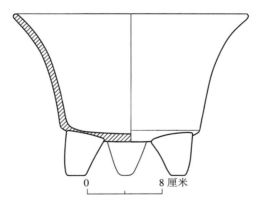

0　　　　8 厘米

图二八　大刘台山遗址 ST3 出土陶鼎（ST3∶1）

4. ST4

（1）形制与规格

位于Ⅰ区 T1413 西部，坐落于第④层上，台底距地表深 56 厘米。ST4 平面近似椭圆形，整体由经过简单加工的大块毛石堆砌而成，较为随意，石块之间填充黄土。ST4 长径 0.92、短径 0.70、高 0.21 米（图二九）。

（2）出土遗物

该石台上未见任何人工遗物。

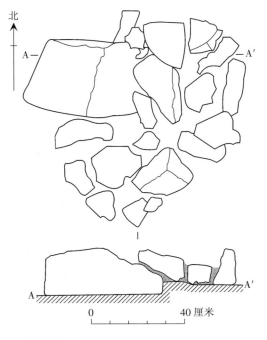

图二九　大刘台山遗址 ST4 平、剖面图

5. ST5

（1）形制与规格

位于 I 区 T1412 西北，坐落于第④层上，台底距地表深 72 厘米。ST5 平面近似五边形，整体由经过简单加工的石块堆砌而成，外侧石块相对较大、较为规整，石块之间填充黄土。ST5 长径 1.82、短径 1.30、高 0.23 米（图三〇）。

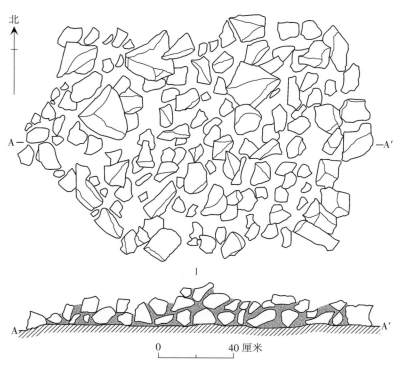

图三〇　大刘台山遗址 ST5 平、剖面图

（2）出土遗物

该石台上未见任何人工遗物。

（四）房址

大刘台山遗址共清理出 10 座夏家店下层文化房址。

1. F1

（1）形制与规格

位于 I 区 T1006、T1007、T1106、T1107、T1206 及 T1207 内，坐落于第③层上，被 H9、H27 打破，打破 F4。F1 为地面式建筑，方向 190°，平面呈圆形，直径约 7.06 米。

F1 保存状况较好，整体由护坡墙、房墙、门道、居住面及灶址等组成（图三一；彩版一三，1）。

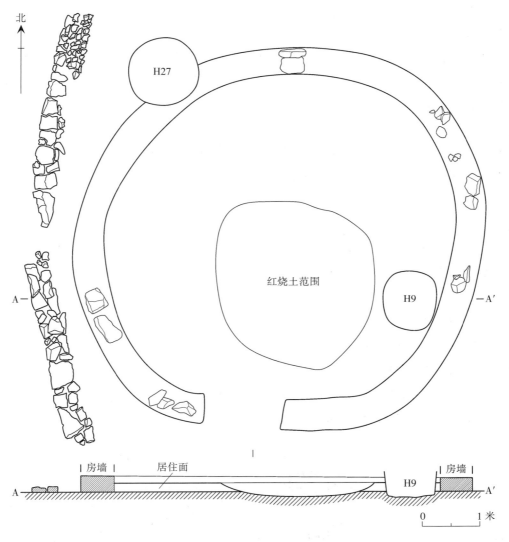

图三一　大刘台山遗址 F1 平、剖面图

护坡墙位于房址西侧，平面近似弧形，整体由经过简单打磨的毛石垒砌而成。护坡墙长 7.80、宽 0.54、残高 0.10 米。

房墙保存状况较好，土石混筑，整体由夹杂有大量料姜石的黄土干垒而成，局部墙体内填垒大石块。墙宽0.47～0.58、残高0.28米。

门道位于房址南部,进深0.55、面阔1.38米。

居住面平面呈圆形,系由夹杂有大量料姜石的黄土铺垫而成,质地较硬,表面较为平整。居住面直径约5.94、厚0.13米。

灶址发现1处,位于居住面中部。灶址由石块垒砌而成,但多数石块现已不存,因此,灶址的形状及尺寸不辨。灶址周围有一平面近似圆形的红烧土板结面,直径2.80～3.34、厚约0.24米。

房内堆积主要为灰褐土,并夹杂有大量的石块、红烧土颗粒、炭粒等,土质较为疏松。

(2)出土遗物

石锛 1件。

标本F1:1,黑褐色角页岩。通体磨制得较为光滑。器体较小,平面近似梯形,正面及背面均较平,横截面近似直角长方形,平顶,体侧斜直,刃部明显宽于顶部,单面弧刃,刃部与锛体相接处较圆润,刃线不明显,刃部有使用过程中形成的小崩口。长5.3、刃宽2.7、最大体厚0.8厘米(图三二,1;彩版三七,3)。

磨石 1件。

标本F1:3,浅褐色安山岩。通体磨制得较为光滑。现已残断,平面近似圆角长方形,顶部圆隆,底部内凹,横截面呈弯月状。残长12.7、宽7.3、最大体厚4.7厘米(图三二,2;彩版三八,6)。

陶瓮 1件。

标本F1:8,泥质红陶,器表施有一层红陶衣。仅存口部残片,方唇,大敞口,折沿,束颈,溜肩,腹部及底部现已残损。口径44.4、残高9.1、壁厚0.8～1.3厘米(图三二,4)。

陶鬲腰残片 1件。

标本F1:7,夹砂红褐陶。仅存鬲腰残片,束腰。腰部贴附有一周附加堆纹,附加堆纹上戳印麦粒状凹窝;残存袋足施有绳纹。残高5.3、壁厚1.0～1.1厘米(图三二,5)。

中型大口深腹陶罐 1件。

标本F1:4,夹细砂黑褐陶,泥条套接而成。尖圆唇,敞口,矮领,溜肩,卵形腹,腹部最大径位置靠上,平底。腹部饰有细绳纹,但较为凌乱。口径15.3、最大腹径17.7、底径8.2、高21.6、壁厚0.3～0.5厘米(图三二,3;彩版二三,4)。

陶网坠 1件。

标本F1:2,夹砂黑褐陶。整体呈圆球状,纵向穿有一孔。素面。直径2.9、高3.0、孔径0.4厘米(图三二,6;彩版二八,4)。

家猪左侧肱骨 1件。

标本F1:5,仅存左侧肱骨关节远端,近端被砸断,关节面不存。残长72毫米(图三二,7)。

野猪寰椎 1件。

标本F1:6,保存较完整,两翼略残缺。背弓弯曲度较大,背结节较高,椎间孔呈葫芦形。前关节面宽78、后关节面宽71、高49毫米(图三二,8)。

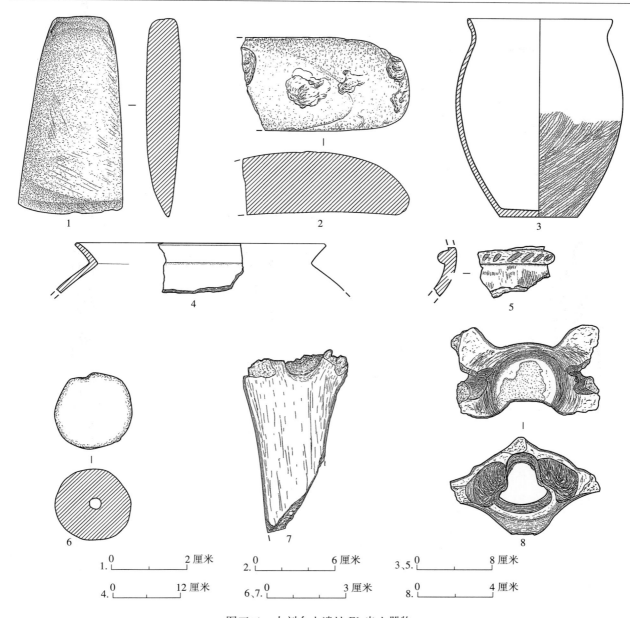

图三二 大刘台山遗址 F1 出土器物

1. 石锛（F1:1） 2. 磨石（F1:3） 3. 中型大口深腹陶罐（F1:4） 4. 陶瓮（F1:8） 5. 陶甗腰残片（F1:7） 6. 陶网坠（F1:2）
7、8. 兽骨（F1:5、6）

2. F2

（1）形制与规格

位于 I 区 T1304、T1305、T1404 及 T1405 内，坐落于第④层上，被 H8、H20、H21 及 H38 打破。F2 为地面式建筑，平面呈圆形，直径约 8.86 米。

F2 保存状况较差，东南部被金代地层破坏，门道及灶址均已遭到破坏不存，现存房墙、居住面等（图三三；彩版一三，2）。

房墙保存状况一般，南部为土石混筑，内、外边缘由石块垒砌而成，中部填垒夹杂有大量料姜石的黄土；北部则由夹杂有大量料姜石的黄土干垒而成，未见石块。墙宽 0.58～0.96、残高 0.20 米。

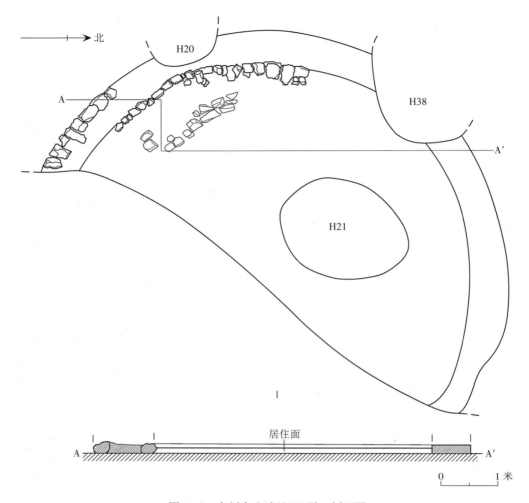

图三三　大刘台山遗址 F2 平、剖面图

居住面平面呈圆形，系由夹杂有大量料姜石的黄土铺垫而成，质地较硬，表面较为平整。居住面直径约 7.55、厚 0.10 米。此外，在居住面西南部还发现有一段由石块垒砌而成的室内矮墙，石墙残长 1.88、宽 0.32、残高 0.18 米。

房内堆积主要为灰黑土，并夹杂有大量的红烧土颗粒、炭粒等，土质较为疏松。

（2）出土遗物

中型大口深腹陶罐　2 件。

标本 F2:3，夹砂黑褐陶。仅存口部残片，圆唇，侈口，束颈，溜肩，腹部及底部均已残损。肩部满施细绳纹。口径 16.1、残高 7.8、壁厚 0.8～1.0 厘米（图三四，1）。

标本 F2:5，夹砂黑褐陶。仅存底部，腹部套接底部特征明显。腹部施有较为凌乱的绳纹，但多已抹平。底径 10.5、残高 3.2、壁厚 0.6～0.8 厘米（图三四，2）。

小型大口深腹陶罐　1 件。

标本 F2:4，夹砂红褐陶。器体较小，仅存口部残片，圆唇，侈口，束颈，溜肩，卵形腹，腹部最大径位置靠近肩部，底部残损。腹部施有绳纹，但多已抹平。口径 10.2、最大腹径 9.0、残高 6.8、壁厚 0.6～0.7 厘米（图三四，3）。

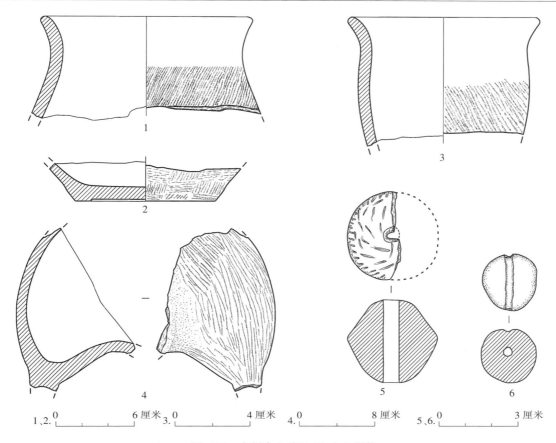

图三四　大刘台山遗址 F2 出土器物

1、2. 中型大口深腹陶罐（F2：3、F2：5）　3. 小型大口深腹陶罐（F2：4）　4. 陶袋足（F2：6）　5. 陶纺轮（F2：1）　6. 陶网坠（F2：2）

陶袋足　1 件。

标本 F2：6，夹砂黑褐陶，陶色不纯，局部呈红褐色。袋足较肥厚，足跟现已残断。器表施有绳纹。残高 17.3、壁厚 0.8～1.0 厘米（图三四，4）。

陶纺轮　1 件。

标本 F2：1，夹砂红褐陶。现已残损，整体呈算珠状，首、尾两端较齐平，腹部尖鼓，中部纵向穿有一孔。表面戳有内旋的麦粒纹。直径 3.4、高 3.1、孔径 0.7 厘米（图三四，5）。

陶网坠　1 件。

标本 F2：2，夹砂红褐陶。整体呈圆球状，体表纵向设有凹槽用于缚绳，中部纵向穿有一孔。素面。直径 2.0、高 2.2、孔径 0.4 厘米（图三四，6；彩版二八，4）。

3. F3

（1）形制与规格

位于 I 区 T0906、T0907、T1006 及 T1007 内，坐落于第④层上，上部被 Q3、C2 叠压打破。F3 为地面式建筑，平面近似圆角方形，边长约 5.40～5.48 米。

F3 保存状况较好，未见门道，整体由护坡墙、房墙、居住面及灶址等组成（图三五）。

护坡墙位于房址东南部，平面近似"L"形，整体由经过简单加工的毛石垒砌而成。护坡墙长约 4.80、宽 0.29～0.48、残高 0.23 米。

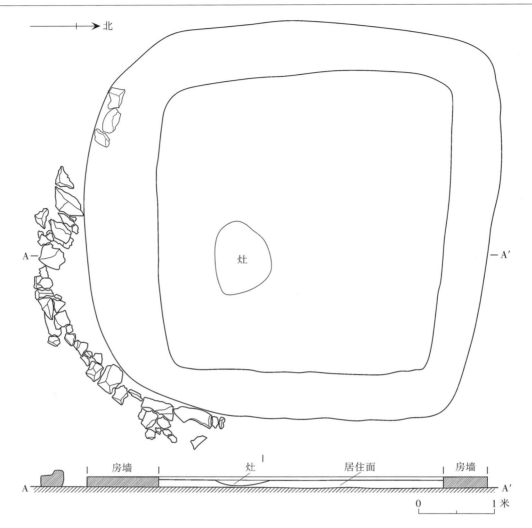

图三五　大刘台山遗址 F3 平、剖面图

房墙保存状况较好，土石混筑，整体由夹杂有大量料姜石的黄土干垒而成，局部墙体内填垒大石块，其中南房墙较之其余三面房墙要宽厚。墙宽 0.54～0.96、残高 0.16 米。

居住面平面近似圆角方形，系由夹杂有大量灰土及料姜石的黄土铺垫而成，质地较硬，表面较为平整。居住面东西长约 4.14、南北宽约 3.89、厚 0.11 米。

灶址发现 1 处，位于居住面东南部。灶址为浅坑式灶，平面呈不规则的椭圆形，斜壁、圜底，整体呈锅底状，长径 0.93、短径 0.76、深 0.08 米。灶内堆积主要为红烧土，并夹杂有少量的黑灰、黄土块等，土质较疏松；灶壁及灶底还没有形成由于长期火烤而形成的红烧土板结面。

房内堆积主要为灰褐土，并夹杂有大量的石块、红烧土颗粒、炭粒等，土质较为疏松。

（2）出土遗物

石铲　2 件。

标本 F3∶5，浅紫红色斑状安山岩，夹杂有少量的黑色、白色斑晶。柄部周缘保留有连续、细密的打击片疤便于缚柄捆绑，铲体表面则经磨制，较为光滑。顶部及铲面现已残损，铲体扁

薄，正面及背面较平，横截面呈圆角长方形，铲面体侧斜直。残长 7.4、残宽 8.2、最大体厚
1.0 厘米（图三六，1）。

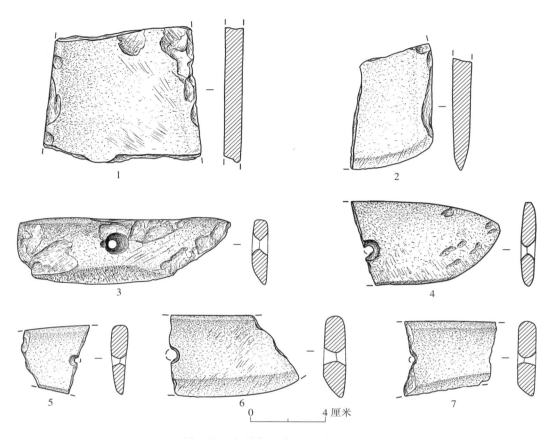

图三六　大刘台山遗址 F3 出土石器

1、2. 铲（F3：5、13）　3、4. 镰（F3：2、4）　5～7. 刀（F3：3、11、12）

　　标本 F3：13，浅紫褐色粉砂岩。铲体表面经磨制得较为光滑。柄部残损，铲体扁薄，正面及
背面较平，横截面呈圆角长方形，单面弧刃仅存局部，刃部与铲面相接处较圆润，刃线不明显，
刃部有使用过程中形成的小崩口。残长 6.8、残宽 4.3、最大体厚 1.0 厘米（图三六，2）。

　　石镰　2 件。

　　标本 F3：2，青灰色辉长岩。磨制，整体较为细长，由石铲残块改制而成，平面近似直角三角
形，平背不甚规整，背脊较平，尾端由石铲弧刃简单改制而成，距尾端约 1/2 处对穿一圆孔，穿
孔周缘正、背两面还各有一个未钻透的圆窝，单面弧刃，刃部与镰体相接处较圆滑，刃线不明显，
刃部前端急挑与背部相连，前锋较尖锐，刃部由于使用而形成小崩豁。长 11.2、宽 3.6、最大体
厚 0.8 厘米（图三六，3；彩版三五，2）。

　　标本 F3：4，青灰色粉砂岩。磨制，残断，仅存刃部，整体较为宽短，残存一对穿圆孔，双面
弧刃较窄，刃部与镰体相接处较圆滑，刃线不明显，刃部前端急挑与背部相连，前锋较圆钝，刃
部有使用过程中形成的小崩豁。残长 7.9、宽 4.6、最大体厚 0.8 厘米（图三六，4）。

　　石刀　3 件。

　　标本 F3：3，浅黛青色粉砂岩。磨制得较为光滑，整体呈长条状，首、尾两端现已残断，仅存刃

体中段，弧背，背脊略平，刀面现存一对穿圆孔，单面弧刃，刃部与刀体相接处较陡直，刃线较明显，刃部由于使用而形成连续的小崩豁。残长 3.6、宽 3.8、最大体厚 1.1 厘米（图三六，5）。

标本 F3：11，灰褐色粉砂岩。磨制得较为光滑，整体呈长条状，首、尾两端现已残断，仅存刀体局部，直背，背脊较圆鼓，刀面现存一对穿圆孔，单面弧刃，刃部与刀体相接处较陡直，刃线较明显，刃部由于使用而形成连续的小崩豁。残长 6.8、宽 4.5、最大体厚 1.1 厘米（图三六，6）。

标本 F3：12，浅灰褐色粉砂岩。磨制得较为光滑，整体呈长条状，首、尾两端现已残断，仅存刀体中段，直背，背脊圆鼓，刀面现存一对穿圆孔，单面弧刃，刃部与刀体相接处较陡直，刃线较明显，刃部由于使用而形成连续的小崩豁。残长 4.8、宽 4.1、最大体厚 0.9 厘米（图三六，7）。

陶瓮　1 件。

标本 F3：14，夹砂黑褐陶，器表抹光。仅存口部残片，圆唇，大敞口，束颈，溜肩，鼓腹，腹部最大径位置靠近肩部，底部残损。腹部残留有二周戳印有麦粒纹的附加堆纹。口径 36.5、最大腹径 38.7、残高 14.2、壁厚 0.8～1.1 厘米（图三七，1）。

陶鬲　1 件。

标本 F3：15，夹砂红褐陶。仅存口部残片，方唇，大敞口、展沿，弧腹，鬲腰及袋足残损。腹部施有细绳纹，但上腹部的绳纹均已抹平。口径 36.4、残高 12.8、壁厚 0.8～1.0 厘米（图三七，2）。

花边陶鬲　1 件。

标本 F3：10，泥质黑陶。仅存口部残片，尖唇，敞口，口沿抹斜，直领外撇。口沿外侧贴有一周压印有麦粒纹的附加堆纹。口径 17.8、残高 6.2、壁厚 0.5～0.9 厘米（图三七，3）。

筒腹陶鬲　1 件。

标本 F3：16，夹砂黑褐陶。圆唇，大敞口，展沿，束颈，筒形腹较深，鬲足现已残损。口沿外侧施有的绳纹多已抹平，腹部施有较为细密的绳纹。口径 10.4、残高 7.4、壁厚 0.7～0.8 厘米（图三七，4）。

陶盆　1 件。

标本 F3：8，夹细砂红褐陶，陶色不纯，局部呈黑色。圆唇，大敞口，折沿，弧腹，平底。中腹部饰有细绳纹，但多数已抹平。口径 24.2、底径 10.7、高 16.5、壁厚 0.4～0.6 厘米（图三七，5；彩版二七，1）。

中型大口深腹陶罐　3 件。

标本 F3：17，夹砂黑褐陶。仅存大平底，底部由于与腹部相套接较厚呈饼状。腹部满施绳纹，但经过抹平处理。底径 10.4、残高 3.9、壁厚 0.8～0.9 厘米（图三七，6）。

标本 F3：18，夹砂黑褐陶。口部及上腹部现已残损，鼓腹，平底。底内部略鼓。腹部施有绳纹，但经过抹平处理。最大腹径 16.8、底径 7.6、残高 8.4、壁厚 0.6～0.8 厘米（图三七，7）。

标本 F3：19，夹砂黑褐陶。仅存大平底，底部由于与腹部相套接较厚呈饼状。腹部满施绳纹，但经过抹平处理。底径 8.9、残高 3.2、壁厚 0.7～0.8 厘米（图三七，8）。

陶尊　2 件。

标本 F3：7，夹砂红褐陶，陶色不纯，局部呈黑色。圆唇，大敞口，折腹，平底。素面。口径

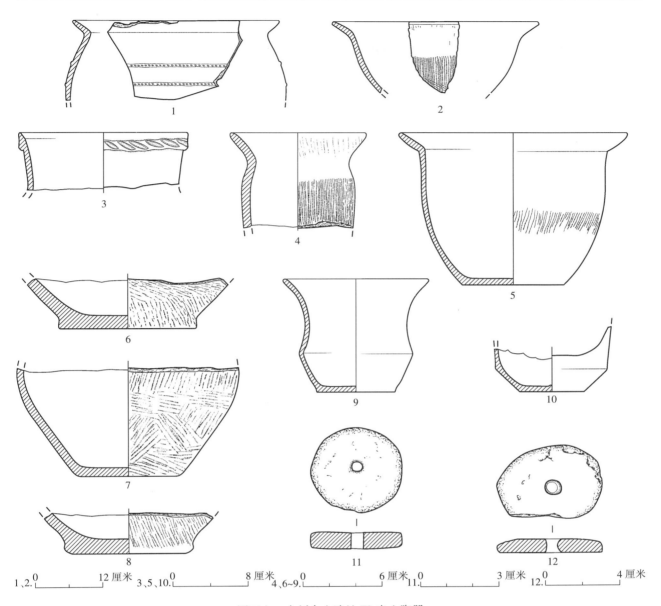

图三七 大刘台山遗址 F3 出土陶器

1. 瓮（F3：14） 2. 甗（F3：15） 3. 花边鬲（F3：10） 4. 筒腹鬲（F3：16） 5. 盆（F3：8） 6～8. 中型大口深腹罐（F3：17、18、19） 9、10. 尊（F3：7、9） 11、12. 纺轮（F3：1、6）

11.0、最大腹径 8.6、底径 5.9、高 8.8、壁厚 0.2～0.4 厘米（图三七，9；彩版二六，3）。

标本 F3：9，泥质黄褐陶。口部现已残损，折腹，上腹部较直，平底。素面，底部存留有线切痕迹。底径 6.8、残高 7.0、壁厚 0.4～0.7 厘米（图三七，10）。

陶纺轮 2 件。

标本 F3：1，夹砂红褐陶。整体呈圆饼状，体薄，中部纵向穿有一孔。素面。直径 3.4、高 0.6、孔径 0.5 厘米（图三七，11）。

标本 F3：6，夹砂灰陶。整体呈不规则的圆饼状，体薄，中部纵向穿有一孔。素面。长径 5.5、高 0.7、孔径 0.8 厘米（图三七，12）。

4. F4

（1）形制与规格

位于Ⅰ区 T1205、T1206、T1305 及 T1306 内，坐落于第④层上，被 H38、H75 及现代树坑打破。F4 为地面式建筑，平面近似圆角长方形，东西长约 5.35、南北宽约 4.53～5.79 米。

F4 保存状况较好，未见门道，整体由房墙、居住面及灶址等组成（图三八）。

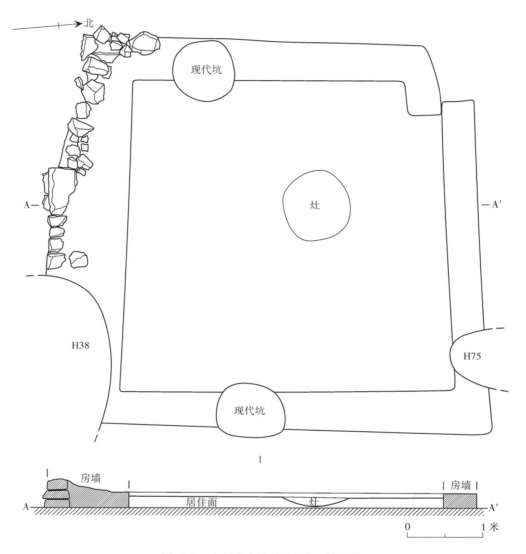

图三八　大刘台山遗址 F4 平、剖面图

房墙保存状况较好，南墙较宽，为土石混筑，外边缘由石块垒砌而成，内部填垒夹杂有大量料姜石的黄土；其余墙体则较窄，由夹杂有大量料姜石的黄土干垒而成，由于砌筑原因，北墙西段未能重合垒接。墙宽 0.43～1.04、残高 0.40 米。

居住面平面近似圆角方形，系由夹杂有大量灰土及料姜石的黄土铺垫而成，质地较硬，表面较为平整。居住面东西长约 4.24、南北宽约 3.60～4.42、厚 0.14 米。

灶址发现 1 处，位于居住面中部。灶址为浅坑式灶，平面近似圆形，斜壁、圜底，整体呈锅底状，直径 0.88～0.96、深 0.12 米。灶内堆积主要为红烧土，并夹杂有少量的灰土等，土质较疏松；灶壁及灶底还没有形成由于长期火烤而形成的红烧土板结面。

房内堆积主要为灰褐土，并夹杂有少量的石块、红烧土颗粒、炭粒等，土质较为疏松。

（2）出土遗物

陶甗残片　1件。

标本 F4：1，夹砂黑褐陶。仅存甗腰残片。腰部贴附有一周附加堆纹，器表满施绳纹。腰径 17.7、残高 6.4、壁厚 0.9～1.1 厘米（图三九，1）。

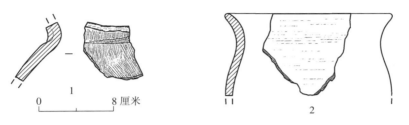

图三九　大刘台山遗址 F4 出土器物

1. 陶甗残片（F4：1）　2. 中型大口深腹陶罐（F4：2）

中型大口深腹陶罐　1件。

标本 F4：2，夹砂黑褐陶。仅存口部残片，圆唇，敞口，展沿，束颈，溜肩，卵形腹，腹部最大径位置靠近肩部，下腹部及底部现已残损。残存器体素面。口径 17.7、残高 9.0、壁厚 0.6～0.9 厘米（图三九，2）。

5. F5

（1）形制与规格

位于 I 区 T1014、T1015、T1114、T1115、T1116、T1205 及 T1206 内，坐落于第④层上，被 H52、H54、H55、H56、H27 打破。F5 为地面式建筑，方向 206°，平面呈不规则的圆形，直径约 7.60～8.18 米。

F5 保存状况较好，整体由护坡墙、房墙、门道、居住面及灶址等组成（图四〇；彩版一四，1、3）。

护坡墙位于房址西南侧，由南向北共 3 道，平面均呈弧形。南部石墙由小碎石块拼砌而成，墙体较宽，墙长 2.22、宽 0.40、残高 0.18 米；中部石墙由小碎石块垒砌而成，墙体较窄，墙长 1.47、宽 0.20、残高 0.14 米；北部石墙由经过简单加工的大块毛石垒砌而成，墙长 3.80、宽 0.45、残高 0.26 米。

房墙保存状况较好，由夹杂有大量料姜石的黄土干垒而成，料姜石接近门址处掺和较多。墙宽 0.49～0.58、残高 0.34 米。

门道位于房址南部，进深 0.49、面阔 2.14 米。

居住面平面近似圆形，系由夹杂有大量料姜石的黄土铺垫而成，质地较硬，表面较为平整。居住面直径约 6.64～7.23、厚 0.09 米。

灶址发现 1 处，位于居住面中部，西部被 H54 打破。灶址为浅坑式灶，平面近似圆形，斜壁、圜底，整体呈锅底状，直径约 0.90、深约 0.17 米。灶内堆积主要为红烧土，并夹杂有少量的灰土等，土质较疏松；灶壁及灶底有一层厚约 2 厘米的经过长期火烤形成的红烧土板结面（彩版一四，2）。

　　房内堆积主要为灰褐土，并夹杂有大量的石块、红烧土颗粒、炭粒等，土质较为疏松。

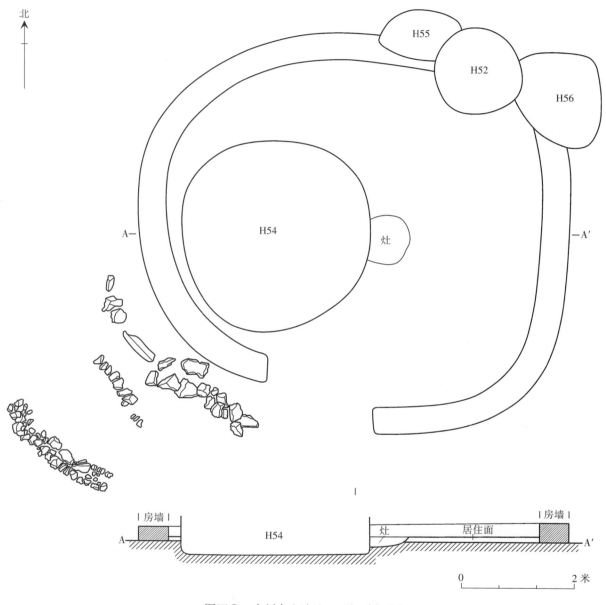

图四〇　大刘台山遗址 F5 平、剖面图

（2）出土遗物

　　石铲　1 件。

　　标本 F5：1，浅灰色流纹岩。柄部周缘保留有连续、细密的打击片疤，便于缚柄捆绑；铲体表面经磨制，较为光滑。平面近似"凸"字形，铲体扁薄，正面及背面较平，横截面呈圆角长方形，平顶，短柄，溜肩，铲面体侧斜直，铲面的长度明显大于宽度，刃部明显宽于顶部，单面弧刃，刃部与铲面相接处较圆润，刃线不明显，刃部有使用过程中形成的小崩口，偏锋。长 14.8、刃宽 7.9、最大体厚 1.1 厘米（图四一，1；彩版三一，1）。

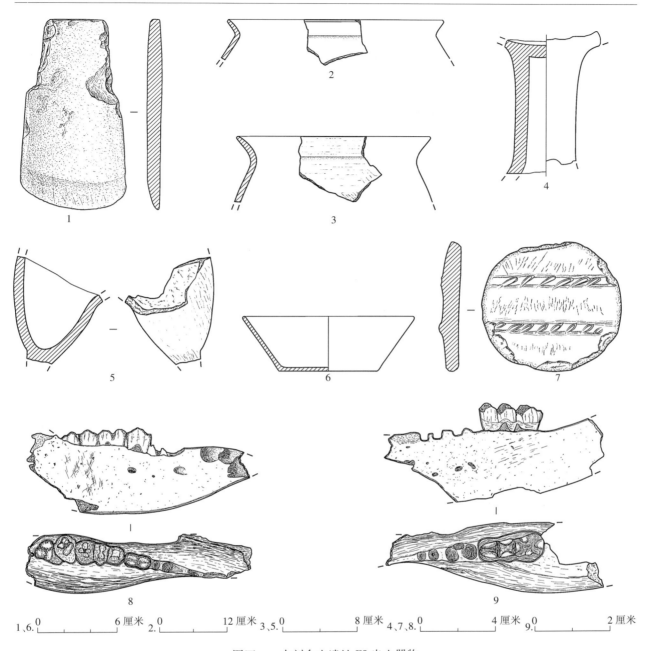

图四一　大刘台山遗址 F5 出土器物

1. 石铲（F5∶1）　2. 陶瓮（F5∶9）　3. 中型大口深腹陶罐（F5∶7）　4. 陶豆（F5∶8）　5. 陶袋足（F5∶6）　6. 陶钵（F5∶3）　7. 陶盘
状器（F5∶2）　8、9. 兽骨（F5∶4、5）

陶瓮　1件。

标本 F5∶9，泥质黄褐陶。仅存口部残片，方唇，敞口，折沿，束颈，溜肩，腹部及底部现已
残损。残存器体素面。口径 38.2、残高 6.8、壁厚 0.6~0.9 厘米（图四一，2）。

中型大口深腹陶罐　1件。

标本 F5∶7，夹砂红褐陶。仅存口部残片，尖圆唇，大敞口，展沿，束颈，溜肩，卵形腹，下
腹部及底部现已残损。腹部施有绳纹，但多经抹平处理。口径 20.6、残高 7.1、壁厚 0.5~0.7 厘
米（图四一，3）。

陶豆　1件。

标本 F5：8，泥质红陶，器表磨光。豆盘及豆座现已残损，空心柱状柄较细矮。素面。柄径3.1、残高7.6、壁厚0.4~0.8厘米（图四一，4）。

陶袋足　1件。

标本 F5：6，夹砂黑褐陶，陶色不纯，局部呈红褐色。袋足较肥厚，足跟现已残断。器表满施绳纹，但多经抹平处理。残高11.7、壁厚0.9~1.0厘米（图四一，5）。

陶钵　1件。

标本 F5：3，夹砂红褐陶。圆唇，大敞口，斜腹，平底。素面。口径13.0、底径7.5、高4.3、壁厚0.2~0.3厘米（图四一，6；彩版二七，5）。

陶盘状器　1件。

标本 F5：2，夹砂灰褐陶。由陶瓮腹部残片改制而成，平面近似圆形，边缘修整的较为规整。表面存留有两道按压麦粒纹的附加堆纹，附加堆纹之间施有较为疏松的细绳纹。直径7.1、厚0.8~0.9厘米（图四一，7）。

家猪右侧下颌骨　1件。

标本 F5：4，幼猪个体，下颌支残断，牙齿保留第三、四前臼齿及第一臼齿，第一臼齿刚萌出。残长120毫米（图四一，8）。

家猪左侧下颌骨　1件。

标本 F5：5，幼猪个体，下颌支残断，牙齿仅保留第四前臼齿。残长57毫米（图四一，9）。

6. F6

（1）形制与规格

位于Ⅰ区 T1011、T1012、T1111 及 T1112 内，坐落于第④层上，东北角被现代树坑打破。F6为地面式建筑，平面近似圆角长方形，南北残长3.30、东西宽2.76米。

F6 保存状况较差，西南部被金代地层破坏，未见门道，现存房墙、居住面及灶址等（图四二；彩版一五，1、2）。

房墙保存状况较差，仅存北墙、东墙及西墙北段，其中东北角墙体较宽厚。房墙由夹杂有红烧土颗粒的黄土干垒而成，未见明显的夯打痕迹，墙宽0.23~0.86、残高0.27米。

居住面平面近似圆角长方形，系用夹杂有红烧土颗粒的黑土铺垫而成，质地较硬，表面较为平整。居住面南北残长2.76、东西宽2.54、厚0.18米。

灶址发现1处，位于居住面中部。灶址为浅坑式灶，平面近似圆角方形，斜壁、平底，整体近似覆斗状，残长0.67、宽0.77、深0.10米。灶内堆积多为红烧土，土质较疏松；灶壁及灶底还没有形成由于长期火烤而形成的红烧土板结面。

房内堆积主要为灰黑土，并夹杂有大量的红烧土颗粒、炭粒等，土质较为疏松。

（2）出土遗物

中型大口深腹陶罐　1件。

标本 F6：2，夹砂黑褐陶。仅存口部残片，圆唇，大敞口，展沿，束颈，近圆肩，深腹，下腹部及底部现已残损。腹部施有较为细密的绳纹。口径17.5、残高9.4、壁厚0.7~0.9厘米（图四三，1）。

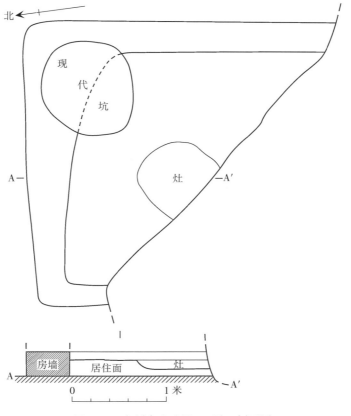

图四二　大刘台山遗址 F6 平、剖面图

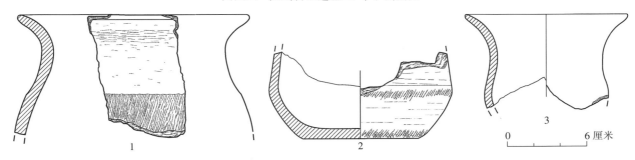

图四三　大刘台山遗址 F6 出土器物

1. 中型大口深腹陶罐（F6∶2）　2. 陶尊（F6∶3）　3. 陶鬲（F6∶1）

陶尊　1 件。

标本 F6∶3，泥质黑褐陶。口部及上腹部现已残损，折腹，大平底。下腹部施有绳纹。底径 8.7、残高 6.6、壁厚 0.6～0.7 厘米（图四三，2）。

陶鬲　1 件。

标本 F6∶1，夹砂红褐陶。圆唇，大敞口，展沿，束颈，鼓腹，鬲足现已残损。素面。口径 12.3、残高 7.4、壁厚 0.6～0.8 厘米（图四三，3）。

7. F8

（1）形制与规格

位于 I 区 T1011、T1012、T1111 及 T1112 内，坐落于第④层上，被现代树坑、H43 及 H73 打破。F8 为地面式建筑，方向 90°，平面近似圆角长方形，东西长约 5.35、南北宽约 4.42 米。

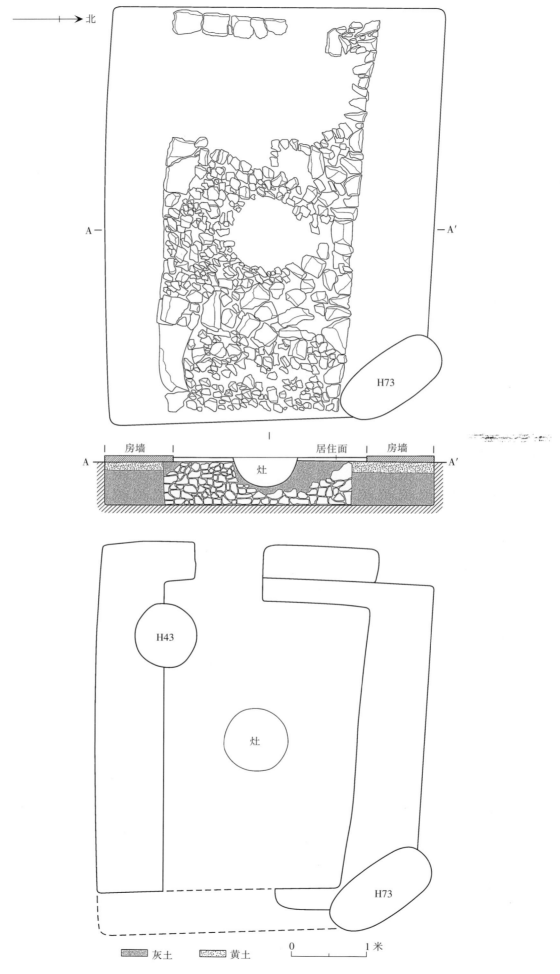

北

A —　　　　　　　　　　　　　— A′

H73

房墙　　　　　　　　　　　居住面　　　　　房墙
A　　　　　　　　　　　　灶　　　　　　　　　　　A′

H43

灶

H73

灰土　　黄土　　　0　　　　　　　1 米

图四四　大刘台山遗址 F8 平、剖面图

F8 保存状况较好，由基槽、房墙、门道、居住面及灶址等组成（图四四；彩版一六，1、2）。

基槽为地穴式，平面呈长方形，直壁，平底，坑壁及底部均经过简单的抹平处理。基槽东西长 5.60、南北宽 4.42、深 0.58 米。基槽中部有一用石块垒砌而成的石台，石台西高东低，东部局部甚至不见垒石。石台底部台缘石块较大，比较规整，石块之间填充小石块、碎陶片及黄土等。石台东西长 5.50、南北宽 2.30～2.72、高 0.60 米。基槽周壁与石台之间底部填充一层厚约 0.48 米的灰土，上部则铺垫有一层厚约 0.12 米的黄土。

房墙保存状况较好，多由夹杂有红烧土颗粒的黄土干垒而成，未见明显的夯打痕迹。墙宽 0.52～0.87、残高 0.07 米。此外，在西墙北段外侧还贴砌有一段夹杂大量料姜石的黄土墙，以使西墙外侧齐平。该段黄土墙长 1.53、宽 0.45 米。

门道位于房址西部，进深 0.77、面阔 0.88 米。

居住面平面近似圆角长方形，系用夹杂有红烧土颗粒的黄土铺垫而成，质地较硬，表面较为平整。居住面东西长 3.90、南北宽 2.72、厚 0.05 米。

灶址发现 1 处，位于居住面中部。灶址为浅坑式灶，平面呈圆形，斜壁、圜底，整体呈锅底状，直径 0.84、深 0.40 米。灶内堆积多为灰褐土，土质较疏松；灶壁及灶底有一层厚约 3 厘米的经过长期火烤形成的红烧土板结面。

（2）出土遗物

石铲　1 件。

标本 F8:2，浅紫红色斑状安山岩，夹杂有大量的白色、黑色斑晶。柄部周缘保留打击片疤，便于缚柄捆绑；铲体表面经磨制，较为光滑。平面近似梯形，铲体扁薄，正面及背面较平，横截面呈圆角长方形，平顶，无肩，体侧斜直，铲面的长度与宽度大体相当，刃部明显宽于顶部，单面弧刃，刃部与铲面相接处较圆润，刃线不明显，刃部有使用过程中形成的小崩口。长 15.7、刃宽 8.9、最大体厚 1.0 厘米（图四五，1；彩版三一，2）。

石钺　1 件。

标本 F8:4，青灰色流纹岩。通体磨制得较为光滑。整体较为窄扁，平面近似长方形，正面及背面微鼓，体薄，横截面呈弧边圆角长方形，平顶，体侧斜直，钺体残存一对穿圆孔，刃部现已残损。残长 6.0、残宽 5.6、最大体厚 1.2 厘米（图四五，2）。

石刀　2 件。

标本 F8:1，灰褐色粉砂岩。磨制得较为光滑，现已残断，整体呈长条状，首、尾两端较斜直，直背，背脊较平，刀面存留有一对穿圆孔，单面弧刃，刃部与刀体相接处较陡直，刃线较明显，刃部由于长久使用而内凹。残长 5.7、宽 3.8、最大体厚 0.8 厘米（图四五，3）。

标本 F8:3，灰褐色粉砂岩。磨制得较为光滑，现已残断，整体呈长条状，首、尾两端较陡直，直背，背脊较平，刀面存留有一对穿圆孔，单面弧刃，刃部与刀体相接处较陡直，刃线较明显，刃部由于长久使用而内凹。残长 6.4、宽 4.5、最大体厚 0.6 厘米（图四五，4）。

陶甗残片　1 件。

标本 F8:7，夹砂红褐陶。仅存甗腰残片，腰部内壁回泥一周形成浅台用于承接甗箅。腰部外侧贴附有一周附加堆纹，器表满施绳纹。腰径 21.9、残高 5.2、壁厚 0.7～0.8 厘米（图四五，5）。

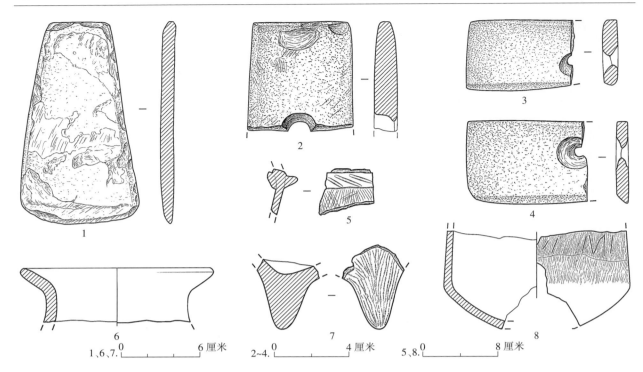

图四五　大刘台山遗址 F8 出土器物

1. 石铲（F8∶2）　2. 石钺（F8∶4）　3、4. 石刀（F8∶1、3）　5. 陶甗残片（F8∶7）　6. 中型大口深腹陶罐（F8∶5）　7. 陶鬲足（F8∶8）
8. 陶尊（F8∶6）

中型大口深腹陶罐　1件。

标本 F8∶5，夹砂黑褐陶。仅存口部残片，方唇，敞口，大展沿，束颈，腹部及底部残损。素面。口径 14.6、残高 4.4、壁厚 0.7～0.9 厘米（图四五，6）。

陶鬲足　1件。

标本 F8∶8，夹砂红褐陶。乳头状实足跟，足跟较圆钝。器表满施绳纹。残高 6.5、厚 0.9～1.1 厘米（图四五，7）。

陶尊　1件。

标本 F8∶6，夹砂红褐陶。泥圈套接痕迹明显，仅存腹部残片，折腹。上腹部施有细密的绳纹。最大腹径 19.7、残高 10.6、壁厚 0.6～0.8 厘米（图四五，8）。

8. F9

（1）形制与规格

位于 I 区 T1213 及 T1214 内，坐落于第③层上，被 H50、H74 打破。F9 为地面式建筑，平面近似圆角长方形，南北长 4.46～4.90、东西宽 3.78 米。

F9 保存状况一般，未见门道，现存房墙、居住面及灶址等（图四六；彩版一七，1、2）。

房墙保存状况较好，由夹杂有料姜石的黄土干垒而成，未见明显的夯打痕迹，墙宽 0.48～0.75、残高 0.26 米。

居住面平面近似圆角长方形，系用夹杂有红烧土颗粒的黄土铺垫而成，质地较硬，表面较为平整。居住面南北长 3.27～3.70、东西宽 2.66～2.78、厚 0.10 米。

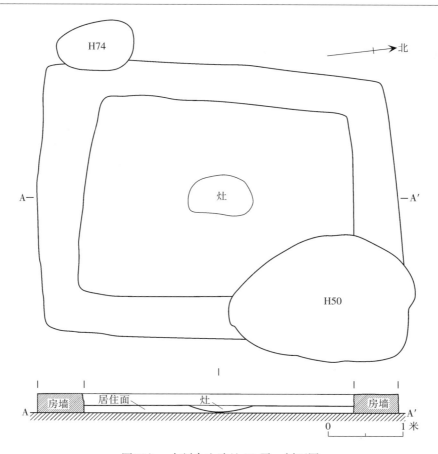

图四六　大刘台山遗址 F9 平、剖面图

灶址发现 1 处，位于居住面中部。灶址为浅坑式灶，平面近似椭圆形，斜壁、圜底，整体呈锅底状，长径 0.87、短径 0.55、深 0.09 米。灶内堆积多为红烧土，土质较疏松；灶壁及灶底还没有形成由于长期火烤而形成的红烧土板结面。

房内堆积主要为灰黑土，并夹杂有大量的红烧土颗粒、炭粒等，土质较为疏松。

（2）出土遗物

石铲　1 件。

标本 F9：2，浅紫红色安山岩。柄部周缘保留打击片疤，便于缚柄捆绑，铲体表面经磨制，较为光滑。平面近梯形，铲体扁薄，正面及背面较平，横截面呈圆角长方形，平顶，无肩，但柄部尾端呈浅圆弧状内凹。铲面体侧斜直，铲面的长度与宽度大体相当，刃部明显宽于顶部。单面弧刃，刃部与铲面相接处较圆润，刃线不明显，刃部有使用过程中形成的小崩口，偏锋。长 14.8、刃宽 8.9、最大体厚 1.1 厘米（图四七，1；彩版三一，3）。

石刀　1 件。

标本 F9：1，浅黄褐色粉砂岩。磨制得较为光滑，整体呈长条状。首、尾两端较为圆弧，直背，背脊较平，刀面近中部对穿一圆孔，单面弧刃，刃部与刀体相接处较圆润，刃线不明显，刃部由于使用而形成连续的小崩豁。长 17.5、宽 5.0、最大体厚 0.9 厘米（图四七，2；彩版三六，1）。

中型大口深腹陶罐　1 件。

标本 F9：3，夹砂黑褐陶。口部及腹部现已残损，平底内凹。腹部满施绳纹。底径 6.7、残高

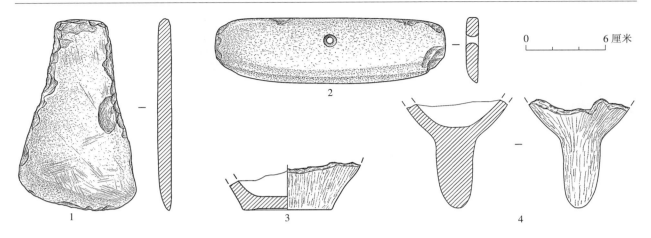

图四七　大刘台山遗址 F9 出土器物

1. 石铲（F9∶2）　2. 石刀（F9∶1）　3. 中型大口深腹陶罐（F9∶3）　4. 陶鬲足（F9∶4）

3.7、壁厚 0.7~0.8 厘米（图四七，3）。

陶鬲足　1 件。

标本 F9∶4，夹砂红褐陶。乳头状实心足跟，足跟较圆锐。器表施有绳纹。残高 8.4、壁厚 0.7~0.9 厘米（图四七，4）。

9. F10

（1）形制与规格

位于 I 区 T1010 及 T1110 内，坐落于第③层上。F10 为地面式建筑，方向 90°，平面近似圆角长方形，东西长 3.44~3.71、南北宽 2.95~3.36 米。

F10 保存状况较差，房墙破坏殆尽，现仅存居住面、灶址、柱洞及柱础石等（图四八）。

门道现已不存，但根据居住面外侧残存的柱洞位置推测，房址可能原有门道，且位于房址东壁中部。

居住面平面近似圆角长方形，系用夹杂有红烧土颗粒的黄土铺垫而成，质地较硬，表面较为平整。居住面东西长 3.35~3.72、南北宽 2.94~3.38、厚 0.05 米。

灶址发现 1 处，位于居住面中部。灶址为浅坑式灶，平面呈椭圆形，斜壁、圜底，整体呈锅底状，长径 0.58、短径 0.46、深 0.10 米。灶内堆积均为红烧土，土质较疏松；

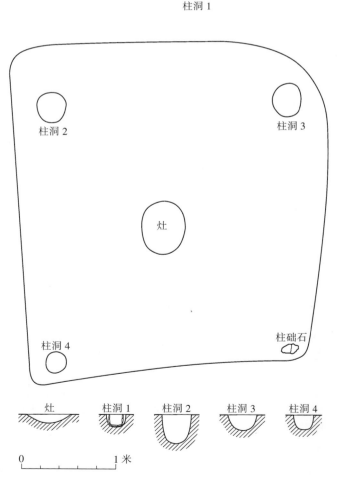

图四八　大刘台山遗址 F10 平、剖面图

灶壁及灶底还没有形成由于长期火烤而形成的红烧土板结面。

柱洞发现 4 个（编号 D1～D4），3 个位于居住面上，1 个位于室外，平面呈圆形或椭圆形，斜壁，圜底，整体呈锅底状，填土均为松软的灰黑土。D1 位于东部室外，西距居住面东壁 0.46 米，直径 0.20、深 0.13 米，柱洞周壁及底部铺垫有一层碎陶片。D2 位于居住面东北角，直径 0.30～0.32、深 0.31 米。D3 位于居住面东南角，长径 0.37、短径 0.29、深 0.17 米。D4 位于居住面西北角，直径 0.20～0.23、深 0.15 米。

柱础石发现 1 块，位于居住面西南角。柱础石平面呈不规则形，系用毛石经过简单修整而成，表面不甚平整，长 0.18、宽 0.10、厚 0.05 米。

（2）出土遗物

该房址由于破坏较为严重，因此未见任何人工遗物。

10. F12

（1）形制与规格

位于Ⅰ区 T1417 内，坐落于第③层上。F12 为单圈石砌地面式建筑，平面呈圆形，直径约3.95、残高 0.14 米。

F12 保存状况较差，未见门址，现存房墙、居住面、灶址及柱洞等（图四九）。

房墙仅南墙保存较完整，由经过粗略加工的毛石错缝垒砌而成，缝隙处填充黄土。墙宽 0.13～

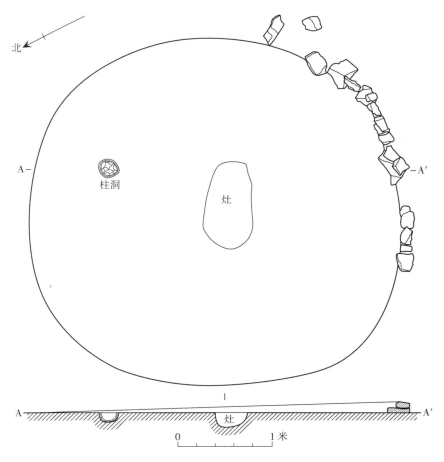

图四九　大刘台山遗址 F12 平、剖面图

0.28、残高 0.14 米。

居住面平面呈圆形，系原生黄土层经过简单平整而成，未见垫土等特殊加工痕迹，直径约 4.20 米。

灶址发现 1 处，位于居住面中部。灶址为浅坑式灶，平面呈不规则的椭圆形，斜壁、圜底，整体呈锅底状，长径 0.96、短径 0.52、深 0.15 米。灶内堆积主要为黑灰，并夹杂有大量的红烧土块及炭粒，土质较疏松；灶壁及灶底还没有形成由于长期火烤而形成的红烧土板结面。

柱洞发现 1 个（编号 D1），位于居住面东部，平面近似圆形，斜壁，圜底，整体呈锅底状，直径 0.20 ~ 0.23、深 0.1 米。柱洞周壁及底部铺垫有一层碎陶片，填土均为松软的灰黑土。

房内堆积主要为灰褐土，并夹杂有少量的石块及大量的红烧土颗粒、炭粒等，土质较为疏松。

（2）出土遗物

该房址由于后期破坏较严重，因此未见人工遗物。

（五）石窖

大刘台山遗址共清理出 6 座夏家店下层文化时期石窖。

1. SJ1

（1）形制与规格

位于 I 区 T1316、T1416 内，开口于第②层下，开口距地表深约 46 厘米。SJ1 坑口平面近似椭圆形，直壁，底部平坦，坑壁及底部均经过简单的抹平处理。SJ1 坑口长径 234、短径 170、深 42 厘米。窖室平面呈椭圆形，窖壁由石块逐层压缝垒砌而成，石块之间由黄土黏合，内壁砌筑较为规整，略有收分。多数窖壁均已坍塌，仅东壁保存较为完整。窖底未见铺石，仅将生土面简单平整、踏实。窖壁残长 213、宽 10、残高 42 厘米（图五○）。

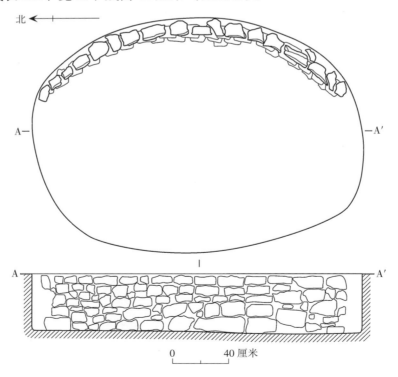

图五○　大刘台山遗址 SJ1 平、剖视图

窖内堆积以灰黑土为主，夹杂有少量的红烧土颗粒及大量的倒塌石块等，土质较疏松。

（2）出土遗物

石铲　1件。

标本SJ1：3，浅烟灰色安山岩。柄部周缘保留打击片疤，便于缚柄捆绑，铲体表面经磨制得较为光滑。平面近似梯形，铲体扁薄，正面及背面较平，横截面呈圆角长方形，顶部修整得不甚规整。无肩，体侧斜直，铲面的长度与宽度大体相当。刃部明显宽于顶部。单面弧刃局部残损，刃部与铲面相接处较圆润，刃线极不明显，刃部有使用过程中形成的小崩口。长15.4、刃残宽7.0、最大体厚1.0厘米（图五一，1）。

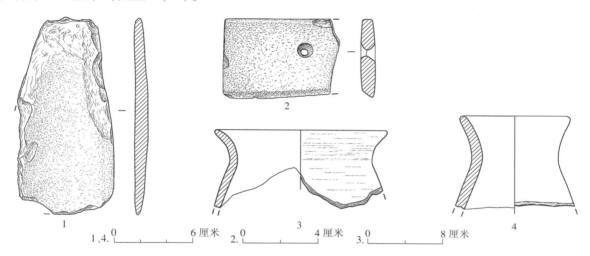

图五一　大刘台山遗址SJ1出土器物

1. 石铲（SJ1：3）　2. 石刀（SJ1：2）　3. 中型大口深腹陶罐（SJ1：4）　4. 小型大口深腹陶罐（SJ1：1）

石刀　1件。

标本SJ1：2，米白色粗砂岩。磨制得较为光滑，现已残断。由残断石刀再加工利用而成。原石刀由穿孔处断裂，新石刀是将该断裂处磨直处理后做为首端，因此仍保留原石刀的中间穿孔痕迹。整体呈长条状，首、尾两端较陡直，直背，背脊较平。刀面现存一对穿圆孔，单面弧刃，刃部与刀体相接处较陡直，刃线较明显，刃部由于长久使用而内凹。残长6.2、宽4.3、最大体厚0.7厘米（图五一，2）。

中型大口深腹陶罐　1件。

标本SJ1：4，泥质黑褐陶。圆唇，敞口，展沿，束颈，溜肩，腹部及底部现已残损。残存器体素面。口径18.2、残高8.5、壁厚0.6~0.9厘米（图五一，3）。

小型大口深腹陶罐　1件。

标本SJ1：1，夹砂黑褐陶。仅存口部残片，圆唇，侈口，大展沿，束颈，溜肩较甚，腹部及底部现已残损。素面。口径8.4、残高7.3、壁厚0.7~0.8厘米（图五一，4）。

2. SJ2

（1）形制与规格

位于Ⅰ区T1214、T1215内，开口于第②层下，开口距地表深约44厘米。SJ2坑口平面近似圆形，直壁，底部北低南高呈缓坡状，坑壁经过简单的抹平处理。SJ2坑口最大径281、深39~52厘米。窖室平面近似圆形，窖壁由石块逐层压缝垒砌而成，石块之间由黄土黏合，内壁砌筑较为规整，略有收分。多数窖壁均已坍塌，仅南壁保存较为完整。窖底未见铺石，仅将生土面简单平整、踏实。窖壁残长 180、宽 16、残高 39～52 厘米（图五二）。

窖内堆积以灰土为主，夹杂有大量的倒塌石块等，土质较疏松。

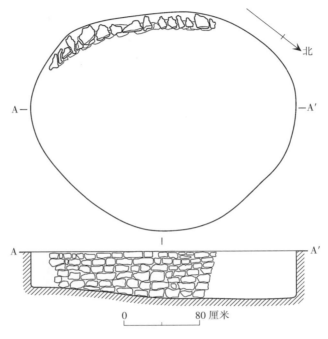

图五二　大刘台山遗址 SJ2 平、剖视图

（2）出土遗物

石铲　1 件。

标本 SJ2：1，浅紫红色斑状流纹岩，夹杂有大量的白色、黑色斑晶。铲体表面磨制得较为光滑。柄部残损，铲体扁薄，正面及背面较平，横截面呈圆角长方形。体侧斜直，单面弧刃，刃部与铲面相接处极圆润，刃线不显，刃部有使用过程中形成的小崩口。残长 7.1、刃宽 8.7、最大体厚 0.9 厘米（图五三，1）。

石刀　1 件。

标本 SJ2：2，黄褐色粉砂岩。磨制得较为光滑，现已残断，整体呈长条状。首、尾两端略向外斜直，直背，背脊较斜平，单面弧刃，刃部与刀体相接处较圆润，刃线不明显。残长 9.1、宽 4.8、最大体厚 0.8 厘米（图五三，2）。

陶鬲残片　1 件。

标本 SJ2：3，夹砂红褐陶。仅存鬲腰残片，腰部贴附有一周附加堆纹，附加堆纹上戳压麦粒状凹窝；腹部及袋足则施有绳纹。残高 7.3、壁厚 0.8～0.9 厘米（图五三，3）。

陶瓮　1 件。

标本 SJ2：4，泥质红陶，表面施有一层红陶衣，器表磨光。仅存口部残片，方唇，大敞口，折沿，束颈，溜肩，腹部及底部现已残损。口沿外侧施有一道凹旋纹。口径 38.5、残高 7.6、壁厚 0.7～0.9 厘米（图五三，5）。

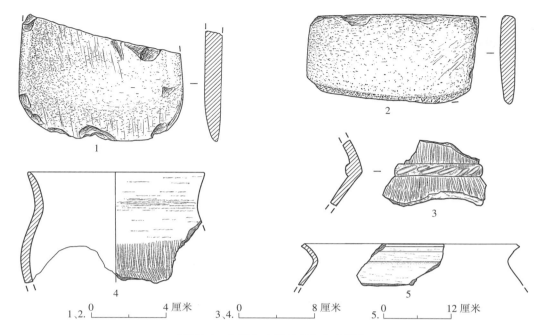

图五三　大刘台山遗址 SJ2 出土器物

1. 石铲（SJ2∶1）　2. 石刀（SJ2∶2）　3. 陶甗残片（SJ2∶3）　4. 中型大口深腹陶罐（SJ2∶5）　5. 陶瓮（SJ2∶4）

中型大口深腹陶罐　1件。

标本 SJ2∶5，夹砂红褐陶。尖圆唇，侈口，展沿，束颈，溜肩，深腹，腹部最大径位置靠近肩部，下腹部及底部现已残损。腹部施有绳纹。口径 18.8、最大腹径 20.1、残高 12.0、壁厚 0.7～0.9 厘米（图五三，4）。

3. SJ3

（1）形制与规格

位于 I 区 T1212 西部，开口于第②层下，被 F7 打破，开口距地表深约 46 厘米。SJ3 坑口平面近似圆角长方形，直壁，底部平坦，坑壁及底部未经抹平。SJ3 坑口残长 181、宽 242、深 58 厘米。窖室平面近似圆角长方形，窖壁由石块逐层压缝垒砌而成，石块之间填充小碎石块并由黄土黏合，内壁砌筑较为规整，窖壁平直。窖底未见铺石，仅将生土面简单平整、踏实。窖室残长 164、宽 198、残高 58 厘米（图五四；彩版一八，1）。

窖内堆积以黑土为主，夹杂有少量的黄土块、红烧土颗粒等，土质较疏松。

（2）出土遗物

石铲　1件。

标本 SJ3∶3，浅黛青色斑状流纹岩，夹杂有大量的白色斑晶。柄部周缘保留有连续、细密的打击片疤，便于缚柄捆绑，铲体表面经磨制，较为光滑。平面近似"凸"字形，铲体扁薄，正面及

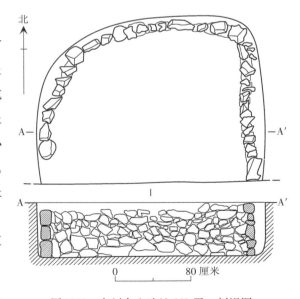

图五四　大刘台山遗址 SJ3 平、剖视图

背面较平，横截面呈圆角长方形，平顶，长柄，折肩较明显。铲面体侧斜直，铲面的长度与宽度大体相当，刃部明显宽于顶部，单面弧刃，刃部与铲面相接处较圆润，刃线不明显，刃部有使用过程中形成的小崩口。长 12.3、刃宽 8.6、最大体厚 0.8 厘米（图五五，1；彩版三二，2）。

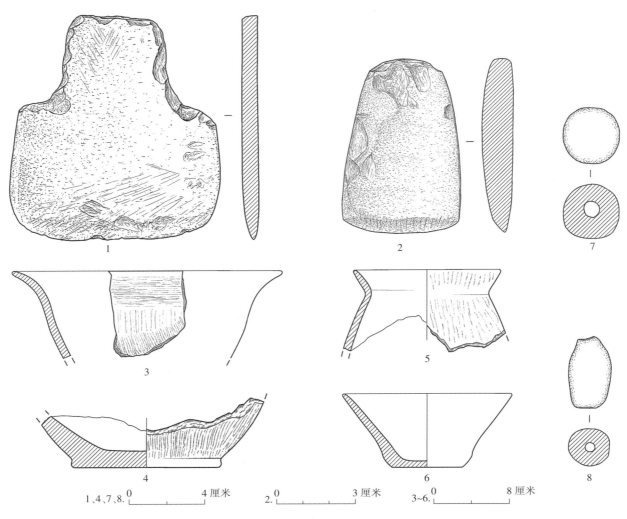

图五五　大刘台山遗址 SJ3 出土器物

1. 石铲（SJ3：3）　2. 石锛（SJ3：2）　3. 陶鬲（SJ3：7）　4、5. 中型大口深腹陶罐（SJ3：6、8）　6. 陶钵（SJ3：5）　7、8. 陶网坠（SJ3：1、4）

石锛　1 件。

标本 SJ3：2，黑褐色角页岩。通体磨制得较为光滑。平面近似梯形，正面微鼓，背面较平，横截面近似直角长方形，弧顶，体侧斜直，刃部明显宽于顶部，单面弧刃，刃部与锛体相接处较圆润，刃线不明显，刃部有使用过程中形成的小崩口。长 6.8、刃宽 4.3、最大体厚 1.1 厘米（图五五，2）。

陶鬲　1 件。

标本 SJ3：7，夹砂黑褐陶。仅存口部残片，圆唇，敞口，展沿，斜腹微弧，鬲腰及袋足现已残损。腹部施有绳纹，但多经抹平处理。口径 28.8、残高 9.6、壁厚 0.6 ~ 0.8 厘米（图五五，3）。

中型大口深腹陶罐　2 件。

标本 SJ3：6，夹砂红褐陶。口部及上腹部现已残损，台底呈薄饼状。腹部施有绳纹。底径

7.7、残高 3.6、壁厚 0.7 ~ 0.8 厘米（图五五，4）。

标本 SJ3:8，夹砂红褐陶。尖圆唇，敞口，折沿，束颈，溜肩，深腹，下腹部及底部现已残损。通体施有绳纹，但多经抹平处理。口径 15.6、残高 8.8、壁厚 0.6 ~ 0.8 厘米（图五五，5）。

陶钵　1 件。

标本 SJ3:5，泥质红褐陶，器表磨光。圆唇，大敞口，斜腹较深，下腹部近底处略外鼓，平底。素面。口径 17.9、底径 7.5、高 8.1、壁厚 0.5 ~ 0.9 厘米（图五五，6）。

陶网坠　2 件。

标本 SJ3:1，夹砂红褐陶。整体呈圆球状，纵向穿有一孔。素面。直径 2.9、高 3.0、孔径 0.6 厘米（图五五，7）。

标本 SJ3:4，夹砂红褐陶。整体呈梭状，中部圆鼓，纵向穿有一孔。素面。直径 2.2、高 3.9、孔径 0.5 厘米（图五五，8；彩版二八，4）。

4. SJ4

（1）形制与规格

位于 I 区 T1604、T1704 内，开口于第②层下，开口距地表深约 48 厘米。SJ4 坑口平面近似圆形，直壁，底部西高东低呈缓坡状，坑壁及底部未经抹平。SJ4 坑口直径 267、深 97 厘米。窖室平面呈圆形，窖壁由石块逐层压缝垒砌而成，石块之间由黄土黏合，内壁砌筑较为规整，收分明显。北窖壁多已坍塌，其余三壁保存较为完整。窖底未见铺石，仅将生土面简单平整、踏实。窖室口径 206、底径 152、残高 92 厘米（图五六；彩版一八，2）。

窖内堆积以灰黑土为主，夹杂有少量的红烧土颗粒、小石块等，土质较疏松。

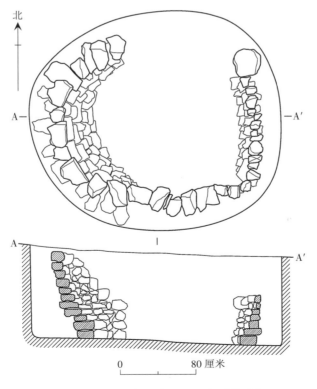

图五六　大刘台山遗址 SJ4 平、剖视图

（2）出土遗物

石锄　2件。

标本 SJ4：1，红褐色粗砂岩。打制，略显粗笨，表面片疤较大，亚腰及刃部则分布有多层细密的鳞片状小片疤。背部较平，器体中部较厚，向柄、刃两端渐薄。弧顶修整地不甚规整，柄与刃大体同宽，柄与器身之间呈长圆弧状内凹，成明显的亚腰状，弧刃。长16.7、刃宽10.9、最大体厚3.2厘米（图五七，1）。

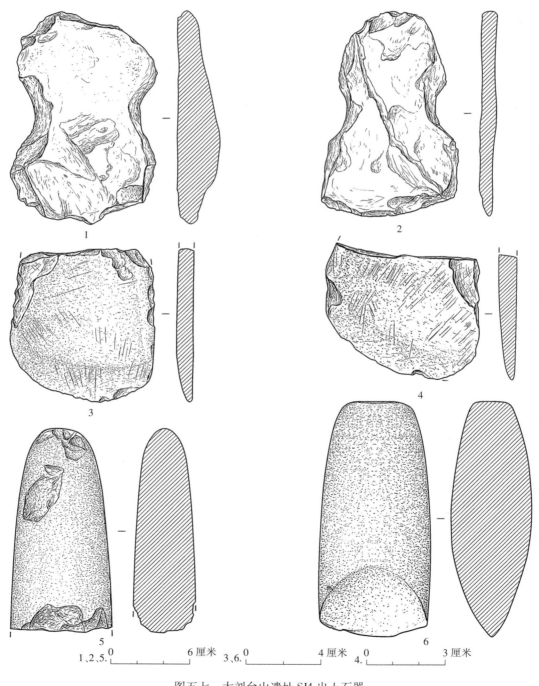

图五七　大刘台山遗址 SJ4 出土石器

1、2. 锄（SJ4：1、5）　3、4. 铲（SJ4：3、4）　5、6. 斧（SJ4：2、7）

标本 SJ4：5，灰青色流纹岩，背部保留有部分石皮，烟炱痕迹明显。打制，体薄，表面片疤较大、亚腰及刃部则分布有多层细密的鳞片状小片疤。背部较平，弧顶修整地不甚规整，刃部明显宽于柄部，柄与器身之间呈短圆弧状内凹，成明显的亚腰状，单面弧刃。长 16.1、刃宽 10.2、最大体厚 1.2 厘米（图五七，2）。

石铲　2 件。

标本 SJ4：3，黛青色斑状流纹岩，夹杂有少量的白色斑晶。体侧保留有连续、细密的打击片疤，铲体表面经磨制，较为光滑。柄部残损，铲体扁薄，正面及背面较平，横截面呈圆角长方形。单面弧刃，刃部与铲面相接处较圆润，刃线不明显，刃部有使用过程中形成的小崩口，偏锋。残长 8.4、残宽 7.6、最大体厚 0.9 厘米（图五七，3）。

标本 SJ4：4，浅紫红色斑状流纹岩，夹杂有少量的白色、黑色斑晶。铲体表面磨制得较为光滑。柄部残损，铲体扁薄，正面及背面较平，横截面呈圆角长方形，体侧斜直，单面弧刃仅存局部，刃部与铲面相接处极圆润，刃线不显，刃部有使用过程中形成的小崩口。残长 5.3、残宽 5.8、最大体厚 0.7 厘米（图五七，4）。

石斧　2 件。

标本 SJ4：2，灰绿色片麻岩。通体琢制，琢窝较为密集。器体较大，平面近似梯形，体宽扁，正面及背面较平，横截面近似扁体圆角长方形，弧顶，体侧外鼓，刃部现已残损。残长 15.8、宽 7.6、最大体厚 4.7 厘米（图五七，5）。

标本 SJ4：7，灰黑色片麻岩。通体琢制，琢窝较为密集，刃部抛光。锤状石斧，平面近似梯形，体厚，正面及背面较圆鼓，横截面近似椭圆形，平顶，体侧略外鼓，刃部明显宽于顶部，双面弧刃近似椭圆形，刃部与斧体相接处较圆润，刃线不明显，刃部有使用过程中形成的小崩口。长 12.7、刃宽 5.7、最大体厚 4.2 厘米（图五七，6；彩版三四，1）。

陶瓮　3 件。

标本 SJ4：19，泥质黄褐陶，器表磨光。仅存口部残片，圆唇，侈口，小矮领，束颈，溜肩，腹部及底部现已残损。残存器表素面。口径 42.3、残高 5.3、壁厚 0.8～1.1 厘米（图五八，1）。

标本 SJ4：20，泥质红褐陶，器表磨光。仅存口部残片，圆唇，敞口，展沿，束颈，溜肩，腹部及底部现已残损。残存器表素面。口径 23.8、残高 6.5、壁厚 0.6～0.7 厘米（图五八，2）。

标本 SJ4：29，泥质黑褐陶。口部及腹部现已残损，仅存大平底。素面。底径 11.2、残高 6.1、壁厚 0.6～0.8 厘米（图五八，3）。

花边陶鬲　4 件。

标本 SJ4：16，夹砂红褐陶。仅存口部残片，尖唇，侈口，口沿抹斜，斜领外撇。口沿外侧贴有一周压印有麦粒纹的附加堆纹。口径 21.8、残高 5.0、壁厚 0.4～0.6 厘米（图五八，4）。

标本 SJ4：17，夹砂黑褐陶，器表抹光。仅存口部残片，尖唇，侈口，口沿抹斜，斜领外撇。口沿外侧贴有一周压印有麦粒纹的附加堆纹，斜领中部施有较为稀疏的绳纹。口径 15.8、残高 5.2、壁厚 0.4～0.6 厘米（图五八，5）。

标本 SJ4：18，夹砂红褐陶。仅存口部残片，尖唇，大敞口，口沿抹斜，斜领外撇。口沿外侧贴有一周压印有麦粒纹的附加堆纹，斜领中部压印较为稀疏的麦粒纹。口径 16.6、残高 6.8、壁

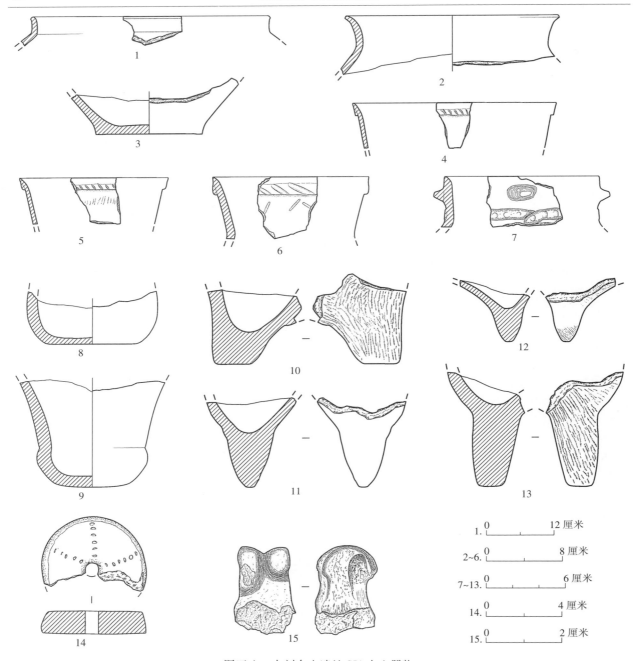

图五八　大刘台山遗址 SJ4 出土器物

1~3. 陶瓮（SJ4：19、20、29）　4~7. 陶鬲（SJ4：16、17、18、26）　8、9. 陶尊（SJ4：27、33）　10~13. 陶鬲足（SJ4：34、35、36、37）　14. 陶纺轮（SJ4：6）　15. 兽骨（SJ4：8）

厚 0.6~0.8 厘米（图五八，6）。

　　标本 SJ4：26，夹砂黑褐陶。仅存口部残片，尖唇，侈口，口沿抹斜，近口处附有方形錾耳，直领略外撇。颈部外侧贴有一周压印有圆窝纹的泥条。口径 11.6、残高 3.8、壁厚 0.6~0.8 厘米（图五八，7）。

　　大型大口深腹陶罐　1 件。

　　标本 SJ4：32，夹砂黑褐陶。口部及上腹部均已残损，下腹部泥条盘筑痕迹明显，大平底，底部穿有一圆孔。器表满施绳纹。底径 13.0、残高 7.3、壁厚 0.8~1.1 厘米（图五九，1）。

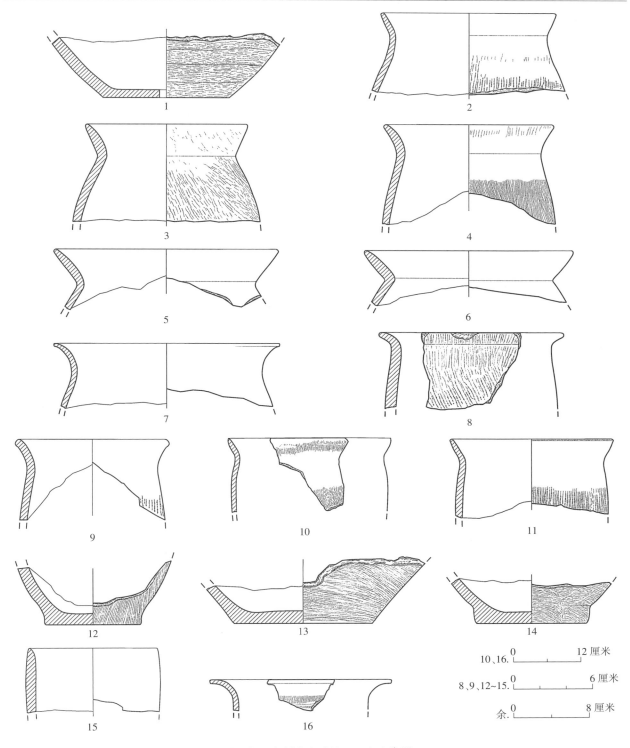

图五九　大刘台山遗址 SJ4 出土陶器

1. 大型大口深腹罐（SJ4：32）　2～14. 中型大口深腹罐（SJ4：9、10、11、12、13、14、15、23、24、25、28、30、31）　15. 陶杯
（SJ4：22）　16. 盆（SJ4：21）

中型大口深腹陶罐　13 件。

标本 SJ4：9，夹砂黑褐陶。方唇，敞口，展沿，束颈，溜肩，卵形腹，下腹部及底部现已残
损。腹部施有稀疏的细绳纹。口径 18.6、残高 8.9、壁厚 0.6～0.7 厘米（图五九，2）。

标本 SJ4：10，夹砂黑褐陶。尖圆唇，敞口，折沿，束颈，溜肩，卵形腹，下腹部及底部现已残损。口沿外侧及腹部施有稀疏的细绳纹，但口沿外侧的绳纹多已经过抹平处理。口径 17.2、残高 10.6、壁厚 0.8～1.0 厘米（图五九，3）。

标本 SJ4：11，夹砂黑褐陶。圆唇，敞口，展沿，束颈，溜肩，卵形腹，下腹部及底部现已残损。口沿外侧施有稀疏的细绳纹，但多已经过抹平处理；腹部满施紧密的细绳纹。口径 18.1、残高 10.9、壁厚 0.8～0.9 厘米（图五九，4）。

标本 SJ4：12，夹砂红陶，器表磨光。圆唇，大敞口，折沿，束颈，溜肩，腹部及底部现已残损。残存器体素面。口径 23.8、残高 6.6、壁厚 0.7～0.9 厘米（图五九，5）。

标本 SJ4：13，夹砂红褐陶。尖圆唇，大敞口，折沿，束颈，溜肩，腹部及底部现已残损。残存器体素面。口径 22.2、残高 6.1、壁厚 0.8～1.1 厘米（图五九，6）。

标本 SJ4：14，夹砂红陶，器表抹光。圆唇，大敞口，展沿，束颈，溜肩，腹部及底部现已残损。残存器体素面。口径 24.0、残高 7.1、壁厚 0.5～0.6 厘米（图五九，7）。

标本 SJ4：15，夹砂黑陶。仅存口部残片，圆唇，敞口，折沿，束颈，溜肩，卵形腹，下腹部及底部现已残损。器表满施绳纹。口径 14.1、残高 5.8、壁厚 0.6～0.8 厘米（图五九，8）。

标本 SJ4：23，夹砂黑褐陶。方唇，敞口，展沿，束颈，溜肩，卵形腹，下腹部及底部现已残损。腹部施有稀疏的绳纹。口径 11.6、残高 6.3、壁厚 0.5～0.6 厘米（图五九，9）。

标本 SJ4：24，夹砂黑褐陶。仅存口部残片，尖圆唇，敞口，展沿，束颈，溜肩，卵形腹较深，下腹部及底部现已残损。口沿外侧及腹部施有细密的绳纹。口径 28.6、残高 13.3、壁厚 0.7～0.9 厘米（图五九，10）。

标本 SJ4：25，夹砂黑褐陶。方唇，敞口，大展沿，束颈，溜肩，卵形腹，下腹部及底部现已残损。唇部施有一周麦粒纹，腹部满施绳纹。口径 17.3、残高 8.8、壁厚 0.6～0.8 厘米（图五九，11）。

标本 SJ4：28，夹砂黑褐陶。口部及上腹部均已残损，台底呈圆饼状。器表满施绳纹。底径 7.3、残高 4.9、壁厚 0.6～0.8 厘米（图五九，12）。

标本 SJ4：30，夹砂黑褐陶。口部及上腹部均已残损，大平底。器表满施绳纹。底径 10.4、残高 5.1、壁厚 0.7～0.8 厘米（图五九，13）。

标本 SJ4：31，夹砂黑褐陶。口部及上腹部均已残损，台底呈高圆饼状。器表满施绳纹。底径 8.3、残高 3.5、壁厚 0.7～0.8 厘米（图五九，14）。

陶杯　1 件。

标本 SJ4：22，夹砂红陶，器表磨光。器体较小，仅存口部残片，尖唇，口沿抹斜，直口，筒形腹，底部现已残损。素面。口径 9.7、残高 4.9、壁厚 0.6～0.7 厘米（图五九，15）。

陶盆　1 件。

标本 SJ4：21，夹砂红褐陶。仅存口部残片，圆唇，侈口，大展沿，底部残损。腹部施有较为细密的弦断绳纹。口径 32.2、残高 5.6、壁厚 0.7～0.9 厘米（图五九，16）。

陶尊　2 件。

标本 SJ4：27，泥质红褐陶，器表磨光。口部及上腹部现已残损，下腹部较圆鼓，大平底。素面。底径 6.8、残高 4.1、壁厚 0.6 ~ 0.8 厘米（图五八，8）。

标本 SJ4：33，泥质红褐陶，器表磨光。口部现已残损，大敞口，折腹，上腹部外展，下腹部较圆鼓，平底。素面。底径 4.0、残高 8.3、壁厚 0.8 ~ 1.0 厘米（图五八，9）。

陶鬲足　4 件。

标本 SJ4：34，夹砂黑褐陶。柱状实足跟较矮，足跟平实。器表满施绳纹。残高 6.9、壁厚 0.9 ~ 1.1 厘米（图五八，10）。

标本 SJ4：35，夹砂黑褐陶。乳头状实足跟较细矮，足跟较圆钝。素面。残高 7.1、壁厚 0.7 ~ 0.8 厘米（图五八，11）。

标本 SJ4：36，夹砂黑褐陶。乳头状实足跟，足跟较圆钝。足跟下部施有细绳纹，但多经过抹平处理。残高 4.9、壁厚 0.5 ~ 0.6 厘米（图五八，12）。

标本 SJ4：37，夹砂红褐陶。柱状实足跟较高，足跟平实。器表满施绳纹。残高 9.2、壁厚 0.9 ~ 1.1 厘米（图五八，13）。

陶纺轮　1 件。

标本 SJ4：6，夹砂灰陶。现已残损，整体呈薄饼状，表面较平，中部纵向穿有一孔。轮面呈放射状戳有篦点纹。直径 5.5、厚 1.2、孔径 0.7 厘米（图五八，14；彩版二八，3）。

家猪趾骨　1 件。

标本 SJ4：8，保存较完整。长 25 毫米（图五八，15）。

5. SJ5

（1）形制与规格

位于 I 区 T1113、T1114 内，开口于第③层下，开口距地表深约 71 厘米。SJ5 坑口平面近似圆形，直壁，底部东高西低，呈缓坡状，坑壁及底部均经过简单的抹平处理。SJ5 坑口直径 291、深 92 厘米。窑室平面近似圆形，窑壁保存较为完整，由石块逐层压缝垒砌而成，石块之间由黄土黏合，内壁砌筑较为规整，略有收分。窑底未见铺石，仅将生土面简单平整、踏实。窑室口径 245、底径 230、残高 90 厘米（图六〇；彩版一九，1）。

窑内堆积以灰褐土为主，夹杂有大量的红烧土颗粒、黑灰、黄土块及料姜石等，土质较疏松。

（2）出土遗物

石铲　1 件。

标本 SJ5：10，青灰色流纹岩，夹杂有紫红色条状流纹。柄部周缘保留有连续、细密的打

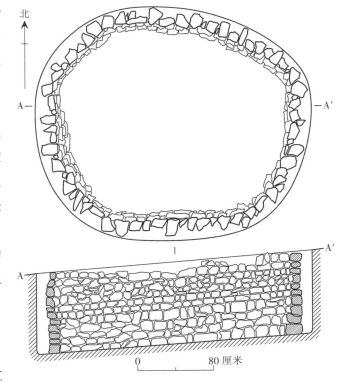

图六〇　大刘台山遗址 SJ5 平、剖视图

击片疤，便于缚柄捆绑，铲体表面经磨制得较为光滑。平面近似"凸"字形，铲体扁薄，正面及背面较平，横截面呈圆角长方形，微弧顶，长柄，溜肩，铲面体侧斜直，铲面的长度与宽度大体相当，刃部明显宽于顶部，单面弧刃，刃部与铲面相接处较圆润，刃线不明显，刃部有使用过程中形成的小崩口，偏锋。长13.8、刃宽8.8、最大体厚1.0厘米（图六一，1；彩版三二，3）。

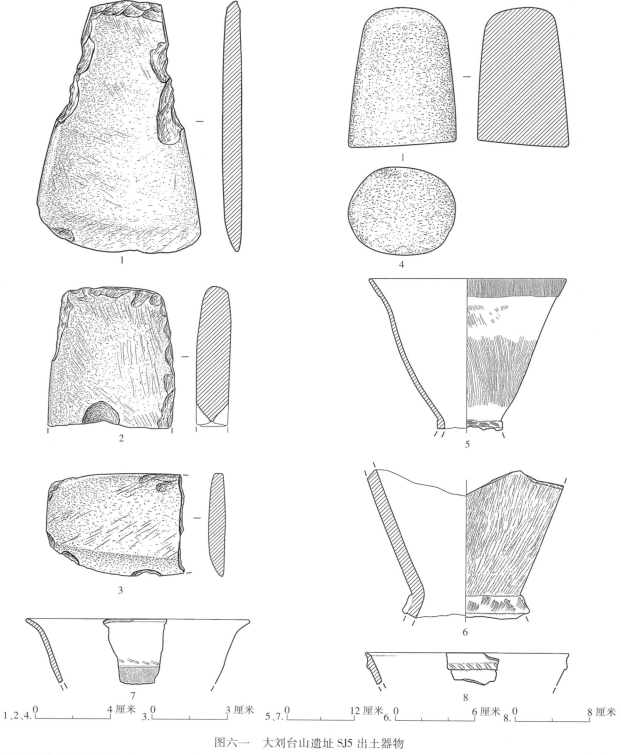

图六一　大刘台山遗址 SJ5 出土器物

1. 石铲（SJ5∶10）　2. 石钺（SJ5∶4）　3. 石刀（SJ5∶6）　4. 石研磨器（SJ5∶7）　5~7. 陶瓿（SJ5∶2、12、26）　8. 花边陶鬲（SJ5∶17）

石钺　1件。

标本 SJ5:4，青灰色流纹岩。顶部周壁保留打击形成的连续片疤用于绑缚柄部，其余部位磨制得较为光滑。半成品，整体较为窄扁，平面近似长方形，正面及背面微鼓，体厚，横截面呈弧边圆角长方形，近平顶，体侧略外弧，钺体残存一未穿透圆孔，刃部现已残损。残长 7.9、残宽 6.6、最大体厚 1.8 厘米（图六一，2）。

石刀　1件。

标本 SJ5:6，灰黑色粉砂岩。磨制得较为光滑，整体呈长条状，现已残损，首、尾两端较陡直。弧背，背脊较平，单面弧刃，刃部与刀体相接处较圆润。刃线不明显，刃部由于使用而形成连续的小崩豁。残长 5.5、宽 4.2、最大体厚 0.6 厘米（图六一，3）。

石研磨器　1件。

标本 SJ5:7，灰黑色片麻岩。通体琢制，表面布满小麻坑，研磨面经抛光磨制，较为光滑。由石斧改制而成，整体近似圆柱状，研磨面明显宽于顶端，横截面近似不规则的圆形。弧顶，侧边斜直，研磨面较为平整。长 7.6、宽 5.6、最大体厚 4.8 厘米（图六一，4；彩版三八，1）。

陶鬲　3件。

标本 SJ5:2，夹砂红褐陶，陶色不纯，局部呈黑色，泥条套接痕迹明显。仅存鬲盆及鬲腰，袋足残损。圆唇，大敞口，斜腹略鼓，收腰。整体满饰细绳纹，局部抹平；鬲腰处贴附有一周按压椭圆形窝的附加堆纹，且椭圆形窝内压印绳纹。口径 34.8、残高 27.9、壁厚 0.6~0.8 厘米（图六一，5；彩版二二，1）。

标本 SJ5:12，泥质红褐陶。口部及袋足均已残损，斜腹，束腰。鬲腰处贴附有一周按压多组麦粒纹的附加堆纹，腹部则满施绳纹。腰径 8.2、残高 11.4、壁厚 0.6~0.8 厘米（图六一，6）。

标本 SJ5:26，夹砂红褐陶。仅存口部残片，方唇，大敞口，展沿，斜腹，鬲腰及袋足现已残损。上腹部戳有一周麦粒纹和施有一周凹弦纹，下腹部满施绳纹。口径 39.6、残高 11.7、壁厚 0.7~0.9 厘米（图六一，7）。

花边陶鬲　1件。

标本 SJ5:17，夹砂黑褐陶。仅存口部残片，尖圆唇，大敞口，口沿抹斜，斜领外撇。口沿外侧贴有一周压印有麦粒纹的附加堆纹。口径 21.6、残高 3.4、壁厚 0.5~0.7 厘米（图六一，8）。

陶瓮　2件。

标本 SJ5:19，夹细砂灰褐陶，器表抹光。仅存口部残片，圆唇，侈口，展沿，束颈，溜肩，腹部及底部现已残损。素面。口径 44.1、残高 13.1、壁厚 1.0~1.4 厘米（图六二，1）。

标本 SJ5:23，夹砂红褐陶。口部及上腹部现已残损，鼓腹，大平底。腹部残留有一周附加堆纹，附加堆纹上戳有麦粒纹。底径 18.4、残高 8.8、壁厚 0.8~1.1 厘米（图六二，2）。

大型大口深腹陶罐　2件。

标本 SJ5:11，夹细砂红褐陶，陶色不纯，局部呈黑色，器表抹光。方唇，敞口，展沿，口沿处贴有四个三角形乳突，溜肩，鼓腹，腹部最大径位置略靠上，下腹部急收，底部现已残缺。口沿处施有较为规整的细绳纹，肩部施有一周戳印的麦粒纹，腹部满施绳纹。口径 34.6、最大腹径 33.5、残高 38.9、壁厚 0.6~0.8 厘米（图六二，4；彩版二三，3）。

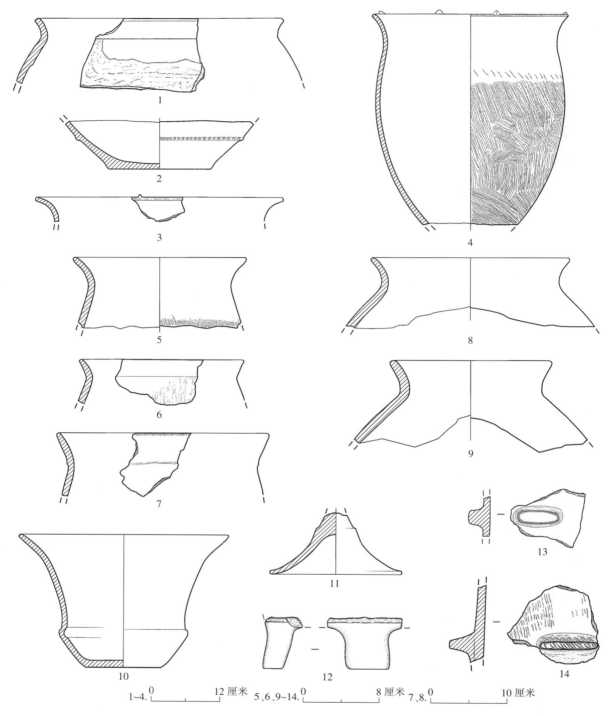

图六二　大刘台山遗址 SJ5 出土陶器

1、2. 瓮（SJ5：19、23）　3、4. 大型大口深腹陶罐（SJ5：13、11）　5～7. 中型大口深腹陶罐（SJ5：20、24、25）　8、9. 中型小口鼓腹罐（SJ5：3、21）　10. 尊（SJ5：9）　11. 豆（SJ5：22）　12. 三足盘底足（SJ5：14）　13、14. 鋬耳（SJ5：15、16）

　　标本 SJ5：13，夹砂黑褐陶。仅存口部残片，方唇，大敞口，口部贴有三角形乳突，展沿，腹部及底部现已残损。唇部施有一周绳纹。口径 43.9、残高 4.4、壁厚 0.6～0.8 厘米（图六二，3）。

　　中型大口深腹陶罐　3 件。

　　标本 SJ5：20，夹砂红褐陶。仅存口部残片，圆唇，大敞口，展沿，束颈，溜肩，腹部及底部现已残损。腹部施有较为紧密的细绳纹。口径 18.4、残高 7.6、壁厚 0.5~0.7 厘米（图六二，5）。

标本 SJ5:24，夹砂黑褐陶。仅存口部残片，圆唇，敞口，折沿，束颈，溜肩，腹部及底部现已残损。腹部施有较为稀疏的绳纹，但多已经过抹平处理。口径 17.5、残高 5.2、壁厚 0.5~0.7 厘米（图六二，6）。

标本 SJ5:25，夹砂黑褐陶。仅存口部残片，圆唇，敞口，展沿，束颈，溜肩，腹部及底部现已残损。唇部施有一周绳纹。口径 28.2、残高 8.8、壁厚 0.7~0.9 厘米（图六二，7）。

中型小口鼓腹陶罐　2 件。

标本 SJ5:3，泥质红褐陶，表面施有红陶衣。圆唇，敞口，展沿，束颈，溜肩，鼓腹，下腹部及底部残损。素面。口径 26.4、残高 9.6、壁厚 0.7~1.1 厘米（图六二，8）。

标本 SJ5:21，夹砂黑褐陶。圆唇，敞口，展沿，束颈，溜肩，鼓腹，下腹部及底部残损。素面。口径 17.2、残高 9.1、壁厚 0.5~0.7 厘米（图六二，9）。

陶尊　1 件。

标本 SJ5:9，泥质黑陶，器表磨光。圆唇，大敞口，折腹，上腹部外展，中腹部圆鼓，内壁折沟较深，下腹部斜收成大平底。素面。口径 22.3、底径 7.9、高 14.5、壁厚 0.4~0.6 厘米（图六二，10；彩版二六，5）。

陶豆　1 件。

标本 SJ5:22，泥质红褐陶，器表磨光。豆盘及豆柄现已残损，喇叭状豆座外撇明显。素面。座径 14.1、残高 6.8、壁厚 0.5~0.7 厘米（图六二，11）。

三足陶盘底足　1 件。

标本 SJ5:14，泥质红褐陶。方形片状足外撇明显，足跟较平。素面。残高 5.5、壁厚 0.6~0.9 厘米（图六二，12）。

陶鍪耳　2 件。

标本 SJ5:15，泥质红褐陶。鍪耳平面呈圆角长方形。素面。耳长 4.3、耳宽 1.5、壁厚 0.6~0.7 厘米（图六二，13）。

标本 SJ5:16，夹砂红褐陶。鍪耳平面近似圆角长方形。耳缘戳有指甲纹，耳周上部戳有三组圆窝纹。耳长 6.2、耳宽 2.6、壁厚 0.7~0.9 厘米（图六二，14）。

陶鬲足　1 件。

标本 SJ5:18，夹砂红褐陶。乳头状实足跟外撇明显，足跟较平。器表施有细绳纹。残高 7.4、壁厚 0.6~0.7 厘米（图六三，1）。

陶纺轮　2 件。

标本 SJ5:1，夹砂黑陶。整体呈算珠状，腹部圆鼓，中部纵向穿有一孔。素面。直径 3.3、厚 2.5、孔径 0.9 厘米（图六三，2）。

标本 SJ5:5，夹砂红褐陶。整体呈算珠状，腹部极外鼓，较为宽扁，中部纵向穿有一孔。素面。直径 4.3、厚 2.4、孔径 0.7 厘米（图六三，3）。

骨料　1 件。

标本 SJ5:8，动物肢骨切割而成，断面较齐平，表面残留有多道切割凹痕。通长 5.6 厘米（图六三，4）。

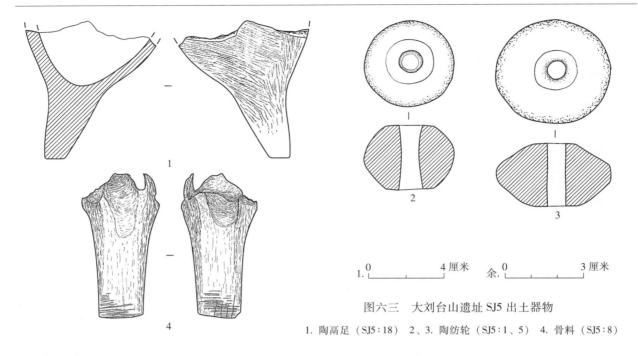

图六三　大刘台山遗址 SJ5 出土器物

1. 陶鬲足（SJ5∶18）　2、3. 陶纺轮（SJ5∶1、5）　4. 骨料（SJ5∶8）

6. SJ6

（1）形制与规格

位于Ⅱ区 T6 北部，开口于第①层下，开口距地表深约 22 厘米。SJ6 坑口平面呈圆形，直壁，底部西侧设有生土二层台，坑壁及底部均经过简单的抹平处理。SJ6 坑口直径 268、深 15～24 厘米。窖室平面呈圆形，窖壁由石块逐层压缝垒砌而成，石块之间由黄土黏合，内壁砌筑较为规整，窖壁平直。西北部窖壁现已坍塌，仅东南壁保存较为完整。窖底未见铺石，仅将生土面简单平整、踏实。窖室口径 211、残高 24 厘米（图六四；彩版一九，2）。

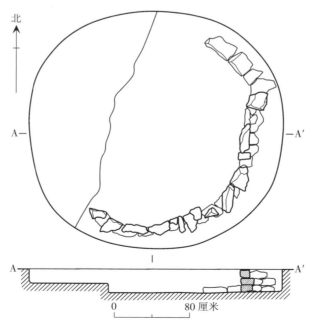

图六四　大刘台山遗址 SJ6 平、剖视图

窖内堆积以灰褐土为主，夹杂有大量的黄土块、料姜石等，土质较疏松。

（2）出土遗物

石铲　1件。

标本SJ6：5，黛青色流纹岩。柄部周缘保留有连续、细密的打击片疤便于缚柄捆绑，铲体表面经磨制较为光滑。平面近似"凸"字形，铲体扁薄，正面及背面较平，横截面呈圆角长方形，平顶，长柄，溜肩，铲面体侧斜直，刃部现已残损。残长8.2、残宽7.6、最大体厚0.9厘米（图六五，1）。

石斧　1件。

标本SJ6：2，灰黑色片麻岩。通体琢制，琢窝较为密集。棒状石斧，整体近似圆棒状，体长，正面及背面较圆鼓，横截面近似圆形，斜顶，体侧斜直，刃部现已残损。残长8.9、宽6.2、最大体厚5.5厘米（图六五，2）。

石凿　1件。

标本SJ6：1，灰黑色辉长岩。通体琢制，表面密布小麻坑，刃部磨制得较为光滑。整体呈圆棒状，较为狭长，横截面呈圆形，弧顶，体侧略外弧，半月状双面弧刃，刃部有使用过程中形成的小崩口。长11.2、宽2.6、最大体厚2.6厘米（图六五，3；彩版三七，1）。

石刀　1件。

标本SJ6：3，灰白色粉砂岩。磨制得较为光滑，整体呈长条状，首、尾两端现已残断，仅存刀体中段，直背，背脊较圆鼓，刀面现存一对穿圆孔，单面直刃，刃部与刀体相接处较陡直，刃线较明显，刃部由于使用而形成连续的小崩豁。残长4.6、宽4.8、最大体厚1.0厘米（图六五，4）。

花边陶鬲　1件。

标本SJ6：6，夹砂红褐陶。仅存口部残片，尖圆唇，大敞口，口沿抹斜，斜领外撇。口沿外侧贴有一周压印有麦粒纹的附加堆纹。口径23.6、残高3.9、壁厚0.6~0.7厘米（图六五，5）。

陶瓮　1件。

标本SJ6：11，夹砂灰褐陶。口部及腹部现已残损，大平底。素面。底径9.0、残高2.3、壁厚0.6~0.7厘米（图六五，6）。

中型大口深腹陶罐　5件。

标本SJ6：7，夹砂红褐陶。仅存口部残片，圆唇，敞口，展沿，口部与腹部泥条套接痕迹明显。素面。口径28.8、残高6.9、壁厚0.8~1.0厘米（图六五，7）。

标本SJ6：10，夹砂黑褐陶。口部及腹部现已残损，大平底。器表施有规整的绳纹。底径12.0、残高2.2、壁厚0.8~0.9厘米（图六五，8）。

标本SJ6：12，夹砂红褐陶。尖圆唇，大敞口，展沿，束颈，溜肩，卵形腹，腹部最大径位置靠近肩部，底部现已残损。口沿外壁施有较为稀疏的细绳纹，腹部施有较为紧密的细绳纹。口径23.1、最大腹径22.8、残高15.1、壁厚0.8~0.9厘米（图六五，9）。

标本SJ6：13，夹砂红褐陶。仅存口部残片，方唇，敞口，展沿，口部与腹部泥条套接痕迹明显。唇部施有一周稀疏的绳纹。口径23.0、残高7.1、壁厚0.8~1.1厘米（图六五，10）。

标本SJ6：14，夹砂黑褐陶。仅存口部残片，方唇，大敞口，展沿，口部与腹部泥条套接痕迹明显。唇部施有一周稀疏的绳纹。口径22.8、残高7.3、壁厚0.8~0.9厘米（图六五，11）。

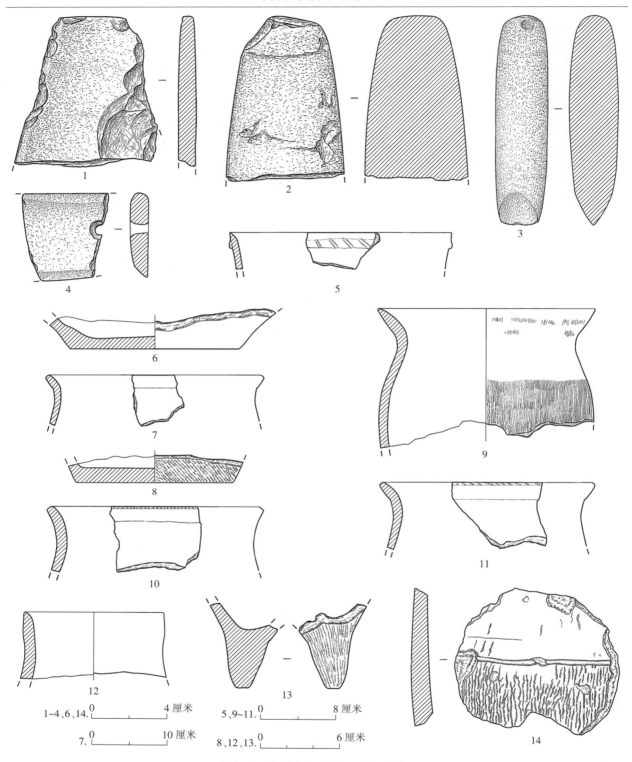

图六五　大刘台山遗址 SJ6 出土器物

1. 石铲（SJ6∶5）　2. 石斧（SJ6∶2）　3. 石凿（SJ6∶1）　4. 石刀（SJ6∶3）　5. 花边陶鬲（SJ6∶6）　6. 陶瓮（SJ6∶11）　7～11. 中型大口深腹陶罐（SJ6∶7、10、12、13、14）　12. 陶壶（SJ6∶8）　13. 陶鬲足（SJ6∶9）　14. 陶盘状器（SJ6∶4）

　　陶壶　1件。

　　标本 SJ6∶8，夹细砂黑褐陶。尖圆唇，侈口，口沿抹斜，近直领，腹部及底部现已残损。素面。口径 10.5、残高 5.2、壁厚 0.7～0.9 厘米（图六五，12）。

陶鬲足　1件。

标本 SJ6：9，夹砂红褐陶。乳头状实足跟外撇明显，足跟较圆钝。器表施有细绳纹。残高6.6、壁厚0.7～0.9厘米（图六五，13）。

陶盘状器　1件。

标本 SJ6：4，夹砂黑褐陶，陶色不纯，局部呈红褐色。由陶罐腹部残片改制而成，整体呈不规则的圆饼状，表面略鼓，边缘经过简单地修整。表面施有不规则的细绳纹。直径8.7、厚0.9厘米（图六五，14）。

（六）灰坑

大刘台山遗址共清理出49座夏家店下层文化时期灰坑。这些灰坑按平面形状可分为圆形坑、椭圆形坑、圆角（长）方形坑、三角形坑及不规则形坑等五种类型，大多数灰坑的坑壁及底部没有明显的加工痕迹。现按编号顺序对这49个灰坑分别予以介绍。

1. H13

（1）形制与规格

位于Ⅰ区 T1308 北部，开口于第②层下，开口距地表深约43厘米。H13 平面近似圆角长方形，坑壁斜收，底部不平略有起伏；坑壁及底部均未经过特殊加工处理。H13 开口处长190、宽142；底部长176、宽126；深49厘米（图六六）。

坑内堆积以灰黑土为主，夹杂有少量的石块、黑灰、红烧土块、炭粒等，土质较疏松。

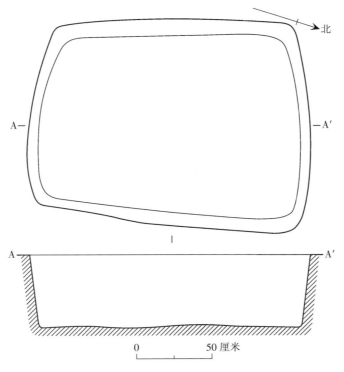

图六六　大刘台山遗址 H13 平、剖面图

（2）出土遗物

石铲　2件。

标本 H13：1，米黄色泥岩。柄部周缘保留有连续、细密的打击片疤便于缚柄捆绑，铲体表面

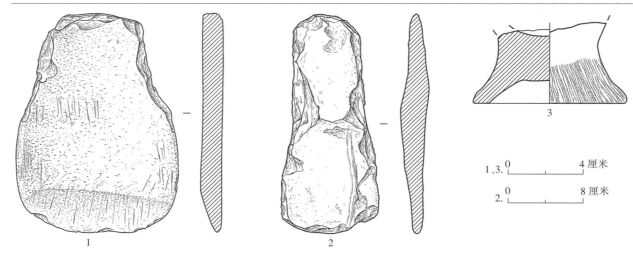

图六七　大刘台山遗址 H13 出土器物

1、2. 石铲（H13：1、2）　3. 圈足陶罐（H13：3）

经磨制较为光滑。平面近似"凸"字形，铲体扁薄，正面及背面较平，横截面呈圆角长方形。近平顶，长柄，溜肩，铲面体侧斜直，铲面的长度与宽度大体相当，刃部明显宽于顶部。单面弧刃，刃部与铲面相接处较圆润，刃线较明显，刃部有使用过程中形成的小崩口。长 12.0、刃宽 8.0、最大体厚 1.1 厘米（图六七，1）。

标本 H13：2，青灰色辉长岩。打制，器形较大，体厚，整体修整的较为粗糙，表面有保留劈裂面而形成的棱脊，体侧片疤连续、细密。平面近似长"凸"字形，较为狭长，弧顶，柄部较宽长，其与器身的分界线较明显。刃部明显宽于柄部，弧刃较薄，刃部有使用过程中形成的小崩口。长 23.9、刃宽 10.2、最大体厚 2.4 厘米（图六七，2；彩版三〇，1）。

圈足陶罐　1 件。

标本 H13：3，夹细砂黑褐陶，手工捏制而成。口部及腹部现已残损，喇叭形圈足较低矮，外撇明显。圈足外饰的细绳纹较凌乱，部分经过抹平处理。底座径 8.2、残高 4.4、壁厚 0.8～1.0 厘米（图六七，3）。

2. H15

（1）形制与规格

位于Ⅰ区 T1306 南部，开口于第③层下，开口距地表深约 72 厘米。H15 平面呈不规则的圆角方形，直壁，平底略有起伏；坑壁及底部均未经过特殊加工处理。H15 开口处边长约 121、深 37 厘米（图六八）。

坑内堆积以灰褐土为主，夹杂有少量的黄土块、红烧土颗粒、炭粒等，土质较疏松。

（2）出土遗物

中型大口深腹陶罐　1 件。

标本 H15：2，夹砂红褐陶。尖圆唇，侈口，展

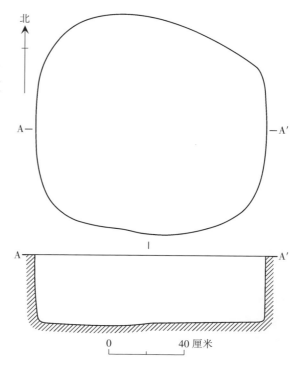

图六八　大刘台山遗址 H15 平、剖面图

第二章　大刘台山遗址

69

沿，束颈，溜肩，深腹，底部现已残损。施绳纹。器表施有绳纹。口径 18.4、残高 11.4、壁厚 0.8~1.1 厘米（图六九，1）。

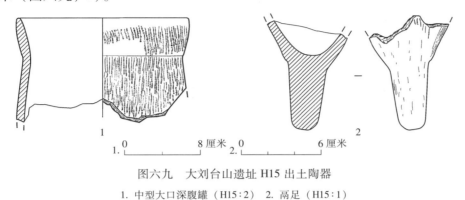

图六九　大刘台山遗址 H15 出土陶器

1. 中型大口深腹罐（H15:2）　2. 鬲足（H15:1）

陶鬲足　1 件。

标本 H15:1，夹砂红褐陶。柱状实心足跟，足跟较圆钝。器表施有绳纹，但多经抹平处理。残高 8.8、壁厚 0.6~0.8 厘米（图六九，2）。

3. H16

（1）形制与规格

位于 Ⅰ 区 T1208 南部，开口于第②层下，被 H12 打破，开口距地表深约 43 厘米。H16 平面近似圆角长方形，坑壁斜收，平底；坑壁及底部经过简单的抹平处理。H16 开口处长 76、宽 66 厘米；底部长 48、宽 40 厘米；深 76 厘米（图七〇；彩版二〇，1）。

坑内堆积以灰褐土为主，夹杂有少量的红烧土颗粒、炭粒等，土质较疏松。

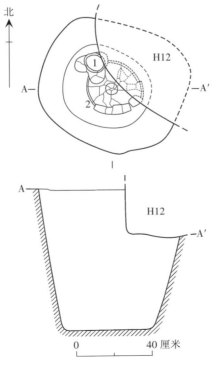

图七〇　大刘台山遗址 H16 平、剖面图

1. 陶甑　2. 陶瓮

（2）出土遗物

陶鬲 2件。

标本H16:1，夹砂黑褐陶。鬲盆现已残损，束腰，袋足较宽肥，乳头状实足跟，足跟较圆钝。鬲腰贴附有一周刻划"×"形凹槽的附加堆纹；袋足饰有细绳纹，较为规整。残高25.0、壁厚0.8~1.4厘米（图七一，1；彩版二二，3）。

标本H16:4，泥质灰褐陶，器表磨光。圆唇，大敞口，弧腹较深，收腰，袋足现已残损。腹部饰有四周凹弦纹。口径32.0、残高22.8、壁厚0.6~0.8厘米（图七一，2）。

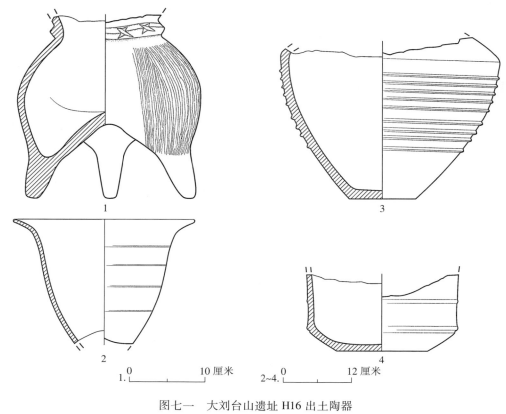

图七一 大刘台山遗址 H16 出土陶器
1、2. 鬲（H16:1、4） 3. 瓮（H16:2） 4. 尊（H16:3）

陶瓮 1件。

标本H16:2，泥质红陶，表面抹光。口部现已残损，溜肩，折腹，腹部最大径位置靠近肩部，下腹部急收成小平底。腹部施有九周截面呈三角形附加堆纹。最大腹径38.8、底径11.7、残高29.3、壁厚1.2~1.5厘米（图七一，3；彩版二三，1）。

陶尊 1件。

标本H16:3，泥质灰褐陶，器表磨光。口部现已残损，折腹，上腹部略外展，下腹部急收成平底。腹部施有两周凸棱，其中靠底的凸棱下施有一条凹槽。底径16.0、残高14.0、壁厚0.9~1.0厘米（图七一，4）。

4. H21

（1）形制与规格

位于Ⅰ区T1304、T1305内，开口于第③层下，打破F2，开口距地表深约68厘米。H21平面近似椭圆形，直壁，底部西高东低呈陡坡状；坑壁及底部均未经过特殊加工处理。H21 开口处长径 233、短径 174、深 16 ~ 67 厘米（图七二）。

坑内堆积以灰褐土为主，夹杂有大量的石块、黑灰、红烧土颗粒、炭粒等，土质较疏松。

（2）出土遗物

坑内较为纯净，仅出土有几片绳纹陶罐腹部残片。

5. H22

（1）形制与规格

位于 I 区 T1303 东部，开口于第②层下，打破 H23，开口距地表深约 66 厘米。H22 平面近似椭圆形，坑壁斜收，平底略有起伏；坑壁及底部均未经过特殊加工处理。H22 开口处长径 175、短径 137 厘米；底长径 150、短径 115 厘米；深 51 厘米（图七三）。

坑内堆积以灰褐土为主，夹杂有少量的石块、红烧土颗粒、炭粒等，土质较疏松。

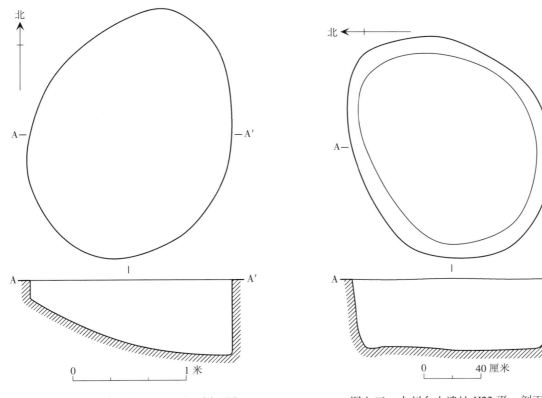

图七二　大刘台山遗址 H21 平、剖面图　　　　图七三　大刘台山遗址 H22 平、剖面图

（2）出土遗物

陶甗残片　1 件。

标本 H22：1，夹砂红褐陶。仅存甗腰残片，束腰。甗腰外侧贴附一周按压有圆窝纹的附加堆纹，其余器表施有绳纹。腰径 16.2、残高 5.4、壁厚 0.8 ~ 1.1 厘米（图七四，3）。

中型大口深腹陶罐　2 件。

标本 H22：2，夹砂红褐陶。圆唇，敞口，展沿，束颈，腹部及底部现已残损。素面。口径 14.1、残高 4.7、壁厚 0.6 ~ 0.7 厘米（图七四，1）。

标本 H22：3，夹砂红褐陶。仅存口部残片，圆唇，大敞口，折沿，束颈，腹部及底部现已残

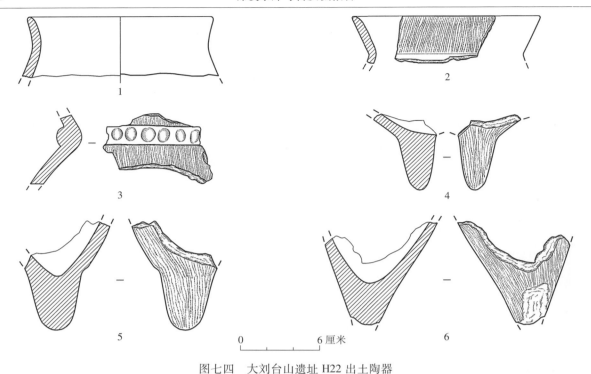

图七四　大刘台山遗址 H22 出土陶器

1、2. 中型大口深腹罐（H22∶2、3）　3. 甗残片（H22∶1）　4~6. 鬲足（H22∶6、4、5）

损。口沿外侧满施绳纹。口径 14.3、残高 3.6、壁厚 0.6~0.7 厘米（图七四，2）。

陶鬲足　3 件。

标本 H22∶4，夹砂红褐陶。乳头状实心足跟外撇，足跟较圆钝。器表满施绳纹。残高 8.4、壁厚 0.7~0.9 厘米（图七四，5）。

标本 H22∶5，夹砂红褐陶。锥状实心足跟，足尖残损。器表满施绳纹。残高 7.8、壁厚 0.7~0.9 厘米（图七四，6）。

标本 H22∶6，夹砂红褐陶。乳头状实心足跟，足跟较圆钝。器表满施绳纹。残高 6.2、壁厚 0.7~0.9 厘米（图七四，4）。

6. H23

（1）形制与规格

位于 I 区 T1303 东部，开口于第②层下，被 H22 打破，开口距地表深约 67 厘米。H23 平面近似椭圆形，直壁，平底；坑壁及底部均未经过特殊加工处理。H23 开口处长径 200、短径 161、深 48 厘米（图七五）。

坑内堆积以灰黑土为主，夹杂有大量的石块、黄土块、红烧土颗粒等，土质较疏松。

（2）出土遗物

坑内包含物较少，仅出土有少量的石器及

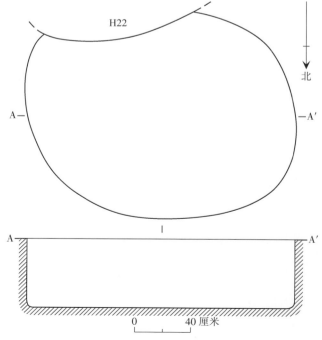

图七五　大刘台山遗址 H23 平、剖面图

陶器残片。石器仅见有 1 件磨制锛。陶器残片多为夹砂红褐陶，多施有绳纹，未见可复原者，可辨器形有瓮、鼎等。

石锛　1 件。

标本 H23：1，黄褐色粗砂岩。通体磨制得较为光滑。平面近似梯形，正面及背面均较平，横截面呈圆角长方形，平顶，体侧斜直，刃部明显宽于顶部，单面弧刃，刃部与锛体相接处较圆润，刃线不明显，刃部有使用过程中形成的崩口。长 8.4、刃宽 4.7、最大体厚 1.6 厘米（图七六，1；彩版三七，4）。

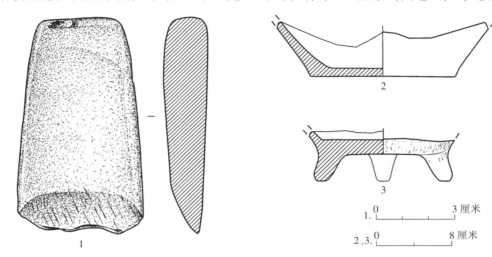

图七六　大刘台山遗址 H23 出土器物
1. 石锛（H23：1）　2. 陶瓮（H23：2）　3. 陶鼎（H23：3）

陶瓮　1 件。

标本 H23：2，夹细砂红褐陶，器表抹光。口部及上腹部现已残损，大平底。残损器体素面。底径 15.4、残高 6.0、壁厚 0.6~0.8 厘米（图七六，2）。

陶鼎　1 件。

标本 H23：3，夹砂黑褐陶，陶色不纯，局部呈红褐色。口部及腹部现已残损，大平底，底、腹连接处均匀附有 3 个外撇的短足。腹部及短足施有较为疏松的绳纹。底径 13.8、残高 5.2、壁厚 0.6~0.7 厘米（图七六，3）。

7. H24

（1）形制与规格

位于 Ⅰ 区 T1306、T1307 内，开口于第②层下，开口距地表深约 45 厘米。H24 平面近似圆形，直壁，平底；坑壁及底部均未经过特殊加工处理。H24 开口处直径 137~155、深 23 厘米（图七七；彩版二〇，2）。

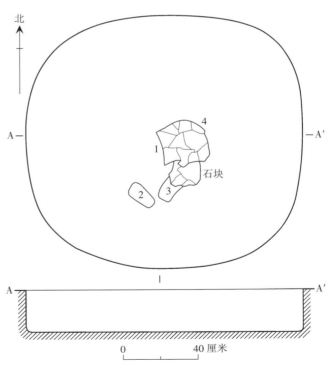

图七七　大刘台山遗址 H24 平、剖面图
1. 陶罐　2~4. 石铲

坑内堆积以灰褐土为主，夹杂有少量的石块、黄土块、红烧土颗粒、炭粒等，土质较疏松。

（2）出土遗物

石铲　4件。

标本 H24：2，浅红棕色流纹岩。打制，体薄，整体修整的较为规整，背部片疤较大，体侧片疤连续、细密。平面近似圆角梯形，较为宽扁，微弧顶，柄部与器身的分界线不明显。刃部明显宽于柄部，体侧较斜直，斜刃，刃部有使用过程中形成的小崩口。长 16.9、刃宽 9.1、最大体厚 1.2 厘米（图七八，1；彩版三○，3）。

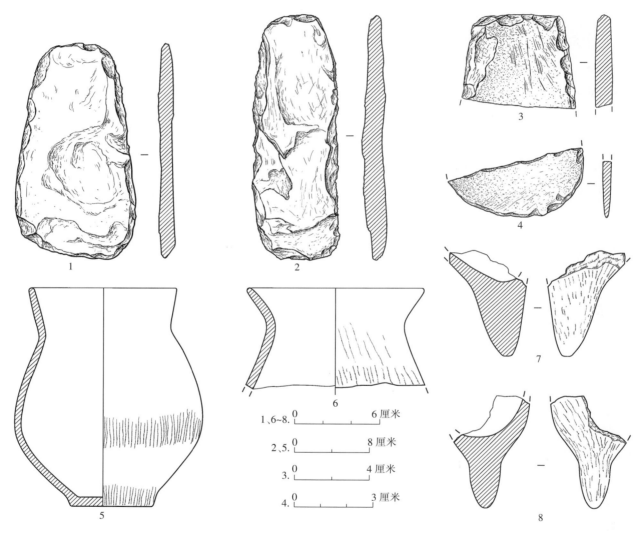

图七八　大刘台山遗址 H24 出土器物

1～4. 石铲（H24：2、3、4、8）　5、6. 中型大口深腹陶罐（H24：1、7）　7、8. 陶鬲足（H24：5、6）

标本 H24：3，淡紫褐色流纹岩。打制，器体较大，体厚，整体修整的较为粗糙，体侧片疤连续、细密。平面近似圆角长方形，较为狭长，近平顶，柄部与器身的分界线不明显。刃部略宽于柄部，体侧较直，近似平刃，刃部有使用过程中形成的崩口。长 26.8、刃宽 8.4、最大体厚 2.4 厘米（图七八，2；彩版三○，2）。

标本 H24：4，灰褐色流纹岩。柄部周缘保留有连续、细密的打击片疤便于缚柄捆绑，铲体表面经磨制较为光滑。仅存柄部，铲体扁薄，正面及背面较平，横截面呈圆角长方形，近平顶，体侧斜直，铲面残损。残长 5.1、残宽 6.0、最大体厚 0.9 厘米（图七八，3）。

标本 H24∶8，浅青灰色斑状流纹岩，夹杂有少量的白色、褐色斑晶。铲体表面磨制较为光滑。柄部残损，铲体扁薄，正面及背面较平，横截面呈圆角长方形，双面弧刃仅存局部，刃部与铲面相接处极圆润，刃线不显，刃部有使用过程中形成的小崩口，偏锋。残长 2.7、残宽 5.1、最大体厚 0.4 厘米（图七八，4）。

中型大口深腹陶罐　2 件。

标本 H24∶1，泥质黑褐陶，陶色不纯，局部呈红褐色，轮制。圆唇，侈口，展沿略外撇，束颈，溜肩，鼓腹，腹部最大径位置略偏下，台底呈圆饼状。中腹部及下腹部施有细绳纹。口径 15.6、最大腹径 20.0、底径 8.5、高 24.0、壁厚 0.6～0.8 厘米（图七八，5；彩版二三，5）。

标本 H24∶7，夹砂黑褐陶。圆唇，大敞口，展沿，束颈，溜肩，下腹部及底部现已残损。腹部施有较为稀疏的绳纹，但多已经过抹平处理。口径 13.4、残高 7.8、壁厚 0.7～0.8 厘米（图七八，6）。

陶鬲足　2 件。

标本 H24∶5，夹砂红褐陶。乳头状实心足跟，足跟微鼓圆钝。器表施有较为疏松的绳纹。残高 8.3、壁厚 0.8～0.9 厘米（图七八，7）。

标本 H24∶6，夹砂红褐陶。乳头状实心足跟，足跟较圆钝。器表施有较为疏松的绳纹。残高 8.6、壁厚 0.8～0.9 厘米（图七八，8）。

8. H25

（1）形制与规格

位于 I 区 T1102、T1103、T1202 及 T1203 内，开口于第③层下，开口距地表深约 75 厘米。H25 平面呈不规则的圆角长方形，直壁，平底；坑壁及底部均未经过特殊加工处理。H25 开口处长 237、宽 110～151、深 85 厘米（图七九）。

坑内堆积以灰褐土为主，夹杂有大量的石块、红烧土颗粒、炭粒等，土质较疏松。

（2）出土遗物

石铲　2 件。

标本 H25∶1，灰黑色安山岩，表面烟炱痕迹明显。打制，器体较小，体薄、较为扁平，整体修整的较为规整，局部片疤较大，体侧片疤连续、细密。平面近似

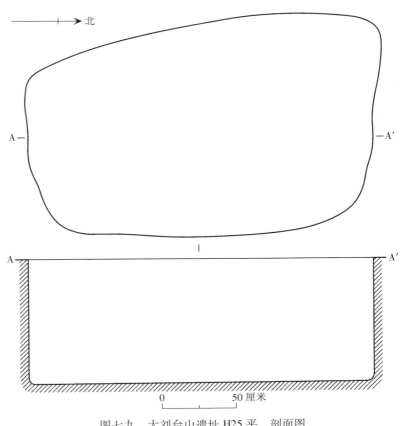

图七九　大刘台山遗址 H25 平、剖面图

圆角长方形，平顶，柄部与器身的分界线不明显。刃部明显宽于柄部，体侧外弧，双面弧刃，刃部有使用过程中形成的小崩口。长 13.2、刃宽 6.4、最大体厚 0.4 厘米（图八〇，1）。

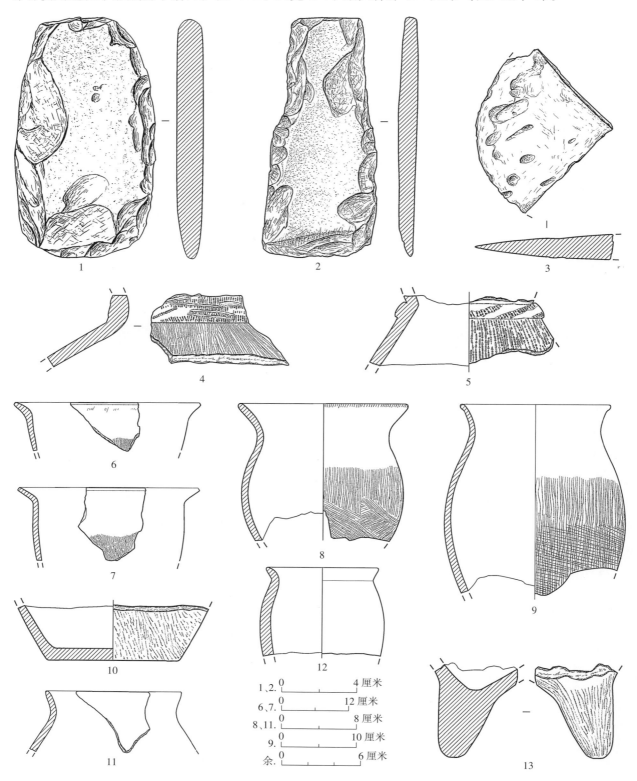

图八〇　大刘台山遗址 H25 出土器物

1、2. 石铲（H25：1、2）　3. 石盘状器（H25：5）　4 ~ 6. 陶甗（H25：12、14、17）　7. 陶盆（H25：16）　8 ~ 11. 中型大口深腹陶罐（H25：6、7、11、15）　12. 小型大口深腹陶罐（H25：9）　13. 陶鬲足（H25：10）

标本 H25：2，浅紫红色安山岩。铲体周缘保留有连续、细密的打击片疤便于缚柄捆绑，表面经磨制较为光滑。平面近似"凸"字形，铲体扁薄，正面及背面较平，横截面呈圆角长方形，平顶，短柄，溜肩，铲面体侧斜直，铲面的长度明显大于宽度。刃部明显宽于顶部，单面弧刃，刃部与铲面相接处较圆润，刃线不明显，刃部有使用过程中形成的小崩口。长 13.0、刃宽 5.8、最大体厚 1.0 厘米（图八〇，2）。

石盘状器　1 件。

标本 H25：5，灰褐色流纹岩。打制，由片状石坯加工而成，仅对周缘进行了简单修整，片疤细碎，而其他器体部分则保留有石皮。残损，现仅存一小扇形部分，平面原应呈圆形，整体中部较厚，向四周渐薄。直径约 16.2、最大体厚 2.0 厘米（图八〇，3）。

陶甗　3 件。

标本 H25：12，夹砂红褐陶。仅存甗腰残片，束腰。腰部贴附有一周的附加堆纹，附加堆纹上由于压印多条绳纹而形成凸棱；袋足满施绳纹。腰径 16.8、残高 5.6、壁厚 0.8～1.1 厘米（图八〇，4）。

标本 H25：14，泥质红褐陶。仅存甗腰，束腰。腰部贴附有一周按压椭圆形凹窝的附加堆纹，凹窝内压印绳纹；袋足满施绳纹。腰径 11.3、残高 5.4、壁厚 0.7～0.9 厘米（图八〇，5）。

标本 H25：17，夹砂红褐陶。仅存口部残片，方唇，大敞口，展沿，斜腹，甗腰及袋足现已残损。口沿外侧施有较为疏松的细绳纹，但多经抹平处理；腹部施有较为细密的绳纹。口径 32.9、残高 9.2、壁厚 0.7～1.3 厘米（图八〇，6）。

中型大口深腹陶罐　4 件。

标本 H25：6，泥质红褐陶。圆唇，敞口，展沿，束颈，溜肩，鼓腹，腹部最大径位置居中，底部现已残损。唇部施有一周细绳纹；腹部满饰细绳纹。口径 18.0、最大腹径 17.3、残高 15.1、壁厚 0.6～0.7 厘米（图八〇，8）。

标本 H25：7，泥质黑皮红褐陶，表面抹光。圆唇，敞口，展沿，束颈，溜肩，卵形腹较深，腹部最大径位置略靠上，底部现已残损。腹部满施较为凌乱的细绳纹。口径 20.0、最大腹径 24.1、残高 26.1、壁厚 0.5～0.7 厘米（图八〇，9）。

标本 H25：11，夹砂黑褐陶。口部及上腹部均已残损，大平底。器表满施绳纹。底径 10.1、残高 4.2、壁厚 0.6～0.8 厘米（图八〇，10）。

标本 H25：15，夹砂红褐陶。仅存口部残片，圆唇，侈口，展沿，溜肩，腹部及底部现已残损。残存器体素面。口径 14.4、残高 6.6、壁厚 0.6～0.8 厘米（图八〇，11）。

小型大口深腹陶罐　1 件。

标本 H25：9，夹砂黑陶。器体较小，圆唇，敞口，折沿，溜肩，卵形腹，腹部最大径位置靠近肩部，底部现已残损。素面。口径 8.5、最大腹径 9.4、残高 6.7、壁厚 0.6～0.8 厘米（图八〇，12）。

陶盆　1 件。

标本 H25：16，夹砂黑褐陶，陶色不纯，局部呈红褐色。仅存口部残片，方唇，大敞口，展沿，溜肩，弧腹较深，底部现已残损。腹部施有较为细密的绳纹。口径 32.2、最大腹径 27.0、残高 13.3、壁厚 0.8～0.9 厘米（图八〇，7）。

陶鬲足　2件。

标本 H25：10，夹砂红褐陶。乳头状实心足跟，足跟粗壮、圆钝。器表施有绳纹。残高 7.3、壁厚 0.7～0.9 厘米（图八○，13）。

标本 H25：13，夹砂红褐陶。近似柱状实心足跟，足跟较平。器表施有绳纹。残高 8.8、壁厚 0.9～1.1 厘米。

陶盘状器　2件。

标本 H25：4，夹砂红褐陶，陶色不纯，局部呈黑色。专门烧制而成，整体呈圆饼状，表面略鼓，背部平整。表面施有较为疏松的细绳纹，但多经抹平处理；边轮则满施细绳纹。直径 12.4、厚 1.2 厘米（图八一，1；彩版二八，1）。

标本 H25：8，夹砂红褐陶。由陶罐底部改制而成，平面近似不规则的圆形，一面略鼓，边缘经过简单地修整。素面。直径 9.7、厚 1.2 厘米（图八一，2）。

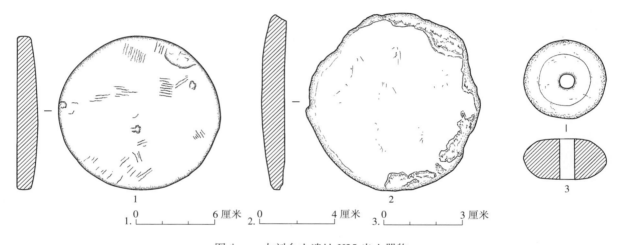

图八一　大刘台山遗址 H25 出土器物

1、2. 陶盘状器（H25：4、8）　3. 陶纺轮（H25：3）

陶纺轮　1件。

标本 H25：3，夹砂灰陶。整体呈算珠状，体扁，两端齐平，腹部圆鼓，中部纵向穿有一孔。素面。直径 3.2、厚 1.5、孔径 0.5 厘米（图八一，3）。

9. H26

（1）形制与规格

位于Ⅰ区 T1307 及 T1308 内，开口于第②层下，开口距地表深约 44 厘米。H26 平面呈不规则形，直壁，平底略有起伏；坑壁及底部均未经过特殊加工处理。H26 开口处长 128、宽 101、深 44 厘米（图八二）。

坑内堆积以灰褐土为主，夹杂有少量的黄土块、红烧土颗粒、炭粒等，土质较疏松。

（2）出土遗物

陶瓮　1件。

标本 H26：2，夹细砂红陶。仅存口部残片，方唇，敞口，折沿，束颈，溜肩，腹部及底部现已残损。残存器体素面。口径 37.8、残高 7.5、壁厚 0.8～1.1 厘米（图八三，1）。

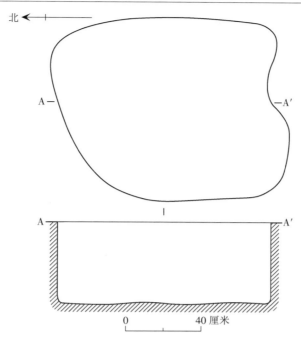

图八二　大刘台山遗址 H26 平、剖面图

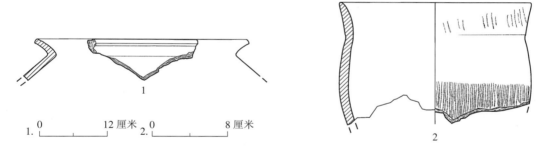

图八三　大刘台山遗址 H26 出土器物

1. 陶瓮（H26：2）　2. 中型大口深腹陶罐（H26：1）

中型大口深腹陶罐　1 件。

标本 H26：1，夹砂红褐陶。尖圆唇，侈口，展沿，束颈，溜肩，卵形腹，腹部最大径位置靠近肩部，底部现已残损。口沿外侧及腹部施有绳纹，但口沿外侧绳纹多经抹平处理。口径 20.5、最大腹径 20.4、残高 13.4、壁厚 0.7~0.9 厘米（图八三，2）。

10. H28

（1）形制与规格

位于 I 区 T1108 北部，开口于第②层下，开口距地表深约 42 厘米。H28 平面呈圆形，直壁，平底略有起伏；坑壁及底部均未经过特殊加工处理。H28 开口处直径 134~148、深 40~49 厘米（图八四）。

坑内堆积以黑土为主，夹杂有大量的黑灰、红烧土颗粒、炭粒等，土质较疏松。

（2）出土遗物

小型大口深腹陶罐　1 件。

标本 H28：1，夹砂黑褐陶。口部及上腹部现已残损，平底内凹。器表满施绳纹。底径 6.7、残高 4.7、壁厚 0.6~0.7 厘米（图八五，1）。

陶尊　1 件。

标本 H28∶2，泥质黑陶，器表磨光。口沿及底部现已损毁，折腹，下腹部圆鼓。素面。腹径 15.6、残高 11.5、壁厚 0.6~0.9 厘米（图八五，2）。

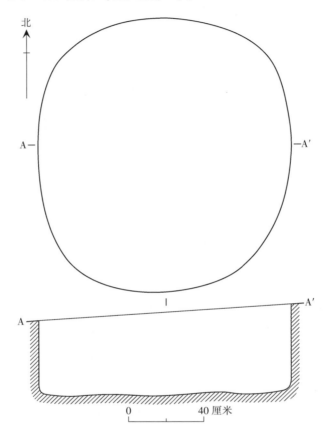

图八四　大刘台山遗址 H28 平、剖面图

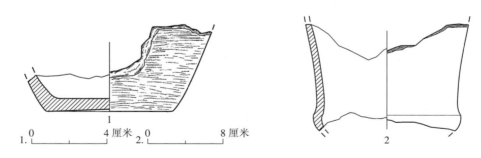

图八五　大刘台山遗址 H28 出土器物

1. 小型大口深腹陶罐（H28∶1）　2. 陶尊（H28∶2）

11. H29

（1）形制与规格

位于 I 区 T1005 及 T1006 内，开口于第②层下，开口距地表深约 47 厘米。H29 平面呈圆形，坑壁斜收，平底但起伏较明显；坑壁及底部均未经过特殊加工处理。H29 开口处直径 234~250、底部直径 230~243、深 58~65 厘米（图八六）。

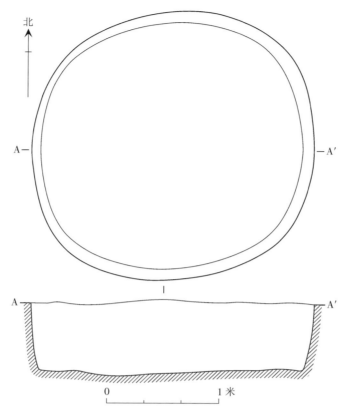

图八六　大刘台山遗址 H29 平、剖面图

坑内堆积以黄褐土为主，夹杂有大量的灰土、红烧土颗粒等，土质较疏松。

（2）出土遗物

石刀　1 件。

标本 H29：1，浅褐色粉砂岩。磨制得较为光滑，现已残损，仅存局部，刀面现存一对穿圆孔，单面弧刃，刃部与刀体相接处较陡直，刃线较明显，刃部由于使用而形成连续的小崩豁。残长 8.2、残宽 5.2、最大体厚 1.0 厘米（图八七，1）。

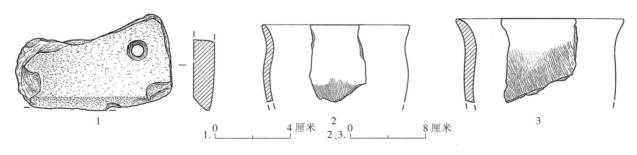

图八七　大刘台山遗址 H29 出土器物

1. 石刀（H29：1）　2、3. 中型大口深腹陶罐（H29：2、3）

中型大口深腹陶罐　2 件。

标本 H29：2，夹砂红褐陶。仅存口部残片，尖圆唇，侈口，展沿，束颈，溜肩，卵形腹，腹部最大径位置靠近肩部，底部现已残损。腹部施有绳纹。口径 15.8、最大腹径 15.4、残高 8.4、

壁厚 0.5 ~ 0.7 厘米（图八七，2）。

标本 H29：3，夹砂红褐陶。仅存口部残片，尖圆唇，侈口，展沿，束颈，溜肩，卵形腹微鼓，腹部最大径位置靠近肩部，底部现已残损。腹部施有较为紧密的绳纹。口径 17.8、最大腹径 16.0、残高 9.1、壁厚 0.8 ~ 1.1 厘米（图八七，3）。

12. H30

（1）形制与规格

位于 I 区 T0906 及 T1006 内，开口于第②层下，开口距地表深约 46 厘米。H30 平面近似不规则的圆角长方形，坑壁斜收，平底但起伏较明显；坑壁及底部均未经过特殊加工处理。H30 开口处长 203、宽 165 厘米；底长 180、宽 139 厘米；深 33 厘米（图八八）。

坑内堆积以灰褐土为主，夹杂有少量的石块、红烧土颗粒、炭粒等，土质较疏松。

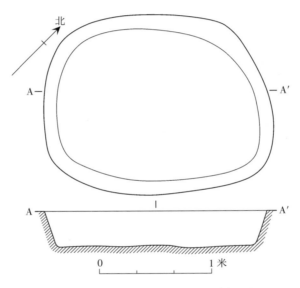

图八八　大刘台山遗址 H30 平、剖面图

（2）出土遗物

石铲　1 件。

标本 H30：3，灰黑色粉砂岩。铲体表面磨制较为光滑。柄部残损，铲体扁薄，正面及背面较平，横截面呈圆角长方形，双面弧刃，刃部与铲面相接处较圆润，刃线不明显，刃部有使用过程中形成的小崩口。残长 5.4、残宽 7.5、最大体厚 0.8 厘米（图八九，1）。

陶甗　1 件。

标本 H30：5，夹砂红褐陶。仅存口部残片，圆唇，大敞口，展沿，斜弧腹，甗腰及袋足现已残损。上腹部施有细绳纹。口径 30.4、残高 12.8、壁厚 0.6 ~ 0.8 厘米（图八九，2）。

中型大口深腹陶罐　1 件。

标本 H30：6，夹砂黑褐陶。口部及上腹部均已残损，大平底。器表施有绳纹。底径 8.7、残高 5.5、壁厚 0.7 ~ 0.8 厘米（图八九，3）。

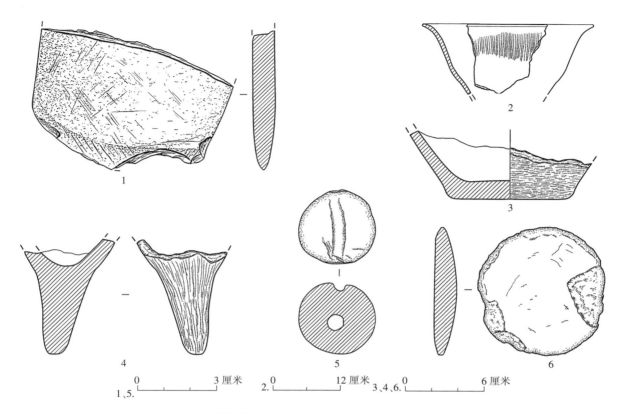

图八九　大刘台山遗址 H30 出土器物

1. 石铲（H30:3）　2. 陶甗（H30:5）　3. 中型大口深腹陶罐（H30:6）　4. 陶鬲足（H30:4）　5. 陶网坠（H30:1）　6. 陶盘状器（H30:2）

陶鬲足　1 件。

标本 H30:4，夹砂红褐陶。乳头状实心足跟，足跟较圆钝。器表满施绳纹。残高 8.8、壁厚 0.7～0.9 厘米（图八九，4）。

陶网坠　1 件。

标本 H30:1，夹砂黑褐陶。整体呈圆球状，体表纵向按压凹槽用于系绳，中部纵向穿有一孔。素面。直径 2.9、高 2.8、孔径 0.6 厘米（图八九，5；彩版二八，4）。

陶盘状器　1 件。

标本 H30:2，夹砂灰黑皮红褐陶。由陶罐底部改制而成，整体呈圆饼状，一面圆鼓，边缘经过简单地修整。素面。直径 10.6、厚 1.6 厘米（图八九，6）。

13. H32

（1）形制与规格

位于 Ⅰ 区 T1004 及 T1005 内，其延伸至 T0904 及 T0905 内部分未经发掘，开口于第③层下，开口距地表深约 71 厘米。H32 平面近似不规则的椭圆形，坑壁斜收，底部西高东低呈陡坡状；坑壁及底部均未经过特殊加工处理。H32（已发掘部分）开口处长径 316、短径 218 厘米；底长径 296、短径 200 厘米；深 36～101 厘米（图九〇）。

坑内堆积以灰褐土为主，夹杂有少量的石块、红烧土颗粒等，土质较疏松。

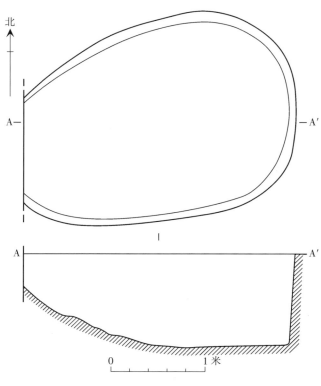

图九〇　大刘台山遗址 H32 平、剖面图

（2）出土遗物

中型大口深腹陶罐　1件。

标本 H32：2，夹砂红褐陶。圆唇，敞口，展沿，束颈，溜肩，卵形腹，腹部最大径位置靠近肩部，底部现已残损。腹部施有较为规整的绳纹。口径16.6、最大腹径15.4、残高9.3、壁厚0.7~0.9厘米（图九一，1）。

小型大口深腹陶罐　1件。

标本 H32：3，夹砂黑褐陶。圆唇，侈口，展沿，束颈，溜肩，卵形腹，腹部最大径位置靠近肩部，底部现已残损。腹部施有绳纹。口径10.2、最大腹径9.8、残高8.4、壁厚0.5~0.7厘米（图九一，2）。

陶盆　1件。

标本 H32：1，夹细砂黑褐陶，器表磨光。仅存口部残片，圆唇，大敞口，折沿，斜弧腹，底部现已残损。腹部施有弦断绳纹。口径38.4、残高12.4、壁厚0.8~0.9厘米（图九一，3）。

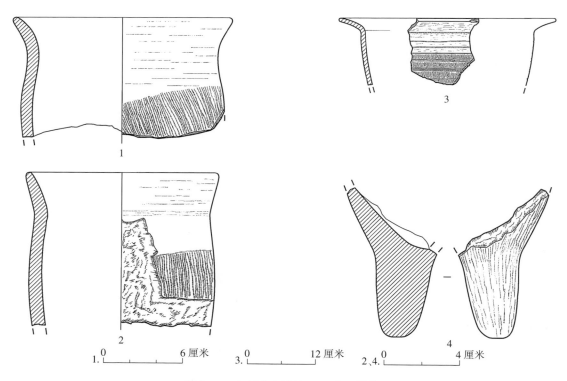

图九一　大刘台山遗址 H32 出土器物

1. 中型大口深腹陶罐（H32：2）　2. 小型大口深腹陶罐（H32：3）　3. 陶盆（H32：1）　4. 陶鬲足（H32：4）

陶鬲足　1件。

标本 H32∶4，夹砂红褐陶。乳头状实心足跟，足跟较圆钝。器表施有绳纹。残高 7.8、壁厚 0.6~1.4 厘米（图九一，4）。

14. H33

（1）形制与规格

位于 I 区 T1108 中部，开口于第③层下，开口距地表深约 70 厘米。H33 平面近似圆形，坑壁斜收，平底但起伏较明显；坑壁及底部均未经过特殊加工处理。H33 开口处直径 128~146、底部直径 106~123、深 50~54 厘米（图九二）。

坑内堆积以灰褐土为主，夹杂有少量的红烧土颗粒、炭粒等，土质较疏松。

（2）出土遗物

石铲　1件。

标本 H33∶2，浅青灰色流纹岩，夹杂有紫红色条状流纹。柄部周缘保留有连续、细密的打击片疤便于缚柄捆绑，铲体表面经磨制较为光滑。平面近似"凸"字形，铲体扁薄，正面及背面较平，横截面呈圆角长方形，顶部现已残损，长柄，溜肩，铲面体侧斜直，铲面的长度与宽度大体相当。刃部明显宽于顶部，双面弧刃，刃部与铲面相接处较圆润，刃线极不明显，刃部有使用过程中形成的小崩口。残长 12.0、刃宽 8.6、最大体厚 0.9 厘米（图九三，1）。

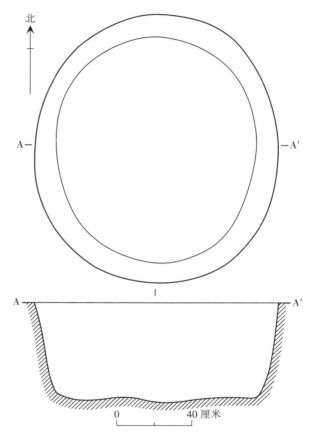

北

图九二　大刘台山遗址 H33 平、剖面图

陶瓮　1件。

标本 H33∶5，泥质黑褐陶。口部及腹部现已残损，大平底。残存器体素面。底径 13.2、残高 7.2、壁厚 0.6~0.8 厘米（图九三，2）。

中型大口深腹陶罐　2件。

标本 H33∶3，泥质红褐陶，陶色不纯，局部呈黑褐色，器表磨光。圆唇，敞口，折沿外撇，束颈，溜肩，鼓腹，腹部最大径位置略偏下，台底呈饼状。口沿外侧施有粗短绳纹；中、下腹部施有细绳纹。口径 14.4、最大腹径 19.0、底径 11.1、高 18.4、壁厚 0.3~0.5 厘米（图九三，3；彩版二三，6）。

标本 H33∶4，夹砂黑褐陶。仅存口部残片，圆唇，敞口，折沿，束颈，溜肩，卵形腹，腹部最大径位置靠近肩部，底部现已残损。腹部施有紧密的细绳纹。口径 15.6、最大腹径 14.3、残高 7.8、壁厚 0.6~0.7 厘米（图九三，4）。

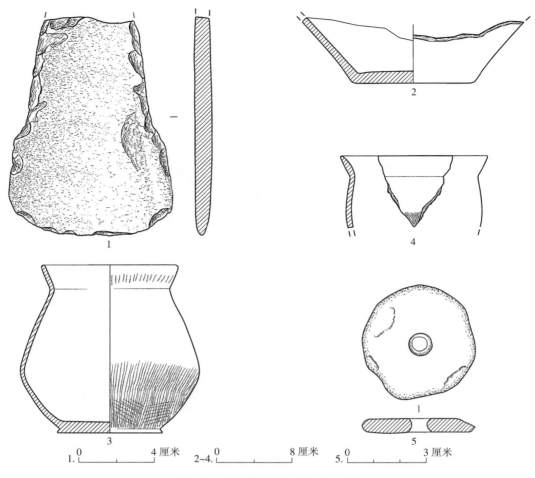

图九三　大刘台山遗址 H33 出土器物

1. 石铲（H33:2）　2. 陶瓮（H33:5）　3、4. 中型大口深腹陶罐（H33:3、4）　5. 陶纺轮（H33:1）

陶纺轮　1 件。

标本 H33:1，夹砂红陶。整体呈薄饼状，平面近似不规则的圆形，体薄，中部纵向穿有一孔。素面。直径 4.2、厚 0.5、孔径 0.9 厘米（图九三，5）。

15. H34

（1）形制与规格

位于 I 区 T1207 东部，开口于第②层下，开口距地表深约 41 厘米。H34 平面近似不规则的圆角长方形，坑壁斜收，平底略有起伏；坑壁及底部均未经过特殊加工处理。H34 开口处长 225、宽160 厘米；底长 209、宽 141 厘米；深 54～57 厘米（图九四）。

坑内堆积以黑褐土为主，夹杂有大量的石块、红烧土颗粒、炭粒等，土质较疏松。

（2）出土遗物

中型大口深腹陶罐　1 件。

标本 H34:2，夹砂黑褐陶。圆唇，敞口，折沿，束颈，溜肩，卵形腹，底部现已残损。通体施有较为凌乱的绳纹。口径 15.2、残高 10.5、壁厚 0.6～0.8 厘米（图九五，1）。

小型大口深腹陶罐　2 件。

标本 H34:1，夹细砂黑皮红褐陶。口部现已残损，束颈，溜肩，卵形腹较深，腹部最大径位

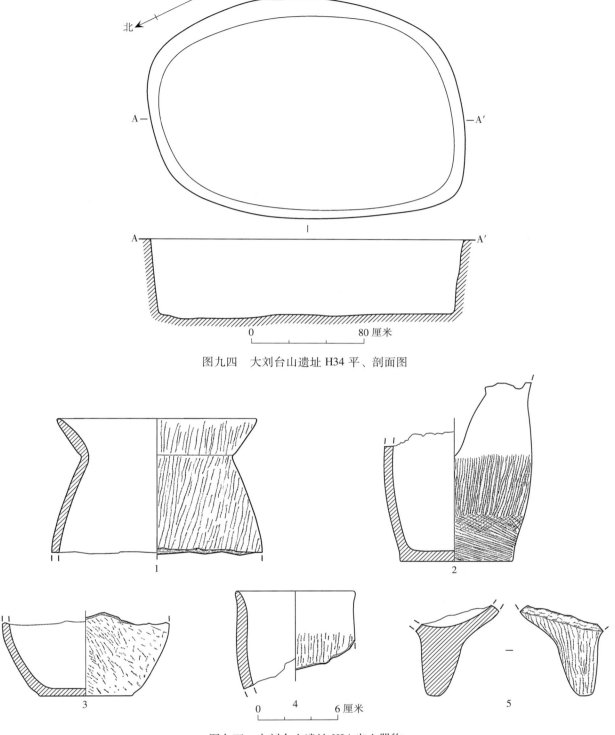

图九四　大刘台山遗址 H34 平、剖面图

图九五　大刘台山遗址 H34 出土器物

1. 中型大口深腹陶罐（H34:2）　2、3. 小型大口深腹陶罐（H34:1、5）　4. 陶杯（H34:3）　5. 陶鬲足（H34:4）

置居中，平底。腹部施有较为凌乱的细绳纹。最大腹径 11.3、底径 8.5、残高 14.0、壁厚 0.5 ~ 0.6 厘米（图九五，2；彩版二五，2）。

标本 H34:5，夹砂黑陶。口部及上腹部现已残损，平底。腹部施有绳纹，但多经抹平处理。底径 7.0、残高 6.5、壁厚 0.5 ~ 0.6 厘米（图九五，3）。

陶杯　1件。

标本 H34∶3，夹砂黑褐陶。圆唇，侈口，微束颈，筒形腹较深，底部现已残损。腹部施有绳纹。口径9.2、最大腹径8.9、残高7.5、壁厚0.7～0.9厘米（图九五，4）。

陶鬲足　1件。

标本 H34∶4，夹砂红褐陶。乳头状实心足跟，足跟较圆钝。器表施有绳纹。残高7.2、壁厚0.8～0.9厘米（图九五，5）。

16. H35

（1）形制与规格

位于Ⅰ区 T1317 北部，其延伸至发掘区外部分未经发掘，开口于第②层下，开口距地表深约45厘米。H35 平面近似圆角长方形，直壁，坑底平坦；坑壁及底部均未经过特殊加工处理。H35（已发掘部分）开口处长171、宽140、深45厘米（图九六）。

坑内堆积以灰褐土为主，夹杂有少量的石块、红烧土颗粒、炭粒等，土质较疏松。

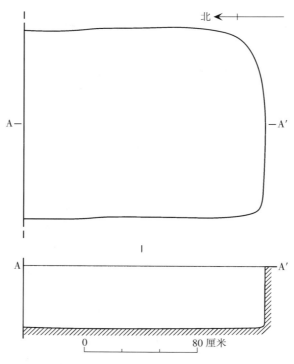

图九六　大刘台山遗址 H35 平、剖面图

（2）出土遗物

陶甗　1件。

标本 H35∶1，夹砂红褐陶。圆唇，敞口，展沿，束颈，斜弧腹，甗腰及袋足现已残损。口沿外侧施有稀疏的绳纹，但多经抹平处理；腹部施有细密的绳纹。口径38.1、残高8.8、壁厚0.7～1.0厘米（图九七，1）。

陶鬲足　1件。

标本 H35∶2，夹砂红褐陶。乳头状实心足跟，足跟较圆锐。器表满施绳纹。残高8.2、壁厚0.6～0.7厘米（图九七，2）。

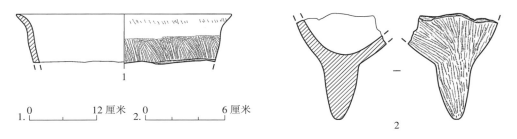

图九七　大刘台山遗址 H35 出土器物

1. 陶甗（H35∶1）　2. 陶鬲足（H35∶2）

17. H36

（1）形制与规格

位于Ⅰ区 T1317 西南角，开口于第②层下，开口距地表深约 46 厘米。H36 平面近似圆形，坑壁斜收，坑底平坦；坑壁及底部均未经过特殊加工处理。H36 开口处直径 59 ~ 64、底部直径 52 ~ 58、深 25 厘米（图九八）。

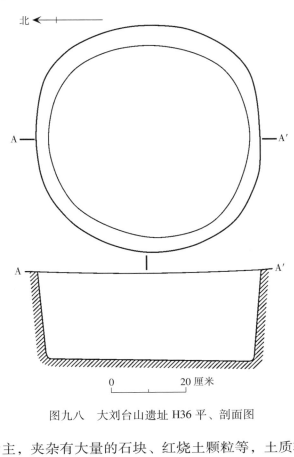

图九八　大刘台山遗址 H36 平、剖面图

坑内堆积以黑褐土为主，夹杂有大量的石块、红烧土颗粒等，土质较疏松。

（2）出土遗物

大型大口深腹陶罐　1 件。

标本 H36∶1，夹砂黑褐陶。口部及上腹部现已残损，平底内凹。器表满施绳纹。底径 16.0、残高 3.1、壁厚 0.9 ~ 1.1 厘米（图九九，3）。

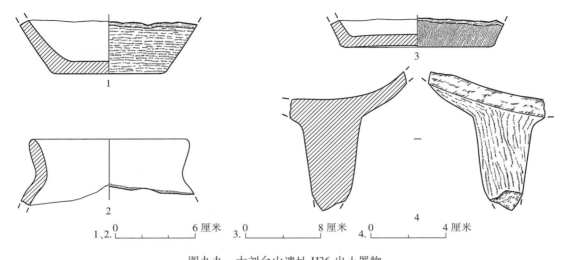

图九九　大刘台山遗址 H36 出土器物

1、2. 中型大口深腹陶罐（H36：2、3）　3. 大型大口深腹陶罐（H36：1）　4. 陶鬲足（H36：4）

中型大口深腹陶罐　2 件。

标本 H36：2，夹砂黑褐陶。口部及上腹部现已残损，平底。器表满施绳纹。底径 8.7、残高 4.1、壁厚 0.7～0.9 厘米（图九九，1）。

标本 H36：3，夹砂红褐陶。圆唇，侈口，展沿，束颈，腹部及底部现已残损。素面。口径 12.4、残高 5.0、壁厚 0.7～0.9 厘米（图九九，2）。

陶鬲足　1 件。

标本 H36：4，夹砂红褐陶。乳头状实心足跟，足尖残损。器表满施绳纹。残高 7.6、壁厚 0.8～0.9 厘米（图九九，4）。

18. H37

（1）形制与规格

位于 I 区 T1314 及 T1315 内，开口于第②层下，开口距地表深约 43 厘米。H37 平面近似三角形，坑壁斜收，平底略有起伏；坑壁及底部均未经过特殊加工处理。H37 开口处三边长 136、154、184 厘米；底部三边长 124、141、167 厘米；深 34～37 厘米（图一○○）。

坑内堆积以黑褐土为主，夹杂有大量的石块、红烧土颗粒等，土质较疏松。

（2）出土遗物

坑内较为纯净，仅出土有几片陶罐腹部残片。

19. H38

（1）形制与规格

位于 I 区 T1205 及 T1305 内，开口于第②层下，打破 F2、F4，开口距地表深约 44 厘米。H38 平面近似不规则的椭圆形，坑壁斜收，圜底略有起伏；坑壁及底部

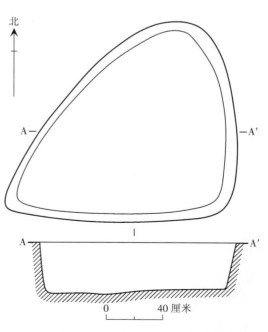

图一○○　大刘台山遗址 H37 平、剖面图

均未经过特殊加工处理。H38 开口处长径 330、短径 228、深 32 厘米（图一〇一）。

坑内堆积以灰褐土为主，夹杂有少量的石块、黄土块、红烧土颗粒、炭粒等，土质较疏松。

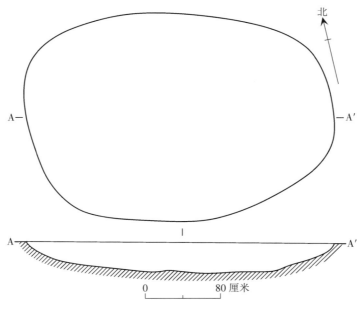

图一〇一　大刘台山遗址 H38 平、剖面图

（2）出土遗物

陶甗　1 件。

标本 H38：2，夹砂红褐陶。圆唇，喇叭状口大敞，斜腹，甗腰及袋足现已残损。腹部施有绳纹。口径 26.7、残高 11.0、壁厚 0.8 ~ 1.2 厘米（图一〇二，1）。

中型大口深腹陶罐　1 件。

标本 H38：1，夹砂红褐陶。口部及上腹部现已残损，平底内凹。腹部施有绳纹。底径 9.3、残高 6.7、壁厚 0.6 ~ 0.8 厘米（图一〇二，2）。

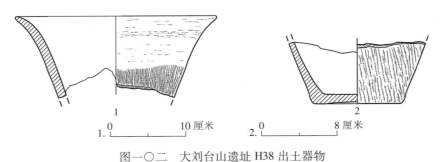

图一〇二　大刘台山遗址 H38 出土器物
1. 陶甗（H38：2）　2. 中型大口深腹陶罐（H38：1）

20. H40

（1）形制与规格

位于Ⅰ区 T1011 西南部，开口于第③层下，开口距地表深约 68 厘米。H40 平面近似椭圆形，坑壁斜收，平底略有起伏；坑壁及底部均未经过特殊加工处理。H40 开口处长径 194、短径 137 厘米；底长径 182、短径 116 厘米；深 90 ~ 94 厘米（图一〇三）。

坑内堆积以灰褐土为主，夹杂有少量的石块、红烧土颗粒等，土质较疏松。

（2）出土遗物

石铲　2件。

标本 H40:5，浅黛青色斑状流纹岩，夹杂有大量的白花絮状斑晶。铲体表面磨制得较为光滑。柄部残损，铲体扁薄，正面及背面较平，横截面呈圆角长方形。单面弧刃，刃部与铲面相接处较圆润，刃线不明显，刃部有使用过程中形成的小崩口。残长5.7、残宽8.2、最大体厚0.7厘米（图一〇四，1）。

标本 H40:6，浅紫红色斑状流纹岩，夹杂有大量的白色块状斑晶。铲体表面磨制得较为光滑。柄部残损，铲体扁薄，正面及背面较平，横截面呈圆角长方形，体侧较直。单面弧刃，刃部与铲面相接处较圆润，刃线不明显，刃部有使用过程中形成的小崩口，偏锋。残长6.9、宽8.5、最大体厚0.8厘米（图一〇四，2）。

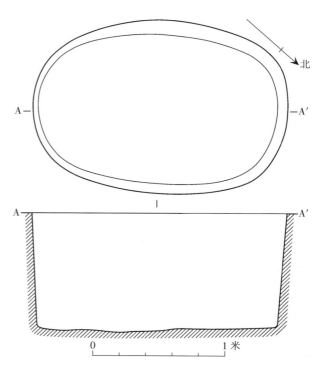

图一〇三　大刘台山遗址 H40 平、剖面图

中型大口深腹陶罐　4件。

标本 H40:2，夹细砂红陶，陶色不纯，局部呈黑褐色。圆唇，侈口，展沿，束颈，溜肩，卵形腹，腹部最大径位置靠近肩部，平底。腹部施有较为凌乱的细绳纹。口径16.1、最大腹径18.6、底径8.7、高24.4、壁厚0.5~0.6厘米（图一〇四，3；彩版二四，1）。

标本 H40:3，夹细砂黑陶。圆唇，敞口，展沿，溜肩，鼓腹，腹部最大径位置略靠上，底部现已残损。口沿外侧施有细绳纹，但多经抹平处理；腹部施有较为凌乱的细绳纹。口径14.7、最大腹径17.0、残高15.5、壁厚0.4~0.5厘米（图一〇四，4）。

标本 H40:4，夹细砂黑褐陶。圆唇，敞口，展沿略外鼓，溜肩，卵形腹，腹部最大径位置略靠上，底部现已残损。口沿外侧及腹部施有较为凌乱的细绳纹。口径14.4、最大腹径18.2、残高15.6、壁厚0.3~0.5厘米（图一〇四，5）。

标本 H40:7，夹砂红褐陶。口部及上腹部现已残损，平底。器表满施绳纹。底径10.1、残高2.2、壁厚0.7~0.8厘米（图一〇四，6）。

陶鬲足　2件。

标本 H40:8，夹砂红褐陶。乳头状实心足跟，足跟较平实。残高5.6、壁厚0.7~0.8厘米（图一〇四，7）。

标本 H40:9，夹砂红褐陶。乳头状实心足跟，足跟较圆钝。残高6.1、壁厚0.7~0.9厘米（图一〇四，8）。

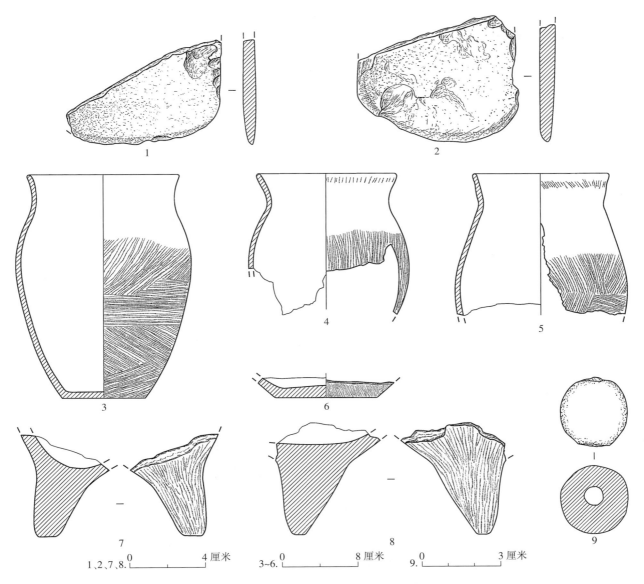

图一〇四　大刘台山遗址 H40 出土器物

1、2. 石铲（H40：5、6）　3～6. 中型大口深腹陶罐（H40：2、3、4、7）　7、8. 陶鬲足（H40：8、9）　9. 陶网坠（H40：1）

陶网坠　1件。

标本 H40：1，夹砂灰陶。整体呈圆球状，中部纵向穿有一孔。素面。直径2.4、高2.6、孔径0.7厘米（图一〇四，9；彩版二八，4）。

21. H41

（1）形制与规格

位于Ⅰ区 T1011 北部，开口于第③层下，开口距地表深约70厘米。H41 平面近似椭圆形，坑壁斜收，平底略有起伏；坑壁及底部均未经过特殊加工处理。H41 开口处长径221、短径165厘米；底长径204、短径138厘米；深82～85厘米（图一〇五）。

坑内堆积以黑褐土为主，夹杂有少量的红烧土颗粒等，土质较疏松。

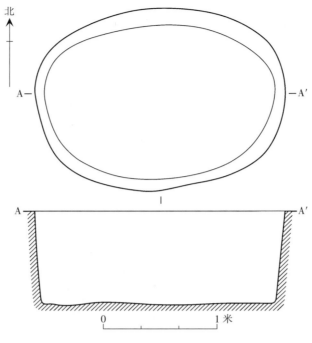

图一〇五　大刘台山遗址 H41 平、剖面图

（2）出土遗物

石铲　1 件。

标本 H41:3，浅黄褐色粉砂岩。铲体表面磨制得较为光滑。柄部残损，铲体扁薄，正面及背面较平，横截面呈圆角长方形，体侧较直。双面弧刃，刃部与铲面相接处极圆润，刃线不显，刃部有使用过程中形成的小崩口，偏锋。残长 7.9、宽 10.1、最大体厚 0.8 厘米（图一〇六，1）。

陶甗　2 件。

标本 H41:7，夹砂红褐陶。仅存甗腰，束腰。腰部贴附有一周压印条状绳纹带的附加堆纹，甗盆及袋足满施绳纹。腰径 13.6、残高 6.4、壁厚 0.6～0.8 厘米（图一〇六，2）。

标本 H41:8，夹砂红褐陶。仅存甗腰，束腰。腰部贴附有一周压印条状绳纹带的附加堆纹，袋足满施绳纹。腰径 11.4、残高 7.2、壁厚 0.7～0.9 厘米（图一〇六，3）。

中型小口鼓腹陶罐　1 件。

标本 H41:9，夹砂红褐陶。口部及上腹部现已残损，鼓腹，平底。素面。底径 9.9、高 4.8、壁厚 0.7～0.8 厘米（图一〇六，4）。

小型大口深腹陶罐　1 件。

标本 H41:6，夹砂黑褐陶。圆唇，敞口，展沿，束颈，溜肩，卵形腹，下腹部及底部现已残损。口径 10.3、残高 4.5、壁厚 0.7～0.8 厘米（图一〇六，5）。

陶壶　1 件。

标本 H41:4，夹砂黑褐陶。尖圆唇，喇叭口大敞，腹部及底部现已残损。素面。口径 21.2、残高 7.3、壁厚 0.4～0.9 厘米（图一〇六，6）。

陶尊　1 件。

标本 H41:5，泥质黄褐陶，器表抹光。口部现已残损，折腹，上腹部外展，下腹部较圆鼓，大平底。素面。最大腹径10.7、底径6.9、残高4.9、壁厚0.7~1.0厘米（图一〇六，7）。

陶盘状器　2件。

标本H41：1，泥质红褐陶，器表磨光。由陶瓮肩部残片改制而成，整体呈圆饼状，器壁弧度较大，边缘经过精细地修整。素面。直径11.72、厚0.7厘米（图一〇六，8）。

标本H41：2，泥质红陶。由陶罐底部改制而成，整体呈不规则的圆饼状，边缘由于仅经过简单地修整而棱角明显。素面。直径7.2、厚0.7~0.8厘米（图一〇六，9）。

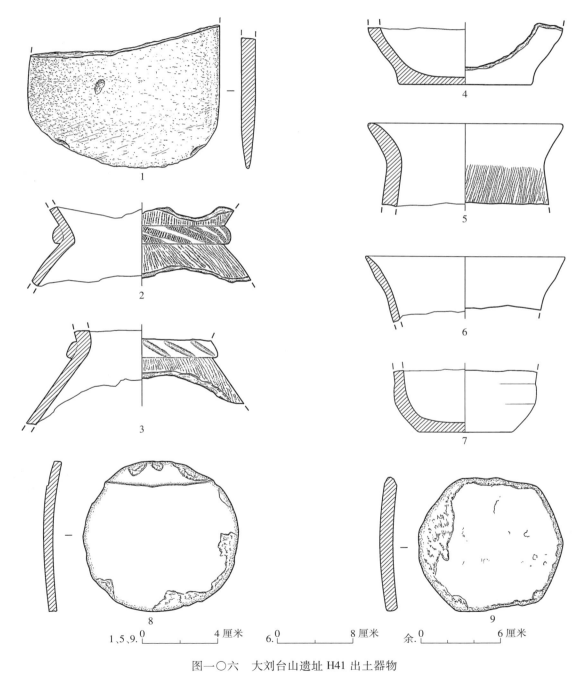

图一〇六　大刘台山遗址 H41 出土器物

1. 石铲（H41：3）　2、3. 陶甗（H41：7、8）　4. 中型小口鼓腹陶罐（H41：9）　5. 小型大口深腹陶罐（H41：6）　6. 陶壶（H41：4）　7. 陶尊（H41：5）　8、9. 陶盘状器（H41：1、2）

22. H43

（1）形制与规格

位于Ⅰ区T1211及T1311内，开口于第②层下，打破F8，开口距地表深约40厘米。H43平面近似圆形，坑壁斜收，底部平坦；坑壁及底部均未经过特殊加工处理。H43开口处直径81~88厘米；底部直径59~70厘米；深48厘米（图一〇七）。

坑内堆积以灰褐土为主，夹杂有大量的石块、红烧土颗粒、炭粒等，土质较疏松。

（2）出土遗物

中型大口深腹陶罐　1件。

标本H43:1，夹砂红褐陶。尖圆唇，敞口，展沿，束颈，溜肩，卵形腹微鼓，下腹部及底部现已残损。腹部施有绳纹，但多经抹平处理。口径12.2、残高7.6、壁厚0.7~1.0厘米（图一〇八，1）。

小型大口深腹陶罐　1件。

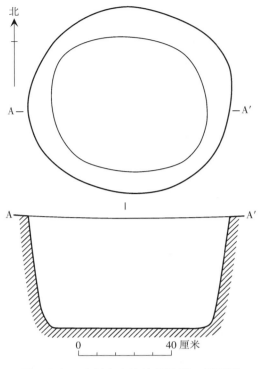

图一〇七　大刘台山遗址H43平、剖面图

标本H43:2，夹砂红褐陶。口部及上腹部现已残损，台底呈厚饼状。腹部施有绳纹，但均已抹平。底径6.1、残高5.9、壁厚0.6~0.8厘米（图一〇八，2）。

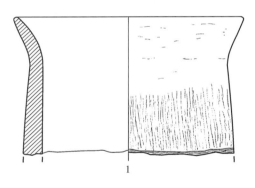
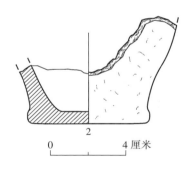

图一〇八　大刘台山遗址H43出土器物

1. 中型大口深腹陶罐（H43:1）　2. 小型大口深腹陶罐（H43:2）

23. H44

（1）形制与规格

位于Ⅰ区T1118及T1218内，开口于第③层下，开口距地表深约74厘米。H44平面近似不规则的椭圆形，坑壁斜收，底部中间高四周低呈圆隆状；坑壁及底部均未经过特殊加工处理。H44开口处长径198、短径149厘米；底部长径173、短径124厘米；深37~42厘米（图一〇九）。

坑内堆积以黑褐土为主，夹杂有少量的黄土块、红烧土颗粒、炭粒等，土质较疏松。

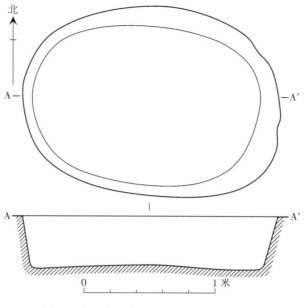

图一〇九 大刘台山遗址 H44 平、剖面图

（2）出土遗物

石铲 1 件。

标本 H44：1，浅紫红色流纹岩。柄部周缘保留有连续、细密的打击片疤便于缚柄捆绑，铲体表面经磨制较为光滑。平面近似"凸"字形，铲体扁薄，正面及背面较平，横截面呈圆角长方形，平顶，短柄，溜肩，铲面体侧斜直，铲面的长度明显大于宽度。刃部明显宽于顶部，单面弧刃，刃部与铲面相接处较圆润，刃线极不明显，刃部有使用过程中形成的小崩口，偏锋。长 18.8、刃宽 7.5、最大体厚 1.2 厘米（图一一〇，1；彩版三一，4）。

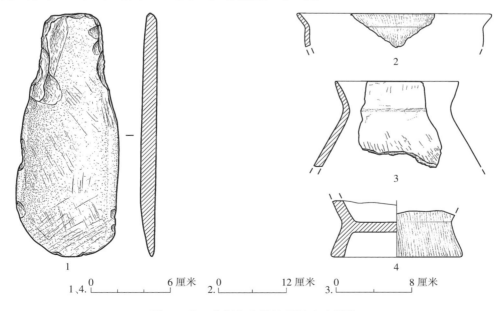

图一一〇 大刘台山遗址 H44 出土器物

1. 石铲（H44：1） 2. 大型大口深腹陶罐（H44：4） 3. 中型大口深腹陶罐（H44：3） 4. 中型圈足陶罐（H44：2）

大型大口深腹陶罐　1件。

标本 H44:4，夹砂红褐陶。仅存口部残片，圆唇，敞口，折沿，束颈，溜肩，卵形腹，腹部最大径位置靠近肩部，底部现已残损。器表施有细密的绳纹。口径 34.5、残高 6.1、壁厚 0.6～0.8 厘米（图一一〇，2）。

中型大口深腹陶罐　1件。

标本 H44:3，夹砂黑褐陶。仅存口部残片，尖圆唇，敞口，折沿，束颈，溜肩，鼓腹，底部现已残损。口沿外侧施有细绳纹，但多经抹平处理；腹部施有较为稀疏的细绳纹。口径 13.1、残高 9.3、壁厚 0.6～0.9 厘米（图一一〇，3）。

中型圈足陶罐　1件。

标本 H44:2，夹砂红褐陶。口部及上腹部现已残损，高圈足，足墙外撇明显，足跟较宽平。器表满施绳纹。底径 10.2、残高 4.3、壁厚 0.7～0.8 厘米（图一一〇，4）。

24. H46

（1）形制与规格

位于Ⅰ区 T1217 及 T1218 内，开口于第③层下，开口距地表深约 68 厘米。H46 平面近似不规则的椭圆形，坑壁斜收，平底略有起伏；坑壁及底部均未经过特殊加工处理。H46 开口处长径184、短径 158 厘米；底部长径 156、短径 106 厘米；深 76～80 厘米（图一一一）。

坑内堆积以灰黑土为主，夹杂有少量的红烧土颗粒等，土质较疏松。

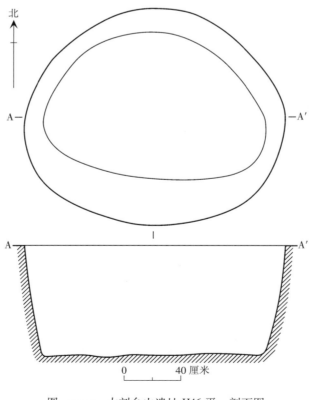

图一一一　大刘台山遗址 H46 平、剖面图

（2）出土遗物

石镰 1件。

标本 H46：1，灰黑色粉砂岩。半成品，通体磨制，穿孔未钻透。整体较为宽短，平面近似直角三角形，平背，背脊较圆鼓，尾端微弧。单面弧刃，刃部与镰体相接处较圆滑，刃线不明显，刃部前端急挑与背部相连，前锋较圆钝。长 11.7、宽 5.4、最大体厚 1.3 厘米（图一一二，1；彩版三五，3）。

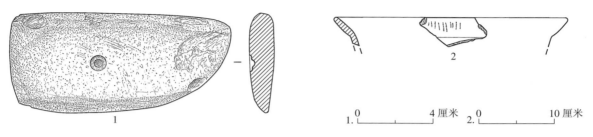

图一一二 大刘台山遗址 H46 出土器物

1. 石镰（H46：1） 2. 陶鬲（H46：2）

陶鬲 1件。

标本 H46：2，夹砂红褐陶。仅存口部残片，圆唇，大敞口，斜腹，鬲腰及袋足现已残损。口沿外壁施有较为稀疏的绳纹，但多经抹平处理。口径 30.9、残高 3.8、壁厚 0.7～0.9 厘米（图一一二，2）。

25. H47

（1）形制与规格

位于 I 区 T1118 东部，开口于第②层下，开口距地表深约 44 厘米。H47 平面近似不规则的圆角长方形，坑壁斜收，坑底平坦；坑壁及底部均未经过特殊加工处理。H47 开口处长 196、宽 144 厘米；底长 168、宽 118 厘米；深 39 厘米（图一一三）。

坑内堆积以灰褐土为主，夹杂有少量的石块、红烧土颗粒、炭粒等，土质较疏松。

（2）出土遗物

中型大口深腹陶罐 2件。

标本 H47：2，夹砂红褐陶。仅存口部残片，尖圆唇，敞口，折沿，束颈，溜肩，腹部及底部现已残损。口沿外侧施有较为稀疏的绳纹，但多经抹平处理。口径 24.2、残高 5.8、壁厚 0.7～0.9 厘米（图一一四，1）。

标本 H47：3，夹砂黑褐陶。尖圆唇，敞口，展沿，束颈，溜肩，卵形腹，腹部最大径位置靠近肩部，下腹部及底部现已残损。腹部施有细密的绳纹。口径 16.8、残高 8.7、壁厚 0.7～

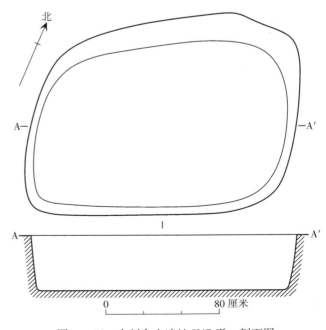

图一一三 大刘台山遗址 H47 平、剖面图

0.8 厘米（图一一四，3）。

小型大口鼓腹陶罐　1件。

标本 H47：1，泥质黑陶，器表抹光。口部现已残损，展沿，束颈，溜肩，鼓腹，腹部最大径位置居中，平底内凹，内底中部留有圆锥状隆突。素面。最大腹径9.0、底径4.6、残高7.9、壁厚0.2~0.3厘米（图一一四，4；彩版二五，3）。

陶盆　1件。

标本 H47：5，夹砂红褐陶。仅存口部残片，方唇，大敞口，展沿微卷，斜腹微鼓。腹部施有绳纹。口径32.4、残高9.5、壁厚0.8~1.0厘米（图一一四，2）。

陶鬲足　1件。

标本 H47：4，夹砂红褐陶。乳头状实心足跟，足跟圆钝。器表满施绳纹。残高7.3、壁厚0.8~1.1厘米（图一一四，5）。

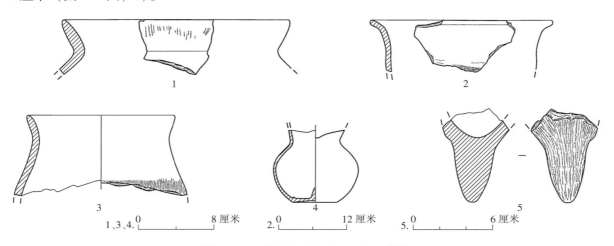

1、3、4.　0　　　　　　8厘米　　2.　0　　　　　　12厘米　　5.　0　　　　6厘米

图一一四　大刘台山遗址 H47 出土器物

1、3. 中型大口深腹陶罐（H47：2、3）　2. 陶盆（H47：5）　4. 小型大口鼓腹陶罐（H47：1）　5. 陶鬲足（H47：4）

26. H48

（1）形制与规格

位于Ⅰ区 T1218 东南部，开口于第③层下，开口距地表深约70厘米。H48 平面近似三角形，坑壁斜收，坑底平坦；坑壁及底部均未经过特殊加工处理。H48 开口处三边长81、104、108厘米；底部三边长69、85、86厘米；深40厘米（图一一五）。

坑内堆积以灰褐土为主，夹杂有少量的石块、炭粒等，土质较疏松。

（2）出土遗物

石铲　1件。

标本 H48：1，浅青灰色粉砂岩。柄部周缘保留有连续、细密的打击片疤便于缚柄捆绑，铲体表面经磨制，

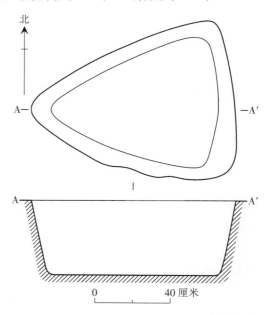

北

A—　　　　　—A'

A　　　　　　　　A'

0　　　　　40厘米

图一一五　大刘台山遗址 H48 平、剖面图

较为光滑。平面近似"凸"字形，铲体扁薄，正面及背面较平，横截面呈圆角长方形，平顶，短柄，溜肩，铲面体侧较直，铲面的长度明显大于宽度。刃部明显宽于顶部，单面弧刃，刃部与铲面相接处较圆润，刃线极不明显，刃部有使用过程中形成的小崩口，微偏锋。长17.6、刃宽8.3、最大体厚0.8厘米（图一一六，1；彩版三一，5）。

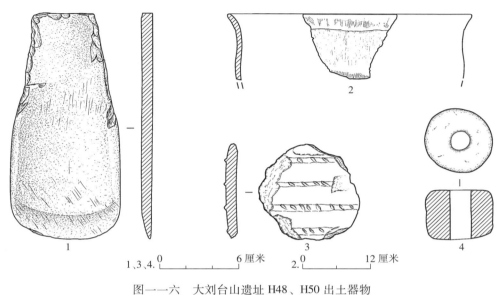

图一一六　大刘台山遗址 H48、H50 出土器物

1. 石铲（H48:1）　2. 大型大口深腹陶罐（H48:2）　3. 陶盘状器（H48:3）　4. 陶纺轮（H50:1）

大型大口深腹陶罐　1件。

标本 H48:2，夹砂红褐陶，口部与腹体泥条套接痕迹明显。仅存口部残片，圆唇，敞口，展沿，颈部较粗，溜肩，卵形腹，腹部最大径位置靠近肩部，下腹部及底部现已残损。器表满施绳纹。口径43.4、最大腹径40.3、残高11.8、壁厚0.8~1.0厘米（图一一六，2）。

陶盘状器　1件。

标本 H48:3，泥质灰褐陶。由陶瓮腹部残片改制而成，整体呈圆饼状，边缘仅经过简单地修整。表面存留有四道按压麦粒纹的附加堆纹。直径7.5、厚0.8~0.9厘米（图一一六，3）。

27. H50

（1）形制与规格

位于Ⅰ区 T1213 及 T1214 内，开口于第②层下，打破 F9，开口距地表深约43厘米。H50 平面呈不规则形，直壁，平底略有起伏；坑壁及底部均未经过特殊加工处理。H50 开口处最大径225、深30~35厘米（图一一七）。

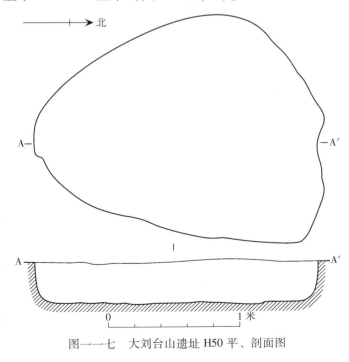

图一一七　大刘台山遗址 H50 平、剖面图

坑内堆积以灰褐土为主，夹杂有大量的石块、红烧土颗粒、炭粒等，土质较疏松。

（2）出土遗物

陶纺轮　1件。

标本 H50：1，夹砂红褐陶。整体呈圆柱状，体厚，两端齐平，中部纵向穿有一孔。素面。直径 5.2、厚 4.0、孔径 1.6 厘米（图一一六，4）。

28. H51

（1）形制与规格

位于Ⅰ区 T1410 北部，开口于第③层下，被 F11 打破，开口距地表深约 66 厘米。H51 平面近似不规则的椭圆形，坑壁斜收，平底但起伏较明显；坑壁及底部均未经过特殊加工处理。H51 开口处长径 126、短径 111 厘米；底部长径 91、短径 80 厘米；深 58～65 厘米（图一一八）。

坑内堆积以灰褐土为主，夹杂有少量的红烧土颗粒、炭粒等，土质较疏松。

（2）出土遗物

中型大口深腹陶罐　2件。

标本 H51：1，夹粗砂黑褐陶，器表抹光，泥条套接痕迹明显。圆唇，侈口，展沿，溜肩，卵形腹，腹部最大径位置靠近肩部，下腹部急收成小平底。腹部施有较为规整的细绳纹。口径 21.3、最大腹径 22.7、底径 8.3、高 28.5、壁厚 0.8～1.0 厘米（图一一九，1；彩版二四，2）。

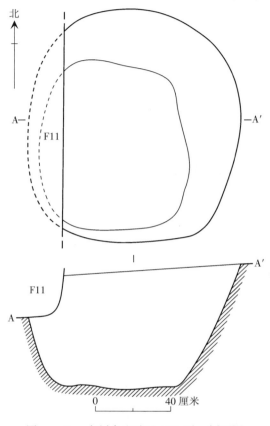

图一一八　大刘台山遗址 H51 平、剖面图

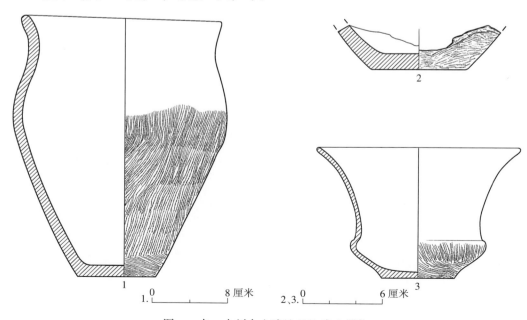

图一一九　大刘台山遗址 H51 出土器物

1、2. 中型大口深腹陶罐（H51：1、3）　3. 陶尊（H51：2）

标本 H51：3，夹砂黑褐陶。口部及上腹部现已残损，平底。器表满施绳纹。底径 7.4、残高 3.5、壁厚 0.9~1.1 厘米（图一一九，2）。

陶尊 1 件。

标本 H51：2，泥质红褐陶，器表磨光。圆唇，大敞口，折腹，上腹部外展，下腹部圆鼓，内壁折沟较深，下腹部斜收成平底。下腹部施有较为密集的细绳纹。口径 15.4、底径 5.5、高 10.1、壁厚 0.3~0.5 厘米（图一一九，3；彩版二六，4）。

29. H52

（1）形制与规格

位于 Ⅰ 区 T1216 中部，开口于第②层下，打破 F5、H55、H56，开口距地表深约 45 厘米。H52 平面近似不规则的圆形，直壁，坑底平坦；坑壁及底部均未经过特殊加工处理。H52 开口处直径 148~162、深 30 厘米（图一二〇）。

坑内堆积以灰褐土为主，夹杂有少量的石块、红烧土颗粒、炭粒等，土质较疏松。

（2）出土遗物

陶鬲 1 件。

标本 H52：1，夹砂黑褐陶。仅存口部残片，尖圆唇，敞口，展沿，斜腹，鬲腰及袋足现已残损。器表施有绳纹，但局部抹平。口径 20.3、残高 9.2、壁厚 0.7~1.1 厘米（图一二一，1）。

小型大口深腹陶罐 1 件。

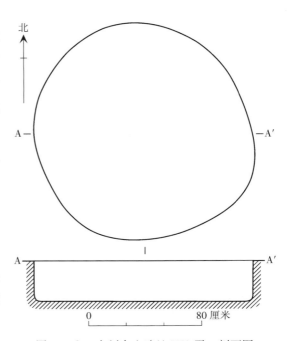

图一二〇 大刘台山遗址 H52 平、剖面图

标本 H52：2，夹砂红褐陶。圆唇，侈口，展沿，束颈，溜肩，卵形腹，腹部最大径位置靠近肩部，下腹部及底部现已残损。腹部施有绳纹。口径 9.8、最大腹径 9.9、残高 6.3、壁厚 0.6~0.8 厘米（图一二一，2）。

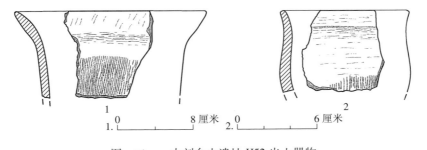

图一二一 大刘台山遗址 H52 出土器物

1. 陶鬲（H52：1） 2. 小型大口深腹陶罐（H52：2）

30. H53

（1）形制与规格

位于 Ⅰ 区 T1018 西部，其延伸至发掘区外部分未发掘，开口于第③层下，开口距地表深约 66

厘米。H53 平面近似不规则的圆角长方形，坑壁斜收，平底但起伏较明显；坑壁及底部均未经过特殊加工处理。H53（已发掘部分）开口处长 153、宽 99、深 28～32 厘米（图一二二）。

坑内堆积以灰褐土为主，夹杂有大量的石块、红烧土颗粒等，土质较疏松。

（2）出土遗物

石铲　1 件。

标本 H53：3，墨黑色角页岩。铲体表面磨制得较为光滑。柄部残损，铲体扁薄，正面及背面较平，横截面呈圆角长方形。双面弧刃仅存局部，刃部与铲面相接处较圆润，刃线不明显，刃部有使用过程中形成的小崩口。残长 3.8、残宽 3.3、最大体厚 1.0 厘米（图一二三，1）。

石斧　1 件。

标本 H53：1，灰黑色片麻岩。通体琢制，琢窝较为密集，刃部抛光。锤状石斧，平面近似梯形，体厚，正面及背面较圆鼓，横截面近似椭圆形，近平顶，体侧略外鼓。

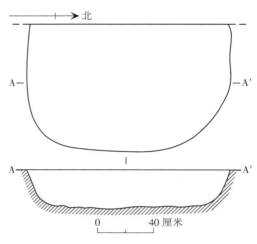

图一二二　大刘台山遗址 H53 平、剖面图

刃部略宽于顶部，双面弧刃近似椭圆形，刃部与斧体相接处较圆润，刃线不明显，刃部有使用过程中形成的小崩口。长 11.8、刃宽 5.4、最大体厚 4.4 厘米（图一二三，2；彩版三四，2）。

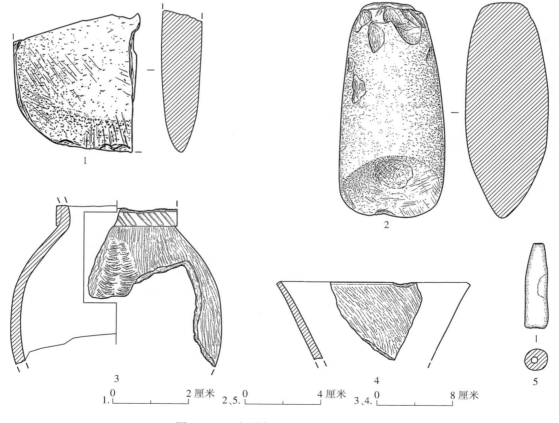

图一二三　大刘台山遗址 H53 出土器物

1. 石铲（H53：3）　2. 石斧（H53：1）　3. 陶甗（H53：5）　4. 陶罐（H53：4）　5. 陶网坠（H53：2）

陶鬶　1件。

标本 H53:5，夹砂黑褐陶。鬶盆现已残损，束腰，袋足宽肥，足跟残损。腰部贴附有一周按压麦粒状凹窝的附加堆纹，袋足满施绳纹。残高 17.5、壁厚 0.8~1.1 厘米（图一二三，3）。

陶罐　1件。

标本 H53:4，夹砂红褐陶。仅存口部残片，方唇，大敞口，斜腹，底部现已残损。通体施有绳纹。口径 20.5、残高 8.5、壁厚 0.7~0.9 厘米（图一二三，4）。

陶网坠　1件。

标本 H53:2，夹砂灰褐陶。整体近似子弹状，首、尾两端齐平，中部纵向穿有一孔。素面。长 4.5、直径 1.2、孔径 0.3 厘米（图一二三，5）。

31. H54

（1）形制与规格

位于 Ⅰ 区 T1115、T1215、T1116、T1216 内，开口于第②层下，打破 F5，开口距地表深约 44 厘米。H54 平面近似不规则的圆形，直壁，坑底平坦；坑壁及底部均未经过特殊加工处理。H54 开口处直径 336~356、深 85 厘米（图一二四）。

坑内堆积以灰褐土为主，夹杂有少量的石块及大量的红烧土颗粒、炭粒等，土质较疏松。

（2）出土遗物

陶鬶　2件。

标本 H54:3，夹砂红褐陶。仅存口部残片，方唇，大敞口，展沿，斜腹，鬶腰及袋足现已残损。腹部施有较为细密的绳纹，局部戳压麦粒纹。口径 36.6、残高 7.8、壁厚 0.6~0.8 厘米（图一二五，1）。

标本 H54:10，夹砂黑褐陶。仅存裆部及袋足。袋足满施绳纹。残高 13.8、壁厚 0.7~0.8 厘米（图一二五，2）。

陶瓮　1件。

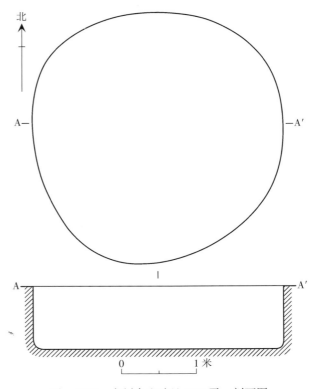

图一二四　大刘台山遗址 H54 平、剖面图

标本 H54:11，夹细砂红陶。圆唇，侈口，展沿，束颈，溜肩，鼓腹，底部现已残损。腹部残留有一周附加堆纹，附加堆纹上戳压麦粒状凹窝。口径 18.5、残高 7.8、壁厚 0.6~0.8 厘米（图一二五，3）。

中型大口深腹陶罐　4件。

标本 H54:2，夹砂黑陶，口部与腹部泥条套接痕迹明显。仅存口部残片，方唇，侈口，展沿，束颈，溜肩，卵形腹，腹部最大径位置靠上，底部现已残损。唇部施有多组绳纹，肩部及腹部满施较为凌乱的绳纹。口径 17.6、最大腹径 17.5、残高 10.2、壁厚 0.6~0.8 厘米（图一二五，4）。

标本 H54：4，夹砂黑陶。仅存口部残片，方唇，侈口，展沿，束颈，溜肩，下腹部及底部现已残损。腹部施有较为凌乱的绳纹。口径 17.4、残高 8.1、壁厚 0.6～0.8 厘米（图一二五，5）。

标本 H54：5，夹砂黑褐陶。仅存口部残片，尖圆唇，敞口，折沿，束颈，溜肩，卵形腹，腹部最大径位置靠近肩部，底部现已残损。腹部施有较为凌乱的绳纹，但多经抹平处理。口径 11.2、最大腹径 10.9、残高 5.8、壁厚 0.5～0.7 厘米（图一二五，6）。

标本 H54：6，夹砂红褐陶。口部及上腹部现已残损，大平底。腹部施有较为凌乱的绳纹。底径 10.8、残高 7.3、壁厚 0.5～0.7 厘米（图一二五，7）。

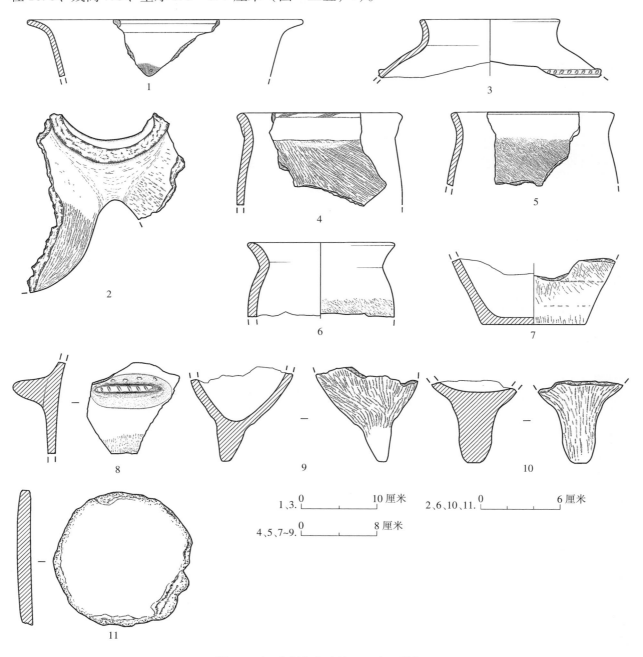

图一二五　大刘台山遗址 H54 出土器物

1、2. 陶甗（H54：3、10）　3. 陶瓮（H54：11）　4～7. 中型大口深腹陶罐（H54：2、4、5、6）　8. 陶鋬耳（H54：9）　9、10. 陶鬲足（H54：7、8）　11. 陶盘状器（H54：1）

陶鐾耳　1 件。

标本 H54：9，泥质黑褐陶。平面近似舌状，耳缘戳有指甲纹，耳周上部戳有二组圆窝纹。耳长 7.6、耳宽 0.9、壁厚 0.7~1.0 厘米（图一二五，8）。

陶鬲足　2 件。

标本 H54：7，夹砂黑褐陶。锥状实心足跟，足跟较圆钝。袋足施有绳纹。残高 10.3、壁厚 0.7~0.9 厘米（图一二五，9）。

标本 H54：8，夹砂红褐陶。乳头状实心足跟，足跟较平。器表施有绳纹。残高 6.4、壁厚 0.6~0.7 厘米（图一二五，10）。

陶盘状器　1 件。

标本 H54：1，夹砂红褐陶。由陶瓮底部改制而成，整体呈圆饼状，表面略鼓，边缘经过简单修整。直径 10.4、厚 1.0 厘米（图一二五，11）。

32. H55

（1）形制与规格

位于 I 区 T1216 中部，开口于第②层下，被 H52 打破，打破 F5，开口距地表深约 45 厘米。H55 平面近似不规则的椭圆形，直壁，坑底平坦；坑壁及底部均未经过特殊加工处理。H55 开口处长径 147、短径 91、深 62 厘米（图一二六）。

坑内堆积以灰黑土为主，夹杂有少量的石块、红烧土颗粒、炭粒等，土质较疏松。

（2）出土遗物

坑内较为纯净，仅出土有几片陶罐腹部残片。

33. H56

（1）形制与规格

位于 I 区 T1216 东南部，开口于第②层下，被 H52 打破，打破 F5，开口距地表深约 45 厘米。H56 平面呈不规则形，直壁，坑底平坦；坑壁及底部均未经过特殊加工处理。H56 开口处最大径 197、深 29 厘米（图一二七）。

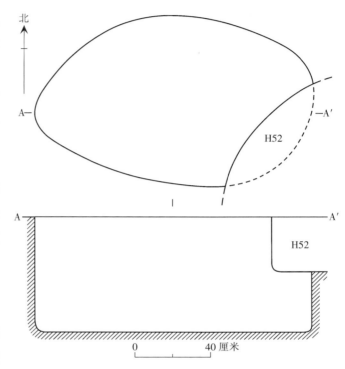

图一二六　大刘台山遗址 H55 平、剖面图

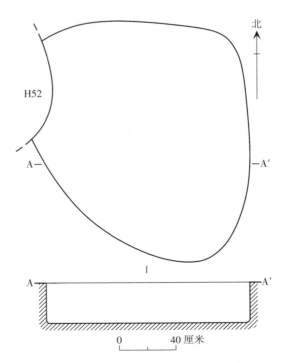

图一二七　大刘台山遗址 H56 平、剖面图

坑内堆积以灰黑土为主，夹杂有少量的石块、红烧土颗粒、炭粒等，土质较疏松。

（2）出土遗物

坑内较为纯净，仅出土有几片陶罐腹部残片。

34. H57

（1）形制与规格

位于Ⅰ区 T1117 及 T1217 内，开口于第③层下，开口距地表深约 69 厘米。H57 平面呈不规则形，坑壁斜收，平底略有起伏；坑壁及底部均未经过特殊加工处理。H57 开口处最大径 164、底部最大径 140、深 37～40 厘米（图一二八）。

坑内堆积以灰褐土为主，夹杂有少量的黄土块、石块、红烧土颗粒、炭粒等，土质较疏松。

（2）出土遗物

陶纺轮　1件。

标本 H57：2，夹砂红褐陶。整体呈算珠状，腹部尖鼓，两端齐平，中部纵向穿有一孔。素面。直径 3.6、厚 2.6、孔径 0.8 厘米（图一二九，1）。

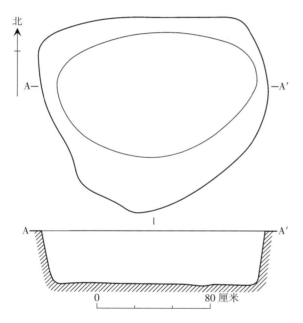

图一二八　大刘台山遗址 H57 平、剖面图

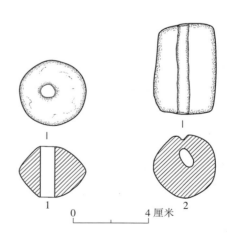

图一二九　大刘台山遗址 H57 出土器物
1. 陶纺轮（H57：2）　2. 陶网坠（H57：1）

陶网坠　1件。

标本 H57：1，夹砂黑陶。整体呈圆柱状，首、尾两端斜平，体表纵向压有一道凹槽用于系绳，中部纵向穿有一孔。素面。长 5.0、直径 3.3、孔径 1.0 厘米（图一二九，2）。

35. H58

（1）形制与规格

位于Ⅰ区 T1313 及 T1314 内，开口于第③层下，开口距地表深约 70 厘米。H58 平面近似不规则的圆角长方形，坑壁斜收，平底但起伏较大；坑壁及底部均未经过特殊加工处理。H58 开口处长 242、宽 184 厘米；底长 185、宽 125 厘米；深 168～176 厘米（图一三〇）。

坑内堆积以灰褐土为主，夹杂有大量的石块、红烧土颗粒等，土质较疏松。

（2）出土遗物

石铲　2件。

标本 H58：7，浅灰色流纹岩，夹杂有大量的紫红色斑晶。柄部周缘保留有连续、细密的打击片疤便于缚柄捆绑，铲体表面经磨制，较为光滑。平面近似"凸"字形，铲体扁薄，正面及背面较平，横截面呈圆角长方形，近平顶，短柄，溜肩，铲面体侧陡直，铲面的长度明显大于宽度，刃部明显宽于顶部。单面弧刃，刃部与铲面相接处较圆润，刃线不明显，刃部有使用过程中形成的小崩口。长 18.4、刃宽 5.6、最大体厚 1.3 厘米（图一三一，1；彩版三一，6）。

标本 H58：8，浅麻灰色粉砂岩。铲体表面磨制得较为光滑。柄部残损，铲体扁薄，正面及背面较平，横截面呈圆角长方形。体侧斜直。单面弧刃，刃部与铲面相接处极圆润，刃线不显，刃部有使用过程中形成的小崩口。残长 6.6、宽 10.1、最大体厚 0.7 厘米（图一三一，2）。

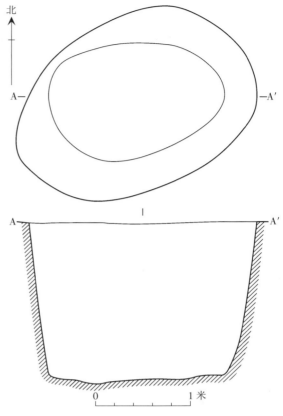

图一三〇　大刘台山遗址 H58 平、剖面图

石斧　1件。

标本 H58：9，灰黑色片麻岩。通体琢制，琢窝较为密集，刃部抛光。锤状石斧，平面近似梯形，体厚，正面及背面较圆鼓，横截面近似椭圆形，近平顶，体侧外鼓，刃部略宽于顶部。双面弧刃近似椭圆形，刃部与斧体相接处较圆润，刃线不明显，刃部有使用过程中形成的小崩口。长 15.6、刃宽 5.2、最大体厚 4.3 厘米（图一三一，3；彩版三四，3）。

石钺　1件。

标本 H58：14，墨绿色滑石。通体磨制得较为光滑。现已残损，整体较为宽扁，平面近似梯形，正面及背面均较平，体薄，横截面呈极扁圆角长方形，顶部残损，体侧斜直，钺体残存一对穿圆孔，刃部明显宽于顶部，双面弧刃，刃部与铸体相接处较圆润，刃线不明显，刃口较为圆钝。残长 8.3、残宽 6.6、最大体厚 1.0 厘米（图一三一，4）。

石镰　1件。

标本 H58：6，米白色粉砂岩。磨制，整体较为细长，平面近似直角三角形，平背，背脊略平，尾端较直，距尾端约 1/3 处对穿一圆孔，单面弧刃，刃部与镰体相接处较陡直，刃线较明显，刃部前锋现已残断，刃部由于长久使用而略内凹。残长 16.2、宽 5.6、最大体厚 1.2 厘米（图一三一，5）。

石刀　1件。

标本 H58：1，浅灰色粉砂岩。磨制得较为光滑，整体呈长条状，较为细长，现已残断，首、尾两端较为圆弧，直背略内凹，背脊较圆鼓，刀面现存一对穿圆孔。单面弧刃，刃部与刀体相接处较陡直，刃线较明显，刃部由于使用而形成连续的小崩豁。残长 7.6、宽 3.7、最大体厚 0.9 厘米（图一三一，6）。

　　石盘状器　1件。

　　标本 H58：2，浅灰色粗砂岩。打制，器形较小，由片状卵石加工而成，仅对局部周缘进行简单修整，而其他器体部分则保留有石皮。平面呈不规则的圆形，一面较平，一面由于石质粗糙，表面形成凹凸不平的劈裂面。直径 11.9～12.8、最大体厚 1.7 厘米（图一三一，7）。

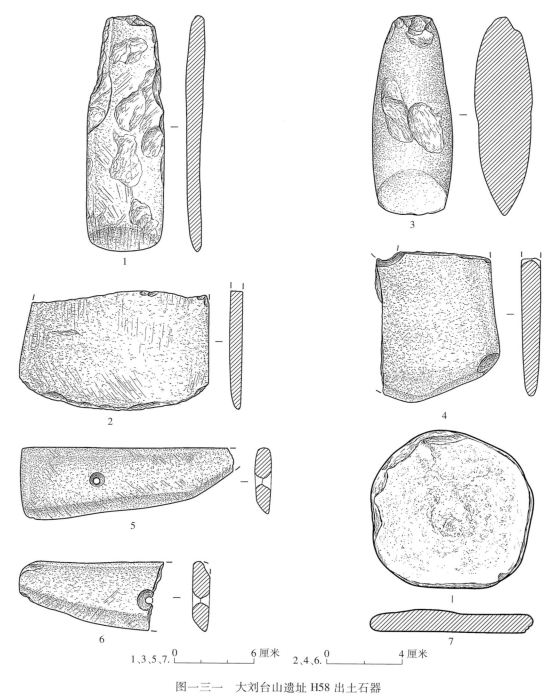

图一三一　大刘台山遗址 H58 出土石器

1、2. 铲（H58：7、8）　3. 斧（H58：9）　4. 钺（H58：14）　5. 镰（H58：6）　6. 刀（H58：1）　7. 盘状器（H58：2）

陶瓮　2件。

标本 H58：10，泥质灰陶，器表磨光。方唇，侈口，斜直领，束颈，溜肩，鼓腹，腹部最大径位置略居中，平底内凹。腹部施有多周较为低平的附加堆纹，附加堆纹上戳印有细绳纹，此外在第一、二周附加堆纹之间还贴有圆形小泥饼；下腹部施有较为规整的细绳纹。口径 24.9、最大腹径 49.7、底径 15.7、高 42.0、壁厚 0.8～1.1 厘米（图一三二，1；彩版二三，2）。

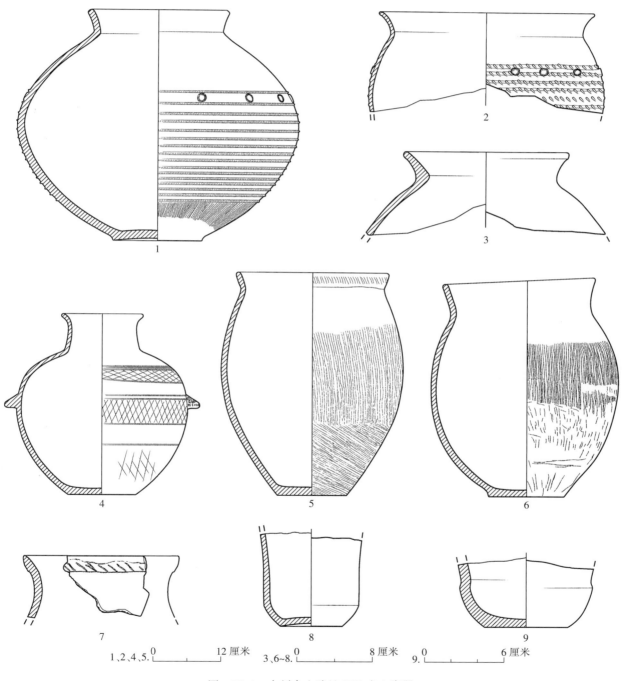

图一三二　大刘台山遗址 H58 出土陶器

1、2. 瓮（H58：10、20）　3. 中型小口鼓腹罐（H58：16）　4. 壶（H58：11）　5、6. 中型大口深腹陶罐（H58：12、4）　7. 花边鬲（H58：17）　8、9. 尊（H58：13、19）

标本 H58：20，泥质灰陶。圆唇，大敞口，展沿，束颈，溜肩，鼓腹，腹部最大径位置靠近肩部，底部现已残缺。肩部贴有一周圆形小泥饼；肩部及腹部附有多周截面呈三角形的附加堆纹，附加堆纹上戳压麦粒状凹窝。口径 39.2、最大腹径 41.5、残高 18.1、壁厚 0.7~0.8 厘米（图一三二，2）。

陶壶　1 件。

标本 H58：11，泥质黑陶，器表磨光。圆唇，侈口，展沿，颈部粗长，略鼓肩，鼓腹，腹部最大径位置略靠上，中腹部贴附有两个舌状鋬耳，平底。腹部施有多周凹弦纹及交叉菱形纹，局部经过抹平处理；鋬耳耳缘戳有指甲纹，耳周上部戳有圆窝纹。口径 14.4、最大腹径 30.3、底径 12.0、高 32.8、壁厚 0.5~0.7 厘米（图一三二，4；彩版二六，1）。

中型大口深腹陶罐　2 件。

标本 H58：4，泥质红褐陶，陶色不纯，局部呈黑褐色，器表抹光。器形不甚规整，圆唇，侈口，展沿，领部粗长，溜肩，卵形腹，腹部最大径位置居中，平底。腹部施有细绳纹，但下腹部的绳纹多经抹平处理。口径 16.0、最大腹径 20.0、底径 7.9、高 24.0、壁厚 0.6~0.8 厘米（图一三二，6；彩版二四，3）。

标本 H58：12，夹细砂黑褐陶，器表抹光，口部与腹体泥条套接痕迹明显。圆唇，敞口，展沿，小斜直领，溜肩，卵形腹，腹部最大径位置居中，下腹部急收成小平底。口沿处侧及腹部施有较为规整的绳纹。口径 27.0、最大腹径 32.3、底径 12.1、高 40.5、壁厚 0.7~0.9 厘米（图一三二，5；彩版二四，4）。

中型小口鼓腹陶罐　1 件。

标本 H58：16，泥质黑陶，器表磨光。圆唇，大敞口，折沿，束颈，溜肩，鼓腹，下腹部及底部现已残损。素面。口径 17.6、残高 9.0、壁厚 0.5~0.7 厘米（图一三二，3）。

花边陶鬲　1 件。

标本 H58：17，夹砂红褐陶。仅存口部残片，尖圆唇，侈口，束颈，溜肩，腹部现已残损。口沿外侧贴附有一周戳印麦粒状凹窝的附加堆纹。口径 16.6、残高 6.7、壁厚 0.5~0.7 厘米（图一三二，7）。

陶尊　2 件。

标本 H58：13，夹砂灰黑陶，器表磨光。口部现已残损，折腹，上腹部较长，下腹部斜收，平底内凹。素面。底径 6.6、残高 10.2、壁厚 0.5~0.6 厘米（图一三二，8）。

标本 H58：19，泥质红褐陶，器表磨光。口部现已残损，折腹，上腹部外展明显，下腹部略圆鼓，大平底。素面。底径 6.3、残高 5.5、壁厚 0.6~0.7 厘米（图一三二，9）。

陶豆　1 件。

标本 H58：18，泥质红陶。仅存豆盘，圆唇，大敞口，近斜腹。中腹部略显一周棱台。口径 9.8、残高 3.6、壁厚 0.4~0.5 厘米（图一三三，3）。

陶鬲足　2 件。

标本 H58：21，夹砂黑褐陶。乳头状实心足跟，足跟略平。器表满施绳纹。残高 9.4、壁厚 0.7~0.9 厘米（图一三三，1）。

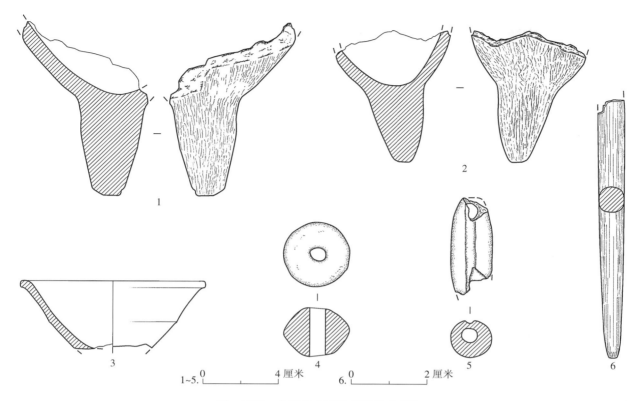

图一三三　大刘台山遗址 H58 出土器物

1、2. 陶鬲足（H58∶21、22）　3. 陶豆（H58∶18）　4. 陶纺轮（H58∶3）　5. 陶网坠（H58∶15）　6. 骨笄（H58∶5）

标本 H58∶22，夹砂红褐陶。乳头状实心足跟略鼓，足跟斜平。器表满施绳纹。残高 7.2、壁厚 0.5~0.6 厘米（图一三三，2）。

陶纺轮　1 件。

标本 H58∶3，夹砂红陶。整体呈算珠状，首、尾两端斜平，腹部外鼓，中部纵向穿有一孔。素面。直径 3.5、厚 2.6、孔径 0.8 厘米（图一三三，4）。

陶网坠　1 件。

标本 H58∶15，夹砂黑陶。整体呈梭状，首、尾两端现已残损，体表纵向压有一道凹槽用于系绳，中部纵向穿有一孔。素面。长 5.2、直径 2.2、孔径 0.8 厘米（图一三三，5）。

骨笄　1 件。

标本 H58∶5，由禽类肢骨磨制而成，表面磨制得极为光滑。笄首现已残损，笄体呈圆棒状，横截面呈圆形，尾端较圆钝。残长 7.1、最大体径 0.7 厘米（图一三三，6）。

36. H59

（1）形制与规格

位于 I 区 T1218 东南部，开口于第③层下，开口距地表深约 70 厘米。H59 平面呈椭圆形，直壁，坑底平坦；坑壁及底部均未经过特殊加工处理。H59 开口处长径 134、短径 103、深 41 厘米（图一三四）。

坑内堆积以灰褐土为主，夹杂有少量的石块及大量的黑灰、红烧土颗粒等，土质较疏松。

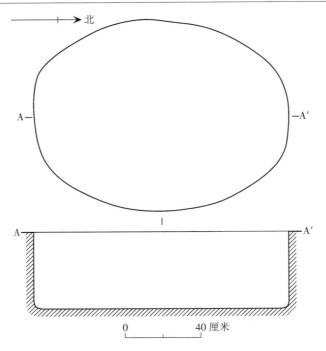

图一三四 大刘台山遗址 H59 平、剖面图

（2）出土遗物

中型大口深腹陶罐 1 件。

标本 H59：2，夹砂红褐陶。圆唇，敞口，展沿，束颈，溜肩，腹部及底部现已残损。口沿外侧及肩部施有绳纹，但口沿外侧绳纹多经抹平处理。口径 16.4、残高 7.3、壁厚 0.7～0.9 厘米（图一三五，1）。

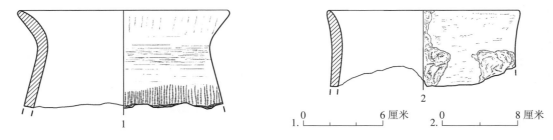

图一三五 大刘台山遗址 H59 出土器物

1. 中型大口深腹陶罐（H59：2） 2. 陶壶（H59：1）

陶壶 1 件。

标本 H59：1，夹砂黑褐陶。尖圆唇，近直口，口沿内抹斜，直领较高，腹部及底部现已残损。素面。口径 20.5、残高 8.3、壁厚 0.8～1.1 厘米（图一三五，2）。

37. H60

（1）形制与规格

位于 I 区 T1111 及 T1211 内，开口于第③层下，开口距地表深约 72 厘米。H60 平面呈不规则的圆形，东壁较陡直，其余三壁斜收，坑底西高东低呈陡坡状；坑壁及底部均未经过特殊加工处理。H60 开口处直径 125～130、底部直径 103～121、深 63～98 厘米（图一三六；彩版二一，1）。

坑内堆积分 3 层。

第 1 层：厚约 30～32 厘米。以黑褐土为主，夹杂有大量的黑灰、红烧土颗粒、炭粒等，土质较疏松。

第 2 层：厚约 28～31 厘米。以灰褐土为主，夹杂有少量的石块及大量的黑灰、红烧土颗粒等，土质较坚硬。

第 3 层：厚约 0～37 厘米。以黄褐土为主，较纯净，土质较坚硬。

（2）出土遗物

石斧　2 件。

标本 H60①：3，灰黑色片麻岩。通体琢制，琢窝较为密集，刃部抛光。锤状石斧，平面近似梯形，体厚，正面及背面略鼓，横截面近似宽体弧边圆角长方形，弧顶，体侧略外鼓。刃部略宽于顶部，双面弧刃近似椭圆形，刃部与斧体相接处较圆润，刃线不明显，刃部有使用过程中形成的小崩口。长 11.2、刃宽 5.6、最大体厚 3.8 厘米（图一三七，1）。

标本 H60①：4，灰黑色片麻岩。通体琢制，琢窝较为密集，刃部抛光。锤状石斧，平面近似长方形，体厚，正

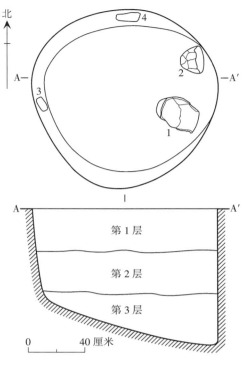

图一三六　大刘台山遗址 H60 平、剖面图
1. 陶罐　2. 陶罐　3. 石斧　4. 石斧

面及背面略鼓，横截面近似宽体弧边圆角长方形，斜顶，体侧略外鼓。刃部略宽于顶部，双面弧刃近似椭圆形，刃部与斧体相接处较圆润，刃线不明显，刃部由于长久使用而形成大的崩豁，偏锋。长 15.4、刃宽 5.9、最大体厚 4.9 厘米（图一三七，2）。

石盘状器　1 件。

标本 H60①：5，青灰色粗砂岩。打制，器形较小，由片状石坯加工而成，周缘采取交互法打片、复向法修整，而其他器体部分则保留有石皮。平面呈圆形，一面较平，一面由于石质粗糙，表面形成凹凸不平的劈裂面。直径 11.2～11.7、最大体厚 1.0 厘米（图一三七，3；彩版二九，6）。

陶瓮　1 件。

标本 H60②：5，夹细砂黑褐陶，器表磨光。口部及上腹部现已残损，大平底。残存器体素面。底径 13.5、残高 6.8、壁厚 0.8～0.9 厘米（图一三七，4）。

大型大口深腹陶罐　1 件。

标本 H60②：1，夹砂黑褐陶。仅存口部残片，圆唇，侈口，小展沿，束颈，溜肩，卵形腹，下腹部及底部现已残损。腹部施有细密的绳纹。口径 30.4、残高 10.8、壁厚 0.9～1.1 厘米（图一三七，5）。

中型大口深腹陶罐　3 件。

标本 H60①：1，泥质黑褐陶，器表抹光。圆唇，侈口，展沿，小斜领，束颈，溜肩，卵形腹，腹部最大径位置靠近肩部，平底。腹部满施细绳纹，但局部绳纹现已抹平。口径 16.7、最大腹径 20.9、底径 8.6、高 26.4、壁厚 0.5～0.6 厘米（图一三七，7；彩版二四，5）。

标本 H60①：2，夹细砂黑陶，器表烟炱痕迹明显。口部及上腹部现已残损，卵形腹，平底较厚。腹部满施粗绳纹，但局部绳纹现已抹平。底径 8.2、残高 12.9、壁厚 0.6～0.7 厘米（图一三七，8）。

标本 H60②：2，夹砂黑陶。圆唇，敞口，小展沿，束颈，溜肩，卵形腹，腹部最大径位置靠近肩部，下腹部及底部现已残损。腹部施有细密的绳纹。口径 22.1、最大腹径 21.5、残高 9.8、壁厚 0.6~0.8 厘米（图一三七，10）。

小型大口深腹陶罐　3 件。

标本 H60②：3，夹砂黑褐陶。口部及上腹部现已残损，腹壁弧度较大，平底。腹部满施绳纹。底径 8.0、残高 5.6、壁厚 0.7~0.8 厘米（图一三七，9）。

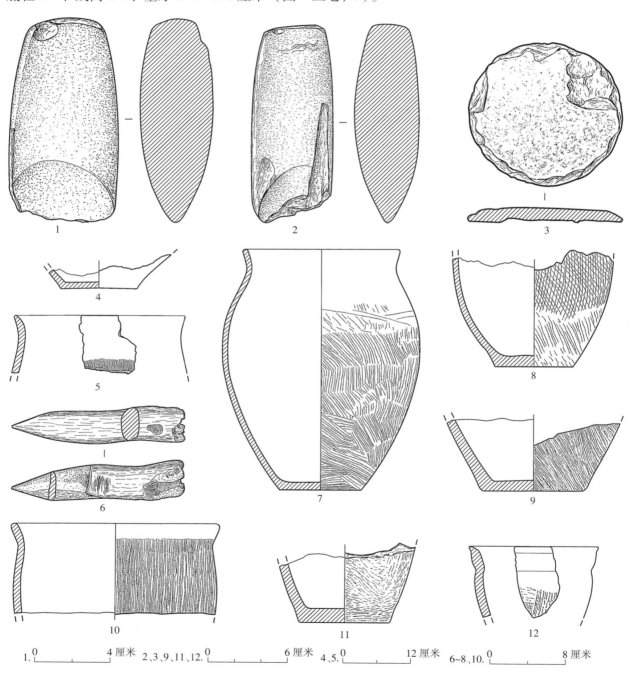

图一三七　大刘台山遗址 H60 出土器物

1、2. 石斧（H60①：3、4）　3. 石盘状器（H60①：5）　4. 陶瓮（H60②：5）　5. 大型大口深腹陶罐（H60②：1）　6. 骨匕（H60①：6）
7、8、10. 中型大口深腹陶罐（H60①：1、2、H60②：2）　9、11、12. 小型大口深腹陶罐（H60②：3、4、6）

标本H60②:4，夹砂黑褐陶。口部及上腹部现已残损，卵形腹，平底。腹部满施较为凌乱的绳纹。底径7.0、残高6.2、壁厚0.7～0.8厘米（图一三七，11）。

标本H60②:6，夹砂黑褐陶。仅存口部残片，尖圆唇，侈口，口沿抹斜，斜领微鼓，束颈，溜肩，卵形腹，腹部最大径位置靠近肩部，底部现已残损。腹部施有较为稀疏的绳纹。口径9.8、最大腹径8.9、残高5.5、壁厚0.7～0.8厘米（图一三七，12）。

骨匕 1件。

标本H60①:6，由动物肢骨磨制而成。前端由长骨剖去一半以便于绑缚石刃，中段有多道切割痕便于缚绳，柄部横截面呈椭圆形便于把握，尖锋。长18.3、最大体宽3.8厘米（图一三七，6；彩版三九，6）。

38. H61

（1）形制与规格

位于Ⅰ区T1210中部，开口于第③层下，开口距地表深约68厘米。H61平面呈不规则形，坑壁斜收，平底，坑底留有生土二层台；坑壁及底部经过简单的抹平处理。H61开口处最大径251、二层台宽27～57、底部最大径131、深18～55厘米（图一三八）。

坑内堆积分2层。

第1层：厚约16～23厘米。以灰褐土为主，夹杂有少量的石块、红烧土颗粒、炭粒等，土质较疏松。

第2层：厚约30～36厘米。以灰褐土为主，较纯净，土质较坚硬。

（2）出土遗物

中型大口深腹陶罐 5件。

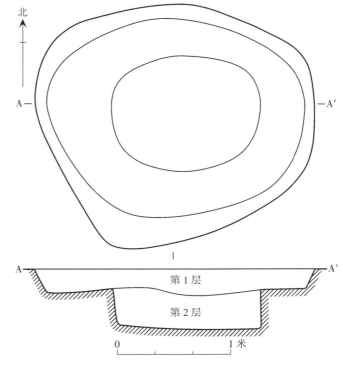

图一三八 大刘台山遗址H61平、剖面图

标本H61①:1，夹细砂黑褐陶，器表抹光。器形不甚规整，圆唇，侈口，小斜直领，溜肩，卵形腹，腹部最大径位置靠近肩部，下腹部急收成小平底。口沿处施有少量的粗绳纹，腹部施有较为凌乱的粗绳纹。口径28.0、最大腹径28.6、底径9.9、高32.8、壁厚0.6～0.8厘米（图一三九，1；彩版二四，6）。

标本H61①:5，夹砂黑褐陶。方唇，敞口，展沿，束颈，溜肩，卵形腹，腹部最大径位置靠近肩部，底部现已残损。口部外侧及腹部施有绳纹，但口沿外侧绳纹多经抹平处理。口径28.9、最大腹径28.9、残高22.8、壁厚0.6～0.8厘米（图一三九，2）。

标本H61①:6，夹砂黑褐陶。方唇，敞口，大展沿，束颈，圆肩，腹部及底部现已残损。肩部施有绳纹。口径15.5、残高8.1、壁厚0.6～0.8厘米（图一三九，3）。

标本H61①:7，夹砂红陶。方唇，侈口，折沿，束颈，溜肩，腹部及底部现已残损。残存器体素面。口径19.8、残高7.1、壁厚0.6～0.9厘米（图一三九，4）。

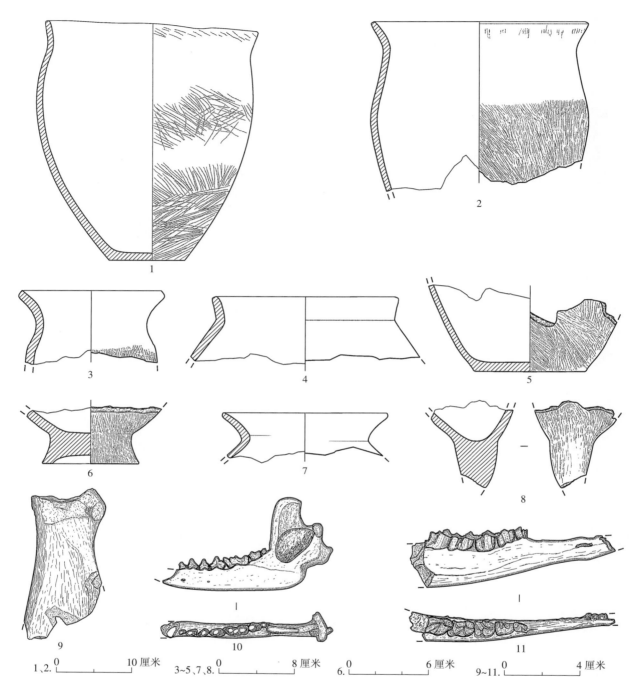

图一三九　大刘台山遗址 H61 出土器物

1～5. 中型大口深腹陶罐（H61①:1、5、7、11） 6. 陶圈足罐（H61①:9） 7. 中型小口鼓腹陶罐（H61①:8） 8. 陶鬲足（H61①:10） 9～11. 兽骨（H61①:3、2、4）

　　标本 H61①:11，夹砂黑褐陶。口部及上腹部现已残损，平底。器表满施绳纹。底径 11.8、残高 9.5、壁厚 0.5～0.7 厘米（图一三九，5）。

　　中型小口鼓腹陶罐　1 件。

　　标本 H61①:8，泥质黑陶，器表磨光。圆唇，大敞口，折沿，束颈，溜肩，腹部及底部现已残损。素面。口径 17.6、残高 4.8、壁厚 0.6～0.8 厘米（图一三九，7）。

陶圈足罐　1件。

标本 H61①：9，夹砂黑褐陶。口部及上腹部现已残损，高圈足，足墙外撇明显，足跟较平。器表满施绳纹。底径7.3、残高4.4、壁厚0.6～0.7厘米（图一三九，6）。

陶鬲足　1件。

标本 H61①：10，夹砂红褐陶。乳头状实心足跟，足尖现已残损。器表施有较为稀疏的绳纹。残高9.5、壁厚0.8～0.9厘米（图一三九，8）。

家猪右侧肩胛骨　1件。

标本 H61①：3，仅存肩胛骨远端，冈下窝较浅，肩臼窝近椭圆形，没有肩峰。残长8.3、肩臼长3.1、肩臼宽2.3厘米（图一三九，9）。

貉左侧下颌骨　1件。

标本 H61①：2，仅犬齿、门齿残缺，牙齿保留 P1—M1，齿列保存较完整，齿冠磨损较严重，下颌体底缘较为钝厚，有发育的角突，颊侧咬肌窝发育。残长9.1厘米（图一三九，10）。

梅花鹿左侧下颌骨　1件。

标本 H61①：4，水平支后端现已残断，牙齿保留 P2—P4、M2 及 M3，齿冠磨损较严重。残长10.8厘米（图一三九，11）。

39. H62

（1）形制与规格

位于 I 区 T1016 东北部，开口于第③层下，开口距地表深约66厘米。H62 平面呈不规则形，坑壁斜收，平底但起伏较明显；坑壁及底部均未经过特殊加工处理。H62 开口处最大径203、底部最大径155、深39～46厘米（图一四〇）。

坑内堆积以灰褐土为主，土质较疏松。

（2）出土遗物

坑内较为纯净，仅出土有几片陶罐腹部残片。

40. H63

（1）形制与规格

位于 I 区 T1315 东北部，开口于第③层下，开口距地表深约69厘米。H63 平面近似椭圆形，直壁，平底略有起伏；坑壁及底部均未经过特殊加工处理。H63 开口处长径177、短径133、深32～35厘米（图一四一）。

坑内堆积以黑褐土为主，夹杂有少量的石块及大量的红烧土颗粒、炭粒等，土质较疏松。

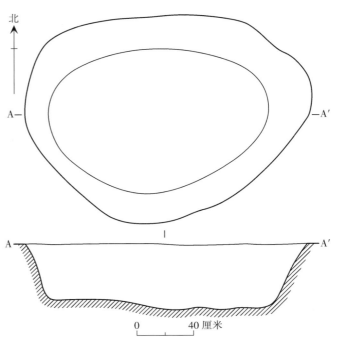

图一四〇　大刘台山遗址 H62 平、剖面图

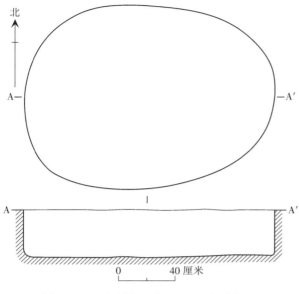

图一四一　大刘台山遗址 H63 平、剖面图

（2）出土遗物

石铲　1 件。

标本 H63：1，浅紫红色安山岩。柄部周缘保留有连续、细密的打击片疤便于缚柄捆绑，铲体表面则磨制得较为光滑。仅存柄部，铲体扁薄，正面及背面较平，横截面呈圆角长方形，微弧顶，长柄，铲面残损。残长 8.0、残宽 6.4、最大体厚 0.8 厘米（图一四二，1）。

陶甗　1 件。

标本 H63：3，泥质红褐陶。仅存口部，圆唇，大敞口，展沿，斜腹，甗腰及袋足现已残损。素面。口径 36.2、残高 10.6、壁厚 0.6~0.8 厘米（图一四二，2）。

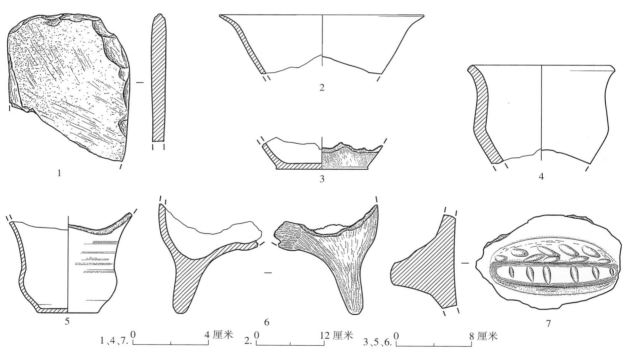

图一四二　大刘台山遗址 H63 出土器物

1. 石铲（H63：1）　2. 陶甗（H63：3）　3. 中型大口深腹陶罐（H63：7）　4. 小型大口深腹陶罐（H63：4）　5. 陶尊（H63：2）　6. 陶鬲足（H63：6）　7. 陶鋬耳（H63：5）

中型大口深腹陶罐　1 件。

标本 H63：7，夹砂黑褐陶。口部及上腹部现已残损，大平底。器表满施绳纹。底径 9.8、残高 3.6、壁厚 0.5~0.7 厘米（图一四二，3）。

小型大口深腹陶罐　1 件。

标本 H63：4，夹砂黑褐陶。器体较小，方唇，敞口，展沿，束颈较粗，溜肩，折腹，腹部最大径位置居中，底部现已残损。素面。口径 7.8、最大腹径 7.0、残高 5.4、壁厚 0.5~0.6 厘米（图一四二，4）。

陶尊　1件。

标本 H63：2，泥质黑褐陶，器表磨光。口部现已残缺，折腹，上腹部明显外展，下腹部圆鼓，平底。素面，器表轮旋痕迹明显。底径6.4、残高10.9、壁厚0.5～0.6厘米（图一四二，5）。

陶鬲足　1件。

标本 H63：6，夹砂红褐陶。乳头状实心足跟，足跟圆钝。器表满施绳纹。残高12.1、壁厚0.6～0.8厘米（图一四二，6）。

陶鏊耳　1件。

标本 H63：5，夹砂黑陶。平面近似圆角长方形，耳缘戳有指甲纹，耳周上部戳有二周麦粒纹。耳长6.7、耳宽1.2、壁厚0.5～0.6厘米（图一四二，7）。

41. H64

（1）形制与规格

位于Ⅰ区T1016西北部，其延伸至发掘区域外部分未经发掘，开口于第③层下，开口距地表深约70厘米。H64平面近似椭圆形，直壁，坑底平坦；坑壁及底部均未经过特殊加工处理。H64（已发掘部分）开口处长径197、短径158、深46厘米（图一四三）。

坑内堆积以灰褐土为主，夹杂有少量的石块、料姜石、红烧土颗粒等，土质较疏松。

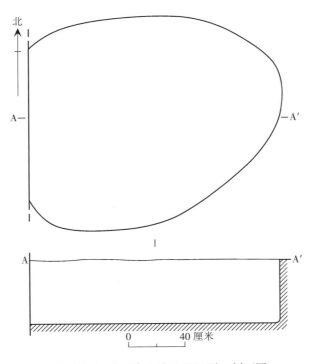

图一四三　大刘台山遗址 H64 平、剖面图

（2）出土遗物

陶瓮　1件。

标本 H64：3，泥质黑陶，器表磨光。仅存口部残片，圆唇，侈口，斜领，束颈，溜肩，腹部及底部现已残损。近口沿处施有一周凸棱。口径34.2、残高7.5、壁厚0.6～0.9厘米（图一四四，1）。

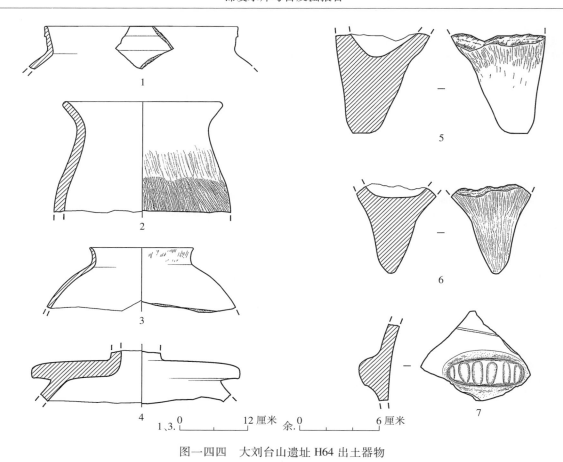

图一四四　大刘台山遗址 H64 出土器物

1. 陶瓮（H64：3）　2. 中型大口深腹陶罐（H64：2）　3. 中型小口深腹陶罐（H64：1）　4. 陶器盖（H64：4）　5、6. 陶鬲足（H64：6、7）　7. 陶鋬耳（H64：5）

中型大口深腹陶罐　1件。

标本 H64：2，夹砂黑褐陶。圆唇，敞口，展沿，束颈，溜肩，卵形腹，腹部最大径位置靠近肩部，下腹部及底部现已残损。肩部及腹部施有较为细密的绳纹，但肩部绳纹多经抹平处理。口径 12.2、最大腹径 13.4、残高 8.6、壁厚 0.6 ~ 0.8 厘米（图一四四，2）。

中型小口深腹陶罐　1件。

标本 H64：1，夹砂红陶。圆唇，侈口，展沿，束颈，近圆肩，鼓腹，下腹部及底部现已残损。口沿外侧施有较为稀疏的细绳纹，但多经抹平处理。口径 18.2、残高 11.2、壁厚 0.5 ~ 0.8 厘米（图一四四，3）。

陶器盖　1件。

标本 H64：4，泥质红陶。口沿唇部现已残损，子母口大敞，圆柱状捉手中空。素面。腹径 15.8、残高 4.1、壁厚 0.8 ~ 1.3 厘米（图一四四，4）。

陶鬲足　2件。

标本 H64：6，夹砂红褐陶。柱状实心足跟，足跟较平。袋足局部施有绳纹。残高 7.7、壁厚 1.0 ~ 1.3 厘米（图一四四，5）。

标本 H64：7，夹砂红褐陶。乳头状实心足跟，足跟圆钝。器表满施绳纹。残高 7.1、壁厚 0.8 ~ 0.9 厘米（图一四四，6）。

陶鋬耳　1 件。

标本 H64：5，夹砂灰褐陶。平面近似舌状，耳缘戳有麦粒纹。耳长 5.8、耳宽 2.1、壁厚 0.6 ~ 0.8 厘米（图一四四，7）。

42. H65

（1）形制与规格

位于 I 区 T1016 西南部，开口于第③层下，开口距地表深约 69 厘米。H65 平面近似不规则的圆形，坑壁斜收，底部起伏明显；坑壁及底部均未经过特殊加工处理。H65 开口处直径 156 ~ 172、底部直径 140 ~ 153、深 47 ~ 54 厘米（图一四五；彩版二一，2）。

坑内堆积分 2 层。

第 1 层：厚约 28 ~ 38 厘米。以黑褐土为主，西南部堆积有大量毛石，并夹杂有少量的红烧土颗粒、炭粒等，土质较疏松。

第 2 层：厚约 15 ~ 26 厘米。以灰褐土为主，夹杂有黑灰、红烧土颗粒等，土质较疏松。

（2）出土遗物

石铲　1 件。

标本 H65①：1，黛青色斑状流纹岩，夹杂有大量的白色斑晶。铲体表面磨制得较为光滑。柄部残损，铲体扁薄，正面及背面较平，横截面呈圆角长方形，体侧斜直。刃部明显宽于顶部，单面弧刃，刃部与铲面相接处极圆润，刃线不显，刃部有使用过程中形成的小崩口。残长 5.7、刃宽 8.1、最大体厚 0.7 厘米（图一四六，1）。

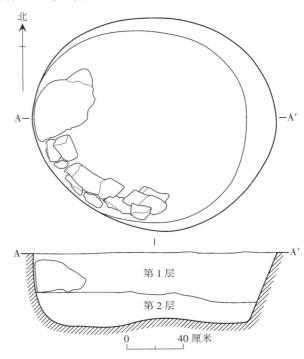

图一四五　大刘台山遗址 H65 平、剖面图

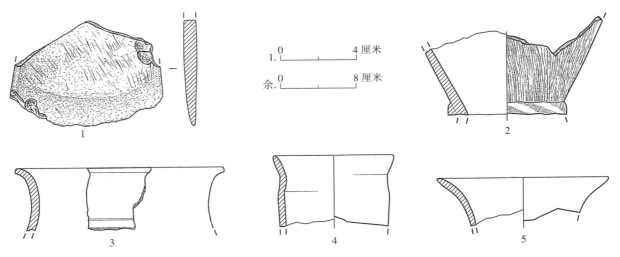

图一四六　大刘台山遗址 H65 出土器物

1. 石铲（H65①：1）　2. 陶甗（H65①：5）　3、4. 陶鬲（H65①：3、4）　5. 陶尊（H65①：2）

陶鬲　1 件。

标本 H65①:5，夹砂红褐陶。口部及袋足现已残损，斜腹较深，束腰。腹部施有粗绳纹，腰部贴附有一周戳压条状绳纹带的附加堆纹。腰径 12.5、残高 10.6、壁厚 0.8~0.9 厘米（图一四六，2）。

陶鬲　2 件。

标本 H65①:3，夹砂红褐陶。仅存口部残片，方唇，大敞口，微卷沿，束颈较粗，腹部及袋足现已残损。颈部残存两周凹弦纹。口径 22.2、残高 6.8、壁厚 0.7~0.8 厘米（图一四六，3）。

标本 H65①:4，夹砂红褐陶。尖圆唇，敞口，展沿，束颈，折肩，筒形斜腹，鬲足现已残损。素面。口径 12.8、残高 7.7、壁厚 0.5~0.6 厘米（图一四六，4）。

陶尊　1 件。

标本 H65①:2，泥质灰褐陶，器表磨光。圆唇，大敞口，腹部及底部现已残损。素面。口径 18.2、残高 5.2、壁厚 0.5~0.6 厘米（图一四六，5）。

43. H66

（1）形制与规格

位于 I 区 T1117 中部，开口于第③层下，开口距地表深约 65 厘米。H66 平面呈不规则的圆形，斜壁，圜底，整体呈锅底状；坑壁及底部均未经过特殊加工处理。H66 开口处直径 118~134、深 31 厘米（图一四七）。

坑内堆积以灰褐土为主，夹杂有少量的石块、黄土块、红烧土颗粒等，土质较疏松。

（2）出土遗物

石铲　1 件。

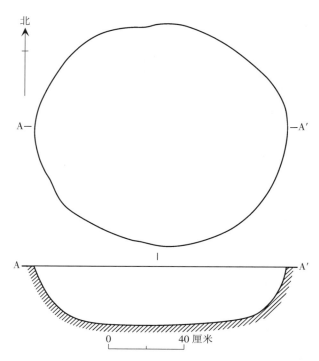

图一四七　大刘台山遗址 H66 平、剖面图

标本 H66:1，黛青色斑状流纹岩，夹杂有大量的白色斑状结晶。铲体正面磨制得较为光滑。平面近似"凸"字形，铲体扁薄，正面及背面较平，横截面呈圆角长方形，顶部现已残损，溜肩，铲面体侧斜直，铲面的长度与宽度大体相当。刃部明显宽于顶部，单面弧刃，刃部与铲面相接处较圆润，刃线不明显，刃部有使用过程中形成的小崩口。残长 9.1、刃残宽 6.0、最大体厚 1.0 厘米（图一四八，1）。

陶鬲　1 件。

标本 H66:2，夹砂红陶。鬲盆及袋足底部现已残损，束腰，袋足宽肥。器表满施绳纹，腰部贴附有一周按压绳纹的附加堆纹。残高 7.3、壁厚 0.7~0.8 厘米（图一四八，2）。

大型大口深腹陶罐　1 件。

标本 H66:3，夹细砂红陶。仅存口部残片，尖圆唇，敞口，展沿，束颈，近圆肩，腹部及底部现已残损。口沿外侧施有细绳纹，但多经抹平处理。口径 30.2、残高 7.4、壁厚 0.7~0.9 厘米（图一四八，3）。

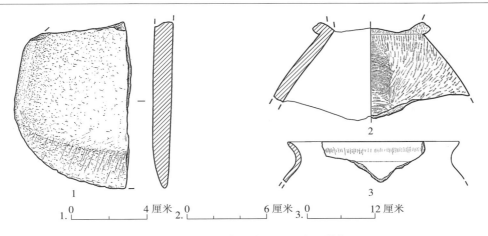

图一四八 大刘台山遗址 H66 出土器物

1. 石铲（H66：1） 2. 陶甗（H66：2） 3. 大型大口深腹陶罐（H66：3）

44. H67

（1）形制与规格

位于 I 区 T1113 中部，开口于第③层下，开口距地表深约 70 厘米。H67 平面近似不规则的椭圆形，西北部坑壁较陡直，东南部坑壁上部斜收、下部直壁，坑底平坦；坑壁及底部均未经过特殊加工处理。H67 开口处长径 274、短径 217 厘米；底部长径 232、短径 116 厘米；深 160～238 厘米（图一四九）。

坑内堆积以灰褐土为主，夹杂有少量的石块、红烧土颗粒等，土质较疏松。

（2）出土遗物

石铲 3 件。

标本 H67：3，浅紫红色斑状安山岩，夹杂有大量的白色、黑色斑晶。铲体表面经磨制。较为光滑。仅存柄部，铲体扁薄，正面及背面较平，横截面呈圆角长方形，微弧顶，长柄，体侧斜直，铲面残损。残长 8.0、残宽 6.4、最大体厚 0.8 厘米（图一五〇，4）。

标本 H67：4，青灰色斑状流纹岩，夹杂有大量

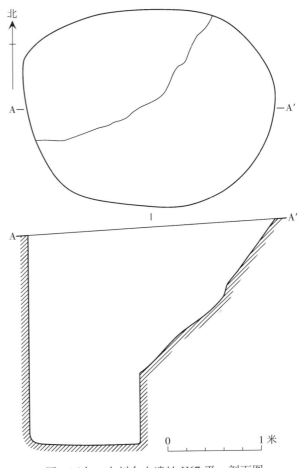

图一四九 大刘台山遗址 H67 平、剖面图

的白色斑状结晶。柄部周缘保留有连续、细密的打击片疤便于缚柄捆绑，铲体正面磨制得较为光滑，背面则布满小凹窝。平面近似"凸"字形，铲体扁薄，正面及背面较平，横截面呈圆角长方形，平顶，长柄，溜肩，铲面体侧斜直，铲面的长度与宽度大体相当，刃部明显宽于顶部。单面弧刃，刃部与铲面相接处较圆润，刃线不明显，刃部有使用过程中形成的小崩口。长 16.0、刃宽 10.0、最大体厚 1.3 厘米（图一五〇，1；彩版三二，1）。

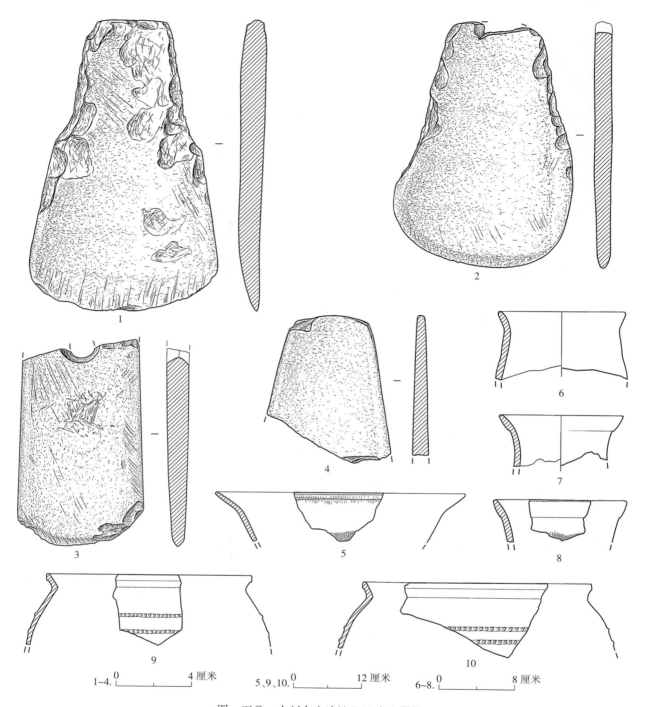

图一五〇　大刘台山遗址 H67 出土器物

1、2、4. 石铲（H67：4、5、3）　3. 石钺（H67：7）　5. 陶甗（H67：25）　6～8. 陶鬲（H67：9、18、19）　9、10. 陶瓮（H67：26、27）

标本 H67：5，灰绿色流纹岩。柄部周缘保留有连续、细密的打击片疤便于缚柄捆绑，铲体表面经磨制得较为光滑。平面近似"凸"字形，铲体扁薄，正面及背面较平，横截面呈圆角长方形，平顶局部残损，长柄，溜肩，铲面体侧斜弧，铲面的长度与宽度大体相当，刃部明显宽于顶部。双面弧刃，刃部与铲面相接处较圆润，刃线不明显，刃部有使用过程中形成的小崩口，偏锋。长 13.3、刃宽 9.2、最大体厚 0.9 厘米（图一五〇，2）。

石钺　1 件。

标本 H67：7，黑色流纹岩，夹杂有大量的土黄色斑状结构，中部有錾压痕迹。通体磨制得较为光滑。整体较为窄扁，平面近似长方形，正面及背面微鼓，体薄，横截面呈极扁圆角长方形，顶部残损，体侧斜直，钺体残存一对穿圆孔，刃部略宽于顶部。双面弧刃，刃部与钺体相接处较圆润，刃线不明显，刃部有使用过程中形成的崩口。残长 11.3、刃宽 6.8、最大体厚 1.2 厘米（图一五〇，3）。

陶甗　1 件。

标本 H67：25，泥质红陶。仅存口部残片，圆唇，大敞口，展沿，斜腹，甗腰及袋足现已残损。近口处施有一周凹弦纹；口沿外侧及腹部施有较为细密的绳纹，但口沿外侧绳纹多经抹平处理。口径 44.1、残高 8.9、壁厚 0.7～0.8 厘米（图一五〇，5）。

陶鬲　3 件。

标本 H67：9，夹砂黑褐陶。圆唇，敞口，展沿，束颈，腹部及鬲足现已残损。素面。口径 13.5、残高 7.3、壁厚 0.5～0.7 厘米（图一五〇，6）。

标本 H67：18，夹砂黑褐陶。尖圆唇，敞口，口部回泥加厚，束颈较粗，腹部及鬲足现已残损。素面。口径 13.2、残高 5.6、壁厚 0.5～0.6 厘米（图一五〇，7）。

标本 H67：19，夹砂黑褐陶。仅存口部残片，方唇，敞口，口部回泥加厚，束颈，腹部及鬲足现已残损。颈部施有细绳纹。口径 14.2、残高 4.6、壁厚 0.6～0.7 厘米（图一五〇，8）。

陶瓮　2 件。

标本 H67：26，泥质红褐陶，器表磨光。仅存口部残片，尖圆唇，敞口，近似小窄沿，斜领，束颈，溜肩，鼓腹，腹部最大径位置靠近肩部，下腹部及底部现已残损。腹部残存有二周截面呈三角形的戳压有麦粒纹的附加堆纹。口径 36.4、残高 13.0、壁厚 0.7～0.8 厘米（图一五〇，9）。

标本 H67：27，夹细砂红陶，器表抹光。仅存口部残片，尖圆唇，敞口，近似小窄沿，斜领，束颈，溜肩，鼓腹，腹部最大径位置靠近肩部，下腹部及底部现已残损。腹部残存有二周截面呈三角形的戳压有麦粒纹的附加堆纹。口径 40.6、残高 12.0、壁厚 0.6～0.7 厘米（图一五〇，10）。

大型大口深腹陶罐　2 件。

标本 H67：10，夹砂红陶，器表抹光。仅存口部残片，圆唇，侈口，束颈，溜肩，深腹，下腹部及底部现已残损。口沿外侧、颈部及腹部均施有较为凌乱的细绳纹，但口沿外侧绳纹后多经抹平处理。口径 41.0、残高 12.3、壁厚 0.7～0.8 厘米（图一五一，1）。

标本 H67：14，夹砂黑陶。口部及上腹部现已残损，深腹，下腹部急收成小平底，平底内凹。腹部满施绳纹。底径 8.6、残高 8.3、壁厚 0.6～0.8 厘米（图一五一，2）。

中型大口深腹陶罐　1 件。

标本 H67：22，夹砂黑褐陶。圆唇，敞口，展沿，束颈，溜肩，卵形腹较深，腹部最大径位置靠近肩部，底部现已残缺。口沿外侧及腹部满施绳纹，但口沿外侧绳纹多经抹平处理。口径 16.0、最大腹径 17.9、残高 13.9、壁厚 0.6～0.7 厘米（图一五一，3）。

中型小口鼓腹陶罐　1 件。

标本 H67：23，夹砂红陶。方唇，敞口，折沿，束颈，溜肩，鼓腹，下腹部及底部现已残损。素面。口径 18.4、残高 6.8、壁厚 0.5～0.6 厘米（图一五一，4）。

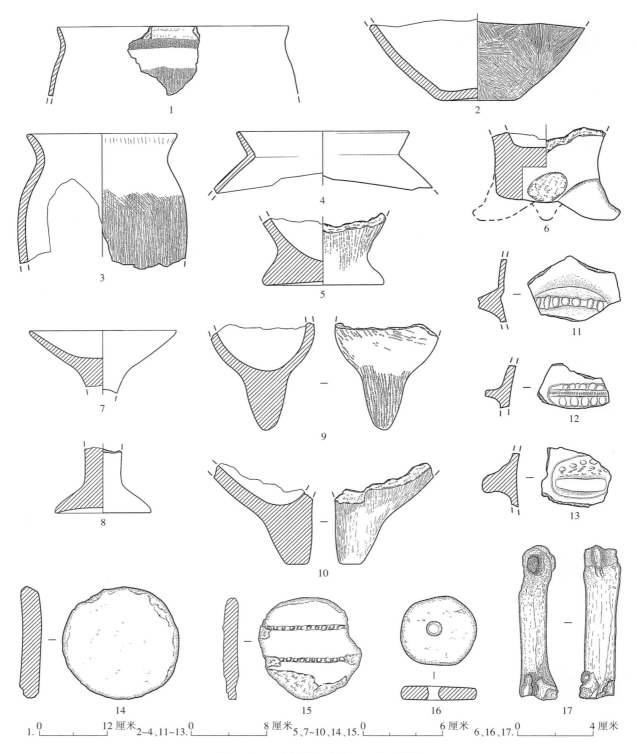

图一五一 大刘台山遗址 H67 出土器物

1、2. 大型大口深腹陶罐（H67：10、14） 3. 中型大口深腹陶罐（H67：22） 4. 中型小口鼓腹陶罐（H67：23） 5. 圈足陶罐（H67：21）
6. 陶鼎（H67：11） 7、8. 陶豆（H67：14、17） 9、10. 陶鬲足（H67：15、20） 11～13. 陶鋬耳（H67：12、13、16） 14、15. 陶盘状器
（H67：2、6） 16. 陶纺轮（H67：1） 17. 兽骨（H67：8）

圈足陶罐　1件。

标本 H67:21，夹砂黑陶。口部及上腹部现已残损，圈足内底微凹近似台底。下腹部施有较为稀疏的绳纹。底径9.2、残高5.6、壁厚0.6~0.7厘米（图一五一，5）。

陶鼎　1件。

标本 H67:11，夹砂黑褐陶。口部及腹部现已残损，平底，下腹部近底处对称贴附有四个明显外撇的矮足。素面。底径5.2、残高5.1、壁厚0.7~0.8厘米（图一五一，6）。

陶豆　2件。

标本 H67:14，泥质红褐陶，器表磨光。尖圆唇，大敞口，斜腹较浅，柄部及豆座现已残损。素面。口径11.1、残高5.1、壁厚0.5~0.7厘米（图一五一，7）。

标本 H67:17，泥质红褐陶。豆盘现已残损，实心柱状柄，斗笠状豆座较矮。素面。座径7.3、残高5.2、壁厚0.5~0.6厘米（图一五一，8）。

陶鬲足　2件。

标本 H67:15，夹砂红褐陶。乳头状实心足跟，足跟尖锐。器表施有绳纹。残高8.3、壁厚0.6~0.8厘米（图一五一，9）。

标本 H67:20，泥质黑褐陶。矮柱状实心足跟，足跟较平。器表施有绳纹。残高7.8、壁厚0.8~1.0厘米（图一五一，10）。

陶鋬耳　3件。

标本 H67:12，夹砂灰褐陶。平面近似半月形，耳缘戳压窝点纹。耳长8.0、耳宽1.1、壁厚0.7厘米（图一五一，11）。

标本 H67:13，泥质黑褐陶。平面近似半月形，耳缘戳有指甲纹，耳周上、下各戳有一周圆窝纹。耳残长6.4、耳宽0.6、壁厚0.9厘米（图一五一，12）。

标本 H67:16，夹砂红褐陶。平面近似圆角长方形，耳周上部戳有多周圆窝纹。耳长5.3、耳宽1.3、壁厚0.7厘米（图一五一，13）。

陶盘状器　2件。

标本 H67:2，泥质红褐陶。由陶罐底部改制而成，整体呈圆饼状，微凸，边缘修整地较为规整。素面。直径8.7、厚1.4厘米（图一五一，14）。

标本 H67:6，夹细砂红陶，器表磨光。由陶瓮腹部残片改制而成，整体呈圆饼状，边缘修整地不甚规整。表面存留有两道戳压麦粒纹的附加堆纹。直径7.9、厚1.0~1.1厘米（图一五一，15）。

陶纺轮　1件。

标本 H67:1，夹砂红陶。整体呈薄饼状，体薄，平面近似不规则的圆形，中部纵向穿有一孔。素面。直径4.0、厚0.7、孔径0.8厘米（图一五一，16）。

野猪跖骨　1件。

标本 H67:8，保存较完整。长8.3、近端宽1.8、远端宽1.7厘米（图一五一，17）。

45. H68

（1）形制与规格

位于Ⅲ区TG1西部，其延伸至发掘区域外部分未经发掘，开口于第③层下，开口距地表深约

101 厘米。H68 平面呈不规则形，直壁，底部西高东低呈缓坡状；坑壁及底部均未经过特殊加工处理。H68（已发掘部分）开口处最大径 222、深 30～95 厘米（图一五二）。

坑内堆积以黑褐土为主，夹杂有大量的石块、红烧土块、炭粒等，土质较疏松。

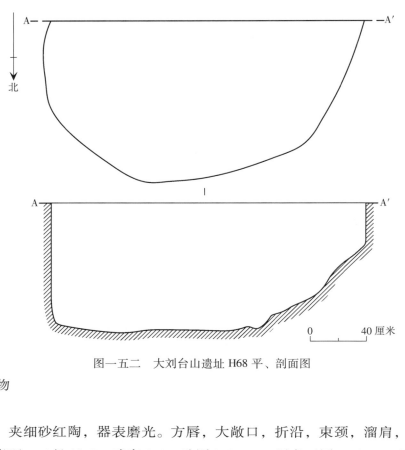

图一五二　大刘台山遗址 H68 平、剖面图

（2）出土遗物

陶瓮　1 件。

标本 H68：6，夹细砂红陶，器表磨光。方唇，大敞口，折沿，束颈，溜肩，腹部及底部现已残损。残存器体素面。口径 40.2、残高 5.1、壁厚 0.9～1.1 厘米（图一五三，1）。

大型大口深腹陶罐　1 件。

标本 H68：5，夹砂红陶。圆唇，敞口，近折沿，束颈，溜肩，腹部及底部现已残损。残存器体素面。口径 44.1、残高 10.8 厘米、壁厚 0.9～1.1（图一五三，2）。

中型大口深腹陶罐　3 件。

标本 H68：3，夹砂红褐陶，陶色不存，局部呈黑褐色。仅存口部残片，圆唇，敞口，展沿，束颈，溜肩，腹部及底部现已残损。颈部施有两周凹弦纹，肩部施有绳纹。口径 18.4、残高 8.1、壁厚 0.6～0.7 厘米（图一五三，3）。

标本 H68：4，夹砂红褐陶。圆唇，敞口，展沿，束颈，溜肩，腹部及底部现已残损。口沿外侧施有较为稀疏的绳纹，但多经抹平处理。口径 21.7、残高 6.4、壁厚 0.7～0.9 厘米（图一五三，4）。

标本 H68：7，夹砂黑褐陶。仅存残片，圆唇，大敞口，折沿，束颈，溜肩，鼓腹较深，腹部最大径位置靠近肩部，底部现已残损。口沿外侧施有较为稀疏的绳纹，但多经抹平处理；腹部施有较为凌乱的绳纹。口径 18.4、最大腹径 20.1、残高 11.4、壁厚 0.6～0.8 厘米（图一五三，5）。

中型小口鼓腹陶罐　1 件。

标本 H68：1，夹细砂红褐陶，器表抹光。口部及上腹部现已残损，平底。素面。底径 8.0、残

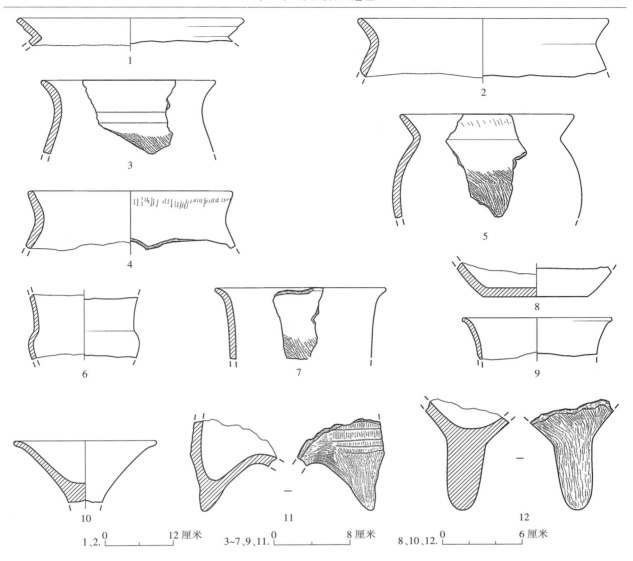

图一五三　大刘台山遗址 H68 出土器物

1. 陶瓮（H68:6）　2. 大型大口深腹陶罐（H68:5）　3～5. 中型大口深腹陶罐（H68:3、4、7）　6、9. 陶尊（H68:9、8）　7. 陶盆（H68:10）　8. 中型小口鼓腹陶罐（H68:1）　10. 陶豆（H68:2）　11、12. 陶鬲足（H68:12、11）

高 2.6、壁厚 0.8～1.1 厘米（图一五三，8）。

　　陶盆　1 件。

　　标本 H68:10，夹砂红褐陶，局部烟炱痕迹明显。仅存残片，圆唇，大敞口，展沿，斜腹较深，底部现已残损。腹部施有较为疏松的绳纹。口径 18.1、残高 9.8、壁厚 0.6～0.8 厘米（图一五三，7）。

　　陶尊　2 件。

　　标本 H68:8，泥质黑陶，器表磨光。方唇，大敞口，展沿，腹部及底部现已残损。素面。口径 15.8、残高 4.4、壁厚 0.4～0.5 厘米（图一五三，9）。

　　标本 H68:9，泥质红褐陶，器表磨光。口部及底部现已残损，上腹部外展，下腹部圆鼓。素面。最大腹径 11.3、残高 7.0、壁厚 0.6～0.7 厘米（图一五三，6）。

　　陶豆　1 件。

　　标本 H68:2，泥质红褐陶，器表磨光。圆唇，大敞口，斜腹较深，豆柄及豆座现已残损。口径 10.7、残高 4.7、壁厚 0.4 ~ 0.6 厘米（图一五三，10）。

陶鬲足　2 件。

标本 H68：11，夹砂黑褐陶。乳头状实心足跟，足跟较圆钝。器表满施绳纹。残高 8.4、壁厚 0.6 ~ 0.8 厘米（图一五三，12）。

标本 H68：12，夹砂黑褐陶。筒形斜腹，袋足较瘦窄，锥状实心足跟，足跟较尖锐。腹部施有弦断绳纹，袋足满施绳纹。残高 10.1、壁厚 0.7 ~ 1.0 厘米（图一五三，11）。

46. H69

（1）形制与规格

位于Ⅲ区 TG3 西部，其延伸至发掘区域外部分未经发掘，开口于第③层下，开口距地表深约 77 厘米。H69 平面近似圆角长方形，坑壁斜收，坑底平坦；坑壁及底部均未经过特殊加工处理。H69（已发掘部分）开口处长 201、宽 202 厘米；底部长 143、宽 173 厘米；深 132 厘米（图一五四）。

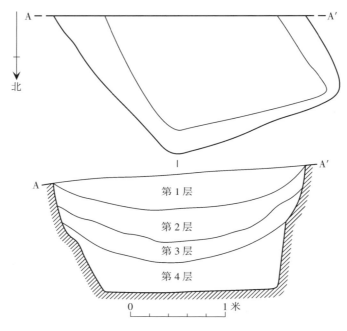

图一五四　大刘台山遗址 H69 平、剖面图

坑内堆积分 4 层。

第 1 层：厚约 0 ~ 38 厘米。以灰褐土为主，夹杂有少量的石块及大量的红烧土颗粒、炭粒等，土质较疏松。

第 2 层：厚约 16 ~ 36 厘米。以黄褐土为主，夹杂有大量的石块、红烧土颗粒等，土质较坚硬。

第 3 层：厚约 15 ~ 25 厘米。以黑褐土为主，夹杂有少量的红烧土颗粒、炭粒等，土质较疏松。

第 4 层：厚约 46 ~ 67 厘米。以灰褐土为主，夹杂有大量的石块，未见人工遗物，土质较疏松。

（2）出土遗物

石锛　1 件。

标本 H69③：1，浅灰色流纹岩，夹杂大量的白色条状流纹结构。通体磨制得较为光滑。器体较小，平面近似梯形，正面圆鼓，背面较平，横截面呈半月状，顶部残损，体侧斜直，刃部明显宽于顶部。单面弧刃，刃部与锛体相接处极圆润，刃线基本不显，刃部背面有使用过程中形成的小崩口。残长 4.0、刃宽 2.9、最大体厚 0.9 厘米（图一五五，1）。

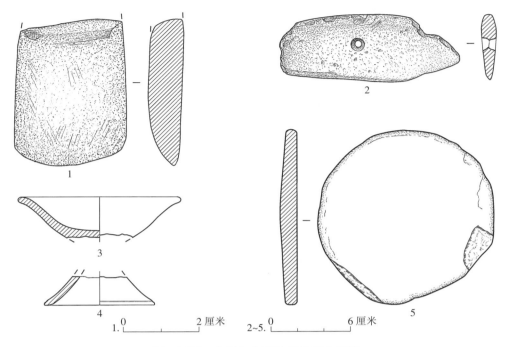

图一五五　大刘台山遗址 H69 出土器物

1. 石锛（H69③：1）　2. 石镰（H69③：2）　3、4. 陶豆（H69③：5、3）　5. 陶盘状器（H69③：4）

石镰　1 件。

标本 H69③：2，青灰色粗砂岩。磨制，由石铲残块改制而成。整体较为狭长，器形不甚规整，平面近似圭形，弧背，背脊圆隆，尾端直接利用石铲断裂面改制而成。单面弧刃较窄，刃部与镰体相接处较圆滑，刃线不明显。长 13.6、宽 5.2、最大体厚 1.1 厘米（图一五五，2）。

陶豆　2 件。

标本 H69③：3，泥质红陶，器表磨光。仅存喇叭状豆座。近底处施有一周凹弦纹。座径 8.4、残高 2.2、壁厚 0.4 ～ 0.5 厘米（图一五五，4）。

标本 H69③：5，泥质黑陶，器表磨光。仅存豆盘，圆唇，大敞口，弧腹较浅。素面。口径 12.4、残高 3.2、壁厚 0.5 ～ 0.6 厘米（图一五五，3）。

陶盘状器　1 件。

标本 H69③：4，夹细砂黑褐陶。由陶瓮底部改制而成，整体呈圆饼状，边缘经过简单的修整。素面。直径 13.6、厚 0.9 ～ 1.3 厘米（图一五五，5）。

47. H70

（1）形制与规格

位于Ⅱ区 T3 南部，其延伸至发掘区域外部分未经发掘，开口于第①层下，开口距地表深约 36 厘米。H70 平面呈不规则的椭圆形，直壁，平底略有起伏；坑壁及底部均未经过特殊加工处理。H70（已发掘部分）开口处长径 191、短径 189、深 60 ～ 71 厘米（图一五六）。

坑内堆积以灰褐土为主，夹杂有少量的料姜石、红烧土块、炭粒等，土质较疏松。

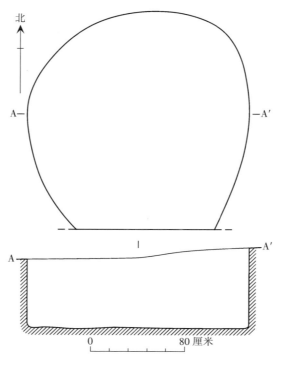

图一五六　　大刘台山遗址 H70 平、剖面图

（2）出土遗物

石钺　1件。

标本 H70：3，灰黑色流纹岩。通体磨制得较为光滑。整体较为窄扁，平面近似长方形，正面及背面微鼓，体厚，横截面呈弧边圆角长方形，平顶与刃部均现已残损，体侧较直。残长5.6、残宽5.2、最大体厚1.6厘米（图一五七，1）。

石刀　1件。

标本 H70：5，浅灰色粉砂岩。磨制得较为光滑，整体呈长条状，首、尾两端现已残断，仅存刀体中段，表面剥落，直背，背脊斜直，刀面现存一对穿圆孔，单面弧刃。刃部与刀体相接处较陡直，刃线较明显，刃部由于使用而形成连续的小崩豁。残长6.4、宽3.8、最大体厚0.7厘米（图一五七，2）。

石矛　1件。

标本 H70：2，灰黑色板岩，表面发现有大量的铁锈斑。由片状石坯打制而成，器形较大。周缘采取交互法打片、复向法修整，表面修整的较为平整。平面近似圭状，体薄，锋部较为圆钝，体侧圆弧，平底。长13.9、宽8.1、最大体厚0.7厘米（图一五七，3）。

石盘状器　1件。

标本 H70：1，铅灰色闪长岩，表面烟炱痕迹明显，局部有黄泥板结。打制，略显粗笨，由片状石坯加工而成，仅对周缘采取复向加工法进行了简单修整，而其他器体部分则保留自然面。平面呈不规则的圆形，由于石质粗糙，表面形成凹凸不平的劈裂面。直径16.5～17.4、最大体厚1.9厘米（图一五七，4）。

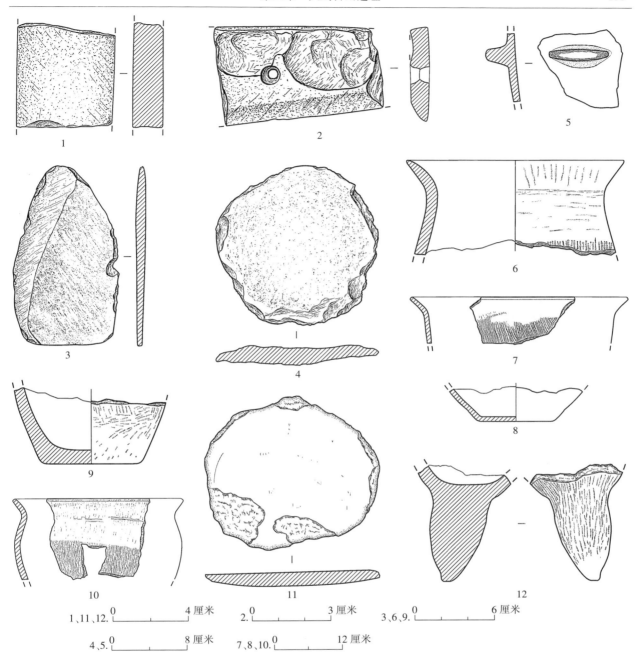

图一五七　大刘台山遗址 H70 出土器物

1. 石钺（H70：3）　2. 石刀（H70：5）　3. 石矛（H70：2）　4. 石盘状器（H70：1）　5. 陶鏊耳（H70：7）　6. 中型大口深腹陶罐（H70：12）　7. 陶盆（H70：9）　8. 陶瓮（H70：11）　9. 小型大口深腹陶罐（H70：8）　10. 大型大口深腹陶罐（H70：10）　11. 陶盘状器（H70：4）　12. 陶鬲足（H70：6）

陶瓮　1件。

标本 H70：11，泥质红褐陶。口部及腹部现已残损，平底。残存器体素面。底径 13.1、残高 6.3、壁厚 0.8～0.9 厘米（图一五七，8）。

大型大口深腹陶罐　1件。

标本 H70：10，夹砂黑褐陶。仅存残片，方唇，大敞口，展沿，束颈，溜肩，卵形腹较深，腹部最大径位置靠近肩部，底部现已残损。通体满施绳纹，但口沿外侧及肩部绳纹多经抹平处理。

口径 30.1、最大腹径 29.6、残高 14.5、壁厚 0.7～1.1 厘米（图一五七，10）。

中型大口深腹陶罐　1 件。

标本 H70：12，夹砂红褐陶。尖圆唇，大敞口，展沿，束颈，溜肩，腹部及底部现已残损。口沿外侧及肩部施有绳纹，但口沿外侧绳纹多经抹平处理。口径 16.1、残高 7.7、壁厚 0.6～0.8 厘米（图一五七，6）。

小型大口深腹陶罐　1 件。

标本 H70：8，夹砂红褐陶。口部及上腹部现已残损，筒形腹，平底。腹部施有较为稀疏的不规则绳纹。底径 7.5、残高 5.9、壁厚 0.8～0.9 厘米（图一五七，9）。

陶盆　1 件。

标本 H70：9，夹砂红褐陶，陶色不纯，局部呈黑褐色。仅存口部残片，方唇，大敞口，展沿，斜腹，底部现已残损。腹部施有绳纹。口径 38.6、残高 8.4、壁厚 0.7～0.8 厘米（图一五七，7）。

陶鋬耳　1 件。

标本 H70：7，夹砂灰褐陶。平面近似舌状。素面。耳长 6.2、耳宽 1.1、壁厚 0.6～0.7 厘米（图一五七，5）。

陶鬲足　1 件。

标本 H70：6，夹砂红褐陶。乳头状实心足跟，足跟圆钝。器表施有绳纹。残高 6.3、壁厚 0.6～0.7 厘米（图一五七，12）。

陶盘状器　1 件。

标本 H70：4，夹砂黑褐陶，陶色不纯，局部呈红褐色。由陶罐底部改制而成，整体近似圆饼状，略鼓，边缘修整得较不规整。素面。直径 9.3、最大体厚 0.8 厘米（图一五七，11）。

48．H71

（1）形制与规格

位于 I 区 T1405 及 T1406 内，其延伸至发掘区域外部分未经发掘，开口于第②层下，开口距地表深约 48 厘米。H71 平面呈不规则的圆角长方形，直壁，坑底平坦；坑壁及底部均未经过特殊加工处理。H71（已发掘部分）开口处长 241、宽 87、深 58 厘米（图一五八）。

坑内堆积以黑褐土为主，夹杂有少量的石块、红烧土块、炭粒等，土质较疏松。

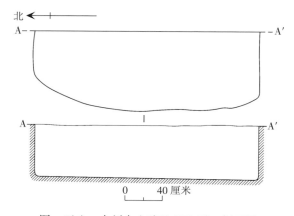

图一五八　大刘台山遗址 H71 平、剖面图

（2）出土遗物

大型大口深腹陶罐 1件。

标本 H71:2，夹砂红褐陶。仅存残片，圆唇，大敞口，折沿，束颈，溜肩，卵形腹较深，腹部最大径位置靠近肩部，底部现已残损。肩部及腹部满施较为细密的绳纹。口径 32.4、残高 14.4、壁厚 0.6~0.8 厘米（图一五九，1）。

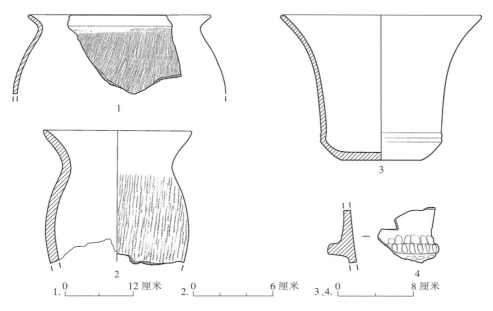

图一五九 大刘台山遗址 H71 出土器物

1. 大型大口深腹陶罐（H71:2） 2. 中型大口深腹陶罐（H71:4） 3. 陶尊（H71:1） 4. 陶鋬耳（H71:3）

中型大口深腹陶罐 1件。

标本 H71:4，夹砂黑陶。尖圆唇，大敞口，展沿，束颈，溜肩，卵形腹，底部现已残损。肩部及腹部施有绳纹。口径 11.2、最大腹径 10.8、残高 10.4、壁厚 0.6~0.7 厘米（图一五九，2）。

陶尊 1件。

标本 H71:1，泥质黑陶，器表磨光。圆唇，大敞口，折腹，上腹部较深，中腹部内壁折沟较浅，下腹部较矮，平底。中腹部施有一周凹槽。口径 21.4、底径 8.5、高 15.9、壁厚 0.4~0.6 厘米（图一五九，3；彩版二六，2）。

陶鋬耳 1件。

标本 H71:3，泥质红陶。平面近似舌状，耳缘戳有麦粒纹，耳面上、下戳有圆窝纹。耳长 5.4、耳宽 1.3、壁厚 0.6~0.8 厘米（图一五九，4）。

49. H72

（1）形制与规格

位于 I 区 T1412 及 T1413 内，开口于第③层下，开口距地表深约 78 厘米。H72 平面呈不规则的圆角长方形，坑壁斜收，平底但坑底起伏明显；坑壁及底部均未经过特殊加工处理。H72 开口处长 253、宽 183 厘米；底部长 190、宽 151 厘米；深 52~58 厘米（图一六〇）。

坑内堆积以灰褐土为主，夹杂有少量的料姜石、红烧土颗粒等，土质较疏松。

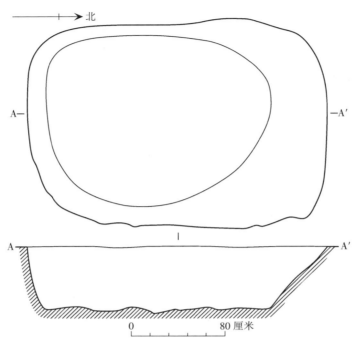

图一六〇　大刘台山遗址 H72 平、剖面图

（2）出土遗物

石铲　1 件。

标本 H72：1，浅灰褐色流纹岩。柄部周缘保留有连续、细密的打击片疤便于缚柄捆绑，铲体表面经磨制，较为光滑。平面近似"凸"字形，铲体扁薄，正面及背面较平，横截面呈圆角长方形，顶部现已残损，长柄，溜肩，铲面体侧斜直，铲面的长度与宽度大体相当，刃部明显宽于顶部。单面弧刃，刃部与铲面相接处较圆润，刃线不明显，刃部有使用过程中形成的小崩口。残长13.0、刃宽10.0、最大体厚1.1厘米（图一六一，1）。

石研磨器　1 件。

标本 H72：2，灰黑色片麻岩。通体琢制，表面布满小麻坑，研磨面经磨制，较为光滑。由石斧改制而成，平面近似圆角长方形，研磨面明显宽于顶端。横截面近似圆角长方形，近平顶，侧边斜直，研磨面外鼓明显。长9.5、宽5.5、最大体厚3.8厘米（图一六一，2；彩版三八，2）。

中型大口深腹陶罐　2 件。

标本 H72：3，夹细砂红陶。圆唇，敞口，折沿，束颈，溜肩，鼓腹及底部现已残损。器表施有绳纹，但多经抹平处理。口径17.8、残高9.0、壁厚0.5~0.8厘米（图一六一，3）。

标本 H72：5，夹砂红褐陶。口部及上腹部现已残损，平底内凹。腹部满施较为凌乱的绳纹。底径9.0、残高6.1、壁厚0.6~0.7厘米（图一六一，4）。

陶袋足　1 件。

标本 H72：4，夹砂黑褐陶，陶色不纯，局部呈红褐色。袋足较为肥厚，足跟现已残断。器表满施绳纹。残高10.9、壁厚0.9~1.1厘米（图一六一，5）。

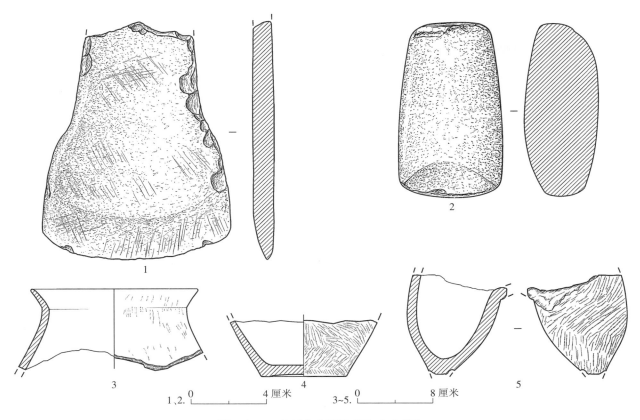

图一六一　大刘台山遗址 H72 出土器物

1. 石铲（H72：1）　2. 石研磨器（H72：2）　3、4. 中型大口深腹陶罐（H72：3、5）　5. 陶袋足（H72：4）

（七）灰沟

大刘台山遗址仅清理出 1 条夏家店下层文化时期灰沟。

G1

（1）形制与规格

位于 I 区 T1216、T1217 内，开口于第②层下，开口距地表深约 75 厘米。G1 平面呈不规则形，斜壁，平底，整体呈覆斗状，坑壁及底部均经过简单平整，较为平滑。G1 口长径 531、口短径 92、深 69 厘米（图一六二）。

沟内堆积以灰褐土为主，夹杂有少量黑灰、炭粒等，土质较疏松。

（2）出土遗物

石锄　1 件。

标本 G1：6，麻灰色闪长岩。打制，器形较大，略显粗笨，背面柄部有一较深大片疤向刃部尖灭，尖灭部位隆起明显，亚腰及刃部则分布有多层细密的鳞片状小片疤。背部较平，器体中部较厚，向柄、刃两端渐薄。弧顶，柄与刃大体同宽，柄与器身之间呈长圆弧状内凹，成明显的亚腰状，弧刃。长 19.9、刃宽 11.3、最大体厚 3.4 厘米（图一六三，1；彩版二九，1）。

石铲　2 件。

标本 G1：4，灰黑色辉长岩，夹杂有大量的白色、黑色斑晶。柄部尾端左、右两侧保留打击片疤便于缚柄捆绑，铲体表面经磨制，较为光滑。平面近似梯形，铲体扁薄，正面及背面较平，横

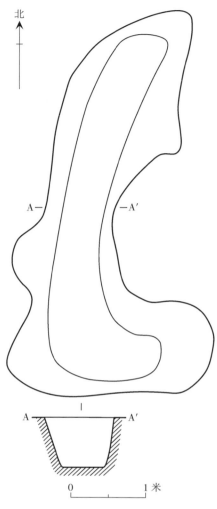

图一六二　大刘台山遗址 G1 平、剖面图

截面呈圆角长方形，平顶微残，无肩，但柄部尾端呈浅圆弧状内凹，体侧斜直，铲面的长度明显大于宽度，刃部明显宽于顶部。单面弧刃，刃部与铲面相接处较圆润，刃线极不明显，刃部有使用过程中形成的小崩口，偏锋。长 15.2、刃宽 7.7、最大体厚 1.3 厘米（图一六三，4）。

标本 G1:7，浅红棕色斑状流纹岩。打制，器形较大，体薄，整体修整的较为规整，背部较平，体侧片疤连续、细密。平面近似圆角梯形，较为宽扁，平顶，柄部与器身的分界线不明显，刃部明显宽于柄部，体侧较斜直，弧刃，刃部有使用过程中形成的小崩口。长 19.2、刃宽 10.3、最大体厚 1.5 厘米（图一六三，2）。

石斧　3 件。

标本 G1:1，灰黑色粉砂岩。通体琢制，琢窝较为密集，刃部抛光。棒状石斧，整体近似圆棒状，体长，正面及背面较圆鼓，横截面近似宽体弧边圆角方形，平顶内凹，体侧略外鼓，刃部略宽于顶部。刃体局部残损，双面弧刃近似椭圆形，刃部与斧体相接处较圆润，刃线不明显，刃部有使用过程中形成的小崩口。长 17.2、刃宽 4.5、最大体厚 4.7 厘米（图一六三，3；彩版三四，4）。

标本 G1:2，灰绿色粉砂岩。通体磨制，刃部抛光。板状石斧，平面近似梯形，体薄，正面及背面均较平，横截面近似弧边圆角长方形，近平顶，体侧斜直，刃部明显宽于顶部，双面弧刃近似月牙状。刃部与斧体相接处较圆润，刃线不明显，刃部有使用过程中形成的小崩口。长 10.7、刃宽 5.8、最大体厚 2.7 厘米（图一六三，5；彩版三四，5）。

标本 G1:9，米白色花岗岩。打制，器体较大，体厚，仅对片状石坯周壁进行简单加工修整，片疤较为细密，而大部分器体表面仍保留有石皮。现已残断，平面近似圆角长方形，较为宽扁，弧顶，体表较平，刃部残损。残长 9.2、宽 6.0、最大体厚 2.7 厘米（图一六三，6）。

石镰　1 件。

标本 G1:8，灰黑色辉长岩。磨制，整体较为细长，由石铲残块改制而成，平面近似不规则的圆角长方形，平背，尾端略外弧，距尾端约 1/3 处对穿一圆孔，单面弧刃，刃口内凹。刃部与镰体相接处较陡直，刃线较明显，刃部前锋由于仅是对石铲残块进行了简单修整而显得较为粗糙，刃部由于使用而形成连续的小崩豁。长 14.2、宽 5.8、最大体厚 1.2 厘米（图一六三，7；彩版三五，4）。

石刀　1 件。

标本 G1:3，浅米黄色粉砂岩。磨制得较为光滑，整体呈长条状，首、尾两端较斜直，直背，背脊较平，刀面近中部对穿一圆孔，单面直刃。刃部与刀体相接处较陡直，刃线较明显，刃部由于长久使用而内凹。长 11.2、宽 3.4、最大体厚 0.8 厘米（图一六三，8；彩版三六，2）。

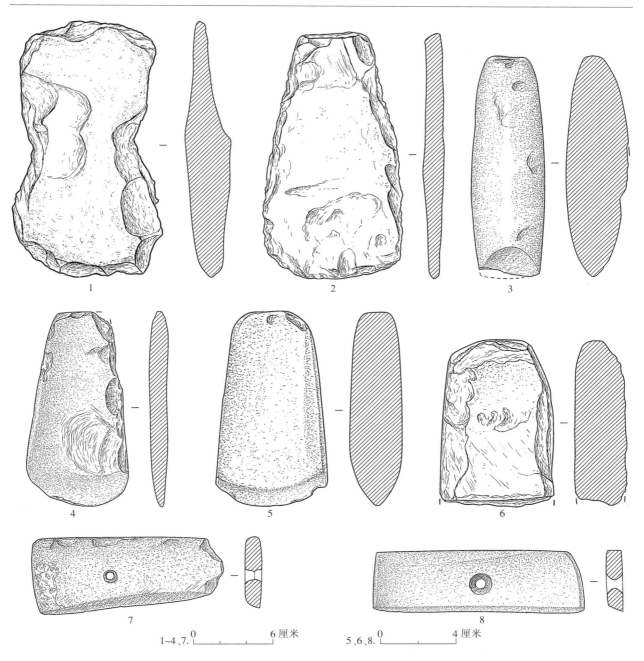

图一六三　大刘台山遗址 G1 出土石器

1. 锄（G1:6）　2、4. 铲（G1:7、4）　3、5、6. 斧（G1:1、2、9）　7. 镰（G1:8）　8. 刀（G1:3）

中型大口深腹陶罐　3 件。

标本 G1:12，夹砂黑褐陶。仅存口部残片，尖圆唇，敞口，展沿，束颈，溜肩，卵形腹，下腹部及底部现已残损。腹部施有细密的绳纹。口径 20.2、残高 9.2、壁厚 0.6~0.7 厘米（图一六四，1）。

标本 G1:14，夹砂黑褐陶。仅存口部残片，方唇，敞口，展沿较矮，束颈，溜肩，腹部及底部现已残损。素面。口径 25.2、残高 7.0、壁厚 0.6~0.7 厘米（图一六四，2）。

标本 G1:16，夹砂红褐陶。圆唇，大敞口，折沿，束颈，鼓腹，底部残缺。腹部施有绳纹。口径 22.6、最大腹径 21.7、残高 10.1、壁厚 0.6~0.9 厘米（图一六四，3）。

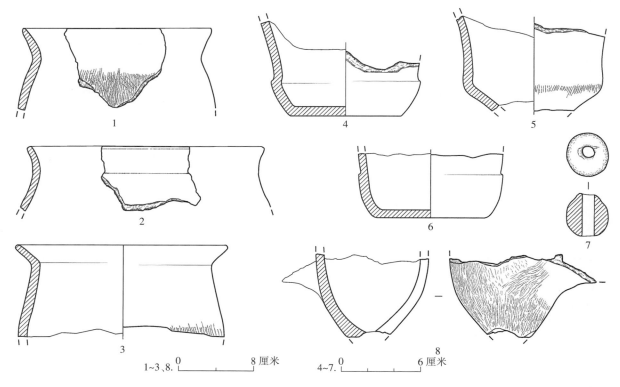

图一六四　大刘台山遗址 G1 出土陶器

1～3. 中型大口深腹罐（G1：12、14、16）　4～6. 尊（G1：10、15、11）　7. 网坠（G1：5）　8. 袋足（G1：13）

陶尊　3 件。

标本 G1：10，泥质红褐陶，器表磨光。口部现已残损，折腹，上腹部外展明显，下腹部略圆鼓，平底。素面。底径 8.4、残高 7.4、壁厚 0.6～0.7 厘米（图一六四，4）。

标本 G1：11，夹砂红褐陶。口部现已残损，折腹，上腹部外展，下腹部略显圆鼓，大平底。素面。底径 8.8、残高 5.2、壁厚 0.6～0.7 厘米（图一六四，6）。

标本 G1：15，泥质黑褐陶，器表磨光。口部残缺，折腹，上腹部外展，下腹部急收，底部残损。下腹部施有细绳纹。残高 7.3、壁厚 0.6～0.7 厘米（图一六四，5）。

陶袋足　1 件。

标本 G1：13，夹砂黑褐陶。袋状足较肥厚，足跟残缺。袋足满施细密的绳纹。残高 9.2、壁厚 0.6～0.8 厘米（图一六四，8）。

陶网坠　1 件。

标本 G1：5，夹砂灰褐陶。整体呈圆球状，纵向穿有一孔。素面。直径 3.3、高 3.3、孔径 0.9 厘米（图一六四，7）。

三　地层出土遗物

遗物主要为陶器及石器，骨器较少。

（一）陶器

数量较多，但完整器较少。

甗　多为残片，现选取 8 件予以介绍。

标本 I 区 T1117③：1，夹砂红褐陶。甗盆现已残损，束腰较甚，袋足瘦高，锥状空心足跟略显圆钝。素面。残高 21.8、壁厚 0.7～1.8 厘米（图一六五，6；彩版二二，2）。

标本 I 区 T1203③：8，泥质黑皮红褐陶，器表抹光。仅存甗盆残片，圆唇，敞口，展沿，弧腹，中腹部贴附有鸡冠状鋬耳，甗腰及袋足现已残损。鋬耳耳缘戳压麦粒状凹窝。口径 36.3、残高 13.8、壁厚 0.6～0.9 厘米（图一六五，1）。

标本 I 区 T1217③：9，夹砂红褐陶。方唇，大敞口，展沿，斜腹微弧，甗腰及袋足现已残损。腹部施有绳纹。口径 28.2、残高 13.5、壁厚 0.7～0.9 厘米（图一六五，2）。

标本 I 区 T1317③：6，泥质红陶。圆唇，大敞口，展沿，折沿，斜腹较深，甗腰及袋足现已残损。腹部施有较为细浅的弦纹。口径 18.3、残高 10.7、壁厚 0.7～0.8 厘米（图一六五，3）。

标本 I 区 T1403③：5，夹砂红褐陶。甗盆及甗腰现已残损，袋足较宽肥、下垂，乳头状实心足跟较圆钝。袋足满施较为规整的细绳纹。残高 25.1、壁厚 0.5～0.8 厘米（图一六五，8；彩版二二，4）。

标本 I 区 T1416③：4，夹砂灰黑陶，腹部泥条套接痕迹明显。圆唇，大敞口，展沿，弧腹较深，甗腰及袋足现已残损。腹部满施细密的绳纹。口径 24.0、残高 19.5、壁厚 0.5～0.6 厘米（图一六五，5）。

标本 I 区 T1503③：11，泥质红褐陶，器表抹光。甗盆口部及袋足现已残损，斜弧腹，束腰，腰内壁连置有圆孔的甗箅。腰部贴附有一周附加堆纹，附加堆纹上戳压圆窝。残高 7.9、壁厚 0.6～0.7 厘米（图一六五，4）。

标本 III 区 TG2③：6，夹砂红褐陶，陶色不纯，局部呈黑褐色，袋足套接痕迹明显。甗盆现已残损，甗腰较粗。袋足略宽肥，锥状空心足跟，足尖已残断。甗腰贴附有一周附加堆纹；袋足施有细绳纹，但多经抹平处理。残高 15.7、壁厚 0.9～1.0 厘米（图一六五，7）。

无花边鬲　数量较少，多数器体较小，现选取 4 件予以介绍。

标本 I 区 T1008③：8，泥质黑陶，器表磨光。圆唇，大敞口，展沿，腹壁略直呈筒状，矮窄裆，裆部呈钝角，小平足跟。素面。口径 11.0、高 10.9、壁厚 0.3～0.8 厘米（图一六五，9；彩版二二，5）。

标本 I 区 T1114③：2，夹砂红褐陶。圆唇，敞口，展沿，鼓腹，裆部较高，袋足现已残损。素面。口径 10.9、残高 7.6、壁厚 0.5～0.7 厘米（图一六五，10）。

标本 I 区 T1217③：1，夹砂黑褐陶，整体较矮小。方唇，直口，颈部微束，腹部呈斜筒状，锥状空心足跟，足跟圆钝。通体施有较为凌乱的绳纹。口径 6.9、高 8.1、壁厚 0.4～0.8 厘米（图一六五，11；彩版二二，6）。

标本 I 区 T1208③：10，泥质灰黑陶，器表磨光。口部现已残损，展沿，筒形腹略内收，锥状空心足跟，足尖残断。下腹部施有弦断细绳纹，袋足施有较为稀疏的细绳纹。残高 14.5、壁厚 0.4～0.5 厘米（图一六五，12）。

花边鬲　6 件，均为口沿残片。

标本 I 区 T1106③：6，夹砂红褐陶。仅存口部残片，尖圆唇，敞口，口沿抹斜，斜领较矮，束颈，溜肩，腹部及袋足现已残损。口沿外侧贴置一周附加堆纹，附加堆纹上戳压细密的麦粒状凹窝。口径17.8、残高5.6、壁厚0.6~1.2厘米（图一六五，13）。

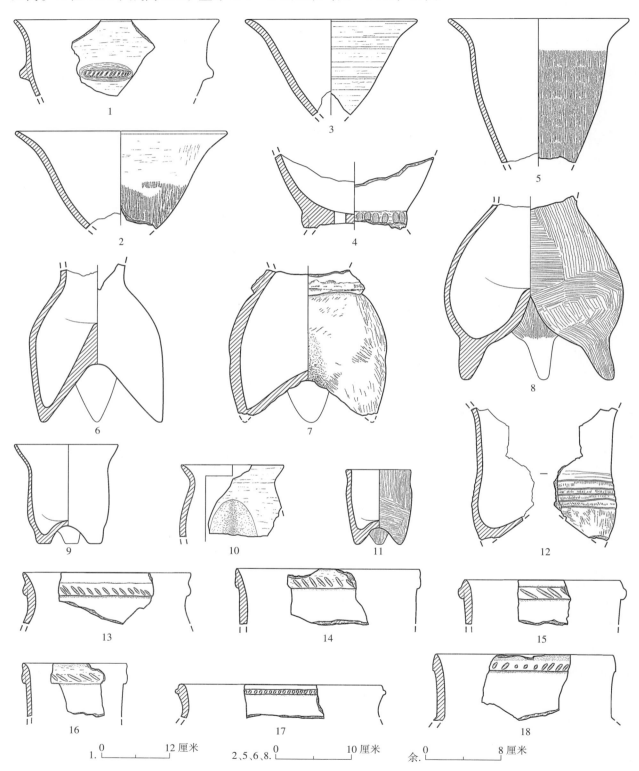

图一六五　大刘台山遗址第③层出土陶器

1~8. 甗（Ⅰ区T1203③:8、Ⅰ区T1217③:9、Ⅰ区T1317③:6、Ⅰ区T1503③:11、Ⅰ区T1416③:4、Ⅰ区T1117③:1、Ⅲ区TG2③:6、Ⅰ区T1403③:5）　9~12. 无花边鬲（Ⅰ区T1008③:8、Ⅰ区T1114③:2、Ⅰ区T1217③:1、Ⅰ区T1208③:10）　13~18. 花边鬲（Ⅰ区T1106③:6、Ⅰ区T1116③:1、Ⅰ区T1311③:4、Ⅰ区T1311③:5、Ⅰ区T1402③:1、Ⅰ区T1503③:9）

标本Ⅰ区T1116③:1,夹砂红褐陶。仅存口部残片,尖圆唇,侈口,口沿抹斜,直领较高,腹部及袋足现已残损。口沿外侧贴置一周附加堆纹,附加堆纹上戳压细长的麦粒状凹窝。口径19.5、残高6.2、壁厚0.6~0.9厘米(图一六五,14)。

标本Ⅰ区T1311③:4,夹砂黄褐陶。仅存口部残片,尖圆唇,侈口,口沿抹斜,直领较高,腹部及袋足现已残损。口沿外侧贴置一周较宽的附加堆纹,附加堆纹上戳压细长的麦粒状凹窝。口径16.5、残高4.8、壁厚0.6~0.9厘米(图一六五,15)。

标本Ⅰ区T1311③:5,夹砂黄褐陶。器体较小,仅存口部残片,尖圆唇,侈口,口沿抹斜,直领较高,腹部及袋足现已残损。口沿外侧贴置一周较宽的附加堆纹,附加堆纹上戳压细长的麦粒状凹窝。口径10.9、残高5.7、壁厚0.5~0.7厘米(图一六五,16)。

标本Ⅰ区T1402③:1,夹砂灰褐陶。仅存口部残片,圆唇,侈口,斜领极矮,束颈,腹部及袋足现已残损。口沿外侧贴置一周较窄的附加堆纹,附加堆纹上戳压椭圆形凹窝。口径21.3、残高3.6、壁厚0.6~1.0厘米(图一六五,17)。

标本Ⅰ区T1503③:9,夹砂黄褐陶。仅存口部残片,尖圆唇,侈口,口沿抹斜,直领较高,腹部及袋足现已残损。口沿外侧贴置一周较宽的附加堆纹,附加堆纹上戳压粗短的麦粒状凹窝。口径18.8、残高6.1、壁厚0.8~1.0厘米(图一六五,18)。

瓮　数量较多,但多为腹部残片,未见可复原者,现选取2件予以介绍。

标本Ⅰ区T1210③:5,泥质黑陶,器表抹光。仅存口部及腹部残片,圆唇,敞口,展沿,束颈,近圆肩,卵形腹,腹部最大径位置靠近肩部,底部现已残损。肩部贴附有一周圆形小泥饼;肩部及腹部贴附有多周截面呈三角形的附加堆纹,附加堆纹上戳压指甲纹。口径41.1、最大腹径55.1、残高40.7、壁厚1.1~1.3厘米(图一六六,1)。

标本Ⅰ区T1413③:4,泥质灰黑陶,器表抹光。圆唇,大敞口,折沿,束颈,溜肩,卵形腹较深,腹部最大径位置靠近肩部,底部现已残损。肩部及腹部贴附有多周截面呈三角形的附加堆纹。口径44.8、最大腹径51.5、残高36.1、壁厚0.7~1.0厘米(图一六六,2)。

大型大口深腹罐　数量较多,但均较为残碎,未见可复原者,现选取3件予以介绍。

标本Ⅰ区T0502③:3,夹砂红褐陶。仅存口部残片,方唇,敞口,折沿,束颈,溜肩,腹部及底部现已残损。肩部施有绳纹。口径38.2、残高10.9、壁厚0.7~0.9厘米(图一六六,5)。

标本Ⅰ区T1416③:10,夹砂红褐陶。仅存口部残片,圆唇,大敞口,折沿,束颈,溜肩,腹部及底部现已残损。残存器体素面。口径32.3、残高9.1、壁厚0.8~1.0厘米(图一六六,6)。

标本Ⅱ区T6③:4,夹砂红褐陶,腹部泥条套接痕迹明显。口部及上腹部现已残损,大平底。器表满施绳纹,但局部经过抹平处理。底径11.7、残高10.1、壁厚0.5~0.9厘米(图一六六,3)。

中型大口深腹罐　数量较多,但可复原者较少,现选取5件予以介绍。

标本Ⅰ区T1007③:2,夹砂黑褐陶,口部与器体套接痕迹明显。圆唇,大敞口,折沿,束颈,溜肩,卵形腹,下腹部及底部现已残损。口沿外侧及腹部施有绳纹,但多经抹平处理。口径15.4、残高9.6、壁厚0.6~0.8厘米(图一六六,7)。

标本Ⅰ区T1010③:2,夹砂红褐陶。尖圆唇,大敞口,折沿,束颈,溜肩,卵形腹,下腹部及底部现已残损。肩部及腹部施有绳纹。口径18.8、残高11.3、壁厚0.6~0.9厘米(图一六六,9)。

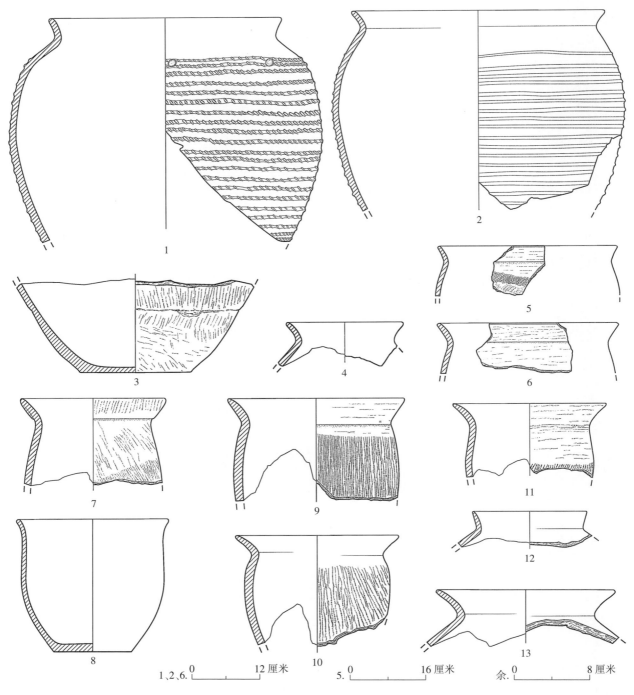

图一六六　大刘台山遗址第③层出土陶器

1、2. 瓮（Ⅰ区 T1210③∶5、Ⅰ区 T1413③∶4）　3、5、6. 大型大口深腹罐（Ⅱ区 T6③∶4、Ⅰ区 T0502③∶3、Ⅰ区 T1416③∶10）　4、12、13. 中型小口鼓腹罐（Ⅱ区 T1③∶3、Ⅲ区 TG2③∶8、Ⅲ区 TG3③∶12）　7~11. 中型大口深腹罐（Ⅰ区 T1007③∶2、Ⅰ区 T1210③∶4、Ⅰ区 T1010③∶2、Ⅲ区 TG2③∶9、Ⅰ区 T1115③∶2）

　　标本Ⅰ区 T1115③∶2，夹砂红褐陶。尖圆唇，大敞口，折沿，束颈，溜肩，卵形腹，腹部最大径位置靠近肩部，下腹部及底部现已残损。腹部施有绳纹。口径 16.3、残高 8.1、壁厚 0.5~0.7 厘米（图一六六，11）。

　　标本Ⅰ区 T1210③∶4，夹砂灰褐陶。圆唇，侈口，小展沿，束颈，溜肩，弧腹略鼓，腹部最大径位置居中，平底。素面。口径 16.1、最大腹径 15.1、底径 8.2、高 14.6、壁厚 0.4~0.6 厘米（图一六六，8；彩版二五，1）。

标本Ⅲ区 TG2③:9，夹砂黑褐陶。尖圆唇，大敞口，折沿，束颈，近圆肩，卵形腹，腹部最大径位置靠近肩部，底部现已残损。腹部施有绳纹，但局部经过抹平处理。口径 17.4、最大腹径 15.3、残高 12.3、壁厚 0.6~0.9 厘米（图一六六，10）。

中型小口鼓腹罐 数量较少，多为口部残片，现选取 3 件予以介绍。

标本Ⅱ区 T1③:3，泥质灰陶。圆唇，大敞口，折沿，束颈，溜肩，腹部及底部现已残损。素面。口径 12.4、残高 4.8、壁厚 0.5~0.7 厘米（图一六六，4）。

标本Ⅲ区 TG2③:8，泥质红陶，表面施有一层红陶衣。尖圆唇，侈口，折沿，束颈，溜肩，腹部及底部现已残损。素面。口径 12.2、残高 3.9、壁厚 0.4~0.6 厘米（图一六六，12）。

标本Ⅲ区 TG3③:12，夹砂黑陶，器表磨光。圆唇，大敞口，折沿，束颈，溜肩，腹部及底部现已残损。素面。口径 18.9、残高 6.1、壁厚 0.5~0.7 厘米（图一六六，13）。

中型圈足罐 7 件。

标本Ⅰ区 T0502③:2，夹砂红褐陶。口部及上腹部现已残损，高圈足，足墙外撇明显，足跟圆钝。器表满施绳纹。底径 8.8、残高 6.1、壁厚 0.7~0.9 厘米（图一六七，1）。

标本Ⅰ区 T1110③:2，夹砂黑褐陶。口部及上腹部现已残损，矮圈足，足墙外撇明显，足跟圆钝。器表满施绳纹，但多经抹平处理。底径 9.6、残高 5.3、壁厚 0.8~1.0 厘米（图一六七，2）。

标本Ⅰ区 T1117③:2，夹砂黑褐陶。口部及上腹部现已残损，矮圈足，足墙略圆鼓外撇，足跟较平。器表满施绳纹，但多经抹平处理。底径 10.0、残高 4.3、壁厚 0.5~1.0 厘米（图一六七，3）。

标本Ⅰ区 T1218③:8，夹砂红褐陶。口部及上腹部现已残损，高圈足，厚足墙外撇明显，足跟较平。器表满施绳纹，但多经抹平处理。底径 6.6、残高 6.4、壁厚 0.5~0.7 厘米（图一六七，4）。

标本Ⅰ区 T1315③:4，夹砂黑褐陶。口部及上腹部现已残损，高圈足，足墙外撇明显，足跟较平。器表满施绳纹，但多经抹平处理。底径 9.7、残高 6.7、壁厚 0.5~1.0 厘米（图一六七，5）。

标本Ⅰ区 T1416③:8，夹砂黑褐陶。口部及上腹部现已残损，高圈足，足墙较直，足跟较平。器表满施绳纹，但多经抹平处理。底径 8.2、残高 5.1、壁厚 0.5~0.9 厘米（图一六七，6）。

标本Ⅰ区 T1416③:9，夹砂黑褐陶。口部及上腹部现已残损，高圈足，足墙外撇明显，足跟较圆钝。器表满施绳纹。底径 9.4、残高 4.9、壁厚 0.5~1.0 厘米（图一六七，7）。

小型大口罐 数量不多，现选取 4 件予以介绍。

标本Ⅰ区 T1208③:5，泥质黑褐陶。口部现已残损，溜肩，扁鼓腹，腹部最大径位置居中，饼状台底。素面。最大腹径 9.4、底径 6.1、残高 4.6、壁厚 0.4~0.6 厘米（图一六七，11）。

标本Ⅰ区 T1303③:5，夹砂黑褐陶，陶色不纯，局部呈黄褐色。方唇，大敞口，展沿，束颈，溜肩，扁鼓腹，腹部最大径位置居中，平底。腹部施有细绳纹，但多经抹平处理。口径 12.0、最大腹径 11.0、底径 8.0、高 8.9、壁厚 0.8~1.2 厘米（图一六七，12；彩版二五，4）。

标本Ⅰ区 T1403③:1，夹砂黑褐陶。圆唇，侈口，展沿，束颈，溜肩，弧腹略鼓，腹部最大径位置居中，平底。中腹部施有少量的细绳纹。口径 10.8、最大腹径 10.3、底径 8.5、高 9.8、壁厚 0.4~0.5 厘米（图一六七，13；彩版二五，5）。

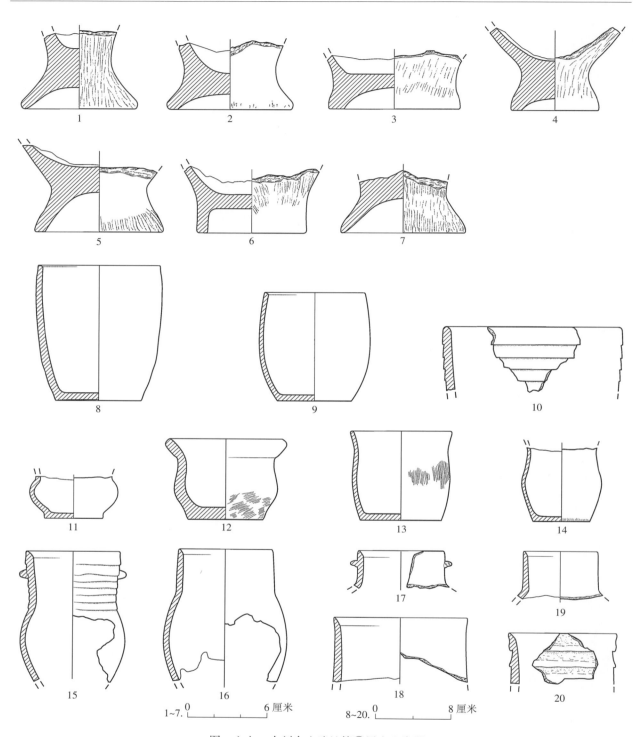

图一六七　大刘台山遗址第③层出土陶器

1～7. 中型圈足罐（Ⅰ区 T0502③∶2、Ⅰ区 T1110③∶2、Ⅰ区 T1117③∶2、Ⅰ区 T1218③∶8、Ⅰ区 T1315③∶4、Ⅰ区 T1416③∶8、Ⅰ区 T1416③∶9）　8、9. 杯（Ⅰ区 T0302③∶1、Ⅰ区 T1303③∶1）　10、15～20. 壶（Ⅰ区 T0102③∶1、Ⅰ区 T0601③∶1、Ⅰ区 T0802③∶1、Ⅰ区 T1116③∶2、Ⅰ区 T1403③∶8、Ⅲ区 TG3③∶8、Ⅲ区 TG4③∶5）　11～14. 小型大口罐（Ⅰ区 T1208③∶5、Ⅰ区 T1303③∶5、Ⅰ区 T1403③∶1、Ⅰ区 T1403③∶6）

　　标本Ⅰ区 T1403③∶6，泥质灰黑陶，器表磨光。口部现已残损，束颈，溜肩，近鼓腹，腹部最大径位置居中，平底。近底处施有少量的绳纹。最大腹径 8.4、底径 6.0、残高 8.1、壁厚 0.3～

0.5 厘米（图一六七，14）。

杯　数量较少，仅出土 2 件。

标本Ⅰ区 T0302③：1，夹砂灰褐陶，外施红陶衣，但多数已经剥落。圆唇，微敛口，筒形弧腹略鼓，平底内凹。素面。口径 12.9、底径 9.0、高 14.5、壁厚 0.5~0.9 厘米（图一六七，8）。

标本Ⅰ区 T1303③：1，夹砂黄褐陶，外施红陶衣，但多数已经剥落。圆唇，敛口，筒形鼓腹，腹部最大径位置居中，平底。素面。口径 10.6、最大腹径 11.7、底径 7.9、高 11.8、壁厚 0.4~0.5 厘米（图一六七，9；彩版二五，6）。

壶　7 件。

标本Ⅰ区 T0102③：1，夹砂灰褐陶。仅存口部残片，圆唇，口沿内抹斜，微侈口，高领，腹部及底部现已残损。领部叠压贴附有多周泥条，素面。口径 18.4、残高 6.9、壁厚 0.9~1.0 厘米（图一六七，10）。

标本Ⅰ区 T0601③：1，夹粗砂红褐陶，陶色不纯，局部呈黑褐陶。尖圆唇，近直口，口沿内抹斜，高直领较粗，近口处对称置有两个方形鋬耳，溜肩，卵形腹，腹部最大径位置靠近肩部，底部现已残损。领部叠压贴附有多周泥条，素面。口径 10.0、最大腹径 11.0、残高 14.3、壁厚 0.5~0.7 厘米（图一六七，15）。

标本Ⅰ区 T0802③：1，夹砂灰褐陶。尖圆唇，微敛口，口沿内抹斜，高直领，溜肩，卵形腹，腹部最大径位置略靠上，底部现已残损。素面。口径 10.0、最大腹径 13.1、残高 14.4、壁厚 0.5~0.7 厘米（图一六七，16）。

标本Ⅰ区 T1116③：2，夹砂黑褐陶。仅存口部残片，尖圆唇，口沿内抹斜，直口，近口处置有鸡冠状鋬耳，直领较高，腹部及底部现已残损。鋬耳耳面戳压指甲纹。口径 8.9、残高 4.1、壁厚 0.6~0.8 厘米（图一六七，17）。

标本Ⅰ区 T1403③：8，泥质黑陶，器表磨光。尖圆唇，口沿内抹斜，侈口，高领，腹部及底部现已残损。素面。口径 14.2、残高 7、壁厚 0.5~0.8 厘米（图一六七，18）。

标本Ⅲ区 TG3③：8，夹砂灰褐陶。尖圆唇，口沿内抹斜，直口，高领，溜肩，腹部及底部已残损。素面。口径 7.9、残高 5.1、壁厚 0.5~0.7 厘米（图一六七，19）。

标本Ⅲ区 TG4③：5，夹砂黄褐陶。仅存口部残片，尖圆唇，口沿内抹斜，侈口，高领，腹部及底部现已残损。领部叠压贴附有二周泥条，素面。口径 11.5、残高 5.5、壁厚 0.7~0.9 厘米（图一六七，20）。

尊　数量较多，现选取 5 件予以介绍。

标本Ⅰ区 T1217③：8，泥质黑褐陶，器表磨光。圆唇，大敞口，折腹，上腹部外展，下腹部圆鼓，内壁折沟较浅，平底。素面。口径 24.0、底径 11.6、高 14.7、壁厚 0.6~0.7 厘米（图一六八，4）。

标本Ⅰ区 T1311③：7，泥质红褐陶，器表磨光。口部现已残损，折腹，上腹部外展，下腹部斜收成台底。中腹部施有一周凹槽。底径 7.8、残高 5.8、壁厚 0.6~0.7 厘米（图一六八，1）。

标本Ⅰ区 T1503③：1，泥质黑褐陶，器表施有一层黑陶衣，但多数已经剥落。圆唇，大敞口，折腹，上腹部略外展，下腹部斜收成平底。素面。口径 13.6、底径 8.5、高 10.0、壁厚 0.2~0.5 厘米（图一六八，2；彩版二六，6）。

标本Ⅲ区TG4③：3，泥质黄褐陶，陶色不纯，局部呈黑色。圆唇，大敞口，略显折腹，上腹部外展，下腹部弧收成饼状台底。素面。口径17.2、底径6.6、高10.5、壁厚0.3～0.4厘米（图一六八，3）。

标本Ⅲ区TG4③：4，泥质黑陶。圆唇，大敞口，折腹，上腹部内弧，中腹部外展，下腹部弧收成大平底。素面。口径15.7、底径9.0、高10.0、壁厚0.5～0.7厘米（图一六八，5）。

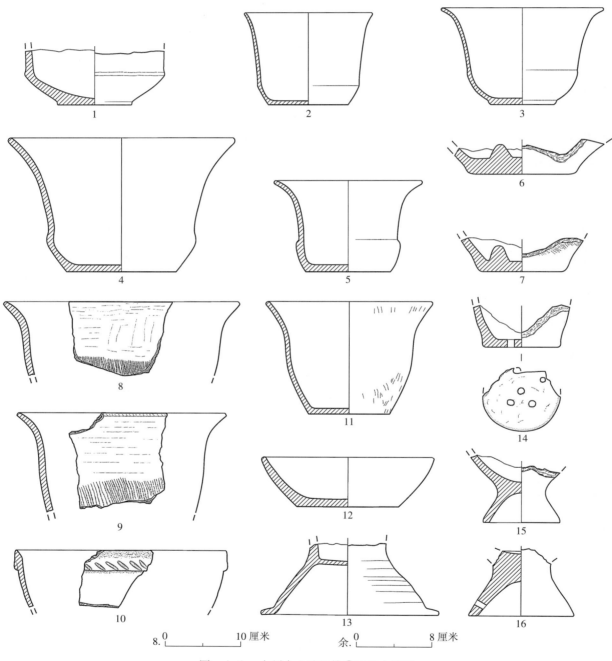

图一六八　大刘台山遗址第③层出土陶器

1～5. 尊（Ⅰ区T1311③：7、Ⅰ区T1503③：1、Ⅲ区TG4③：3、Ⅰ区T1217③：8、Ⅲ区TG4③：4）　6～9、11. 盆（Ⅰ区T1006③：5、Ⅰ区T1311③：9、Ⅰ区T1402③：2、Ⅰ区T1406③：8、Ⅰ区T1403③：2）　10、12. 钵（Ⅰ区T1412③：3、Ⅱ区T7③：1）　13、15、16. 圈足碗（Ⅰ区T0902③：5、Ⅰ区T0602③：5、Ⅰ区T1704③：4）　14. 甑（Ⅰ区T1416③：7）

盆 数量较少，现选取 5 件予以介绍。

标本Ⅰ区 T1006③:5，夹砂灰褐陶。口部及上腹部现已残损，大平底，内底置有二个圆锥状凸起。腹部施有绳纹，但已全部抹平。底径 11.4、残高 3.9、壁厚 0.6~0.7 厘米（图一六八，6）。

标本Ⅰ区 T1311③:9，夹砂红褐陶。口部及上腹部现已残损，大平底，内底置有二个圆锥状凸起。腹部施有绳纹，但多经抹平处理。底径 8.7、残高 3.6、壁厚 0.8~0.9 厘米（图一六八，7）。

标本Ⅰ区 T1402③:2，夹砂黑褐陶。仅存口部残片，方唇，大敞口，展沿，弧腹，底部现已残损。腹部施有绳纹。口径 31.3、残高 10.2、壁厚 0.8~1.0 厘米（图一六八，8）。

标本Ⅰ区 T1403③:2，夹细砂红褐陶，陶色不纯，局部呈黑褐色。圆唇，大敞口，弧腹较深，平底。近口处及下腹部施有少量的细绳纹，但多经抹平处理。口径 17.6、底径 8.6、高 12.4、壁厚 0.4~0.6 厘米（图一六八，11；彩版二七，2）。

标本Ⅰ区 T1406③:8，夹砂红褐陶。仅存口部残片，方唇，大敞口，展沿，弧腹较深，底部现已残损。唇部及腹部施有绳纹。口径 22.2、残高 10.8、壁厚 0.5~0.7 厘米（图一六八，9）。

甑 1 件。

标本Ⅰ区 T1416③:7，夹砂红褐陶。器体较小，口部及上腹部现已残损，平底，底部穿有多个圆形甑孔。素面。底径 8.2、残高 4.6、壁厚 0.6~0.8 厘米（图一六八，14）。

钵 2 件。

标本Ⅰ区 T1412③:3，夹细砂黄褐陶。仅存口部残片，尖圆唇，口沿内抹斜，侈口，弧腹，底部现已残损。口沿外侧贴附一周附加堆纹，附加堆纹上戳压细长的麦粒状凹窝。口径 22.3、残高 6.2、壁厚 0.4~0.8 厘米（图一六八，10）。

标本Ⅱ区 T7③:1，夹砂黑褐陶。圆唇，大敞口、弧腹较浅，大平底。素面。口径 18.1、底径 10.8、高 5.3、壁厚 0.6~1.0 厘米（图一六八，12）。

圈足碗 3 件。

标本Ⅰ区 T0602③:5，夹细砂红褐陶，器表磨光。口部及上腹部现已残损，高圈足，足墙外撇，足跟较平。素面。底径 8.1、残高 7.2、壁厚 0.6~0.7 厘米（图一六八，15）。

标本Ⅰ区 T0902③:5，夹砂红陶，器表抹光。口部及腹部现已残损，覆盆形高圈足，足跟平折。素面，器表轮旋痕迹明显。底径 18.5、残高 7.8、壁厚 0.4~0.9 厘米（图一六八，13）。

标本Ⅰ区 T1704③:4，夹粗砂红褐陶。口部及腹部现已残损，喇叭状高圈足，圈足下部穿有圆形镂孔足墙斜直，足跟宽平。素面。底径 11.1、残高 7.3、壁厚 0.9~1.1 厘米（图一六八，16）。

豆 数量较少，现选取 6 件予以介绍。

标本Ⅰ区 T0402③:1，泥质红褐陶，器表磨光，轮制。器体较大，仅存豆盘，圆唇，喇叭形大敞口，豆盘整体较宽矮。素面。口径 15.6、残高 5.2、壁厚 0.3~0.5 厘米（图一六九，1）。

标本Ⅰ区 T0602③:3，泥质红陶，器表磨光，轮制。尖圆唇，大敞口，斜腹，浅盘，柱状柄中空，豆座现已残损。素面。口径 11.3、残高 7.5、壁厚 0.4~0.5 厘米（图一六九，2）。

标本Ⅰ区 T0702③:1，夹蚌黑皮黄褐陶，黑皮多已脱落，轮制。豆盘及豆柄现已残损，喇叭形豆座较高，足墙呈内弧状外撇，足跟圆钝。素面。座径 12.3、残高 6.4、壁厚 0.3~0.5 厘米（图一六九，4）。

标本Ⅰ区T1403③:7,泥质红褐陶,器表磨光,轮制。豆盘及上柄部现已残损,柱状柄中空,柄部与豆座连接处呈陡台状,喇叭形豆座较高。素面。柄径3.0、残高6.9、壁厚0.3~0.7厘米(图一六九,5)。

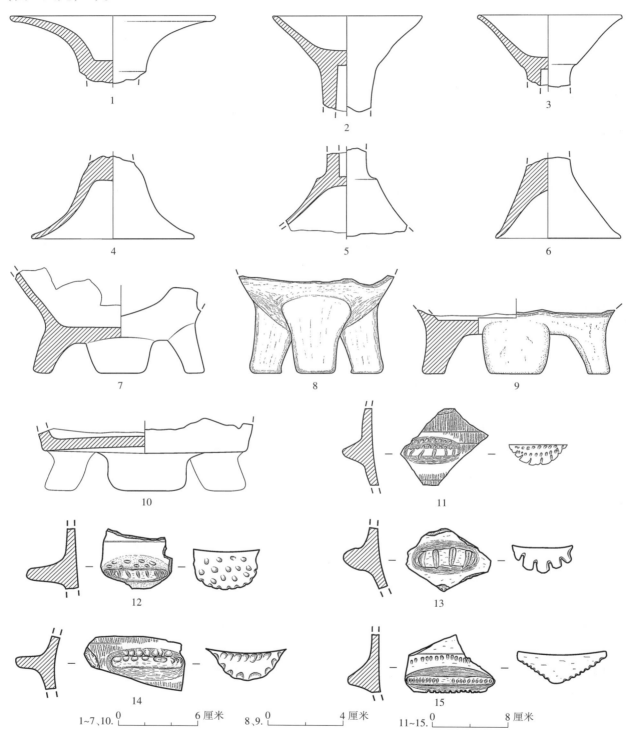

图一六九　大刘台山遗址第③层出土陶器

1~6. 豆(Ⅰ区T0402③:1、Ⅰ区T0602③:3、Ⅰ区T1503③:8、Ⅰ区T0702③:1、Ⅰ区T1403③:7、Ⅰ区T1407③:11)　7~9. 鼎(Ⅱ区T3③:1、Ⅰ区T1202③:4、Ⅰ区T1308③:6)　10. 三足盘(Ⅱ区T6③:3)　11~15. 鋬耳(Ⅱ区T7③:3、Ⅰ区T1113③:2、Ⅰ区T1310③:3、Ⅰ区T1315③:5、Ⅲ区TG2③:11)

标本Ⅰ区 T1407③：11，夹粗砂红陶，手制。豆盘及豆柄现已残损，喇叭形豆座较高，足墙外撇，足跟较圆锐。素面。座径 9.5、残高 6.3、壁厚 0.2~1.9 厘米（图一六九，6）。

标本Ⅰ区 T1503③：8，泥质灰黑陶，器表磨光，轮制。圆唇，大敞口，斜腹，深盘，柱状柄中空，柄下部及豆座现已残损。素面。口径 10.9、残高 5.6、壁厚 0.3~1.0 厘米（图一六九，3）。

鼎 3 件。

标本Ⅰ区 T1202③：4，夹砂黑褐陶。口部及上腹部现已残损，圜底，近底处对称置有四个柱状足，足跟较平。素面。残高 5.4、壁厚 0.4~0.6 厘米（图一六九，8）。

标本Ⅰ区 T1308③：6，夹砂红褐陶。口部现已残损，斜腹，大平底，近底处对称置有四个片状足，足跟较平。素面。底径 10.0、残高 3.5、壁厚 0.6~0.7 厘米（图一六九，9）。

标本Ⅱ区 T3③：1，夹粗砂红褐陶。口部现已残损，斜腹，大平底，腹、底连接处对称置有四个片状足，足跟较平。素面。底径 11.1、残高 8.2、壁厚 0.6~0.7 厘米（图一六九，7；彩版二七，4）。

三足盘 1 件。

标本Ⅱ区 T6③：3，泥质灰褐陶，轮制。口部及上腹部现已残损，斜腹，大平底内凹，底部均匀置有三个片状足，足跟较平。素面。底径 15.6、残高 5.6、壁厚 0.7~0.9 厘米（图一六九，10）。

鋬耳 数量不多，现选取 5 件予以介绍。

标本Ⅰ区 T1113③：2，夹砂红褐陶。耳面整体近似圆角长方形，耳缘戳有椭圆形凹窝，耳面遍布圆窝纹。耳长 7.0、耳宽 4.1、壁厚 0.8~1.0 厘米（图一六九，12）。

标本Ⅰ区 T1310③：3，泥质黑陶。耳面整体呈半月状，耳缘戳有较深的椭圆形凹槽。耳长 6.4、耳宽 2.8、壁厚 0.8~1.0 厘米（图一六九，13）。

标本Ⅰ区 T1315③：5，泥质黄褐陶。耳面整体呈半月状，耳面戳有两周圆窝纹。耳长 7.8、耳宽 2.9、壁厚 0.9~1.1 厘米（图一六九，14）。

标本Ⅱ区 T7③：3，泥质黑褐陶。耳面整体呈半月状，耳缘戳有椭圆形凹窝，耳面戳有两周圆窝纹，器壁则施有旋断绳纹。耳长 6.1、耳宽 2.1、壁厚 0.7~0.9 厘米（图一六九，11）。

标本Ⅲ区 TG2③：11，泥质红褐陶。耳面整体呈三角状，耳缘戳有椭圆形凹窝。耳长 9.5、耳宽 2.8、壁厚 0.7~0.9 厘米（图一六九，15）。

鬲足 数量较多，现选取 5 件予以介绍。

标本Ⅰ区 T1209③：3，夹砂红褐陶。乳头状实心足跟，足跟较圆钝。器表施有绳纹。残高 10.7、壁厚 0.8~1.5 厘米（图一七〇，1）。

标本Ⅰ区 T1407③：13，夹砂红褐陶。柱状实心足跟，足跟较平。器表施有绳纹，局部抹平。残高 9.7、壁厚 0.7~1.1 厘米（图一七〇，2）。

标本Ⅰ区 T1503③：13，夹砂红褐陶。矮柱状实心足跟，足跟较平。器表施有绳纹。残高 7.2、壁厚 0.7~1.0 厘米（图一七〇，5）。

标本Ⅱ区 T7③：2，夹砂红褐陶。锥状实心足跟，足跟较平。器表施有绳纹。残高 7.6、壁厚 0.9~1.1 厘米（图一七〇，3）。

标本Ⅲ区 TG3③：11，夹砂红褐陶。矮锥状实心足跟，足跟较平。器表施有绳纹。残高 8.2、壁厚 0.7~1.1 厘米（图一七〇，4）。

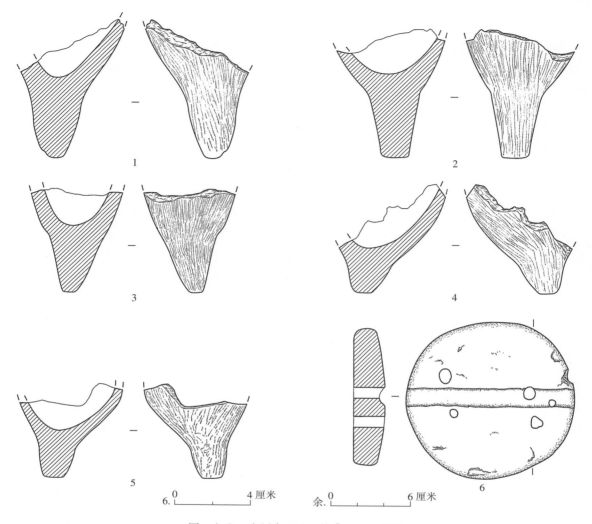

图一七〇　大刘台山遗址第③层出土陶器

1~5. 鬲足（Ⅰ区 T1209③:3、Ⅰ区 T1407③:13、Ⅱ区 T7③:2、Ⅲ区 TG3③:11、Ⅰ区 T1503③:13）　6. 算（Ⅰ区 T1404③:1）

算　1件。

标本Ⅰ区 T1404③:1，夹砂红褐陶。整体近似圆饼状，正面微隆，背部较平。正面中部横向按压一道凹槽，凹槽两侧穿有五个圆孔。直径 8.5~8.9、厚 1.2~1.6 厘米（图一七〇，6；彩版二七，6）。

盘状器　12件。

标本Ⅰ区 T1015③:1，夹砂红褐陶。由陶罐腹部残片改制而成，整体呈圆饼状，边缘修整得不甚规整。表面施有绳纹。直径 9.7~10.2、最大体厚 0.9 厘米（图一七一，1；彩版二八，2）。

标本Ⅰ区 T1015③:5，夹砂红褐陶。专门烧制而成，整体呈圆饼状，由边缘向中心逐渐圆隆，边缘圆滑、规整。局部施有较为凌乱的绳纹。直径约 16.3、最大体厚 1.8 厘米（图一七一，2）。

标本Ⅰ区 T1107③:1，夹砂灰皮红褐陶。由陶瓮腹部残片改制而成，整体呈圆饼状，边缘修整得不甚规整。表面存留有四道附加堆纹，附加堆纹上戳压椭圆形凹窝。直径 7.2~8.0、最大体厚 0.8 厘米（图一七一，3）。

图一七一　大刘台山遗址第③层出土陶器

1~12. 盘状器（Ⅰ区 T1015③：1、Ⅰ区 T1015③：5、Ⅰ区 T1107③：1、Ⅰ区 T1207③：4、Ⅰ区 T1317③：1、Ⅲ区 TG3③：3、Ⅰ区 T1503③：4、Ⅰ区 T1704③：3、Ⅲ区 TG1③：3、Ⅲ区 TG2③：1、Ⅲ区 TG2③：2、Ⅲ区 TG2③：3）

　　标本Ⅰ区 T1207③：4，夹砂灰黑皮红褐陶。由陶瓮腹部残片改制而成，整体呈圆饼状，弧度较大，边缘修整得较为规整。表面存留有五道附加堆纹，附加堆纹上戳压麦粒状凹窝。直径10.1~10.8、最大体厚0.9厘米（图一七一，4）。

标本Ⅰ区T1317③：1，夹细砂黑皮红褐陶。由陶瓮腹部残片改制而成，整体近似不规则的圆饼状，边缘仅经过简单修整。表面存留有三道附加堆纹，附加堆纹上戳压麦粒状凹窝。直径7.1～7.6、最大体厚1.1厘米（图一七一，5）。

标本Ⅰ区T1503③：4，夹砂灰褐陶。由陶瓮底部改制而成，整体呈圆饼状，边缘修整地较为规整。素面。直径11.1～11.3、最大体厚1.2厘米（图一七一，7）。

标本Ⅰ区T1704③：3，夹砂红褐陶。由陶罐底部改制而成，整体近似圆饼状，边缘仅经过简单的加工修整。素面。直径9.2～9.4、最大体厚1.0厘米（图一七一，8）。

标本Ⅲ区TG1③：3，夹细砂红褐陶。由陶瓮腹部残片改制而成，整体近似不规则的圆饼状，边缘仅经过简单修整。表面存留有二道附加堆纹，附加堆纹上戳压麦粒状凹窝。直径6.7～7.5、最大体厚1.0厘米（图一七一，9）。

标本Ⅲ区TG2③：1，夹砂红褐陶。由陶瓮腹部残片改制而成，整体近似圆饼状，边缘经过简单的加工修整。表面存留有六道附加堆纹，附加堆纹上戳压麦粒状凹窝；附加堆纹之间施有较为凌乱的细绳纹。直径8.1～8.6、最大体厚0.1厘米（图一七一，10）。

标本Ⅲ区TG2③：2，夹砂灰黑陶。由陶罐腹部残片改制而成，整体近似圆饼状，边缘经过简单的加工修整。表面施有弦断细绳纹。直径6.1～6.6、最大体厚0.6厘米（图一七一，11）。

标本Ⅲ区TG2③：3，泥质灰黑陶。由陶瓮颈部残片改制而成，平面呈大半圆状，体厚，边缘经过简单的加工修整。直径7.2～9.1、最大体厚0.9厘米（图一七一，12）。

标本Ⅲ区TG3③：3，夹细砂黑陶。由陶瓮底部改制而成，整体呈圆饼状，边缘修整地较为规整。素面。直径12.5～12.6、最大体厚1.1厘米（图一七一，6）。

纺轮　29件。

标本Ⅰ区T1005③：1，夹砂黑陶。整体呈算珠状，两端较窄、齐平，腹部圆折，纵向穿有一孔。素面。轮径4.3、最大体厚3.0、孔径0.6厘米（图一七二，1）。

标本Ⅰ区T1006③：3，夹砂红陶。整体呈算珠状，两端齐平，腹部圆鼓，纵向穿有一孔。素面。轮径3.4、最大体厚2.0、孔径0.6厘米（图一七二，2）。

标本Ⅰ区T1008③：1，夹砂红褐陶。整体呈算珠状，两端较窄、齐平，腹部圆折，纵向穿有一孔。素面。轮径3.7、最大体厚2.7、孔径0.8厘米（图一七二，3；彩版二八，3）。

标本Ⅰ区T1011③：1，夹砂灰陶。整体呈圆饼状，体薄，表面略鼓，纵向穿有一孔。素面。轮直径4.5、最大体厚0.8、孔径0.8厘米（图一七二，6）。

标本Ⅰ区T1015③：4，夹砂灰褐陶。整体呈圆饼状，体厚，腰部外鼓，纵向穿有一孔。素面。轮径3.4、最大体厚1.5、孔径0.7厘米（图一七二，7）。

标本Ⅰ区T1016③：1，夹砂红陶。整体呈圆饼状，体薄，两端齐平，腰部外鼓，纵向穿有一孔。素面。轮径4、最大体厚0.7、孔径0.6厘米（图一七二，8）。

标本Ⅰ区T1103③：2，夹砂红陶。整体呈圆饼状，体薄，两端齐平，腰部较直，纵向穿有一孔。素面。轮径4.6、最大体厚0.7、孔径0.8厘米（图一七二，9）。

标本Ⅰ区T1103③：3，夹砂红陶。整体呈圆饼状，体薄，两端齐平，腰部略鼓，纵向穿有一孔。素面。轮径3.0、最大体厚0.7、孔径0.6厘米（图一七二，10；彩版二八，3）。

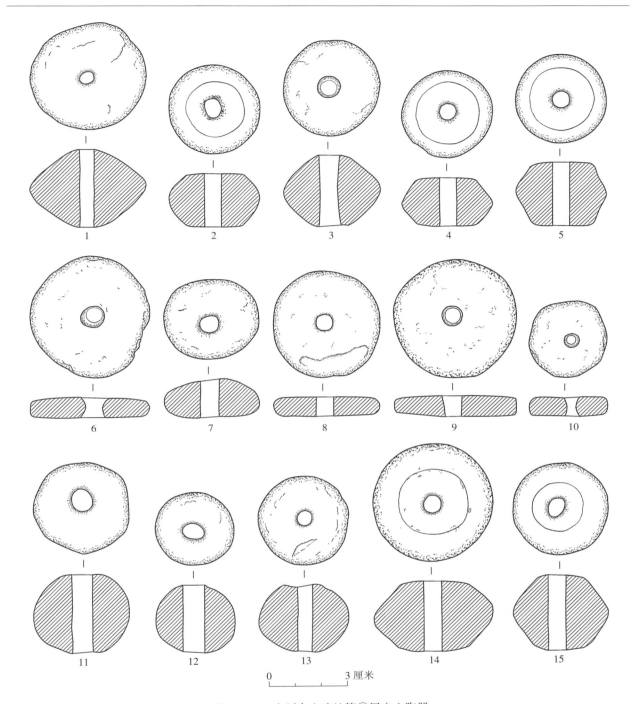

图一七二　大刘台山遗址第③层出土陶器

1~15. 纺轮（Ⅰ区 T1005③:1、Ⅰ区 T1006③:3、Ⅰ区 T1008③:1、Ⅰ区 T1111③:2、Ⅰ区 T1111③:3、Ⅰ区 T1011③:1、Ⅰ区 T1015③:4、Ⅰ区 T1016③:1、Ⅰ区 T1103③:2、Ⅰ区 T1103③:3、Ⅰ区 T1111③:5、Ⅰ区 T1118③:1、Ⅰ区 T1205③:1、Ⅰ区 T1206③:1、Ⅰ区 T1207③:1）

标本Ⅰ区 T1111③:2，夹砂黑褐陶。整体呈算珠状，两端齐平，腹部圆折，纵向穿有一孔。素面。轮径 3.4、最大体厚 1.8、孔径 0.7 厘米（图一七二，4；彩版二八，3）。

标本Ⅰ区 T1111③:3，夹砂灰陶。整体呈算珠状，两端齐平，腹部圆折，纵向穿有一孔。素面。轮径 3.4、最大体厚 2.5、孔径 0.7 厘米（图一七二，5）。

标本 I 区 T1111③：5，夹砂红陶。整体近似圆珠状，两端略平，中部穿有一孔。素面。轮径3.6、最大体厚3.0、孔径0.7厘米（图一七二，11）。

标本 I 区 T1118③：1，夹砂红褐陶。整体近似圆珠状，两端斜平，中部穿有一孔。素面。轮径3、最大体厚2.6、孔径0.8厘米（图一七二，12）。

标本 I 区 T1205③：1，夹砂红陶。整体近似扁珠状，两端斜平，中部穿有一孔。素面。轮径3.4、最大体厚2.6、孔径0.6厘米（图一七二，13）。

标本 I 区 T1206③：1，夹砂红褐陶。整体呈算珠状，两端齐平，腹部圆折，纵向穿有一孔。素面。轮径4.5、最大体厚2.7、孔径0.7厘米（图一七二，14）。

标本 I 区 T1207③：1，夹砂灰褐陶。整体呈算珠状，两端齐平，腹部圆折，纵向穿有一孔。素面。轮径3.7、最大体厚2.9、孔径0.6厘米（图一七二，15）。

标本 I 区 T1207③：2，夹砂灰陶。整体呈算珠状，两端宽平，腹部圆折，纵向穿有一孔。素面。轮径3.2、最大体厚2.7、孔径0.6厘米（图一七三，1）。

标本 I 区 T1213③：1，夹砂灰褐陶。整体呈算珠状，体扁，两端齐平，腹部圆折，纵向穿有一孔。素面。轮径3.7、最大体厚1.9、孔径0.5厘米（图一七三，2；彩版二八，3）。

标本 I 区 T1216③：2，夹砂红陶。整体呈薄饼状，轮面设有边轮，两端较平，斜腹，纵向穿有一孔。轮面呈放射状饰有六道凹槽。轮径5.9、最大体厚1.0、孔径0.8厘米（图一七三，3；彩版二八，3）。

标本 I 区 T1217③：2，夹砂红陶。整体近似扁珠状，两端斜平，中部穿有一孔。素面。轮径3.9、最大体厚2.6、孔径0.7厘米（图一七三，4）。

标本 I 区 T1217③：4，夹砂红陶。整体近似扁珠状，两端斜平，中部穿有一孔。素面。轮径3.4、最大体厚2.6、孔径0.6厘米（图一七三，5；彩版二八，3）。

标本 I 区 T1303③：3，夹砂红陶。整体呈圆饼状，体厚，两端齐平，腰部外鼓，纵向穿有一孔。素面。轮径3.3、最大体厚1.8、孔径0.8厘米（图一七三，6）。

标本 I 区 T1303③：4，夹砂黑陶。整体呈圆饼状，体厚，两端齐平，腰部外鼓，纵向穿有一孔。素面。轮径3.2、最大体厚1.5、孔径0.7厘米（图一七三，7；彩版二八，3）。

标本 I 区 T1313③：1，夹砂灰褐陶。整体呈算珠状，两端齐平，腹部圆折，纵向穿有一孔。素面。轮径2.9、最大体厚2.4、孔径0.6厘米（图一七三，8）。

标本 I 区 T1416③：1，夹砂红褐陶。整体呈算珠状，两端齐平，腹部圆鼓，纵向穿有一孔。素面。轮径3.4、最大体厚2.2、孔径0.8厘米（图一七三，9；彩版二八，3）。

标本 I 区 T1603③：3，夹砂红陶。整体呈算珠状，两端齐平，腹部圆折，纵向穿有一孔。素面。轮径4.0、最大体厚3.1、孔径1.0厘米（图一七三，10）。

标本 I 区 T1704③：1，夹砂红陶。整体呈花边算珠状，体扁，两端齐平，腹部圆折，纵向穿有一孔。素面。轮径3.7、最大体厚1.7、孔径0.6厘米（图一七三，11；彩版二八，3）。

标本 II 区 T4③：1，夹砂红褐陶。整体近似猪鼻状，两端齐平，腰部内弧收，纵向穿有一孔。素面。轮径3.5、最大体厚2.9、孔径0.6厘米（图一七三，12；彩版二八，3）。

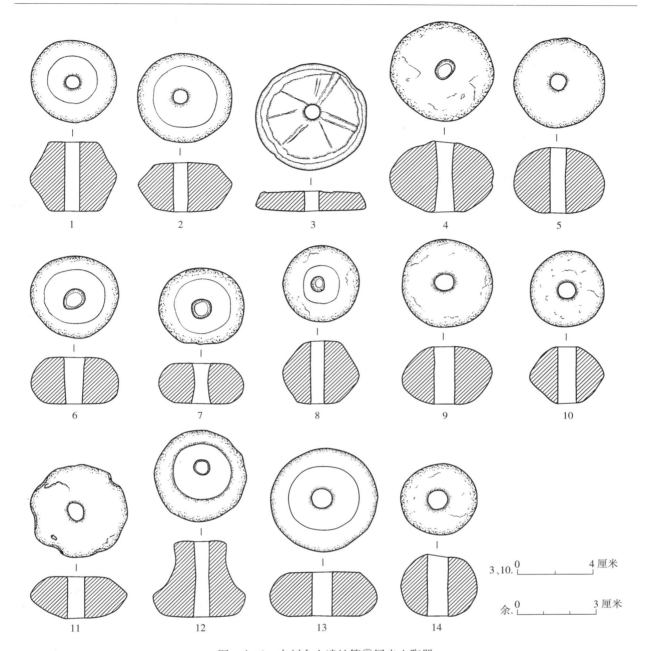

图一七三 大刘台山遗址第③层出土陶器

1~14. 纺轮（Ⅰ区T1207③:2、Ⅰ区T1213③:1、Ⅰ区T1216③:2、Ⅰ区T1217③:2、Ⅰ区T1217③:4、Ⅰ区T1303③:3、Ⅰ区T1303③:4、Ⅰ区T1313③:1、Ⅰ区T1416③:1、Ⅰ区T1603③:3、Ⅰ区T1704③:1、Ⅱ区T4③:1、Ⅱ区T5③:1、Ⅱ区T6③:1）

　　标本Ⅱ区T5③:1，夹砂黑陶。整体呈圆饼状，体厚，两端齐平，腰部外鼓，纵向穿有一孔。素面。轮径4.0、最大体厚1.7、孔径0.7厘米（图一七三，13；彩版二八，3）。

　　标本Ⅱ区T6③:1，夹砂红陶。整体近似圆珠状，两端略平，中部穿有一孔。素面。轮径2.8、最大体厚2.3、孔径0.8厘米（图一七三，14）。

　　网坠 16件。

　　标本Ⅰ区T0902③:1，夹砂红陶。整体近似圆梭状，一端较平，一端呈子弹头形，中部纵向穿有一孔。素面。长4.4、最大体径2.4、孔径0.5厘米（图一七四，1）。

标本Ⅰ区T1006③：4，夹砂红褐陶。整体呈圆梭状，从腰部向两端渐细，两端较平，中部纵向穿有一孔，体表纵向按压一条沟槽用于系绳。素面。长3.6、最大体径2.3、孔径0.7厘米（图一七四，2；彩版二八，4）。

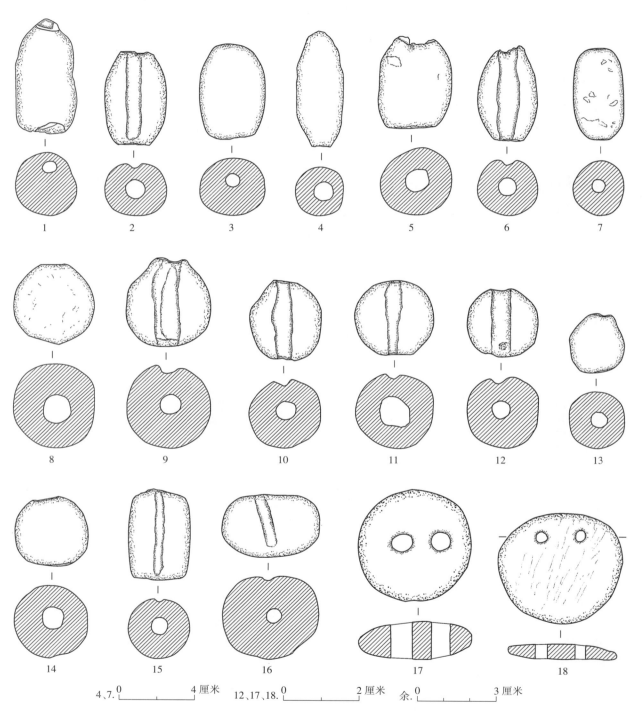

图一七四　大刘台山遗址第③层出土陶器

1~16. 网坠（Ⅰ区T0902③：1、Ⅰ区T1006③：4、Ⅰ区T1110③：1、Ⅰ区T1208③：6、Ⅰ区T1218③：5、Ⅰ区T1303③：2、Ⅰ区T1704③：2、Ⅰ区T1204③：1、Ⅰ区T1218③：3、Ⅰ区T1008③：7、Ⅰ区T1009③：3、Ⅰ区T1102③：1、Ⅰ区T1303③：7、Ⅰ区T1310③：1、Ⅰ区T1413③：1、Ⅰ区T1403③：3）　17、18. 扣形坠饰（Ⅰ区T1004③：1、Ⅰ区T1306③：2）

标本 I 区 T1008③∶7，夹砂黑陶。整体近似不规则的圆球状，中部纵向穿有一孔，体表纵向按压一条沟槽用于系绳。素面。长 3.1、最大体径 2.7、孔径 0.7 厘米（图一七四，10；彩版二八，4）。

标本 I 区 T1009③∶3，夹砂黑褐陶。整体呈圆球状，中部纵向穿有一孔，体表纵向按压一条沟槽用于系绳。素面。长 3.0、最大体径 2.7、孔径 1.1 厘米（图一七四，11）。

标本 I 区 T1102③∶1，夹砂红陶。整体呈圆球状，中部纵向穿有一孔，体表纵向按压一条沟槽用于系绳。素面。长 1.8、最大体径 1.9、孔径 0.5 厘米（图一七四，12）。

标本 I 区 T1110③∶1，夹砂黑陶。整体呈圆梭状，从腰部向两端渐细，中部纵向穿有一孔。素面。长 3.7、最大体径 2.4、孔径 0.5 厘米（图一七四，3；彩版二八，4）。

标本 I 区 T1204③∶1，夹砂红褐陶。整体近似圆球状，中部纵向穿有一孔。素面。长 3.3、最大体径 3.1、孔径 0.8 厘米（图一七四，8）。

标本 I 区 T1208③∶6，夹砂红褐陶。整体呈圆梭状，从腰部向两端渐细，中部纵向穿有一孔。素面。长 6.4、最大体径 2.6、孔径 0.9 厘米（图一七四，4）。

标本 I 区 T1218③∶3，夹砂红褐陶。整体近似不规则的圆球状，中部纵向穿有一孔，体表纵向按压一条沟槽用于系绳。素面。长 3.5、最大体径 3.2、孔径 0.8 厘米（图一七四，9）。

标本 I 区 T1218③∶5，夹砂红陶。整体呈矮圆梭状，从腰部向两端渐细，两端略平，中部纵向穿有一孔。素面。长 3.4、最大体径 2.8、孔径 0.9 厘米（图一七四，5；彩版二八，4）。

标本 I 区 T1303③∶2，夹砂红褐陶。整体呈圆梭状，从腰部向两端渐细，一端较平，中部纵向穿有一孔，体表纵向按压一条沟槽用于系绳。素面。长 3.7、最大体径 2.2、孔径 0.7 厘米（图一七四，6）。

标本 I 区 T1303③∶7，夹砂红褐陶。整体近似不规则的圆球状，中部纵向穿有一孔。素面。长 2.3、最大体直径 2.0、孔径 0.6 厘米（图一七四，13；彩版二八，4）。

标本 I 区 T1310③∶1，夹砂灰褐陶。整体呈圆球状，中部纵向穿有一孔。素面。长 2.7、直径 2.6、孔径 0.8 厘米（图一七四，14；彩版二八，4）。

标本 I 区 T1403③∶3，夹砂红褐陶。整体呈圆柱状，中部纵向穿有一孔，体表纵向按压一条沟槽用于系绳。素面。长 3.5、最大体径 2.3、孔径 0.6 厘米（图一七四，16；彩版二八，4）。

标本 I 区 T1413③∶1，夹砂红褐陶。整体呈算珠状，体扁，中部纵向穿有一孔，体表纵向按压一条沟槽用于系绳。素面。长 2.4、最大体径 3.7、孔径 0.6 厘米（图一七四，15）。

标本 I 区 T1704③∶2，夹砂红陶。整体近似圆柱状，腹部略鼓，中部纵向穿有一孔。素面。长 5.0、直径 2.6、孔径 0.7 厘米（图一七四，7）。

扣形坠饰　2 件。

标本 I 区 T1004③∶1，夹砂灰褐陶。整体呈薄饼状，平面呈圆形，边缘向中心逐渐圆隆，中部对称穿有二个圆孔。素面。直径 2.9 ~ 3.0、最大体厚 1.0 厘米（图一七四，17）。

标本 I 区 T1306③∶2，夹砂红褐陶。整体呈薄饼状，平面呈不规则的圆形，边缘向中心逐渐圆隆，近边缘处对称穿有二个圆孔。素面。直径 3.0 ~ 3.3、最大体厚 0.4 厘米（图一七四，18）。

（二）石器

数量较多，主要有打制石器、磨制石器、细石器及半成品等。

1. 打制石器

26 件，器形主要有锄、铲、斧、盘状器、矛、网坠等。

锄　5 件。

标本 I 区 T1008③:6，灰褐色流纹岩。打制，体形较小，体厚，背部保留有自然劈裂面，表面片疤较大，亚腰及刃部则分布有细密的鳞片状小片疤。弧顶修整地不甚规整，略显尖耸，刃部明显宽于柄部，柄与器身之间呈短圆弧状内凹，成明显的亚腰状，双面弧刃近似 "V" 状，较圆钝。长 16.1、刃宽 10.2、最大体厚 1.2 厘米（图一七五，1）。

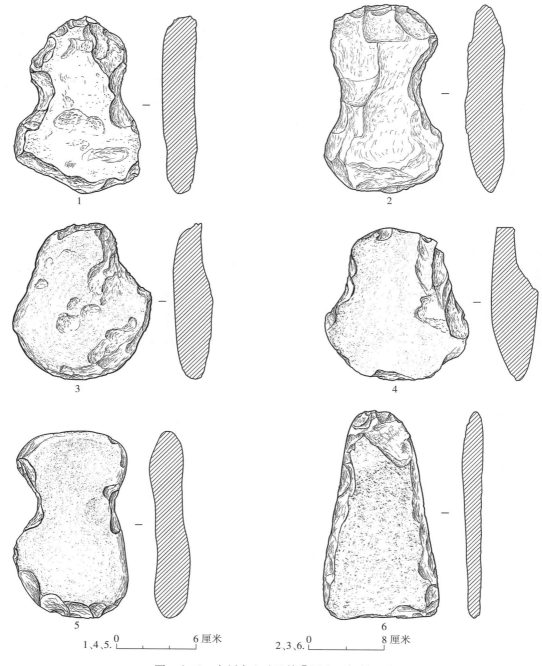

图一七五　大刘台山遗址第③层出土打制石器

1~5. 锄（I 区 T1008③:6、I 区 T1015③:6、I 区 T1103③:10、I 区 T1804③:1、I 区 T1311③:3）　6. 铲（I 区 T1103③:1）

标本Ⅰ区T1015③:6，麻灰色闪长岩，角闪石呈纤维状分布，背部有烟炱痕迹。打制，器形较大，略显粗笨，柄部片疤较大，亚腰及刃部则分布有多层细密的鳞片状小片疤。背部较平，器体中部较厚，向柄、刃两端渐薄。弧顶，柄与刃大体同宽，柄与器身之间呈长圆弧状内凹，成明显的亚腰状，弧刃，刃部有使用过程中形成的细小的崩口。长20.5、刃宽12.6、最大体厚4.0厘米（图一七五，2；彩版二九，2）。

标本Ⅰ区T1103③:10，黄褐色粗砂岩。打制，器形较大，略显粗笨，背部劈裂面完整呈内凹状，边缘圆钝。平面近似"凸"字形，器表圆隆，斜顶，刃部明显宽于柄部，柄部上窄下宽，柄与器身两侧呈钝角，溜肩，弧刃较钝。长17.3、刃宽14.7、最大体厚4.0厘米（图一七五，3；彩版二九，3）。

标本Ⅰ区T1311③:3，浅灰褐色粗砂岩。打制，器形较小，略显粗笨，由片状卵石加工而成，仅对束腰及刃部进行了简单打制修整，其他器体部分则保留有完整的石皮。弧顶近平，柄与刃大体同宽，柄与器身之间呈长圆弧状内凹，成明显的亚腰状，双面弧刃，刃部存有使用过程中形成的细碎的小豁口及片疤。长14.7、刃宽8.7、最大体厚2.5厘米（图一七五，5）。

标本Ⅰ区T1804③:1，灰褐色粉砂岩。打制，器形较小，略显粗笨，由片状卵石加工而成，仅对束腰及刃部进行了简单打制修整，其他器体部分则保留有完整的石皮，边缘圆钝。器体中部较厚，向柄、刃两端渐薄。平面近似"凸"字形，器表圆隆，弧顶，刃部明显宽于柄部，柄部上窄下宽，柄与器身两侧呈钝角，溜肩，弧刃较钝。长12.0、刃宽10.8、最大体厚3.5厘米（图一七五，4；彩版二九，4）。

铲 8件。

标本Ⅰ区T1103③:1，青灰色斑状流纹岩，表面保留有红褐色石皮。打制，器体较大，体厚，整体修整的较为规整，背部较平，由柄部向刃部逐渐变薄，体侧片疤连续、细密。平面近似圆角梯形，较为宽扁，近平顶，柄部与器身的分界线不明显，刃部明显宽于柄部，体侧较直，近似平刃，刃口略内凹。长22.6、刃宽12.2、最大体厚2.2厘米（图一七五，6）。

标本Ⅰ区T1103③:8，青灰色片麻岩，局部保留有棕红色石皮。打制，体薄，整体修整的较为粗糙，表面片疤较大，体侧片疤连续、细密。平面近似长"凸"字形，较为宽扁，平顶，柄部较宽长，其与器身的分界线较明显，刃部明显宽于柄部，斜刃较薄，刃部有使用过程中形成的小崩口。长17.1、刃宽11.9、最大体厚1.2厘米（图一七六，4；彩版三〇，5）。

标本Ⅰ区T1103③:9，浅红棕色流纹岩。打制，器体较大，体薄，表面片疤较大，体侧片疤连续、细密。平面近似圆角梯形，较为宽扁，平顶略内凹，柄与器身之间略加修整内凹，成明显的亚腰状，刃部明显宽于柄部，体侧较斜直，弧刃外凸较甚，刃部有使用过程中形成的小崩口。长19.7、刃宽11.0、最大体厚1.2厘米（图一七六，1）。

标本Ⅰ区T1103③:12，青灰色粗砂岩。打制，器体较大，体厚，表面片疤较大，体侧片疤连续、细密。残断，仅存柄部，平面近似圆角长方形，较为宽扁，平顶，柄部较长。残长8.7、残宽6.2、最大体厚1.5厘米（图一七六，5）。

标本Ⅰ区T1208③:4，烟灰色斑状流纹岩。打制，器体较大，体薄、较为扁平，整体修整的略显粗糙，体侧及刃部片疤连续、细密。平面近似圆角梯形，较为宽扁，顶部略有残损，柄部与器身的分界线不明显，刃部明显宽于柄部，体侧斜直，弧刃，刃部有使用过程中形成的崩口。长

20.2、刃宽 12.0、最大体厚 1.9 厘米（图一七六，3；彩版三〇，4）。

　　标本 I 区 T1217③：3，浅红棕色流纹岩。打制，器体较大，体厚，表面片疤较大，体侧片疤连续、细密。残断，仅存柄部，平面近似圆角长方形，较为宽扁，微弧顶，柄部较长。残长 14.0、

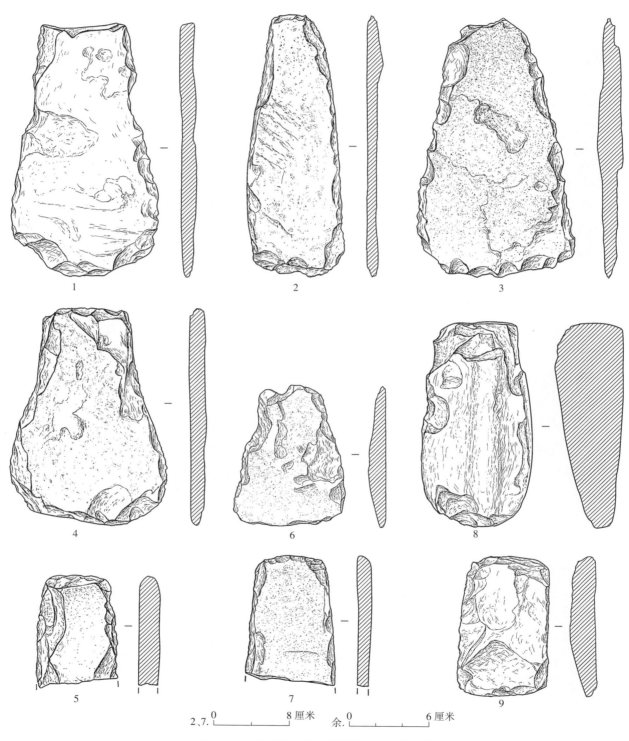

图一七六　大刘台山遗址第③层出土打制石器

1～7. 铲（I 区 T1103③：9、I 区 T1406③：3、I 区 T1208③：4、I 区 T1103③：8、I 区 T1103③：12、I 区 T1218③：6、I 区 T1217③：3）　8、9. 斧（I 区 T1107③：3、I 区 T1207③：3）

残宽9.5、最大体厚1.5厘米（图一七六，7）。

标本Ⅰ区T1218③：6，青灰色粗砂岩，局部保留有棕红色石皮。打制，器体较小，体薄，由片状石坯经过简单加工而成，整体修整的较为粗糙，大部分器体仍保留有完整的石皮，表面片疤较大，体侧片疤连续、细密。平面近似"凸"字形，较为宽扁，弧顶局部破损，柄部较宽短，其与器身的分界线较明显，刃部明显宽于柄部，微弧刃较薄，刃部有使用过程中形成的小崩口。长11.0、刃宽8.2、最大体厚1.3厘米（图一七六，6）。

标本Ⅰ区T1406③：3，烟灰色斑状流纹岩。打制，器体较大，体薄、较为扁平，整体修整的较为规整，体侧片疤连续、细密。平面近似梯形，较为狭长，平顶，柄部与器身的分界线不明显，刃部明显宽于柄部，体侧一边斜直，一边略外弧，弧刃，刃部有使用过程中形成的崩口。长28.5、刃宽9.7、最大体厚1.7厘米（图一七六，2）。

斧　2件。

标本Ⅰ区T1107③：3，黑灰色玄武岩，局部保留有灰白色石皮。打制，器形较大，体厚，由块石经过加工而成，整体修整的较为粗糙，大部分器体仍保留有完整的石皮，表面片疤较大。平面近似圆角长方形，较为宽厚，纵截面呈楔状，近平顶，顶部保存片疤便于绑缚手柄，刃部略宽于顶部，弧刃较厚，刃部有使用过程中形成的小崩口。长16.1、刃宽8.3、最大体厚5.1厘米（图一七六，8；彩版二九，5）。

标本Ⅰ区T1207③：3，灰黑色辉长岩，局部保留有褚红色石皮。打制，器形较小，体薄，仅对片状石坯周壁进行简单加工修整，片疤较为细密，而大部分器体表面仍保留有完整的石皮。平面近似圆角长方形，较为宽短，微弧顶，背部略内凹，刃部略宽于顶部，单面弧刃，刃部有使用过程中形成的小崩口。长10.9、刃宽6.8、最大体厚2.0厘米（图一七六，9）。

盘状器　5件。

标本Ⅰ区T1103③：11，铅灰色流纹岩，表面烟炱痕迹明显。打制，器体较大，略显粗笨，由片状石坯加工而成，仅对周缘采取复向加工法进行了简单修整，而其他器体部分则保留有少量的浅红褐色石皮。平面近似圆形，由于石质粗糙表面形成凹凸不平的劈裂面，整体由一端逐渐变薄。直径24.3～26.1、最大体厚3.3厘米（图一七七，1）。

标本Ⅰ区T1107③：2，青灰色斑状流纹岩。打制，器体较小，由片状石坯加工而成，周缘采取交互法打片、复向法修整，而其他器体部分则保留有石皮。平面呈不规则的圆形，由于石质粗糙，表面形成凹凸不平的劈裂面。直径10.3～11.4、最大体厚1.2厘米（图一七七，4）。

标本Ⅰ区T1203③：6，浅绿色粉砂岩。打制，器体较小，周缘采取交互法打片、复向法修整，表面修整的较为平整。平面近似圆形，整体呈薄饼状。直径7.5～8.0、最大体厚1.1厘米（图一七七，5）。

标本Ⅰ区T1218③：4，浅红褐色安山岩。打制，器体较小，由片状石坯加工而成，周缘采取交互法打片、复向法修整，而其他器体部分则保留有石皮。平面呈不规则的圆形，由于石质粗糙，表面形成凹凸不平的劈裂面。直径9.6～10.4、最大体厚1.6厘米（图一七七，6）。

标本Ⅱ区T1③：2，青灰色流纹岩。打制，器体较大，略显粗笨，由片状石坯加工而成，仅对周缘采取交互打片法进行了简单修整，而其他器体部分则保留有完整的浅红褐色石皮。平面呈圆形，一面较平，一面则凹凸隆起，整体中部较厚，向四周渐薄。直径26.0～27.1、最大体厚2.6

厘米（图一七七，2）。

矛　1件。

标本Ⅰ区T1503③：3，灰黑色板岩。由片状石坯打制而成，器形较大，周缘采取交互法打片、

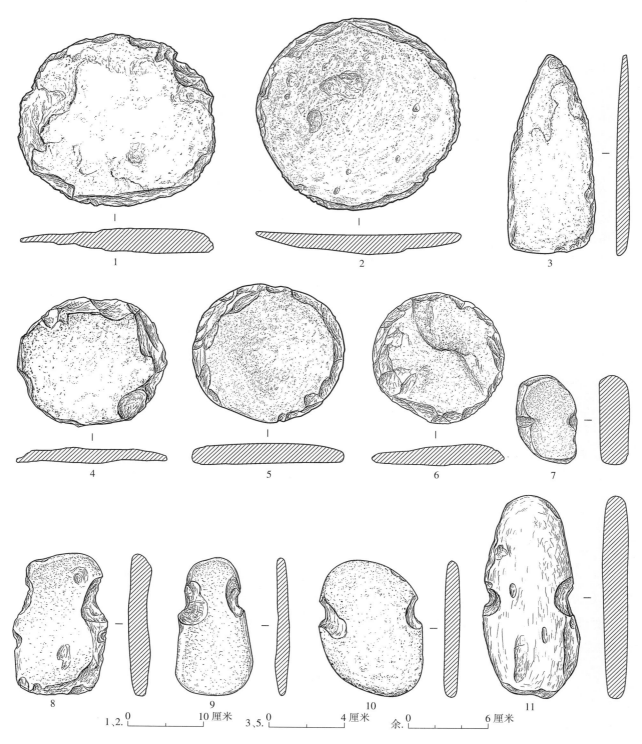

图一七七　大刘台山遗址第③层出土打制石器

1、2、4~6. 盘状器（Ⅰ区T1103③：11、Ⅱ区T1③：2、Ⅰ区T1107③：2、Ⅰ区T1203③：6、Ⅰ区T1218③：4）　3. 矛（Ⅰ区T1503③：3）　7~11. 网坠（Ⅰ区T1209③：2、Ⅱ区T5③：2、Ⅱ区T6③：2、Ⅰ区T1413③：2、Ⅰ区T1312③：2）

复向法修整，表面修整的较为平整。平面近似圭状，体薄，锋部较为锐利，体侧外弧，微弧底。长 10.8、宽 4.6、最大体厚 0.7 厘米（图一七七，3；彩版三〇，6）。

网坠　5 件。

标本Ⅰ区 T1209③:2，米黄色粗砂岩。打制，器形较小，由块状石坯加工而成，仅对腰部进行了简单打制修整，其他器体部分则保留有完整的石皮。平面近似梭形，首、尾两端较圆弧，中部两侧挖有水滴状凹槽，形成明显的束腰用于系绳。长径 7.2、短径 4.6、最大体厚 2.2 厘米（图一七七，7）。

标本Ⅰ区 T1312③:2，烟灰色粉砂岩。打制，器形较大，由片状卵石加工而成，仅对腰部进行了简单打制修整，其他器体部分则保留有完整的石皮。平面呈梭形，首、尾两端较圆弧，中部呈圆弧状内凹，形成明显的束腰用于系绳。长径 15.8、短径 7.3、最大体厚 1.9 厘米（图一七七，11）。

标本Ⅰ区 T1413③:2，烟灰色流纹岩。打制，器形较大，由片状卵石加工而成，仅对腰部进行了简单打制修整，其他器体部分则保留有完整的石皮。平面呈梭形，首、尾两端较圆弧，中部呈圆弧状内凹，形成明显的束腰用于系绳。长径 11.0、短径 7.7、最大体厚 1.2 厘米（图一七七，10）。

标本Ⅱ区 T5③:2，浅灰色安山岩。打制，器形较大，由片状卵石加工而成，仅对腰部进行了简单打制修整，其他器体部分则保留有完整的石皮。平面近似不规则的圆角长方形，首、尾两端较圆弧，中部呈圆弧状内凹，形成明显的束腰用于系绳。长 10.8、宽 7.1、最大体厚 1.6 厘米（图一七七，8）。

标本Ⅱ区 T6③:2，浅灰色粉砂岩。打制，器形较大，由片状卵石加工而成，仅对腰部进行了简单打制修整，其他器体部分则保留有完整的石皮。平面近似不规则的圆角长方形，首、尾两端较圆弧，中部呈圆弧状内凹，形成明显的束腰用于系绳。长 10.7、宽 5.8、最大体厚 1.0 厘米（图一七七，9）。

2. 磨制石器

146 件，器形主要有铲、钺、斧、凿、镰、刀、锛、端刃器、刮削器、镞、研磨器、锤、磨棒、璧、环、坠饰等。

铲　43 件。

标本Ⅰ区 T1002③:1，浅紫红色斑状安山岩，夹杂有大量的白色、黑色斑晶。柄部周缘保留有连续、细密的打击片疤便于缚柄捆绑，铲体表面经磨制，较为光滑。平面近似"凸"字形，铲体扁薄，正面及背面较平，横截面呈圆角长方形，平顶，长柄，折肩上挑，铲面体侧斜直，铲面的长度与宽度大体相当。刃部明显宽于顶部，单面弧刃，刃部与铲面相接处较圆润，刃线不明显，刃部有使用过程中形成的小崩口。长 13.1、刃宽 9.2、最大体厚 0.8 厘米（图一七八，1；彩版三二，4）。

标本Ⅰ区 T1005③:2，灰黑色粉砂岩。铲体周缘保留有连续、细密的打击片疤便于缚柄捆绑，表面经磨制，较为光滑。整体呈长条状，铲体扁薄，正面及背面较平，横截面呈圆角长方形，微弧顶，无肩，体侧略内弧。铲面的长度明显大于宽度，刃部现已残断。残长 9.6、宽 5.1、最大体厚 1.1 厘米（图一七八，4）。

标本Ⅰ区 T1008③:4，黛青色流纹岩，夹杂有大量的白色斑晶。柄部周缘保留有连续、细密

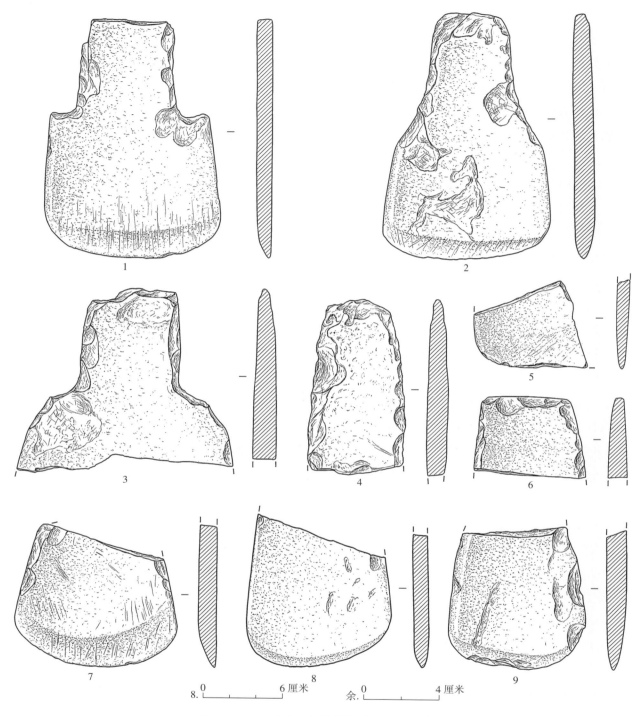

图一七八　大刘台山遗址第③层出土磨制石器

1～9. 铲（Ⅰ区 T1002③∶1、Ⅰ区 T1011③∶2、Ⅰ区 T1008③∶4、Ⅰ区 T1005③∶2、Ⅰ区 T1016③∶3、Ⅰ区 T1018③∶2、Ⅰ区 T1016③∶2、Ⅰ区 T1103③∶13、Ⅰ区 T1103③∶15）

的打击片疤便于缚柄捆绑，铲体表面经磨制，较为光滑。平面近似"凸"字形，铲体扁薄，正面及背面较平，横截面呈圆角长方形，近平顶，长柄，圆肩较明显，铲面现已残断。残长 10.1、残宽 11.4、最大体厚 1.2 厘米（图一七八，3）。

标本Ⅰ区 T1011③∶2，灰黑色流纹岩。柄部周缘保留有连续、细密的打击片疤便于缚柄捆绑，铲体表面经磨制较为光滑。平面近似"凸"字形，铲体扁薄，正面及背面较平，横截面呈圆角长方形，近平顶，长柄，溜肩，铲面体侧斜直，铲面的长度与宽度大体相当，刃部明显宽于顶部。双面弧刃，刃部与铲面相接处较圆润，刃线不明显，刃部有使用过程中形成的小崩口，偏锋。长13.4、刃宽8.8、最大体厚1.1厘米（图一七八，2；彩版三二，5）。

标本Ⅰ区T1016③：2，浅青灰色斑状流纹岩，夹杂有少量的红色斑晶。铲体表面磨制得较为光滑。平面近似"凸"字形，铲体扁薄，正面及背面较平，横截面呈圆角长方形，柄部现已残损，肩部较明显，铲面体侧斜直，铲面的长度与宽度大体相当，刃部明显宽于顶部。单面弧刃，刃部与铲面相接处较圆润，刃线不明显，刃部有使用过程中形成的小崩口。残长7.8、刃宽8.6、最大体厚0.9厘米（图一七八，7）。

标本Ⅰ区T1016③：3，浅灰褐色斑状安山岩，夹杂有少量的白色斑晶。铲体表面经磨制，较为光滑。柄部残损，铲体扁薄，正面及背面较平，横截面呈圆角长方形。双面弧刃仅存局部，刃部与铲面相接处极圆润，刃线不显，刃部有使用过程中形成的小崩口。残长4.7、残宽6.0、最大体厚0.7厘米（图一七八，5）。

标本Ⅰ区T1017③：2，浅紫红色斑状安山岩，夹杂有大量的白色、黑色斑晶。柄部尾端左、右两侧保留打击片疤便于缚柄捆绑，铲体表面经磨制，较为光滑。平面近似梯形，铲体扁薄，正面及背面较平，横截面呈圆角长方形，平顶，无肩，但柄部尾端呈浅圆弧状内凹，体侧斜直，铲面的长度明显大于宽度，刃部明显宽于顶部。单面弧刃，刃部与铲面相接处较圆润，刃线不明显，刃部有使用过程中形成的小崩口。长15.6、刃宽7.9、最大体厚1.1厘米（图一七九，1；彩版三二，6）。

标本Ⅰ区T1018③：2，浅灰褐色粉砂岩。柄部周缘保留打击片疤便于缚柄捆绑，铲体表面经磨制较为光滑。仅存柄部，铲体扁薄，正面及背面较平，横截面呈圆角长方形，平顶，体侧斜直，铲面现已残损。残长4.4、残宽5.9、最大体厚1.0厘米（图一七八，6）。

标本Ⅰ区T1103③：13，灰黑色流纹岩。铲体表面经磨制，较为光滑。铲体扁薄，正面及背面较平，横截面呈圆角长方形，柄部残损，铲面体侧斜直，铲面的长度明显大于宽度，刃部明显宽于顶部，单面弧刃，刃部与铲面相接处较圆润，刃线极不明显，刃部有使用过程中形成的小崩口，斜锋。残长11.9、刃宽10.8、最大体厚0.8厘米（图一七八，8）。

标本Ⅰ区T1103③：15，浅黄褐色斑状流纹岩，夹杂有少量的白色斑晶。柄部周缘保留有连续、细密的打击片疤便于缚柄捆绑，铲体表面经磨制，较为光滑。平面近似"凸"字形，铲体扁薄，正面及背面较平，横截面呈圆角长方形，柄部多已残损，溜肩，铲面体侧斜直，铲面的长度与宽度大体相当，刃部明显宽于顶部，双面弧刃，刃部与铲面相接处较圆润，刃线不明显，刃部有使用过程中形成的小崩口。残长7.7、刃宽7.2、最大体厚1.0厘米（图一七八，9）。

标本Ⅰ区T1103③：16，浅紫红色安山岩，夹杂有少量的白色斑晶。柄部周缘保留有连续、细密的打击片疤便于缚柄捆绑，铲体表面经磨制，较为光滑。平面近似"凸"字形，铲体扁薄，正面及背面较平，横截面呈圆角长方形，近平顶，短柄，溜肩，铲面体侧斜直，铲面的长度明显大于宽度，刃部明显宽于顶部。单面弧刃，刃部与铲面相接处较圆润，刃线不明显，刃部有使用过程中形成的小崩口。长15.4、刃宽8.1、最大体厚1.0厘米（图一七九，2；彩版三三，1）。

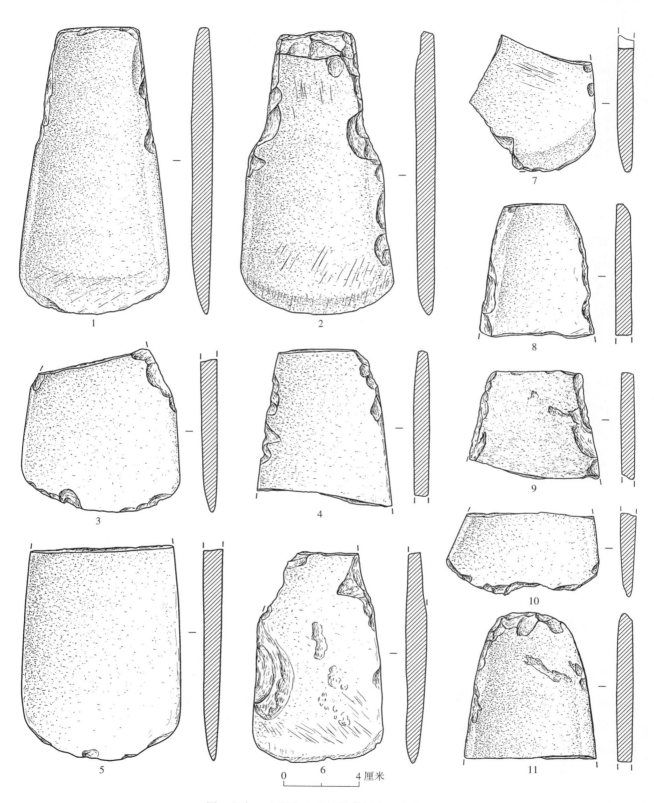

图一七九　大刘台山遗址第③层出土磨制石器

1~11. 铲（Ⅰ区 T1017③:2、Ⅰ区 T1103③:16、Ⅰ区 T1108③:3、Ⅰ区 T1114③:1、Ⅰ区 T1111③:1、Ⅰ区 T1112③:1、Ⅰ区 T1106③:1、Ⅰ区 T1108③:1、Ⅰ区 T1115③:1、Ⅰ区 T1202③:2、Ⅰ区 T1203③:7）

标本Ⅰ区T1106③:1，浅青灰色斑状流纹岩，夹杂有少量的白色斑晶。铲体表面经磨制，较为光滑。柄部残损，铲体扁薄，正面及背面较平，横截面呈圆角长方形。体侧斜直，单面弧刃仅存局部，刃部与铲面相接处较圆润，刃线不明显，刃部有使用过程中形成的小崩口。残长7.4、残宽6.6、最大体厚0.8厘米（图一七九，7）。

标本Ⅰ区T1108③:1，浅黄褐色粗砂岩。柄部周缘保留打击片疤便于缚柄捆绑，铲体表面经磨制较为光滑。仅存柄部，铲体扁薄，正面及背面较平，横截面呈圆角长方形。平顶，体侧斜直，铲面现已残损。残长7.3、残宽6.0、最大体厚0.8厘米（图一七九，8）。

标本Ⅰ区T1108③:3，浅灰白色粉砂岩。柄部周缘保留有连续、细密的打击片疤便于缚柄捆绑，铲体表面经磨制较为光滑。平面近似"凸"字形，铲体扁薄，正面及背面较平。横截面呈圆角长方形，顶部现已残损，长柄仅存局部，溜肩，铲面体侧斜直，铲面的长度与宽度大体相当，刃部明显宽于顶部。单面弧刃，刃部与铲面相接处较圆润，刃线不明显，刃部有使用过程中形成的小崩口。残长9.0、刃宽8.4、最大体厚0.8厘米（图一七九，3）。

标本Ⅰ区T1111③:1，浅灰褐色斑状流纹岩，夹杂有少量的白色斑晶。铲体表面经磨制，较为光滑。铲体扁薄，正面及背面较平。横截面呈圆角长方形，柄部残损，铲面体侧斜直，铲面的长度明显大于宽度，刃部明显宽于顶部。单面弧刃，刃部与铲面相接处较圆润，刃线极不明显，刃部有使用过程中形成的小崩口。残长11.6、刃宽8.4、最大体厚1.0厘米（图一七九，5）。

标本Ⅰ区T1112③:1，灰褐色流纹岩。铲体表面经磨制，较为光滑。柄部残损，溜肩，铲体扁薄，正面及背面较平。横截面呈圆角长方形，铲面体侧斜直，铲面的长度明显大于宽度，刃部明显宽于顶部。单面弧刃，刃部与铲面相接处较圆润，刃线极不明显，刃部有使用过程中形成的小崩口。残长11.4、刃宽6.8、最大体厚1.1厘米（图一七九，6）。

标本Ⅰ区T1114③:1，浅紫红色斑状安山岩，夹杂有大量的白色、黑色斑晶。柄部周缘保留打击片疤便于缚柄捆绑，铲体表面经磨制，较为光滑。仅存柄部，铲体扁薄，正面及背面较平。横截面呈圆角长方形，近平顶，体侧斜直，铲面现已残损。残长8.6、残宽7.1、最大体厚0.8厘米（图一七九，4）。

标本Ⅰ区T1115③:1，浅灰白色粉砂岩。柄部周缘保留打击片疤便于缚柄捆绑，铲体表面经磨制，较为光滑。仅存柄部，铲体扁薄，正面及背面较平，横截面呈圆角长方形，平顶，体侧斜直，铲面现已残损。残长5.9、残宽6.8、最大体厚0.7厘米（图一七九，9）。

标本Ⅰ区T1202③:2，浅黛青色粉砂岩。铲体表面经磨制，较为光滑。柄部残损，铲体扁薄，正面及背面较平，横截面呈圆角长方形，体侧斜直，单面弧刃，刃部与铲面相接处极圆润，刃线不显，刃部由于使用频繁形成大小不一的崩疤。残长4.5、刃宽8.1、最大体厚0.8厘米（图一七九，10）。

标本Ⅰ区T1203③:7，浅灰褐色斑状流纹岩，夹杂有大量的白色斑晶。柄部周缘保留打击片疤便于缚柄捆绑，铲体表面经磨制，较为光滑。仅存柄部，铲体扁薄，正面及背面较平。横截面呈圆角长方形，弧顶，体侧斜直，铲面现已残损。残长7.9、残宽6.8、最大体厚0.8厘米（图一七九，11）。

标本Ⅰ区T1208③:3，灰黑色斑状流纹岩，夹杂有大量的白色斑晶。柄部周缘保留打击片疤便于缚柄捆绑，铲体表面经磨制，较为光滑。平面近似梯形，铲体扁薄，正面及背面较平。横截面呈圆角长方形，平顶，无肩，体侧斜直，刃部现已残损。残长12.8、宽8.5、最大体厚1.4厘米（图一八〇，5）。

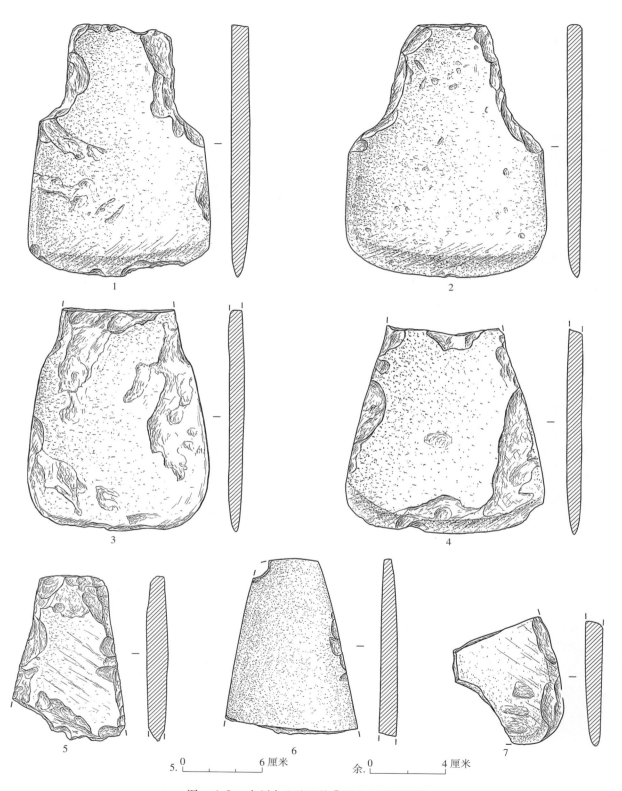

图一八〇　大刘台山遗址第③层出土磨制石器

1～7. 铲（Ⅰ区 T1210③:2、Ⅰ区 T1214③:3、Ⅰ区 T1210③:3、Ⅰ区 T1216③:1、Ⅰ区 T1208③:3、Ⅰ区 T1303③:6、Ⅰ区 T1304③:1）

标本Ⅰ区 T1210③：2，浅灰褐色流纹岩。柄部周缘保留有连续、细密的打击片疤便于缚柄捆绑，铲体表面经磨制，较为光滑。平面近似"凸"字形，铲体扁薄，正面及背面较平，横截面呈圆角长方形，近平顶，长柄，折肩较明显，铲面体侧斜直，铲面的长度与宽度大体相当，刃部明显宽于顶部。双面弧刃，刃部与铲面相接处较圆润，刃线不明显，刃部有使用过程中形成的小崩口。长 13.8、刃宽 9.6、最大体厚 1.0 厘米（图一八〇，1）。

标本Ⅰ区 T1210③：3，浅紫红色斑状安山岩，夹杂有大量的白色斑晶。柄部周缘保留有连续、细密的打击片疤便于缚柄捆绑，铲体表面经磨制，较为光滑。平面近似"凸"字形，铲体扁薄，正面及背面较平，局部表皮剥落，横截面呈圆角长方形，顶部现已残损，长柄，溜肩，铲面体侧斜直，铲面的长度与宽度大体相当，刃部明显宽于顶部。单面弧刃，刃部与铲面相接处较圆润，刃线不明显，刃部有使用过程中形成的小崩口。残长 12.2、刃宽 9.4、最大体厚 0.8 厘米（图一八〇，3）。

标本Ⅰ区 T1214③：3，浅灰褐色流纹岩，夹杂有少量的白色斑晶。柄部周缘保留有连续、细密的打击片疤便于缚柄捆绑，铲体表面经磨制，较为光滑。平面近似"凸"字形，铲体扁薄，正面及背面较平，横截面呈圆角长方形，近平顶，长柄，圆肩较明显，铲面体侧斜直，铲面的长度与宽度大体相当，刃部明显宽于顶部。双面弧刃，刃部与铲面相接处较圆润，刃线不明显，刃部有使用过程中形成的小崩口。长 13.8、刃宽 10.2、最大体厚 0.8 厘米（图一八〇，2；彩版三三，2）。

标本Ⅰ区 T1216③：1，浅灰色粉砂岩。铲体周缘保留打击片疤便于缚柄捆绑，表面经磨制，较为光滑。平面近似梯形，铲体扁薄，正面及背面较平，横截面呈圆角长方形，顶部残损，无肩，但柄部尾端呈浅圆弧状内凹，铲面体侧斜直，铲面的长度与宽度大体相当，刃部明显宽于顶部。单面弧刃，刃部与铲面相接处较圆润，刃线不明显，刃部有使用过程中形成的小崩口。残长 11.4、刃宽 10.5、最大体厚 0.8 厘米（图一八〇，4）。

标本Ⅰ区 T1303③：6，黛青色斑状流纹岩，夹杂有大量的白色斑晶。柄部一侧边缘保留打击片疤便于缚柄捆绑，铲体表面经磨制，较为光滑。平面近似梯形，铲体扁薄，正面及背面较平，横截面呈圆角长方形，微弧顶，无肩，体侧斜直，刃部现已残损。残长 9.4、宽 7.0、最大体厚 0.9 厘米（图一八〇，6）。

标本Ⅰ区 T1304③：1，浅灰褐色斑状安山岩，夹杂有少量的白色斑晶。铲体表面经磨制，较为光滑。柄部残损，铲体扁薄，正面及背面较平，横截面呈圆角长方形，体侧斜直。单面弧刃仅存局部，刃部与铲面相接处极圆润，刃线不明显，刃部有使用过程中形成的小崩口。残长 6.8、残宽 6.0、最大体厚 0.8 厘米（图一八〇，7）。

标本Ⅰ区 T1304③：2，浅灰褐色流纹岩。柄部周缘保留有连续、细密的打击片疤便于缚柄捆绑，铲体表面经磨制，较为光滑。平面近似"凸"字形，铲体扁薄，正面及背面较平，横截面呈圆角长方形，平顶内凹，长柄，溜肩，铲面体侧斜直，刃部现已残损。残长 8.2、残宽 7.6、最大体厚 0.9 厘米（图一八一，3）。

标本Ⅰ区 T1305③：1，浅紫红色斑状安山岩，夹杂有大量的白色斑晶。铲体周缘保留打击片疤便于缚柄捆绑，表面经磨制，较为光滑。平面近似梯形，铲体扁薄，正面及背面较平，横截面呈圆角长方形，平顶，无肩，但柄部尾端呈浅圆弧状内凹。铲面体侧斜直，铲面的长度与宽度大体相当，刃部明显宽于顶部。单面弧刃，刃部与铲面相接处较圆润，刃线不明显，刃部有使用过程中形成的小崩口。长 14.3、刃宽 8.2、最大体厚 1.1 厘米（图一八一，1；彩版三三，3）。

标本 I 区 T1306③：4，浅灰褐色粉砂岩。柄部周缘保留有连续、细密的打击片疤便于缚柄捆

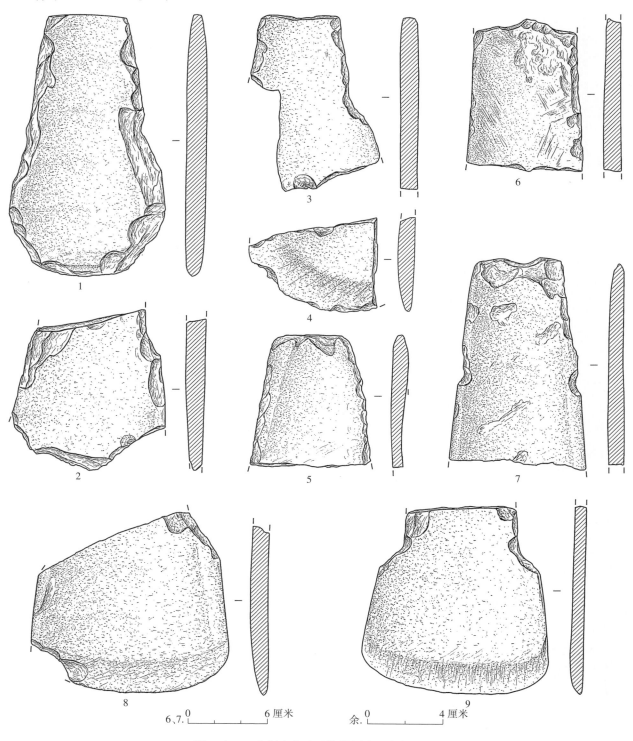

6、7. ▭ 0 　　　　6 厘米

余. ▭ 0 　　　　4 厘米

图一八一　大刘台山遗址第③层出土磨制石器

1～9. 铲（I 区 T1305③：1、I 区 T1306③：4、I 区 T1304③：2、I 区 T1308③：2、I 区 T1407③：3、I 区 T1309③：2、I 区 T1407③：2、I 区 T1311③：2、I 区 T1315③：2）

绑，铲体表面经磨制较为光滑。平面近似"凸"字形，铲体扁薄，正面及背面较平，横截面呈圆角长方形，顶部现已残损，长柄，溜肩，铲面体侧斜直，铲面多已残损。残长 8.9、残宽 8.1、最大体厚 1.01 厘米（图一八一，2）。

标本 I 区 T1307③：1，浅紫红色斑状安山岩，夹杂有大量的白色、黑色斑晶。铲体表面经磨制，较为光滑。柄部残损，铲体扁薄，正面及背面较平，横截面呈圆角长方形，单面弧刃仅存局部，刃部与铲面相接处较圆润，刃线不明显，刃部有使用过程中形成的小崩口，偏锋。残长 4.7、残宽 10.4、最大体厚 0.7 厘米（图一八二，3）。

标本 I 区 T1308③：2，浅灰褐色斑状流纹岩，夹杂有大量的白色、紫红色斑晶。铲体表面经磨制，较为光滑。柄部残损，铲体扁薄，正面及背面较平，横截面呈圆角长方形。单面弧刃仅存局部，刃部与铲面相接处较圆润，刃线不明显，刃部有使用过程中形成的小崩口。残长 5.1、残宽 6.8、最大体厚 0.8 厘米（图一八一，4）。

标本 I 区 T1309③：2，浅紫红色安山岩。铲体周缘保留有连续、细密的打击片疤便于缚柄捆绑，表面经磨制，较为光滑。平面近似梯形，铲体扁薄，正面及背面较平，横截面呈圆角长方形，顶部及刃部现已残断。残长 11.8、宽 8.7、最大体厚 1.2 厘米（图一八一，6）。

标本 I 区 T1311③：2，青灰色斑状流纹岩，夹杂有大量的白色斑晶。柄部周缘保留有连续、细密的打击片疤便于缚柄捆绑，铲体表面经磨制，较为光滑。平面近似"凸"字形，铲体扁薄，正面及背面较平，横截面呈圆角长方形，顶部残损，仅保留有少量柄部，溜肩。铲面体侧斜直，铲面的长度明显大于宽度，刃部明显宽于顶部。单面弧刃，刃部与铲面相接处较圆润，刃线不明显，刃部有使用过程中形成的小崩口。残长 9.8、刃宽 10.4、最大体厚 0.9 厘米（图一八一，8）。

标本 I 区 T1315③：2，浅灰褐色粉砂岩。柄部周缘保留有连续、细密的打击片疤便于缚柄捆绑，铲体表面经磨制，较为光滑。平面近似"凸"字形，铲体扁薄，正面及背面较平，横截面呈圆角长方形，顶部现已残损，长柄，圆肩较明显，铲面体侧斜直，铲面的长度与宽度大体相当，刃部明显宽于顶部。单面弧刃，刃部与铲面相接处较圆润，刃线不明显，刃部有使用过程中形成的小崩口。残长 10.2、刃宽 10.0、最大体厚 0.7 厘米（图一八一，9）。

标本 I 区 T1407③：2，灰黑色斑状流纹岩，夹杂有大量的白色斑晶。柄部尾端左、右两侧保留打击片疤便于缚柄捆绑，铲体表面则磨制得较为光滑。平面近似梯形，铲体扁薄，正面及背面较平，横截面呈圆角长方形，弧顶微残，无肩，但柄部尾端呈浅圆弧状内凹，体侧斜直，铲面的长度明显大于宽度，刃部现已残断。残长 16.6、宽 10.3、最大体厚 1.2 厘米（图一八一，7）。

标本 I 区 T1407③：3，浅紫红色斑状流纹岩，夹杂有少量的白色斑晶。柄部周缘保留打击片疤便于缚柄捆绑，铲体表面经磨制，较为光滑。仅存柄部，铲体扁薄，正面及背面较平，横截面呈圆角长方形，平顶，体侧斜直，铲面现已残损。残长 7.4、残宽 6.4、最大体厚 0.8 厘米（图一八一，5）。

标本 I 区 T1407③：7，黛青色斑状流纹岩，夹杂有大量的白色絮状斑晶。铲体表面经磨制，较为光滑。柄部残损，铲体扁薄，正面及背面较平，横截面呈圆角长方形，单面弧刃，刃部与铲面相接处较圆润，刃线不明显，刃部有使用过程中形成的小崩口，微偏锋。残长 6.1、刃宽 9.1、最大体厚 0.8 厘米（图一八二，4）。

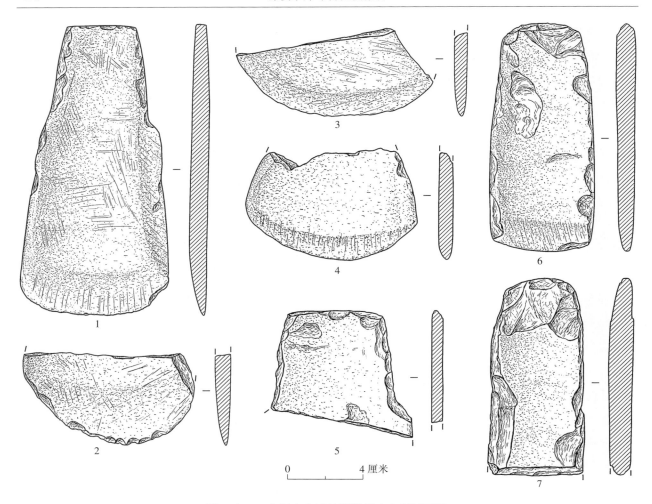

图一八二　大刘台山遗址第③层出土磨制石器

1~7. 铲（Ⅲ区 TG3③：2、Ⅲ区 TG4③：1、Ⅰ区 T1307③：1、Ⅰ区 T1407③：7、Ⅰ区 T1603③：5、Ⅰ区 T1417③：1、Ⅲ区 TG3③：1）

　　标本Ⅰ区 T1417③：1，浅红棕色安山岩。铲体周缘保留有连续、细密的打击片疤便于缚柄捆绑，表面经磨制，较为光滑。整体呈长条状，铲体扁薄，正面及背面较平，横截面呈圆角长方形，微弧顶，无肩，体侧略外鼓，铲面的长度明显大于宽度，刃部略宽于顶部，单面弧刃，刃部与铲面相接处较圆润，刃线不明显，刃部有使用过程中形成的小崩口。长 12.4、刃宽 5.3、最大体厚 1.0 厘米（图一八二，6；彩版三三，4）。

　　标本Ⅰ区 T1603③：5，浅烟灰色粉砂岩。柄部周缘保留有连续、细密的打击片疤便于缚柄捆绑，铲体表面经磨制，较为光滑。平面近似"凸"字形，铲体扁薄，正面及背面较平，横截面呈圆角长方形，平顶，长柄，折肩较明显，铲面体侧斜直，铲面多已残断。残长 6.8、残宽 7.4、最大体厚 0.6 厘米（图一八二，5）。

　　标本Ⅲ区 TG3③：1，浅红棕色流纹岩。铲体周缘保留有连续、细密的打击片疤便于缚柄捆绑，表面则磨制得较为光滑。整体呈长条状，铲体扁薄，正面及背面较平，横截面呈圆角长方形，微弧顶，无肩，体侧略内弧，铲面的长度明显大于宽度，刃部现已残断。残长 10.8、宽 5.0、最大体厚 1.2 厘米（图一八二，7）。

　　标本Ⅲ区 TG3③：2，灰黑色角页岩。柄部周缘保留有连续、细密的打击片疤便于缚柄捆绑，铲体表面经磨制，较为光滑。平面近似"凸"字形，铲体扁薄，正面及背面较平，横截面呈圆角长方形，平顶，短柄，溜肩，铲面体侧斜直，铲面的长度明显大于宽度，刃部明显宽于顶部，单面弧刃，刃部与铲面相接处较圆润，刃线不明显，刃部有使用过程中形成的小崩口。长 15.8、刃宽 7.8、最大体厚 1.0 厘米（图一八二，1；彩版三三，5）。

标本Ⅲ区 TG4③：1，浅灰褐色泥岩。铲体表面磨制地较为光滑。柄部残损，铲体扁薄，正面及背面较平，横截面呈圆角长方形，单面弧刃仅存局部，刃部与铲面相接处极圆润，刃线不显，刃部有使用过程中形成的小崩口，偏锋。残长 5.1、残宽 9.2、最大体厚 0.8 厘米（图一八二，2）。

钺 7件。

标本Ⅰ区 T0902③：4，灰黑色流纹岩。通体磨制得较为光滑。现已残损，整体较为宽扁，平面近似梯形，正面及背面均较平，体薄，横截面呈极扁圆角长方形，平顶，体侧斜直，钺体残存一对穿圆孔，刃部现已残断。残长 6.8、残宽 6.5、最大体厚 1.0 厘米（图一八三，5）。

标本Ⅰ区 T1018③：1，灰黑色流纹岩。通体磨制得较为光滑。整体较为窄扁，平面近似长方形，正面及背面微鼓，体厚，横截面呈弧边圆角长方形，近平顶，体侧斜直，钺体残存一对穿圆孔，刃部现已残损。残长 7.4、残宽 6.0、最大体厚 1.8 厘米（图一八三，6）。

标本Ⅰ区 T1108③：2，青灰色粉砂岩。通体磨制得较为光滑。现已残损，整体较为宽扁，平面近似梯形，正面及背面均较平，体薄，横截面呈极扁圆角长方形，平顶，体侧斜直，钺体残存

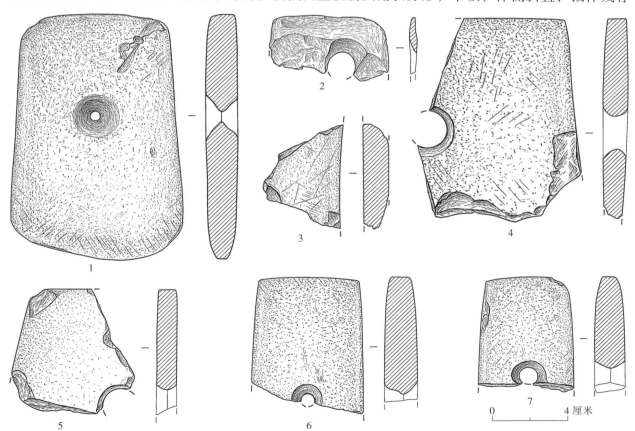

图一八三 大刘台山遗址第③层出土磨制石器

1~7. 钺（Ⅰ区 T1317③：4、Ⅰ区 T1208③：1、Ⅰ区 T1307③：3、Ⅰ区 T1108③：2、Ⅰ区 T0902③：4、Ⅰ区 T1018③：1、Ⅰ区 T1503③：2）

一对穿圆孔，刃部现已残断。残长 11.2、残宽 8.6、最大体厚 1.3 厘米（图一八三，4）。

标本Ⅰ区 T1208③：1，鸡骨白色蛇纹石。通体磨制得较为光滑。整体较为窄扁，平面近似长方形，正面及背面较平，体薄，横截面呈弧边圆角长方形，平顶，体侧斜直，钺体残存一对穿圆孔，刃部现已残损。残长 3.4、残宽 6.2、最大残体厚 0.4 厘米（图一八三，2）。

标本Ⅰ区 T1307③：3，黑色流纹岩，夹杂有大量的米白色松花斑状结构。通体磨制得较为光滑。整体较为窄扁，平面近似长方形，正面及背面圆鼓，体厚，横截面呈椭圆形，顶部及刃部均现已残损，体侧略内凹。残长 5.6、残宽 4.0、最大体厚 1.3 厘米（图一八三，3）。

标本Ⅰ区 T1317③：4，米白色白云质大理岩。通体磨制得较为光滑。整体较为宽扁，平面近似梯形，正面及背面均较平，体薄，横截面呈极扁圆角长方形，微弧顶，体侧斜直，中部对穿一圆形孔，刃部明显宽于顶部，双面弧刃，刃部与钺体相接处较圆润，刃线不明显，斜锋，刃口较为圆钝。长 13.4、刃宽 9.0、最大体厚 1.6 厘米（图一八三，1；彩版三三，6）。

标本Ⅰ区 T1503③：2，青绿色泥岩。通体磨制得较为光滑。整体较为窄扁，平面近似长方形，正面及背面微鼓，体厚，横截面呈弧边圆角长方形，微弧顶，体侧斜直，钺体残存一对穿圆孔，刃部现已残损。残长 6.2、残宽 5.0、最大体厚 1.6 厘米（图一八三，7）。

斧　16 件。

标本Ⅰ区 T1002③：2，黛青色粗砂岩。通体磨制得较为光滑。板状石斧，平面近似梯形，体薄。正面及背面略鼓，横截面近似扁椭圆形，顶部及刃部均已残损，体侧斜直。残长 10.7、宽 5.5、最大体厚 2.7 厘米（图一八四，1）。

标本Ⅰ区 T1009③：1，灰黑色粉砂岩。通体磨制，刃部抛光。板状石斧，平面近似圆角长方形，体薄，正面及背面均较平，横截面近似弧边圆角长方形，微弧顶，体侧斜直。刃部略宽于顶部，双面弧刃近似月牙状，刃部与斧体相接处较圆润，刃线不明显，刃部有使用过程中形成的小崩口。长 12.4、刃宽 6.1、最大体厚 2.3 厘米（图一八四，2；彩版三四，6）。

标本Ⅰ区 T1103③：4，灰黑色灰岩。通体琢制，琢窝较为密集，刃部抛光。锤状石斧，平面近似圆角长方形，体厚，正面及背面略鼓。横截面近似宽体弧边圆角长方形，近弧顶，体侧略外鼓，刃部略宽于顶部，双面弧刃近似月牙状，刃部与斧体相接处较圆润，刃线不明显，刃部有使用过程中形成的小崩口。长 11.0、刃宽 5.1、最大体厚 3.9 厘米（图一八四，4）。

标本Ⅰ区 T1103③：5，灰黑色片麻岩。通体琢制，琢窝较为密集。棒状石斧，整体近似圆棒状，体长，正面及背面较圆鼓。横截面近似宽体弧边圆角长方形，弧顶，体侧外鼓，刃部现已残损。残长 10.9、宽 5.8、最大体厚 4.0 厘米（图一八四，3）。

标本Ⅰ区 T1106③：4，灰绿色粗砂岩。通体琢制，琢窝较为密集。器体较大，平面近似梯形，体宽扁，正面及背面较平。横截面近似扁体圆角长方形，斜弧顶，体侧外鼓，刃部现已残损。残长 10.8、宽 6.8、最大体厚 3.8 厘米（图一八四，5）。

标本Ⅰ区 T1203③：4，棕褐色粗砂岩。通体磨制，刃部抛光。板状石斧，平面近似圆角长方形，体薄，正面及背面均较平。横截面近似弧边圆角长方形，弧顶圆隆，体侧斜直，刃部明显宽于顶部，双面弧刃近似月牙状，刃部与斧体相接处较圆润，刃线不明显，刃部有使用过程中形成的小崩口。长 11.4、刃宽 5.8、最大体厚 2.9 厘米（图一八四，6）。

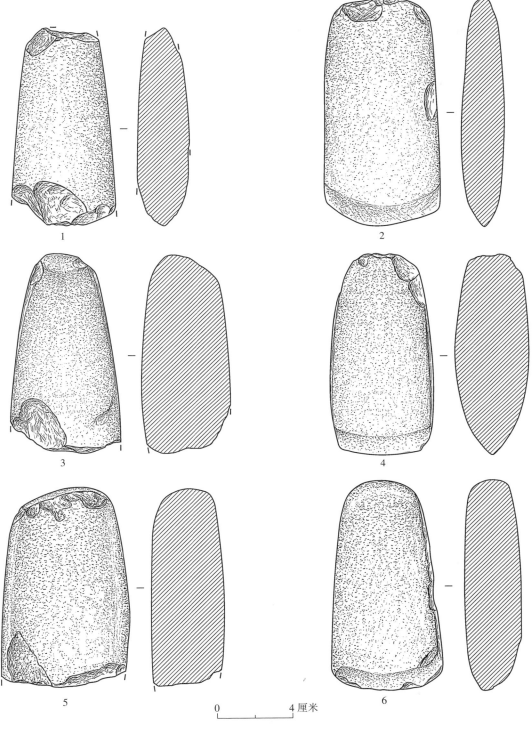

图一八四　大刘台山遗址第③层出土磨制石器

1~6. 斧（Ⅰ区 T1002③:2、Ⅰ区 T1009③:1、Ⅰ区 T1103③:5、Ⅰ区 T1103③:4、Ⅰ区 T1106③:4、Ⅰ区 T1203③:4）

　　标本Ⅰ区 T1210③:1，灰绿色辉长岩。通体琢制，琢窝较为密集，刃部抛光。棒状石斧，整体近似圆棒状，体长，正面及背面略鼓。横截面近似宽体弧边圆角长方形，顶部残损，体侧斜直，双面弧刃近似椭圆形，刃部与斧体相接处较圆润，刃线不明显，刃部有使用过程中形成的小崩口。残长 7.1、刃宽 4.2、最大体厚 3.6 厘米（图一八五，3）。

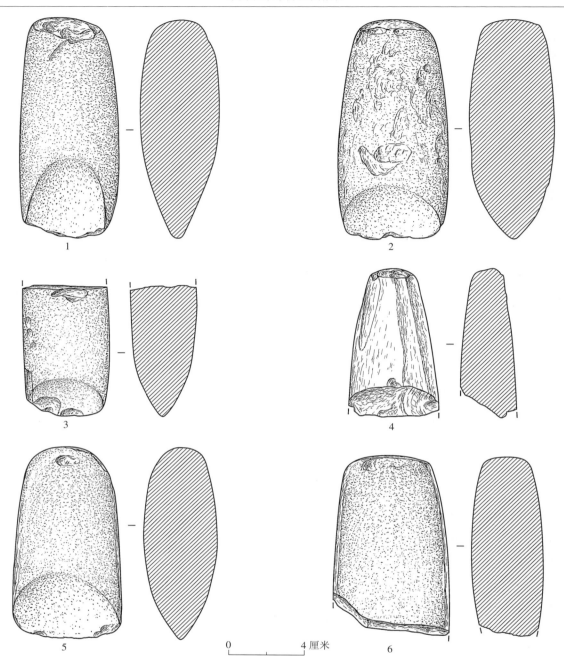

图一八五　大刘台山遗址第③层出土磨制石器

1~6. 斧（Ⅰ区T1214③：1、Ⅰ区T1407③：4、Ⅰ区T1210③：1、Ⅰ区T1317③：2、Ⅰ区T1406③：2、Ⅰ区T1407③：1）

　　标本Ⅰ区T1214③：1，灰褐色粗砂岩。通体琢制，琢窝较为密集，刃部抛光。锤状石斧，平面近似圆角长方形，体厚，正面及背面略鼓。横截面近似宽体弧边圆角长方形，斜弧顶，体侧略外鼓，刃部略宽于顶部，双面弧刃近似半圆状，刃部与斧体相接处较圆润，刃线不明显，刃部有使用过程中形成的小崩口，偏锋。长12.0、刃宽4.5、最大体厚4.1厘米（图一八五，1）。

　　标本Ⅰ区T1317③：2，黛青色辉长岩。通体琢制，琢窝较为密集。棒状石斧，整体近似圆棒状，体长，正面及背面略鼓。横截面近似宽体弧边圆角长方形，弧顶，体侧外鼓，刃部现已残损。残长8.0、宽4.8、最大体厚2.9厘米（图一八五，4）。

标本Ⅰ区 T1406③：2，灰绿色片麻岩。通体琢制，琢窝较为密集，刃部抛光。锤状石斧，平面近似梯形，体厚，正面及背面略鼓。横截面近似宽体弧边圆角长方形，弧顶，体侧斜直，刃部略宽于顶部。双面弧刃近似椭圆形，刃部与斧体相接处较圆润，刃线不明显，刃部有使用过程中形成的小崩口。长 10.5、刃宽 5.7、最大体厚 3.9 厘米（图一八五，5）。

标本Ⅰ区 T1407③：1，灰黑色片麻岩。通体琢制，琢窝较为密集。器体较大，平面近似梯形，体宽扁，正面及背面较平。横截面近似扁体圆角长方形，微弧顶，体侧略外鼓，刃部现已残损。残长 9.8、宽 6.2、最大体厚 3.7 厘米（图一八五，6）。

标本Ⅰ区 T1407③：4，灰绿色片麻岩。通体琢制，琢窝较为密集，刃部抛光。锤状石斧，平面近似梯形，体厚，正面及背面较圆鼓。横截面近似椭圆形，弧顶，体侧略外鼓，刃部略宽于顶部。双面弧刃近似椭圆形，刃部与斧体相接处较圆润，刃线不明显，刃部有使用过程中形成的小崩口。长 11.9、刃宽 5.4、最大体厚 4.5 厘米（图一八五，2）。

标本Ⅰ区 T1407③：5，灰绿色片麻岩。通体琢制，琢窝较为密集，刃部抛光。锤状石斧，平面近似梯形，体厚，正面及背面略鼓。横截面近似宽体弧边圆角长方形，平顶略有残损，体侧斜直，刃部明显宽于顶部。双面弧刃近似椭圆形，刃部与斧体相接处较圆润，刃线不明显，刃部有使用过程中形成的小崩口。长 10.2、刃宽 5.4、最大体厚 3.6 厘米（图一八六，1）。

标本Ⅰ区 T1407③：8，灰黑色片麻岩。通体琢制，琢窝较为密集，刃部抛光。锤状石斧，平面近似圆角长方形，体厚，正面及背面略鼓，横截面近似宽体弧边圆角长方形，弧顶，体侧略外鼓，刃部明显宽于顶部，双面弧刃近似月牙状，刃部与斧体相接处较圆润，刃线不明显，刃部有使用过程中形成的小崩口，偏锋。长 11.9、刃宽 5.0、最大体厚 3.4 厘米（图一八六，2）。

标本Ⅰ区 T1414③：5，灰黑色灰岩。通体琢制，琢窝较为密集，正面磨光，刃部抛光。板状石斧，平面近似梯形，体薄，正面及背面均较平，横截面近似弧边圆角长方形，近平顶，体侧斜直。刃部明显宽于顶部，双面弧刃近似月牙状，刃部与斧体相接处较圆润，刃线不明显，刃部有使用过程中形成的小崩口。长 12.1、刃宽 5.8、最大体厚 2.8 厘米（图一八六，3）。

标本Ⅰ区 T1416③：2，灰黑色片麻岩。通体琢制，琢窝较为密集，刃部抛光。锤状石斧，平面近似梯形，体厚，正面及背面较圆鼓。横截面近似椭圆形，弧顶，体侧斜直，刃部明显宽于顶部，双面弧刃近似椭圆状，刃部与斧体相接处较圆润，刃线不明显，刃部有使用过程中形成的小崩口，偏锋。长 11.5、刃宽 5.9、最大体厚 3.2 厘米（图一八六，4）。

凿　4件。

标本Ⅰ区 T1203③：1，灰黑色粉砂岩。通体琢制，表面密布小麻坑。整体呈圆棒状，较为狭长，横截面呈圆形，微弧顶，体侧略外弧，刃部残损。残长 7.0、宽 3.1、最大体厚 3.0 厘米（图一八六，6）。

标本Ⅰ区 T1403③：4，浅灰色辉长岩。通体琢制，表面密布小麻坑，刃部抛光。整体呈圆棒状，较为狭长，横截面呈圆形，弧顶，体侧外鼓明显，半月状双面弧刃略有残损，刃部有使用过程中形成的小崩口。长 10.5、宽 3.1、最大体厚 3.0 厘米（图一八六，5；彩版三七，2）。

标本Ⅰ区 T1503③：5，浅灰色辉长岩。通体琢制，表面密布小麻坑。整体呈圆棒状，横截面近似圆形，弧顶，体侧略外弧，刃部残损。残长 4.9、宽 2.8、最大体厚 2.5 厘米（图一八六，7）。

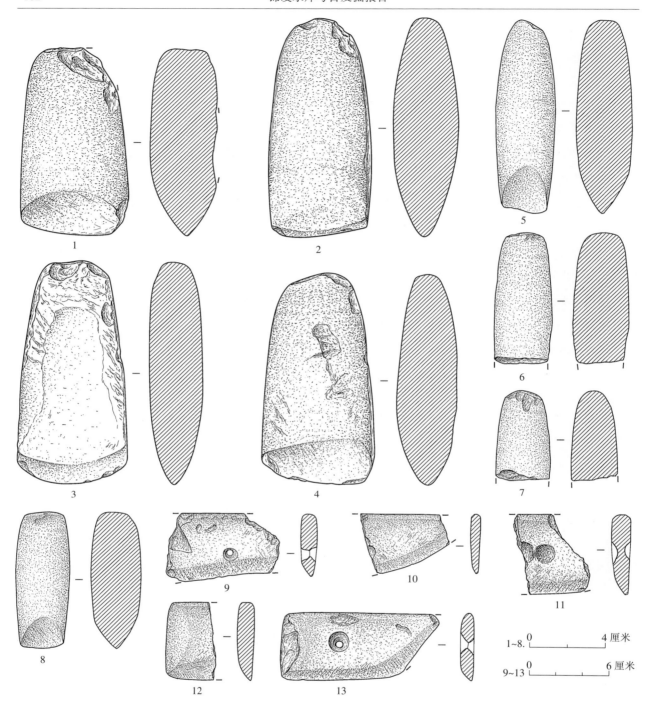

图一八六　大刘台山遗址第③层出土磨制石器

1~4. 斧（Ⅰ区T1407③：5、Ⅰ区T1407③：8、Ⅰ区T1414③：5、Ⅰ区T1416③：2）　5~8. 凿（Ⅰ区T1403③：4、Ⅰ区T1203③：1、Ⅰ区T1503③：5、Ⅰ区T1603③：4）　9~13. 镰（Ⅰ区T1009③：4、Ⅰ区T1004③：3、Ⅰ区T1004③：4、Ⅰ区T0902③：2、Ⅰ区T1004③：2）

　　标本Ⅰ区T1603③：4，米黄色细晶花岗岩。通体琢制，表面密布小麻坑，刃部抛光。整体呈圆棒状，较为粗短，横截面呈圆形，微弧顶，体侧外鼓明显，半月状双面弧刃略有残损，刃部有使用过程中形成的小崩口。长7.4、宽2.8、最大体厚2.6厘米（图一八六，8）。

　　镰　19件。

　　标本Ⅰ区T0902③：2，灰黑色粉砂岩。磨制，现已残断，仅存尾端，整体较为宽短，体厚，平背，背脊较平，尾端较直，单面弧刃，刃部与镰体相接处较圆滑，刃线不明显。残长3.8、宽5.9、最大体厚1.2厘米（图一八六，12）。

标本Ⅰ区T1004③：2，米黄色粉砂岩。磨制，整体较为宽短，平面近似直角三角形，平背，背脊圆鼓，尾端斜直，距尾端约1/3处对穿一圆孔。单面弧刃局部残损，刃部与镰体相接处较圆滑，刃线不明显。残长11.9、宽5.2、最大体厚1.0厘米（图一八六，13）。

标本Ⅰ区T1004③：3，青灰色粉砂岩。磨制，整体较为细长，平面近似直角三角形，平背，背脊圆鼓，尾端残损。单面弧刃，刃部与镰体相接处较圆润，刃线不明显，前锋现已残损，刃部由于使用而形成小崩豁。残长6.7、残宽4.6、最大体厚0.7厘米（图一八六，10）。

标本Ⅰ区T1004③：4，青灰色粉砂岩。磨制，残断，仅存刃部，整体较为宽短，体厚，平背，背脊略鼓，残存二个未穿透圆孔。单面弧刃，刃部与镰体相接处较圆滑，刃线不明显。残长5.7、宽6.2、最大体厚1.4厘米（图一八六，11）。

标本Ⅰ区T1008③：5，米白色粉砂岩。磨制，整体较为细长，平面近似直角三角形，平背，背脊略鼓，尾端残损，镰体残存一对穿圆孔，近锋部发现有一未穿透圆孔。单面弧刃，刃部与镰体相接处较陡直，刃线较明显，刃部前锋较圆钝，刃部由于使用而形成小崩豁。残长11.3、宽4.8、最大体厚1.1厘米（图一八七，1）。

标本Ⅰ区T1009③：4，青灰色粉砂岩。磨制，现已残损，仅存镰体中段，整体较为宽短，平背，背脊略鼓，残存一对穿圆孔。单面弧刃，刃口内凹，刃部与镰体相接处较圆滑，刃线不明显，刃部有使用过程中形成的小凹槽。残长8.5、宽5.3、最大体厚1.2厘米（图一八六，9）。

标本Ⅰ区T1103③：7，浅褐色粉砂岩。磨制，整体较为细长，平面近似直角三角形，平背，背脊略鼓，尾端残损，镰体残存一对穿圆孔。单面弧刃，刃部与镰体相接处较陡直，刃线较明显，刃部前锋较圆钝，刃部由于使用而形成小崩豁。残长10.6、宽4.7、最大体厚1.1厘米（图一八七，2）。

标本Ⅰ区T1113③：1，浅灰粉色粉砂岩。磨制，整体较为宽短，平面近似直角三角形，平背，背脊圆鼓，尾端斜直，距尾端约1/2处对穿一圆孔。单面弧刃，刃部与镰体相接处较圆滑，刃线不明显，刃部前端急挑与背部相连，前锋较圆钝，刃部有使用过程中形成的小凹槽。长10.6、宽4.7、最大体厚0.8厘米（图一八七，4；彩版三五，5）。

标本Ⅰ区T1202③：1，青灰色粉砂岩。磨制，整体较为宽短，平面近似直角三角形，平背，背脊斜平，尾端斜直，距尾端约1/3处对穿一圆孔。单面弧刃，刃部与镰体相接处较圆滑，刃线不明显，刃部前锋现已残损，刃部有使用过程中形成的小崩豁。残长15.6、宽6.1、最大体厚1.4厘米（图一八七，5；彩版三五，6）。

标本Ⅰ区T1203③：2，青灰色粉砂岩。磨制，残断，仅存刃部，整体较为宽短，平面近似直角三角形，平背，背脊略鼓，残存一对穿圆孔。单面弧刃局部残损，刃部与镰体相接处较陡直，刃线较明显，刃部前端急挑与背部相连，前锋较圆钝，刃部有使用过程中形成的小崩豁。残长8.1、宽5.6、最大体厚1.2厘米（图一八七，6）。

标本Ⅰ区T1206③：2，米黄色粉砂岩。磨制，残断，仅存镰体中部，整体较为宽短，平背，背脊较平，残存一对穿圆孔。单面弧刃仅存中部，刃部与镰体相接处较陡直，刃线较明显，刃部有使用过程中形成的小崩豁。残长4.4、宽5.0、最大体厚1.0厘米（图一八七，7）。

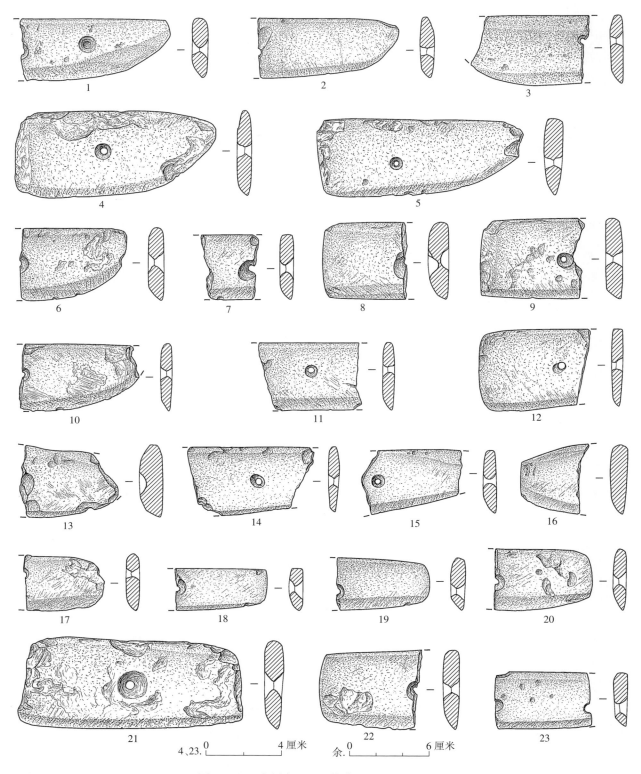

图一八七　大刘台山遗址第③层出土磨制石器

1~14. 镰（Ⅰ区 T1008③:5、Ⅰ区 T1103③:7、Ⅱ区 T1③:1、Ⅰ区 T1113③:1、Ⅰ区 T1202③:1、Ⅰ区 T1203③:2、Ⅰ区 T1206③:2、Ⅰ区 T1308③:1、Ⅰ区 T1312③:1、Ⅰ区 T1316③:3、Ⅰ区 T1407③:9、Ⅰ区 T1414③:1、Ⅰ区 T1414③:4、Ⅰ区 T1503③:6） 15~23. 刀（Ⅰ区 T0602③:1、Ⅰ区 T0902③:3、Ⅰ区 T0602③:2、Ⅰ区 T1006③:1、Ⅰ区 T1006③:2、Ⅰ区 T1015③:2、Ⅰ区 T1015③:3、Ⅰ区 T1017③:1、Ⅰ区 T1103③:6）

标本Ⅰ区T1308③:1，浅灰色粗砂岩，器表烟炱痕迹明显。磨制，现已残断，仅存尾端，整体较为宽短，体厚，平背，背脊略鼓，尾端较直，镰体残存一对穿圆孔。单面弧刃，刃部与镰体相接处较圆滑，刃线不明显。残长6.4、宽5.9、最大体厚1.5厘米（图一八七，8）。

标本Ⅰ区T1312③:1，浅灰色粉砂岩。磨制，现已残断，仅存尾端，整体较为宽短，体厚，平背，背脊略鼓，尾端较直，镰体残存一对穿圆孔。单面弧刃，刃部与镰体相接处较陡直，刃线较明显，刃部有使用过程中形成的小崩豁。残长7.8、宽6.2、最大体厚1.3厘米（图一八七，9）。

标本Ⅰ区T1316③:3，粉褐色粉砂岩。磨制，残断，仅存刃部，整体较为宽短，平面近似直角三角形，平背，背脊圆鼓，残存一对穿圆孔。单面弧刃局部残损，刃部与镰体相接处较陡直，刃线较明显，刃部有使用过程中形成的小崩豁。残长9.1、宽5.2、最大体厚0.8厘米（图一八七，10）。

标本Ⅰ区T1407③:9，灰白色粉砂岩。磨制，残断，仅存镰体中部，整体较为宽短，平背，背脊略平，残存一对穿圆孔。单面弧刃仅存中部，刃部与镰体相接处较陡直，刃线较明显，刃部有使用过程中形成的小崩豁。残长7.8、宽5.2、最大体厚0.9厘米（图一八七，11）。

标本Ⅰ区T1414③:1，浅米黄色粉砂岩。磨制，现已残断，仅存尾端，整体较为宽短，平背，背脊极平，尾端略外弧，镰体残存一对穿圆孔。单面弧刃，刃口内凹，刃部与镰体相接处较圆滑，刃线不明显，刃部有使用过程中形成的小凹槽。残长8.4、宽6.3、最大体厚0.8厘米（图一八七，12）。

标本Ⅰ区T1414③:4，青灰色粉砂岩。磨制，残断，仅存刃部，整体较为宽短，体厚，背部内凹，背脊较平，残存一未穿透圆孔，单面弧刃，刃部与镰体相接处较陡直，刃线较明显，刃部有使用过程中形成的小崩豁。残长7.4、宽5.6、最大体厚1.7厘米（图一八七，13）。

标本Ⅰ区T1503③:6，灰黑色粉砂岩。整体磨制地较为细长。平面近似不规则的圆角长方形，平背，背脊略平，尾端向内斜收，镰体中部对穿一圆孔。单面弧刃，刃口内凹，刃部与镰体相接处较陡直，刃线较明显，刃部由于使用而形成连续的小崩豁。残长9.5、宽5.2、最大体厚0.8厘米（图一八七，14）。

标本Ⅱ区T1③:1，青黑色粉砂岩。磨制，残断，仅存刃部，整体较为宽短，平面近似直角三角形，平背，背脊略平，近背处对穿一圆孔，此外在镰体背面近穿孔处还发现有一圆形未穿透孔。单面弧刃局部残损，刃部与镰体相接处较陡直，刃线较明显。残长8.9、宽5.4、最大体厚0.9厘米（图一八七，3）。

刀　39件。

标本Ⅰ区T0602③:1，灰黑色辉长岩。磨制得较为光滑，整体呈长条状，首、尾两端现已残断，仅存刀体中段，直背，背脊较平，右上角近背脊处磨制成三角状斜坡，刀面现存一对穿圆孔。单面弧刃，刃部与刀体相接处较陡直，刃线较明显，刃部由于使用而形成连续的小崩豁。残长7.6、宽5.0、最大体厚1.0厘米（图一八七，15）。

标本Ⅰ区T0602③:2，灰黑色辉长岩。由石铲柄部改制而成，磨制得较为光滑，整体呈长条状，现已残断，首、尾两端较为圆弧，直背，背脊较圆鼓，刀面现存一对穿圆孔。单面弧刃，刃部与刀体相接处较陡直，刃线较明显，刃部由于使用而形成连续的小崩豁。残长6.1、宽4.4、最大体厚1.0厘米（图一八七，17）。

标本Ⅰ区T0902③：3，浅灰褐色粉砂岩。磨制得较为光滑，整体呈长条状，现已残断，首、尾两端较为陡直，弧背，背脊较圆鼓。单面弧刃，刃部与刀体相接处较圆润，刃线不明显，刃部由于使用而形成连续的小崩豁。残长5.1、宽5.4、最大体厚1.3厘米（图一八七，16）。

标本Ⅰ区T1006③：1，黄褐色粉砂岩。磨制得较为光滑，整体呈长条状，现已残断，首、尾两端较陡直，直背，背脊较平，刀面现存一对穿圆孔。单面弧刃，刃部与刀体相接处较圆润，刃线不明显，刃部由于使用而形成连续的小崩豁。残长6.9、宽3.2、最大体厚1.0厘米（图一八七，18）。

标本Ⅰ区T1006③：2，浅黄褐色粉砂岩。磨制得较为光滑，整体呈长条状，现已残断，首、尾两端较为圆弧，直背，背脊较圆鼓，刀面现存一对穿圆孔，单面弧刃，刃部与刀体相接处较陡直，刃线较明显，刃部由于使用而形成连续的小崩豁。残长7.0、宽4.0、最大体厚1.1厘米（图一八七，19）。

标本Ⅰ区T1015③：2，浅灰色粗砂岩。磨制得较为光滑，整体呈长条状，现已残断，首、尾两端较为圆弧，直背，背脊较圆鼓，刀面现存一对穿圆孔。单面弧刃，刃部与刀体相接处较圆润，刃线不明显，刃部由于使用而形成连续的小崩豁。残长7.2、宽4.6、最大体厚1.0厘米（图一八七，20）。

标本Ⅰ区T1015③：3，浅灰褐色粉砂岩。由片状石坯磨制而成，首、尾两端保留有打制形成的连续片疤，表面经过简单磨制局部保留有石坯的自然面。整体呈长条状，首、尾两端斜直，直背不甚规整，背脊较圆鼓，刀面近中部对穿一圆孔。单面弧刃，刃部与刀体相接处较陡直，刃线较明显，刃部由于使用而形成连续的小崩豁。长17.0、宽7.1、最大体厚1.4厘米（图一八七，21）。

标本Ⅰ区T1017③：1，浅黄紫色粉砂岩。磨制得较为光滑，整体呈长条状，现已残断，首、尾两端较为圆弧，直背，背脊较圆鼓，刀面现存一对穿圆孔。单面弧刃，刃部与刀体相接处较圆润，刃线不明显，刃部由于使用而形成连续的小崩豁。残长7.8、宽6.0、最大体厚1.2厘米（图一八七，22）。

标本Ⅰ区T1103③：6，灰褐色粉砂岩。由残石器改制而成，磨制得较为光滑，整体呈长条状，首、尾两端较陡直，直背，背脊略圆鼓，刀面中部对穿一圆孔。单面弧刃，刃部与刀体相接处较陡直，刃线较明显，刃部由于长久使用而内凹及形成连续的小崩豁。残长5.1、宽3.0、最大体厚0.7厘米（图一八七，23）。

标本Ⅰ区T1106③：2，灰绿色辉长岩。整体磨制得较为光滑。现已残损，平面原应近似梭状，锋部较为圆钝，弧刃，中脊发达，横截面呈三角形。残长5.3、残宽2.7、最大体厚1.0厘米（图一八八，1）。

标本Ⅰ区T1106③：3，浅黄褐色粉砂岩。磨制得较为光滑，整体呈长条状，现已残断，首、尾两端较为圆弧，直背，背脊较平，刀面现存一对穿圆孔，单面弧刃，刃部与刀体相接处较圆润，刃线不明显，刃部由于使用而形成连续的小崩豁。残长7.7、宽5.0、最大体厚1.0厘米（图一八八，2）。

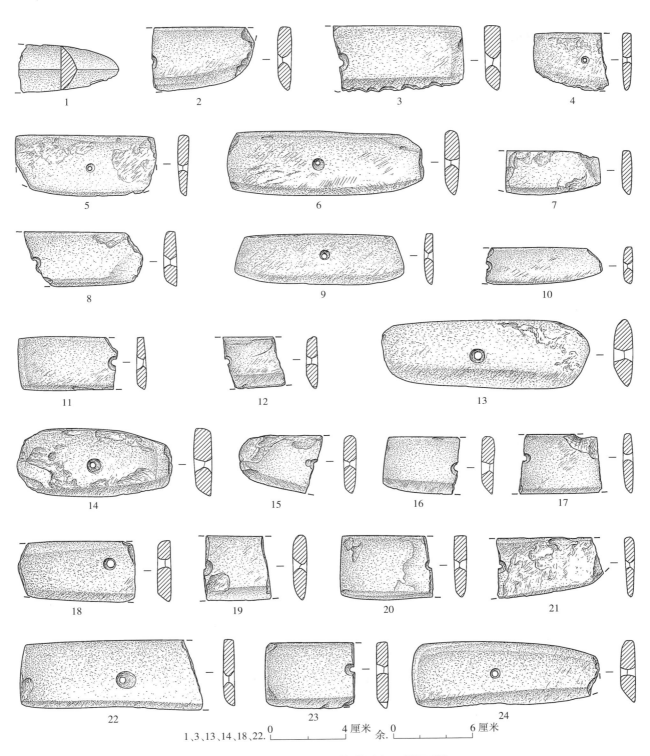

图一八八 大刘台山遗址第③层出土磨制石器

1~24. 刀（Ⅰ区T1106③:2、Ⅰ区T1106③:3、Ⅰ区T1118③:2、Ⅰ区T1206③:3、Ⅰ区T1204③:2、Ⅰ区T1208③:2、Ⅰ区T1211③: 1、Ⅰ区T1208③:7、Ⅰ区T1214③:2、Ⅰ区T1216③:3、Ⅰ区T1218③:7、Ⅰ区T1307③:2、Ⅰ区T1308③:3、Ⅰ区T1308③:4、Ⅰ区 T1309③:1、Ⅰ区T1311③:1、Ⅰ区T1312③:3、Ⅰ区T1414③:2、Ⅰ区T1603③:1、Ⅰ区T1603③:2、Ⅰ区T1804③:2、Ⅲ区TG3③: 4、Ⅲ区TG3③:5、Ⅲ区TG3③:6）

标本 I 区 T1118③：2，米黄色粉砂岩。磨制地较为光滑，现已残断，整体呈长条状，首、尾两端较斜直，直背，背脊较平，刀面存留与一对穿圆孔，单面弧刃，刃部与刀体相接处较陡直，刀线较明显，刃部由于长久使用而呈波浪锯齿状。残长6.8、宽3.6、最大体厚0.8厘米（图一八八，3）。

标本 I 区 T1204③：2，浅紫红色粉砂岩。磨制地较为光滑，整体呈长条状，首、尾两端较陡直，直背，背脊较平，刀面近中部对穿一圆孔，单面弧刃，刃部与刀体相接处较陡直，刀线较明显，刃部由于使用而形成连续的小崩豁。长10.6、宽4.7、最大体厚0.8厘米（图一八八，5）。

标本 I 区 T1206③：3，浅灰褐色粗砂岩。磨制地较为光滑，整体呈长条状，现已残断，首、尾两端较陡直，直背，背脊较平，刀面现存一对穿圆孔，双面弧刃，刃部与刀体相接处较圆润，刀线不明显，刃部由于使用而形成连续的小崩豁。残长5.6、宽4.5、最大体厚0.7厘米（图一八八，4）。

标本 I 区 T1208③：2，灰黑色辉长岩。磨制地较为光滑，整体呈长条状，首、尾两端较为圆弧，直背，背脊较圆鼓，刀面近中部对穿一圆孔，单面弧刃，刃部与刀体相接处较陡直，刀线较明显，刃部由于使用而形成连续的小崩豁。长14.9、宽5.0、最大体厚1.0厘米（图一八八，6）。

标本 I 区 T1208③：7，浅黄褐色粉砂岩。磨制地较为光滑，整体呈长条状，现已残断，首、尾两端较为圆弧，直背，背脊较平，刀面现存一对穿圆孔，单面直刃，刃部与刀体相接处较陡直，刀线较明显，刃部由于使用而形成连续的小崩豁。残长8.8、宽4.2、最大体厚0.9厘米（图一八八，8）。

标本 I 区 T1211③：1，浅灰褐色粉砂岩，夹杂有大量的白色絮状结晶。磨制地较为光滑，整体呈长条状，现已残断，首、尾两端向外斜直，弧背，背脊较平，单面弧刃，刃部与刀体相接处较陡直，刀线较明显，刃部由于使用而形成连续的小崩豁。残长7.1、宽3.3、最大体厚0.7厘米（图一八八，7）。

标本 I 区 T1214③：2，灰绿色粗砂岩。磨制地较为光滑，整体呈长条状，首、尾两端向外斜直，直背，背脊较平，刀面近中部对穿一圆孔，单面弧刃，刃部与刀体相接处较圆润，刀线不明显，刃部由于使用而形成连续的小崩豁。长12.8、宽4.0、最大体厚0.7厘米（图一八八，9；彩版三六，3）。

标本 I 区 T1216③：3，浅紫褐色粉砂岩。磨制地较为光滑，整体呈长条状，较为细长，现已残断，首、尾两端较为圆弧，直背，背脊较平，刀面现存一对穿圆孔，单面弧刃，刃部与刀体相接处较陡直，刀线较明显，刃部由于使用而形成连续的小崩豁。残长8.7、宽2.8、最大体厚0.7厘米（图一八八，10）。

标本 I 区 T1218③：7，浅灰褐色粉砂岩。磨制地较为光滑，现已残断，整体呈长条状，首、尾两端较陡直，直背，背脊较平，刀面现存一对穿圆孔，单面弧刃，刃部与刀体相接处较陡直，刀线较明显，刃部由于使用而形成连续的小崩豁。残长7.5、宽4.0、最大体厚0.7厘米（图一八八，11）。

标本 I 区 T1307③：2，黛青色粉砂岩。磨制地较为光滑，整体呈长条状，首、尾两端现已残断，仅存刀体中段，直背，背脊斜直，刀面现存一对穿圆孔，单面直刃，刃部与刀体相接处较陡直，刃线较明显，刃部由于使用而形成连续的小崩豁。残长4.5、宽4.0、最大体厚0.8厘米（图一八八，12）。

标本Ⅰ区T1308③：3，浅灰色粉砂岩。磨制地较为光滑，整体呈长条状，首、尾两端向内斜收，略显弧背，背脊圆润，刀面近中部对穿一圆孔，单面弧刃，刃部与刀体相接处较陡直，刃线明显，刃部由于使用而形成连续的小崩豁。长11.1、宽3.7、最大体厚1.0厘米（图一八八，13）。

标本Ⅰ区T1308③：4，灰褐色泥岩。正面磨制地较为光滑，背面仍保留有红褐色石皮，整体呈长条状，首、尾两端向内圆弧，弧背，背脊斜直，刀面近中部对穿一圆孔，单面弧刃，刃部与刀体相接处较陡直，刃线明显，刃部由于使用而形成连续的小崩豁。长8.2、宽3.7、最大体厚1.0厘米（图一八八，14）。

标本Ⅰ区T1309③：1，灰黑色粉砂岩。磨制地较为光滑，整体呈长条状，现已残断，首、尾两端较为圆弧，直背，背脊较圆鼓，刀面现存一对穿圆孔，圆孔左侧存留有一未透圆窝，单面弧刃，刃部与刀体相接处较圆润，刃线不明显，刃部由于使用而形成连续的小崩豁。残长6.3、宽4.6、最大体厚0.9厘米（图一八八，15）。

标本Ⅰ区T1311③：1，浅灰褐色凝灰岩。磨制地较为光滑，整体呈长条状，现已残断，首、尾两端较陡直，直背，背脊较平，刀面现存一对穿圆孔，单面弧刃，刃部与刀体相接处较陡直，刃线较明显，刃部由于使用而形成连续的小崩豁。残长5.8、宽4.5、最大体厚1.0厘米（图一八八，16）。

标本Ⅰ区T1312③：3，浅棕褐色粉砂岩。磨制地较为光滑，整体呈长条状，首、尾两端现已残断，仅存刀体中段，直背，背脊斜直，刀面现存一对穿圆孔，单面直刃，刃部与刀体相接处较陡直，刃线较明显，刃部由于使用而形成连续的小崩豁。残长6.2、宽4.6、最大体厚0.7厘米（图一八八，17）。

标本Ⅰ区T1317③：3，浅米黄色粗砂岩。磨制地较为光滑，整体呈长条状，首、尾两端略向下斜直，直背，背脊较平，刀面近2/5处对穿一圆孔，单面弧刃，刃部与刀体相接处较陡直，刃线明显，刃部由于长久使用而形成小崩豁及内凹。长11.6、宽4.6、最大体厚0.9厘米（图一八九，1；彩版三六，6）。

标本Ⅰ区T1406③：4，灰黑色辉长岩。磨制地较为光滑，整体呈长条状，首、尾两端向内斜收，直背，背脊较平，刀面近2/5处对穿一圆孔，单面弧刃，刃部与刀体相接处较陡直，刃线明显，刃部由于使用而形成连续的小崩豁。长11.4、宽5.4、最大体厚1.1厘米（图一八九，2）。

标本Ⅰ区T1406③：5，灰黑色粉砂岩。由石铲柄部改制而成，磨制地较为光滑，整体呈长条状，首、尾两端较斜直，直背略鼓，背脊斜直，刀面中部对穿一圆孔，单面弧刃，刃部与刀体相接处较陡直，刃线较明显，刃部由于长久使用而内凹及形成连续的小崩豁。长10.6、宽5.6、最大体厚0.9厘米（图一八九，3；彩版三六，4）。

标本Ⅰ区T1406③：6，灰黑色辉长岩。磨制地较为光滑，整体呈长条状，首、尾两端较为圆弧，直背略内凹，背脊较圆鼓，刀面近中部对穿一圆孔，单面弧刃，刃部与刀体相接处较圆润，刃线不明显，刃部由于使用而形成连续的小崩豁。长14.9、宽5.0、最大体厚1.0厘米（图一八九，5）。

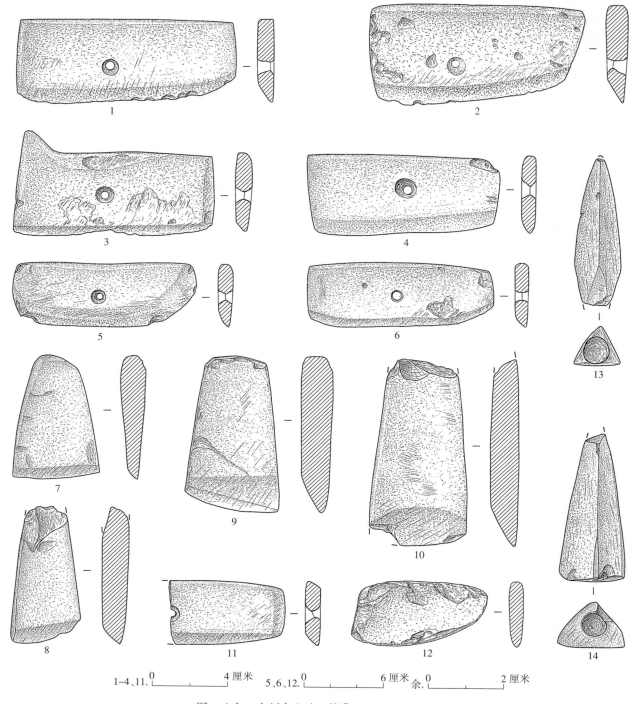

1~4、11. 0 ⌊_____⌋ 4厘米　5、6、12. 0 ⌊_____⌋ 6厘米　余. 0 ⌊_____⌋ 2厘米

图一八九　大刘台山遗址第③层出土磨制石器

1~6. 刀（Ⅰ区T1317③：3、Ⅰ区T1406③：4、Ⅰ区T1406③：5、Ⅰ区T1406③：7、Ⅰ区T1406③：6、Ⅰ区T1412③：2）　7~10. 锛（Ⅰ区T1208③：8、Ⅰ区T1217③：7、Ⅰ区T1417③：2、Ⅰ区T1218③：1）　11. 端刃器（Ⅰ区T1103③：14）　12. 刮削器（Ⅰ区T1218③：2）　13、14. 镞（Ⅰ区T1215③：1、Ⅰ区T1306③：1）

　　标本Ⅰ区T1406③：7，浅灰褐色粉砂岩。磨制得较为光滑，整体呈长条状，首、尾两端向内斜收，直背，背脊略平，刀面中部对穿一圆孔，单面弧刃，刃部与刀体相接处较圆润，刀线不明显，刃部由于长久使用而内凹。长10.2、宽4.4、最大体厚0.7厘米（图一八九，4）。

　　标本Ⅰ区T1412③：2，浅紫灰色闪长岩。磨制地较为光滑，整体呈长条状，首、尾一端较陡直、一端向外斜直，弧背，背脊圆润，刀面近中部对穿一圆孔，穿孔左上角存留有一未穿透圆窝，单面弧刃，刃部与刀体相接处较陡直，刃线明显，刃部由于使用而形成连续的小崩豁。长14.1、宽5.0、最大体厚1.0厘米（图一八九，6；彩版三六，5）。

标本Ⅰ区T1414③：2，米黄色粉砂岩。磨制地较为光滑，整体呈长条状，首、尾两端现已残断，仅存刀体中段，直背，背脊略鼓，刀面现存一对穿圆孔，单面弧刃，刃部与刀体相接处较陡直，刃线较明显，刃部由于使用而形成连续的小崩豁。残长6.2、宽3.2、最大体厚0.7厘米（图一八八，18）。

标本Ⅰ区T1603③：1，灰白色粗砂岩。磨制地较为光滑，整体呈长条状，首、尾两端现已残断，仅存刀体中段，直背，背脊斜圆鼓，刀面现存一对穿圆孔，单面直刃，刃部与刀体相接处较圆润，刃线不明显，刃部由于使用而形成连续的小崩豁。残长5.0、宽4.9、最大体厚1.0厘米（图一八八，19）。

标本Ⅰ区T1603③：2，棕褐色粉砂岩。磨制地较为光滑，现已残断，整体呈长条状，首、尾两端较陡直，直背，背脊较平，刀面现存一对穿圆孔，单面弧刃，刃部与刀体相接处较陡直，刃线较明显，刃部由于长久使用而内凹。残长6.9、宽4.9、最大体厚0.9厘米（图一八八，20）。

标本Ⅰ区T1804③：2，灰黑色流纹岩。磨制地较为光滑，整体呈长条状，现已残断，首、尾两端较为圆弧，直背，背脊较圆鼓，刀面现存一对穿圆孔，单面弧刃，刃部与刀体相接处较陡直，刃线较明显，刃部由于使用而形成连续的小崩豁。残长8.0、宽4.6、最大体厚0.7厘米（图一八八，21）。

标本Ⅲ区TG3③：4，黄褐色粉砂岩。磨制地较为光滑，现已残断，整体呈长条状，首、尾两端较斜直，直背，背脊较平，刀面存留有一对穿圆孔，单面弧刃，刃部与刀体相接处较陡直，刃线较明显，刃部由于长久使用而内凹。残长9.7、宽3.8、最大体厚0.6厘米（图一八八，22）。

标本Ⅲ区TG3③：5，浅灰褐色粉砂岩。磨制地较为光滑，现已残断，整体呈长条状，首、尾两端较陡直，直背，背脊较平，刀面现存一对穿圆孔，单面弧刃，刃部与刀体相接处较陡直，刃线较明显，刃部由于使用而形成连续的小崩豁。残长6.7、宽5.0、最大体厚0.8厘米（图一八八，23）。

标本Ⅲ区TG3③：6，浅紫灰色闪长岩。磨制地较为光滑，整体呈长条状，首、尾两端向外凸鼓，弧背，背脊略圆润，刀面近背部磨成斜坡状，刀面近2/5处对穿一圆孔。单面弧刃，刃部与刀体相接处较陡直，刃线明显，刃部由于长久使用而形成小崩豁及内凹。残长14.1、宽5.1、最大体厚1.1厘米（图一八八，24）。

锛　4件。

标本Ⅰ区T1208③：8，土黄色燧石。通体磨制地较为光滑。器体较小，平面近似梯形，正面及背面均较平，横截面近似直角长方形，斜顶，体侧斜直，刃部明显宽于顶部。单面弧刃，刃部与锛体相接处较斜直，刃线较明显，刃部有使用过程中形成的小崩口。长3.4、刃宽2.3、最大体厚0.6厘米（图一八九，7；彩版三七，5）。

标本Ⅰ区T1217③：7，青灰色流纹岩。通体磨制地较为光滑。器体较小，平面近似梯形，正面及背面均较平，横截面呈直角长方形，顶部残损，体侧斜直，刃部明显宽于顶部，单面斜刃，刃部与锛体相接处较斜直，刃线较明显，刃部有使用过程中形成的小崩口。残长3.7、刃宽1.8、最大体厚0.7厘米（图一八九，8）。

标本Ⅰ区T1218③:1，灰黑色片麻岩，夹杂大量的白色絮状变晶结构。通体磨制地较为光滑。器体较小，平面近似梯形，正面微鼓，背面较平，横截面近似直角长方形，顶部残损，体侧斜直，刃部明显宽于顶部，单面弧刃，刃部与锛体相接处较斜直，刃线较明显，刃部有使用过程中形成的小崩口。残长5.1、刃宽2.5、最大体厚0.7厘米（图一八九，10；彩版三七，6）。

标本Ⅰ区T1417③:2，青灰色页岩。通体磨制地较为光滑，表面风化严重。器体较小，平面近似梯形，正面及背面均较平，横截面呈直角长方形，微弧顶，体侧斜直，刃部明显宽于顶部，单面斜刃，刃部与锛体相接处较斜直，刃线较明显。长4.3、刃宽2.5、最大体厚0.8厘米（图一八九，9）。

端刃器　1件。

标本Ⅰ区T1103③:14，黄褐色粉砂岩。磨制地较为光滑，整体呈长条状，现已残断，弧边，表面现存一对穿圆孔，周壁均磨制成斜坡状刃边，较为锋利，且刃部与器体相接处较陡直，刃线较明显。残长6.1、宽3.5、最大体厚0.8厘米（图一八九，11）。

刮削器　1件。

标本Ⅰ区T1218③:2，浅灰褐色斑状流纹岩，夹杂有少量的白色斑晶。周壁保留有较为细密的打制加工形成的片疤，表面磨制地较为光滑。整体近似刀形，微弧背，尾端向外斜直，弧刃，刃部极窄，尖锋较圆钝。长10.2、宽5.1、最大体厚1.1厘米（图一八九，12）。

镞　2件。

标本Ⅰ区T1215③:1，米白色泥岩。整体磨制地较为光滑。现已残损，镞叶呈四棱锥状，尖锋微残，斜刃，中脊发达，横截面呈三角形；无下关，圆柱状铤现已残断。残长4.0、刃宽1.2、最大体厚1.1厘米（图一八九，13；彩版三九，1）。

标本Ⅰ区T1306③:1，石青色泥岩。整体磨制地较为光滑。整体呈四棱锥状，尖锋，斜刃，中脊发达，横截面呈三角形，底部掏挖一圆形孔用于插入镞杆。残长4.0、刃宽1.7、最大体厚1.7厘米（图一八九，14；彩版三九，2）。

研磨器　3件。

标本Ⅰ区T1008③:3，灰黑色片麻岩。通体琢制，表面布满小麻坑，一侧壁抛光，研磨面后经磨制。由石斧改制而成，平面近似圆角长方形，研磨面略宽于顶端，横截面近似圆角长方形，近平顶，侧边斜直，研磨面由于长久使用现已破损。长12.6、宽6.2、最大体厚4.1厘米（图一九〇，1）。

标本Ⅰ区T1306③:3，灰绿色细晶花岗岩。通体磨制地较为光滑，研磨面抛光。由石凿改制而成，整体近似圆柱状，研磨面明显宽于顶端，横截面近似不规则的圆形，斜顶，侧边斜直，研磨面较为平整。长4.5、宽3.1、最大体厚3.1厘米（图一九〇，2）。

标本Ⅰ区T1407③:6，灰黑色片麻岩。通体琢制，表面布满小麻坑，研磨面存留有磨制过程中形成的细小的凹窝。由石斧改制而成，平面近似梯形，研磨面明显宽于顶端，横截面近似圆角长方形，弧顶，侧边斜直，研磨面外鼓明显。长10.8、宽5.5、最大体厚4.2厘米（图一九〇，3）。

锤　2件。

标本Ⅲ区TG1③:2，米黄色粗砂岩。通体磨制，整体近似圆柱状，顶部略有残损，锤头平面呈圆形，略外鼓。锤头直径8.0～8.5、通高14.3厘米（图一九〇，4；彩版三八，3）。

标本采集:1，烟灰色流纹岩。由圆锥状石坯加工而成，整体较为粗糙，锤头磨制，锤体未见人工痕迹仍保留有完整的石皮。整体近似圆锥状，弧顶，锤头平面呈不规则的圆角长方形，外鼓明显。锤头长5.8、宽3.8、通高10.1厘米（图一九〇，7；彩版三八，4）。

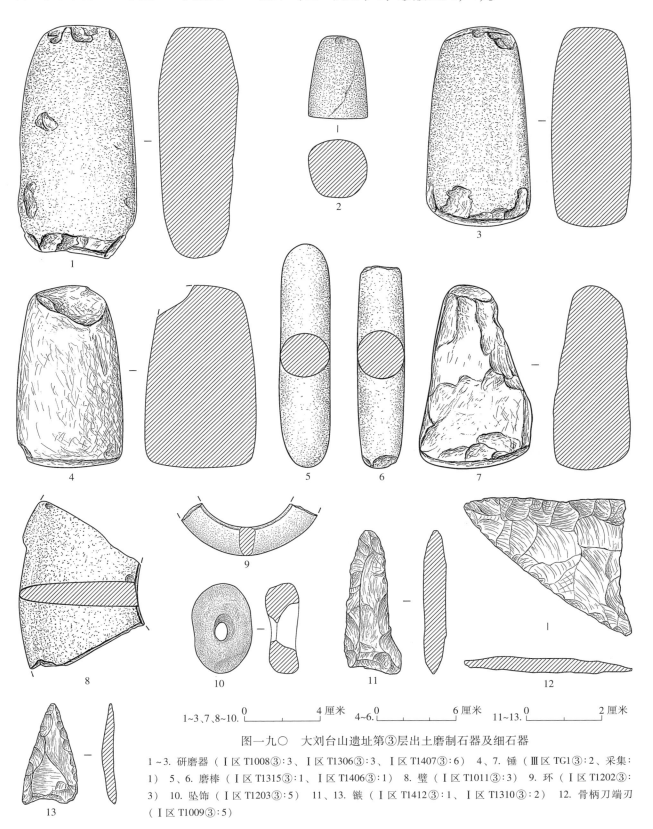

图一九〇 大刘台山遗址第③层出土磨制石器及细石器

1~3. 研磨器（Ⅰ区T1008③：3、Ⅰ区T1306③：3、Ⅰ区T1407③：6） 4、7. 锤（Ⅲ区TG1③：2、采集：1） 5、6. 磨棒（Ⅰ区T1315③：1、Ⅰ区T1406③：1） 8. 璧（Ⅰ区T1011③：3） 9. 环（Ⅰ区T1202③：3） 10. 坠饰（Ⅰ区T1203③：5） 11、13. 镞（Ⅰ区T1412③：1、Ⅰ区T1310③：2） 12. 骨柄刀端刃（Ⅰ区T1009③：5）

磨棒　2 件。

标本Ⅰ区 T1315③：1，灰褐色粉砂岩，表面烟炱痕迹明显。通体磨制地较为光滑。整体呈圆棒状，较为狭长，横截面呈圆形，首、尾两端均较为圆润。长 17.5、最大体径 3.8 厘米（图一九〇，5；彩版三八，5）。

标本Ⅰ区 T1406③：1，灰黑色辉长岩。通体琢制，表面密布小窝坑。整体呈圆棒状，较为狭长，横截面呈圆形，一端近平首，另一端则外弧较为圆润。长 15.9、最大体径 3.6 厘米（图一九〇，6）。

璧　1 件。

标本Ⅰ区 T1011③：3，米白色浮石。通体磨制地较为光滑。残损，整体呈圆环状，周缘出牙，内缘面较直，外缘磨成刃边状，横截面近似水滴状，璧面微鼓。最大外径 15.1、孔径 5.6、肉厚 1.2 厘米（图一九〇，8）。

环　1 件。

标本Ⅰ区 T1202③：3，鸡骨白色蛇纹岩。磨制，通体抛光。残损，环体呈圆形，内缘面略鼓，外缘起棱，肉厚，横截面近似水滴状。环径 8.4、孔径 5.3、肉厚 0.8 厘米（图一九〇，9）。

坠饰　1 件。

标本Ⅰ区 T1203③：5，米白色粉砂岩。由卵石随形磨制而成。平面近似不规则的椭圆形，中部纵向对穿一椭圆形孔。长径 4.8、短径 3.1、孔长径 1.0、孔短径 0.6、最大体厚 1.7 厘米（图一九〇，10）。

3. 细石器

3 件，器形主要有镞、骨柄刀端刃等。

镞　2 件。

标本Ⅰ区 T1310③：2，褚红色燧石。细石器，软锤压制而成，刃部片疤呈鱼鳞状，较为细密。镞叶近似三角形，体薄，尖锋，斜刃，底部呈圆弧状内凹，便于绑插镞杆。长 2.7、刃宽 1.4、最大体厚 0.3 厘米（图一九〇，13；彩版三九，3）。

标本Ⅰ区 T1412③：1，酱褐色燧石。细石器，软锤压制而成，刃部片疤呈鱼鳞状，较为细密。镞叶近似柳叶状，体厚，锋部略显圆润，斜刃，底端斜向出有一翼。长 3.8、宽 1.5、最大体厚 0.6 厘米（图一九〇，11；彩版三九，4）。

骨柄刀端刃　1 件。

标本Ⅰ区 T1009③：5，褚红色燧石。细石器，软锤压制而成，刃部片疤呈鱼鳞状，较为细密。仅存骨柄石刃刀的前锋刃部，整体近似三角形，体薄，尖锋，近平背，斜刃，尾端呈圆弧状内凹，便于装插骨柄。长 4.4、宽 3.7、最大体厚 0.4 厘米（图一九〇，12；彩版三九，5）。

4. 半成品

4 件，器形主要有钺、镰、刀等。

钺　1 件。

标本Ⅰ区 T0802③：2，黑色辉长岩。通体磨制地较为光滑。半成品，整体较为窄扁，平面近似长方形，正面及背面略鼓，体厚，横截面呈极扁圆角长方形，平顶略残，体侧斜直，中部有一未穿透圆孔，刃部略宽于顶部，双面弧刃，刃部与钺体相接处较圆润，刃线极不明显，斜锋，刃部有使用过程中形成的崩疤。长 14.5、刃宽 5.5、最大体厚 1.7 厘米（图一九一，1）。

镰　1 件。

标本 I 区 T1208③：9，灰黑色粗砂岩。半成品，仅完成打制修坯，未经磨制及钻孔。周缘经过复向加工修整，表面仍保留有片状石坯的黄绿色石皮，片疤细碎。整体较为宽短，平面近似直角三角形，平背，尾端斜直，弧刃，刃部前端急挑与背部相连。长 16.9、宽 7.1、最大体厚 1.5 厘米（图一九一，2）。

刀　2 件。

标本 I 区 T1008③：2，青灰色辉长岩。半成品，器体较大，体厚，片状石坯周壁保留有较为细密的打制加工形成的片疤，刀体表面则经过简单地琢制，圆形琢窝较为密集。残断，仅存一半，整体近似半月状，直背不甚规整，弧刃，中部残留有一个未钻透的对穿圆窝。残长 8.4、宽 6.6、最大体厚 1.7 厘米（图一九一，3）。

标本采集：2，米黄色粉砂岩。半成品，器体不大，体厚，片状石坯周壁保留有较为细密的打制加工形成的片疤。现已残断，仅存一半，整体呈长条状，直背不甚规整，首、尾两端较为圆弧，现存留有一个未钻透的对穿圆窝，弧刃。残长 6.9、宽 4.2、最大体厚 1.5 厘米（图一九一，4）。

（三）骨器

数量较少，主要有笄、簪、管等。

笄　1 件。

标本 I 区 T1407③：10，由长肢骨磨制而成，整体呈圆棒状，横截面呈圆形，首端及尖部现已残损。残长 10.6、最大体径 0.6 厘米（图一九一，5）。

簪　1 件。

标本 I 区 T1603③：6，由长骨磨制而成，整体呈扁条状，横截面近似半月状，首、尾两端现已残损。残长 7.5、最大体宽 0.8、最大体厚 0.4 厘米（图一九一，6）。

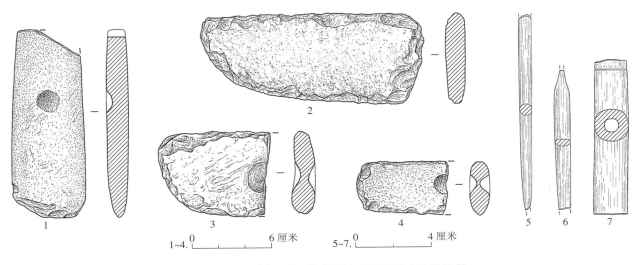

图一九一　大刘台山遗址第③层出土石器半成品及骨器

1. 石钺（ I 区 T0802③：2）　2. 石镰（ I 区 T1208③：9）　3、4. 石刀（ I 区 T1008③：2、采集：2）　5. 骨笄（ I 区 T1407③：10）　6. 骨簪（ I 区 T1603③：6）　7. 骨管（ I 区 T1217③：5）

管　1件。

标本Ⅰ区 T1217③:5，由肢骨磨制而成，整体呈圆筒状，壁厚，一端近口处刻有一周凹弦纹。长 8.5、直径 1.8 厘米（图一九一，7）。

第三节　战国晚期遗存

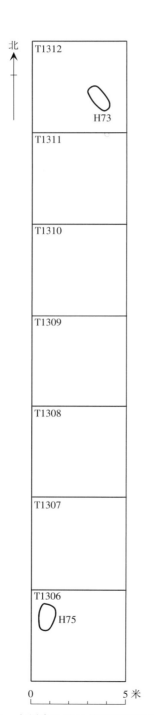

大刘台山遗址已发掘的区域内，有 2 个灰坑出土有属于战国晚期的器物（图一九二）。虽然，在发掘区内我们并未发现有这 2 个灰坑所专属的层位，但这类遗存表明战国晚期这一阶段曾在本遗址客观存在过，其本身就属于本遗址的文化内涵。换言之，大刘台山遗址未发掘的区域内还可能有战国晚期的文化堆积，只是在已发掘的范围内，没有发现其独立的地层堆积而已。

下面对属于战国晚期的 2 个灰坑做详细介绍。

1. H73

（1）形制与规格

位于Ⅰ区 T1312 东南部，开口于第②层下，打破 F8，开口距地表深约 44 厘米。H73 平面呈椭圆形，直壁，平底，坑壁及底部均经过简单平整，较为平滑。H73 口长径 151、口短径 73、深 64 厘米（图一九三）。

坑内堆积以灰褐土为主，夹杂有少量黑灰、炭粒等，土质较疏松。

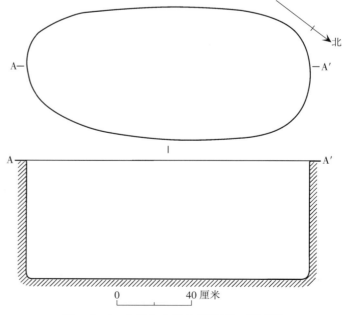

图一九二　大刘台山遗址战国晚期遗迹分布图　　　　　图一九三　大刘台山遗址 H73 平、剖面图

（2）出土遗物

坑内出土有大量的陶片。陶片均为泥质灰陶，器表多施有绳纹，可辨器形有卷沿罐、展沿罐、豆等。出土器物如下。

陶卷沿罐　4件。

标本 H73：1，泥质灰陶，器表抹光。方唇，唇面施有一周凹槽，卷沿，侈口，鼓颈较长，溜肩，鼓腹，腹部最大径位置居中，底部残缺。上腹部及中腹部施有弦断绳纹，下腹部满施细绳纹。口径24.0、最大腹径32.6、残高21.3、壁厚0.6~0.8厘米（图一九四，1）。

标本 H73：3，泥质灰陶。圆唇，微卷沿，敞口，束颈较短，溜肩，鼓腹，底部残缺。腹部施有规整的弦断细绳纹。口径28.0、残高14.8、壁厚0.4~0.8厘米（图一九四，2）。

标本 H73：4，泥质灰陶。仅存口部残片，方唇，唇面施有一周凹槽，卷沿较甚，敞口，束颈较短，溜肩。腹部施有规整的弦断细绳纹。口径28.4、残高6.6、壁厚0.4~0.6厘米（图一九四，3）。

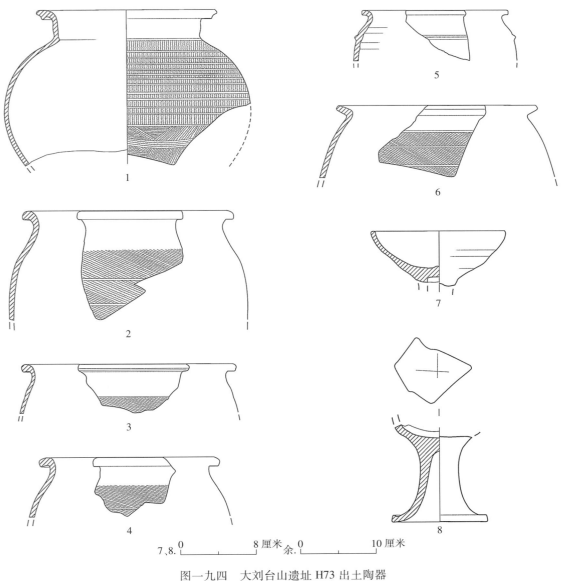

7、8.　0 ⸺⸺⸺⸺ 8厘米　余.　0 ⸺⸺⸺⸺ 10厘米

图一九四　大刘台山遗址 H73 出土陶器

1~4. 卷沿罐（H73：1、3、4、7）　5、6. 展沿罐（H73：5、6）　7、8. 豆（H73：2、8）

标本 H73：7，泥质灰陶，器表抹光。仅存口部残片，方唇，卷沿，敞口，束颈，溜肩。腹部施有规整的弦断细绳纹。口径 24.0、残高 8.0、壁厚 0.6～0.8 厘米（图一九四，4）。

陶展沿罐　2 件。

标本 H73：5，泥质灰陶，器表抹光。仅存口部残片，方唇，略显展沿，敞口，束颈，溜肩。上腹部施有一周凸棱，内壁轮旋痕迹明显。口径 19.4、残高 6.6、壁厚 0.5～0.7 厘米（图一九四，5）。

标本 H73：6，泥质灰陶。仅存口部残片，方唇，大敞口，展沿，束颈，溜肩。腹部施有规整的弦断细绳纹。口径 26.6、残高 10.1、壁厚 0.5～0.6 厘米（图一九四，6）。

陶豆　2 件。

标本 H73：2，泥质灰陶，仅存豆盘。器形不甚规整，圆唇，敞口，弧腹，豆柄中空。素面，器表轮旋痕迹明显。口径 14.2、残高 6.0、壁厚 0.4～0.7 厘米（图一九四，7）。

标本 H73：8，泥质灰褐陶。豆盘残损，矮柄中空；豆座外撇明显，近似喇叭状。素面，豆盘内心刻划"＋"纹。座径 10.0、残高 10.2、壁厚 0.6～0.8 厘米（图一九四，8）。

2. H75

（1）形制与规格

位于 I 区 T1306 西北部，开口于第②层下，打破 F4，开口距地表深约 38 厘米。H75 平面近似椭圆形，斜壁，平底，坑壁及底部均经过简单平整，较为平滑。H75 口长径 143、口短径 91、底长径 124、底短径 56、深 69 厘米。坑内堆积以灰土为主，夹杂有少量黑灰、炭粒等，土质较疏松（图一九五）。

坑内堆积以灰褐土为主，夹杂有大量的黄土颗粒等，土质较疏松。

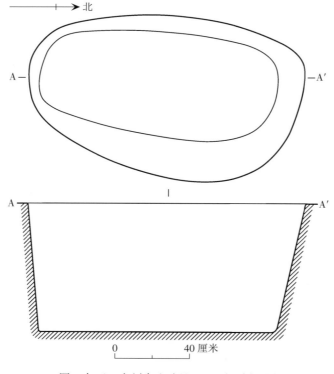

图一九五　大刘台山遗址 H75 平、剖面图

（2）出土遗物

坑内包含物多为陶片。陶片以泥质灰陶为主，另有少量的夹砂红陶，器表多施有绳纹，可辨器形有釜、卷沿罐、豆等。此外，该灰坑内还出土有一枚布币。

陶釜　1件。

标本H75:2，夹粗砂红陶，羼有大量的粗砂粒。尖圆唇，敞口，口沿外翻上折，上腹壁略鼓，底部残缺。口沿内壁施有一周凹弦纹，上腹部施有多周瓦棱纹。口径34.7、残高13.4、壁厚0.8~1.0厘米（图一九六，3）。

陶卷沿罐　2件。

标本H75:1，泥质灰陶，器表抹光。仅存口沿部分，方唇，唇面施有一周凹槽，侈口，卷沿，斜颈内收，溜肩。上腹部施有规整的弦断细绳纹。口径22.1、残高9.8、壁厚0.6~0.7厘米（图一九六，1）。

标本H75:3，泥质灰陶。仅存口沿部分，方唇，唇面施有一周凹槽，直口，卷沿，斜颈外撇，溜肩。上腹部施有较为规整的细绳纹。口径20.9、残高7.0、壁厚0.5~0.6厘米（图一九六，2）。

陶豆　1件。

标本H75:4，泥质灰陶。豆盘较深，圆唇，敞口，折腹，矮柄中空；豆座外撇明显，近似喇叭状。素面，器表轮旋痕迹明显，豆盘内心刻划"＋"纹。盘径14.4、座径9.8、高13.4、壁厚0.3~0.8厘米（图一九六，4）。

布币　1枚。

标本H75:5，面有周郭，背平夷。平首，耸肩，束腰，方足。布文"恭昌"。通长4.37、足宽1.01~1.03、肉厚0.11厘米；重4.92克（图一九六，5）。

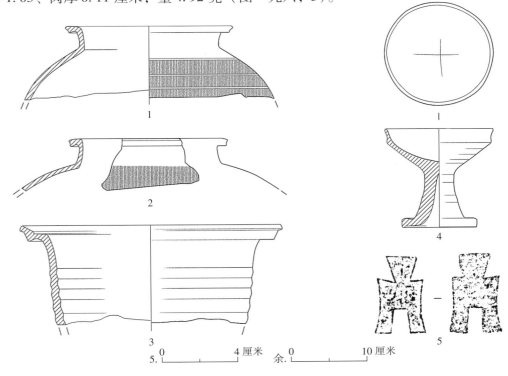

图一九六　大刘台山遗址 H75 出土器物

1、2. 陶卷沿罐（H75:1、3）　3. 陶釜（H75:2）　4. 陶豆（H75:4）　5. 布币（H75:5）

第四节　金代遗存

一　单位遗迹详述

大刘台山遗址金代的遗迹种类主要有房址、石墙、室外灶址、铸造井台及灰坑五类（图一九七）。

（一）房址

大刘台山遗址共清理出 3 座金代房址，编号分别为 F7、F11、F13。

1. F7

（1）形制与规格

位于Ⅰ区 T1111、T1112、T1211、T1212 内，开口于第②层下，打破 J3，开口距地表深 58 厘米。F7 为半地穴式房址，方向 180°，平面近似方形，南北长 3.96～4.60、东西宽 4.66、深 0.29～0.54 米。

F7 由居住面、门道、灶址、烟道及出烟孔五部分组成（图一九八；彩版四〇，1）。

F7 墙壁较为平直；居住面经过简单加工，较为平整，夹杂有少量红烧土。居住面呈阶梯状，西高东低，西部用黑土堆积成平台用于挖置烟道、搭建火炕，高差为 0.32 米。

门道位于南壁的东部，平面呈横长方形，进深 0.07～0.24、面阔 1.04 米。

灶址共发现有 2 个。1 号灶为主灶，位于室内西北角，连接烟道，由石块搭建而成，平面呈圆形，直壁，底部较为平整（彩版四〇，3）。1 号灶直径 0.70、高 0.26 米。1 号灶由添柴口、进烟口及灶坑组成。添柴口位于灶址东壁，条石垒砌，上搭小石板，添柴口宽 0.31、高 0.18 米。进烟口位于灶址南壁，东、西立砌石块，底部平铺小石板，进烟口口宽 0.15 米。1 号灶灶内堆积为黑灰及红烧土，四壁长期火烤痕迹明显，形成较为坚硬的红烧土板结面。

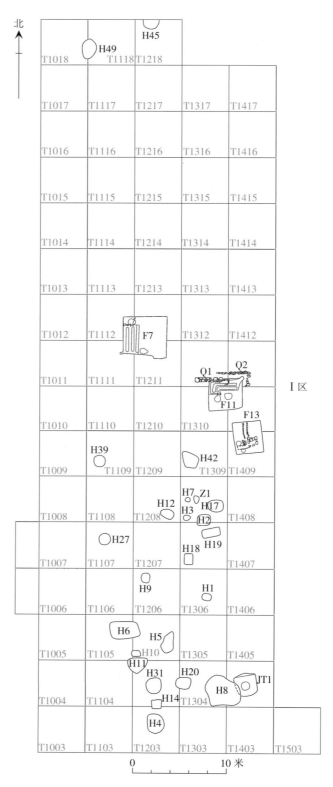

图一九七　大刘台山遗址金代遗迹分布图

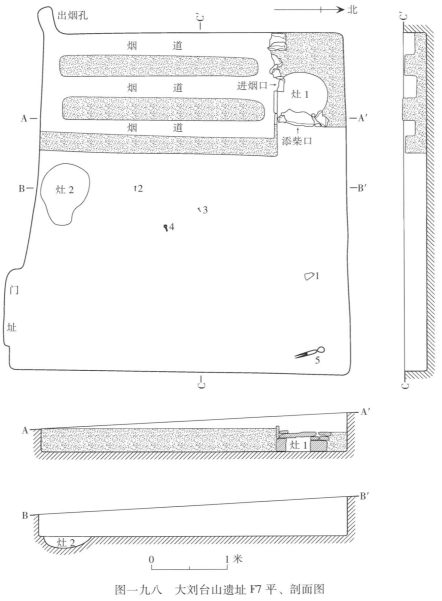

图一九八 大刘台山遗址 F7 平、剖面图
1. 瓷碗 2、3. 铁钉 4. 铁鼻 5. 铁剪

2 号灶靠近南壁中部，为浅坑式灶，平面近似梨形，斜壁、圜底，呈锅底状；其东部灶底为一高于中部呈坡状的缓台，应为入火口所在，可知灶口方向为 90°。2 号灶长径 0.84、短径 0.64、深 0.15 米。2 号灶灶内堆积主要为黑灰，并夹杂有大量红烧土块及炭粒，土质较疏松；灶壁及灶底还没有形成由于长期火烤而形成的红烧土板结面，只是残留有少量红烧土颗粒，因而推测 2 号灶的使用时间不长，应为一处临时性灶址。

烟道共发现有 3 条，位于西部的火炕高台上，连接 1 号灶及出烟孔。每条烟道长约 2.76、宽约 0.20 ~ 0.30、深约 0.10 ~ 0.18 米。烟道系直接在火炕高台上向下掏挖而成，内部淤满经过烟火烧熏的黑灰。

出烟孔位于房址西南角，平面近似圆角长方形，长 0.34、宽 0.20 米。

房内堆积主要为灰土，夹杂有少量的石块及大量的红烧土颗粒、炭粒，土质较为疏松。

（2）出土遗物

房址居住面及填土中出土有大量的建筑构件及生活用品。建筑构件均为板瓦残块，未见可复原者，多为泥质灰陶，凸面为素面，凹面满施布纹，瓦坯分割方式均为内切法。生活用品按质地可分为陶器、瓷器及铁器等。陶器均为泥质灰陶，多为素面，少量器表施有弦纹、凹槽，可辨器形有盆等。瓷器均为白瓷，较为残碎，可辨器形有碗、盘、钵等。铁器数量较少，仅出土有剪、钉、鼻。

陶盆　1件。

标本 F7 填：4，泥质灰陶。仅存口部残片，方唇，宽沿微卷，沿面施有一周凹槽，大敞口，腹壁略弧。素面。口径41.1、残高7.8、壁厚0.6~0.8厘米（图一九九，1）。

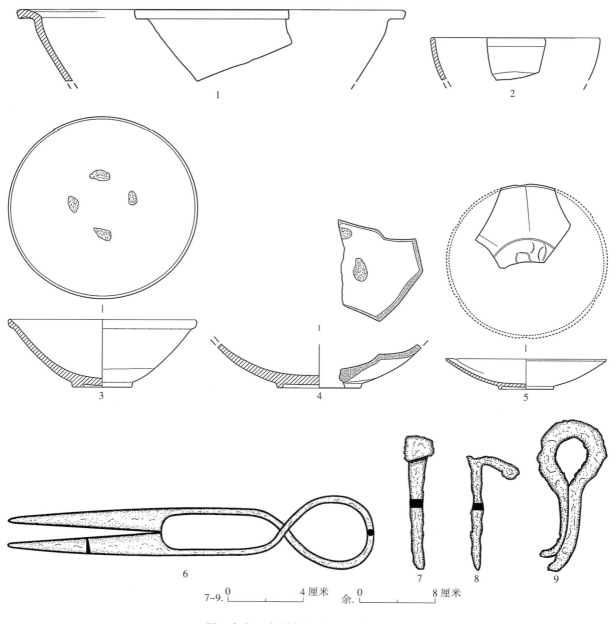

图一九九　大刘台山遗址 F7 出土器物

1. 陶盆（F7 填：4）　2. 瓷钵（F7 填：3）　3、4. 瓷碗（F7：1、F7 填：1）　5. 瓷盘（F7 填：2）　6. 铁剪（F7：5）　7、8. 铁钉（F7：2、3）　9. 铁鼻（F7：4）

瓷碗 2件。

标本F7:1，胎质细腻，露胎处呈米黄色。釉色白中泛黄，内壁施满釉，外壁施釉不到底，略有流釉现象。尖圆唇，敞口，口沿外侧有唇口，其截面呈三角形，斜弧腹，矮圈足较直。内底上对称留有四个支烧痕。素面。口径19.8、底径6.3、高7.5、壁厚0.5~0.9厘米（图一九九，3）。

标本F7填:1，胎质粗糙、厚实，露胎处呈灰白色，施有白色化妆土。釉色白中略泛黄，内壁满釉且釉层较厚，外壁施釉不到底。口部残缺，深腹，矮圈足。内底残留有二个支烧痕。素面。底径8.8、残高4.9、壁厚0.6~0.9厘米（图一九九，4）。

瓷盘 1件。

标本F7填:2，胎质细腻、密实，露胎处呈浅白色，施有白色化妆土。釉色光洁、莹白，内、外壁通体施釉，釉层均匀厚实。尖圆唇，五曲花式口外敞，内壁花口下略起棱，弧腹，矮圈足。盘心施有一周凹弦纹，弦纹内刻划有水波纹及草叶纹等。口径16.9、底径5.8、高3.4、壁厚0.2~0.3厘米（图一九九，5）。

瓷钵 1件。

标本F7填:3，胎质粗糙，露胎处呈米黄色，施有白色化妆土。釉色白中略带青，釉层较厚，内壁满釉，外壁施釉未到底，外壁有积釉现象，内壁釉面可见细小的开片。仅存口部残片，圆唇，侈口，弧腹，底部残缺。近口处施有一周凹槽。口径18.0、残高4.6、壁厚0.3~0.4厘米（图一九九，2）。

铁剪 1件。

标本F7:5，锻制。剪尖锋利，剪口斜直，"8"字形交股。长38.7、刃宽1.7、股径0.7厘米（图一九九，6）。

铁钉 2件。

标本F7:2，锻制。钉首宽扁外卷，钉身宽短竖直，与钉首呈直角，截面呈长方形，尾端略有残损。残长7.2、钉首宽1.6、钉身宽0.7、钉身厚0.4厘米（图一九九，7）。

标本F7:3，锻制。钉首齐平，钉身上部向外弯折，截面呈长方形，尾端锋锐。长8.1、钉首宽0.7、钉身宽0.6、钉身厚0.3厘米（图一九九，8）。

铁鼻 1件。

标本F7:4，锻制。上部由铁条向内弯曲呈圆环状，下部呈直线并拢的双钉状，尾端均向外侧弯折。长8.2、宽3.7厘米（图一九九，9）。

2. F11

（1）形制与规格

位于Ⅰ区T1310、T1311、T1410、T1411内，开口于第②层下，被Q1及Q2叠压，开口距地表深54厘米。F11为半地穴式房址，平面近似方形，东西长3.58、南北宽3.48、深0.38米。

F11由居住面、灶址、烟道及出烟孔四部分组成，未发现门址（图二〇〇；彩版四一，1）。

F11墙壁较为平直；居住面经过简单加工，较为平整，夹杂有少量红烧土。居住面北部用黄土堆积成平台用于挖置烟道、搭建火炕，高差为0.20米。

灶址共发现有2个。1号灶为主灶，位于室内西部，连接烟道，为浅坑式灶，平面近似梨形，

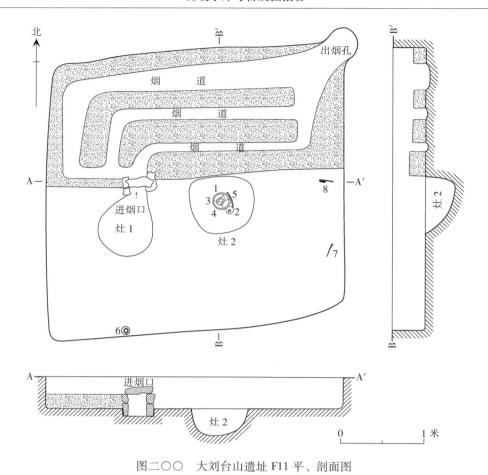

图二〇〇　大刘台山遗址 F11 平、剖面图

1. 陶罐　2. 瓷壶　3. 瓷碗　4. 开元通宝　5. 板瓦　6. 瓷罐　7. 铁穿　8. 铁锁

斜壁，圜底，呈锅底状。1 号灶最大径 0.84、深 0.23 米。进烟口位于北部，条石砌成，上搭小石板，进烟口口宽 0.21、高 0.26 米。1 号灶灶内堆积为黑灰及红烧土，四壁长期火烤痕迹明显，形成较为坚硬的红烧土板结面。2 号灶靠近室内中部，为浅坑式灶，平面呈不规则圆形，斜壁、圜底，呈锅底状。2 号灶最大径 0.76、深 0.35 米。2 号灶灶内堆积主要为黑灰及未燃尽的草捆（彩版四一，2），并夹杂有大量红烧土块及炭粒，土质较疏松；灶壁及灶底还没有形成由于长期火烤而形成的红烧土板结面，只是残留有少量红烧土颗粒，因而推测 2 号灶的使用时间不长，应为一处临时性灶址。此外，2 号灶在房址废弃前掩埋有陶罐、瓷碗、瓷壶、板瓦及一枚开元通宝。

烟道共发现有 3 条，位于北部的火炕高台上，连接 1 号灶及出烟孔。每条烟道平面形状均呈曲尺形，长约 2.24～4.06、宽约 0.08～0.37、深约 0.18 米。烟道系直接在火炕高台上向下掏挖而成，内部淤满经过烟火烧熏的黑灰。

出烟孔位于房址东北角，平面近似圆形，直径约 0.36 米。

房内堆积主要为灰土，夹杂有少量的石块及大量的红烧土颗粒、炭粒，土质较为疏松。

（2）出土遗物

房址居住面及填土中出土有大量的建筑构件及生活用品。建筑构件均为板瓦残块，可复原者较少，多为泥质灰陶，凸面为素面，凹面满施布纹，瓦坯分割方式均为内切法。生活用品按质地可分为陶器、瓷器、铁器及铜器等。陶器多为泥质灰陶，偶见黑陶，均为素面，可辨器形有瓮、罐、盆等。瓷器均为白瓷，较为残碎，可辨器形有碗、壶、罐、钵等。铁器数量较少，仅出土有穿、锁。铜器仅出土一枚开元通宝。

板瓦　1枚。

标本F11：5，泥质灰陶，表面残留有烟炱痕迹。瓦坯分割采用内切的方法，由凹面一侧切割至三分之一后掰折分离，瓦身两侧直边的凹面一侧可见切割形成的平整面，凸面一侧则不同程度的保持掰断后凸凹不平的折痕。瓦身平面近梯形，凸面素面无纹，凹面施有布纹，横截面呈弧形。长36.8、宽22.8~25.6、厚1.8厘米（图二〇一，1；彩版四三，6）。

陶瓷　1件。

标本F11填：4，泥质灰陶。口部残缺，大平底。素面。底径24.2、残高10.8、壁厚0.6~0.8厘米（图二〇一，3）。

陶罐　1件。

标本F11：1，泥质灰陶，陶色不纯，局部呈黑色。方唇，突缘，直口，上腹部圆鼓，下腹部内收，平底内凹。肩部对称置有双系。素面，器表轮旋痕迹明显。口径12.2、最大腹径20.4、底径10.7、高17.5、壁厚0.5~0.7厘米（图二〇一，2；彩版四三，1）。

陶盆　2件。

标本F11填：3，泥质红褐陶，陶色不纯，局部呈灰色。仅存口部残片，方唇，宽沿微卷，沿面施有一周凹槽，大敞口，弧腹。素面，器表轮旋痕迹明显。口径48.4、残高11.1、壁厚0.5~0.8厘米（图二〇一，4）。

标本F11填：5，泥质灰陶。仅存口部残片，方唇，展沿，沿面施有一周凹槽，大敞口，弧腹。素面，器表轮旋痕迹明显。口径42.0、残高6.8、壁厚0.4~0.6厘米（图二〇一，5）。

瓷碗　2件。

标本F11：3，胎质细腻，露胎处呈米黄色，施有白色化妆土。釉色呈米白色，内壁施满釉，釉面有细小的冰裂纹；外壁施釉不到底，略有流釉现象。圆唇，敞口，斜腹，矮圈足较直。内底上对称留有四个支烧痕。素面。口径17.8、底径7.6、高5.6、壁厚0.3~0.5厘米（图二〇一，6；彩版四四，1）。

标本F11填：2，胎质细腻，露胎处呈米黄色。釉层较混厚，色白，内壁及外壁残存部分施满釉。仅存口部残片，圆唇，敞口，口沿外侧有唇口，其截面呈三角形，斜腹。素面。口径18.7、残高3.5、壁厚0.4~0.5厘米（图二〇一，7）。

双系瓷壶　1件。

标本F11：2，胎质较粗，器壁较厚，露胎处呈米黄色，施有白色化妆土。釉色呈浅黄白色，较浊稠，器表施半釉，下腹部及足部无釉，略有流釉现象。圆唇，直口，溜肩，肩部对称置有两个小桥形系，卵形腹，腹部最大径位置略偏下，矮圈足较直。素面。口径4.0、最大腹径9.8、底径6.0、高13.5、壁厚0.4~0.6厘米（图二〇一，10；彩版四四，6）。

双系瓷罐　1件。

标本F11：6，胎质较粗糙，露胎处呈米黄色，施有白色化妆土。釉色白中略泛青，内壁施满釉，外壁施釉不到底，略有流釉现象。圆唇，敞口，溜肩，肩部对称置有双系，鼓腹，腹部最大

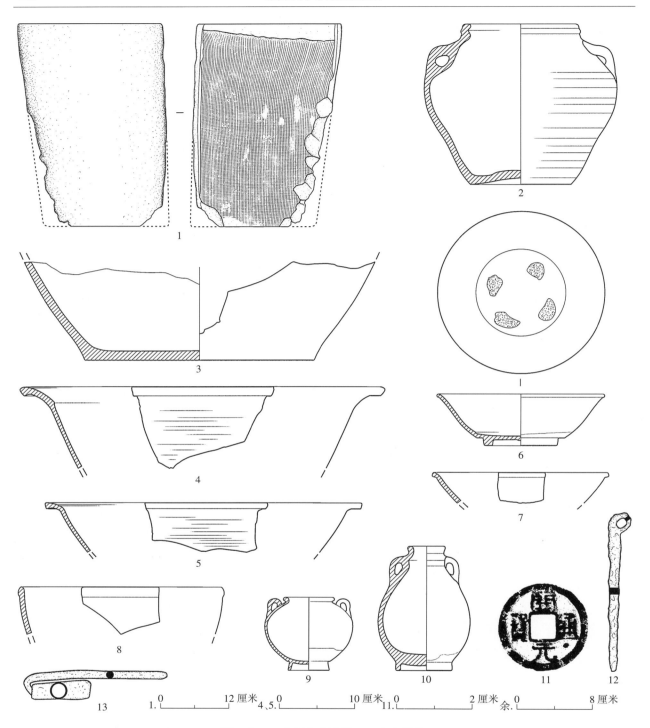

图二〇一　大刘台山遗址 F11 出土器物

1. 板瓦（F11:5）　2. 陶罐（F11:1）　3. 陶瓮（F11 填:4）　4、5. 陶盆（F11 填:3、5）　6、7. 瓷碗（F11:3、F11 填:2）　8. 瓷钵（F11 填:1）　9. 双系瓷罐（F11:6）　10. 双系瓷壶（F11:2）　11. 开元通宝（F11:4）　12. 铁穿（F11:7）　13. 铁锁（F11:8）

径位置靠近肩部，高圈足较直。素面。口径5.4、最大腹径9.3、底径4.3、高7.9、壁厚0.2~0.4厘米（图二〇一，9；彩版四四，5）。

　　瓷钵　1件。

　　标本 F11 填:1，胎质粗糙，露胎处呈米黄色，施有白色化妆土。釉色白中略泛黄，釉层较厚，内、外壁满釉，外壁釉面可见细小的开片。仅存口部残片，圆唇，唇部加厚，侈口，弧腹，底部残缺。近口处施有一周凹槽。口径 21.1、残高 5.1、壁厚 0.4 ~ 0.5 厘米（图二〇一，8）。

铁穿　1 件。

标本 F11：7，锻制。环首，四棱状穿身，尖锋圆钝。长 17.3、宽 2.3 厘米（图二〇一，12）。

铁锁　1 件。

标本 F11：8，锁套呈圆筒状，锁簧呈"U"字形与锁套相连，锁簧横截面呈圆形。残长 15.2、宽 3.2 厘米（图二〇一，13）。

开元通宝　1 枚。

标本 F11：4，唐高祖武德四年（621 年）始铸。平钱，方穿，穿右下一星点纹，正背面郭缘稍宽，正面真书"开元通宝"四字，顺读。郭径 2.41、穿宽 0.62、郭厚 0.13 厘米，重 3.50 克（图二〇一，11）。

3. F13

（1）形制规格

位于 I 区 T1409、T1410 内，开口于第①层下，开口距地表深 24 厘米。F13 为半地穴式房址，平面近似方形，南北长 3.47、东西宽 3.04、深 0.31 米。

F13 现存居住面、灶址、烟道及石砌方台四部分，出烟孔被破坏殆尽，门址未见（图二〇二）。

F13 墙壁较为平直；居住面经过简单加工，较为平整，夹杂有少量红烧土。

灶址共发现有 2 个。1 号灶为主灶，位于室内西南部，连接烟道，为浅坑式灶，平面近似圆形，斜壁，圜底不甚规整，呈锅底状。1 号灶最大径 0.52、深 0.13 米。1 号灶灶内堆积为黑灰及红烧土，四壁长期火烤痕迹明显，形成较为坚硬的红烧土板结面。2 号灶靠近南壁，紧邻烟道，为浅坑式

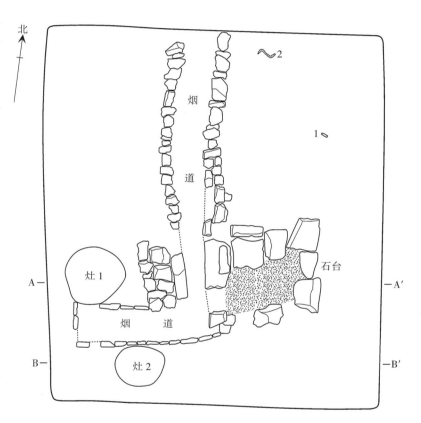
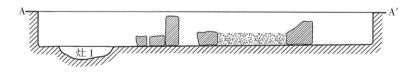
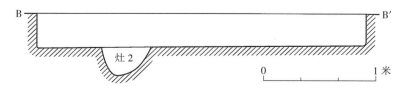

图二〇二　大刘台山遗址 F13 平、剖面图

1. 陶网坠　2. 铁钉

灶，平面近似椭圆形，斜壁、圜底，呈锅底状。2 号灶长径 0.42、短径 0.33、深 0.35 米。2 号灶灶内堆积主要为黑灰，并夹杂有大量红烧土块及炭粒，土质较疏松；灶壁及灶底还没有形成由于长期火烤而形成的红烧土板结面，只是残留有少量红烧土颗粒，因而推测 2 号灶的使用时间不长，应为一处临时性灶址。

烟道仅有 1 条，连接 1 号灶及出烟孔。烟道平面呈曲尺形，南部由小石板立砌而成，北部由石块垒砌而成，长约 3.66、宽约 0.25 ~ 0.33、深约 0.27 米。烟道内部淤满经过烟火烧熏的黑灰。

石砌方台位于室内南部，紧邻烟道东部贴建而成。方台平面近似长方形，四壁由经过简单加工的大石块垒砌而成，内部填充黄土。方台南北长约 94、东西宽约 80、残高 0.21 厘米。

房内堆积主要为灰土，夹杂有少量的石块及大量的红烧土颗粒、炭粒，土质较为疏松。

（2）出土遗物

房址居住面及填土中出土有大量的建筑构件及生活用品。建筑构件均为板瓦残块，未见可复原者，多为泥质灰陶，凸面为素面，凹面满施布纹，瓦坯分割方式均为内切法。生活用品按质地可分为陶器、瓷器及铁器等。陶器多为泥质灰陶，黄褐陶较少，多为素面，少量器表施有弦纹、凹槽，可辨器形有盆、网坠等。瓷器均为白瓷，较为残碎，可辨器形有碗、盘、渣斗等。铁器数量较少，仅出土有钉。

陶盆　1 件。

标本 F13 填:4，泥质灰陶，器表磨光。仅存口部残片，方唇，宽沿微卷，沿面施有一周凹槽，大敞口，弧腹。素面。口径 48.5、残高 7.3、壁厚 0.5 ~ 0.7 厘米（图二〇三，1）。

陶网坠　1 件。

标本 F13:1，泥质黄褐陶。整体呈圆柱状，近两端处各施有一周凹槽用于拴系网绳。素面。长 3.9、宽 1.2 厘米（图二〇三，2；彩版四五，2）。

瓷碗　1 件。

标本 F13 填:1，胎质细腻、密实，露胎处呈灰白色，施有白色化妆土。釉色莹白，内、外壁

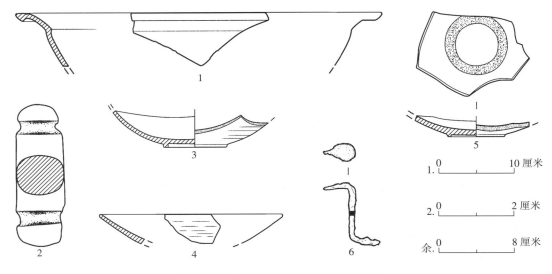

图二〇三　大刘台山遗址 F13 出土器物

1. 陶盆（F13 填:4）　2. 陶网坠（F13:1）　3. 瓷碗（F13 填:1）　4. 瓷渣斗（F13 填:3）　5. 瓷盘（F13 填:2）　6. 铁钉（F13:2）

通体施釉，釉层厚实。口部残缺，深腹，矮圈足较窄。素面，器表轮旋痕迹明显。底径6.7、残高3.9、壁厚0.3～0.5厘米（图二○三，3）。

瓷盘 1件。

标本F13填：2，胎质粗糙、厚实，露胎处呈土黄色，施有白色化妆土。釉色白中泛黄，釉层较厚，内、外壁施满釉，圈足内底未施釉，外壁有积釉现象，内壁釉面可见细小的开片。口部残缺，浅腹，矮圈足。盘心施有一周涩圈。素面。底径6.0、残高2.3、壁厚0.5～0.7厘米（图二○三，5）。

瓷渣斗 1件。

标本F13填：3，胎质粗糙、厚实，露胎处呈米黄色，施有白色化妆土。釉色白中略泛青，釉层较厚，内、外壁施满釉。仅存口部残片，圆唇，大敞口，斜直腹，下部残缺。素面，器表轮旋痕迹明显。口径19.4、残高3.2、壁厚0.3～0.6厘米（图二○三，4）。

铁钉 1件。

标本F13：2，锻制。钉首齐平，平面近似桂叶形；钉身宽厚，截面呈长方形，尾部侧视向外弯折，与钉身呈钝角。长9.1、钉首长3.4、钉首宽1.9、钉身宽0.7、钉身厚0.4厘米（图二○三，6）。

（二）石墙

大刘台山遗址共清理出2条金代石墙，编号分别为Q1、Q2。

1. Q1

位于Ⅰ区T1311、T1411内，坐落于第②层上，墙基距地表深26厘米。现残存有北墙大段及东墙少段，根据残存部分，我们推测Q1应为平面呈长方形的院落石墙。Q1仅存一层墙基部分，整体由较为平整的大石块拼砌而成，空隙处填充小石块及黄土，形制较为规整。北墙残长3.64、东墙残长0.90、墙体宽0.50、残高0.13米（图二○四；彩版四○，2）。

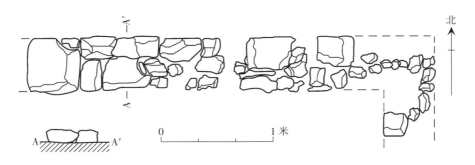

图二○四 大刘台山遗址Q1平、剖面图

2. Q2

位于Ⅰ区T1311、T1411内，坐落于第②层上，墙基距地表深26厘米。现残存有北墙大段及东墙少段，根据残存部分，我们推测Q2应为平面呈长方形的院落石墙。Q2仅存一层墙基部分，整体由较为零碎的未经过加工的小块毛石拼砌而成，空隙处填充黄土，形制不甚规整。北墙残长3.68、东墙残长1.52、墙体宽0.35～0.46、残高0.09米（图二○五；彩版四○，2）。

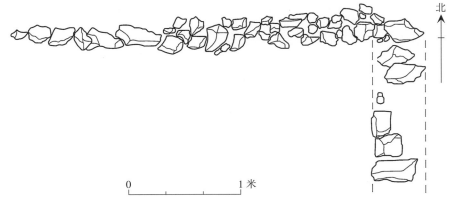

图二〇五　大刘台山遗址 Q2 平面图

（三）室外灶址

大刘台山遗址仅发现有一座金代室外灶址，编号为 Z1。

Z1

（1）形制与规格

位于 I 区 T1308 中部，开口于第①层下，开口距地表深 0.27 米。Z1 平面近似梨形，弧壁，圜底。Z1 开口处长径 0.82、短径 0.56、深 0.34 米。灶底南部为一高于北部且呈坡状的缓台，应为 Z1 的入火口所在，故可知灶口方向为 180°。灶壁及灶底残留的红烧土板结结构不是很明显，推测其使用时间不长，应为室外临时灶（图二〇六）。

灶内堆积呈深黑色，并夹杂有大量的红烧土块及炭粒，土质较疏松。

（2）出土遗物

灶内遗物较少，仅出土少量铁器及一枚景德元宝。

铁鼻　1 件。

标本 Z1∶1，锻制。上部由较宽扁的铁片向内弯曲呈圆环状，下部为近似"儿"字形的双钉，尾端上挑呈钩状。长 5.3、宽 7.5 厘米（图二〇七，1）。

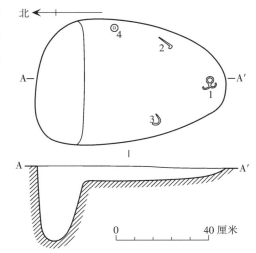

图二〇六　大刘台山遗址 Z1 平、剖面图
1. 铁鼻　2、3. 铁钉　4. 景德元宝

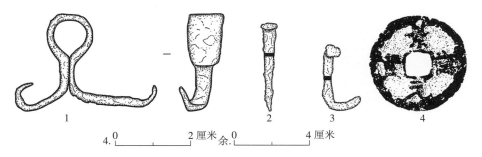

图二〇七　大刘台山遗址 Z1 出土器物
1. 铁鼻（Z1∶1）　2、3. 铁钉（Z1∶2、3）　4. 景德元宝（Z1∶4）

铁钉 2件。

标本 Z1:2，锻制。钉首窄扁外折，钉身短小竖直，与钉首呈直角，截面呈长方形。长4.8、钉首宽0.8、钉身宽0.6、钉身厚0.2厘米（图二〇七，2）。

标本 Z1:3，锻制，锈蚀得较为严重。钉首窄扁外折，钉身短小，与钉首呈45°角，尾部向外弯折，截面呈长方形。长4.9、钉首宽0.7、钉身宽0.5、钉身厚0.2厘米（图二〇七，3）。

景德元宝 1枚。

标本 Z1:4，宋真宗景德年间（1004～1007年）所铸。平钱，方穿，正背面郭缘较宽，正面真书"景德元宝"四字，旋读。郭径2.61、穿宽0.59、郭厚0.16厘米，重4.69克（图二〇七，4）。

（四）铸造井台

大刘台山遗址还发现有一座金代用于冶铁的铸造井台，编号为JT1。

JT1

（1）形制与规格

位于Ⅰ区T1404内，开口于第②层下，开口距地表深47厘米。JT1为半地穴式，平面形状大致呈圆角方形，东、西边较平直，南边圆弧，北边现已向外崩塌；直壁，底部经过简单平整。JT1边长1.94～2.34、深1.07米。

JT1由操作台、火膛、烟道及出烟孔四部分组成（图二〇八；彩版四二，1）。

操作台位于井台底部，主体由灰土堆积而成，未见有夯打痕迹。操作台中部为火膛，内部掏挖有烟道。操作台高0.32米。

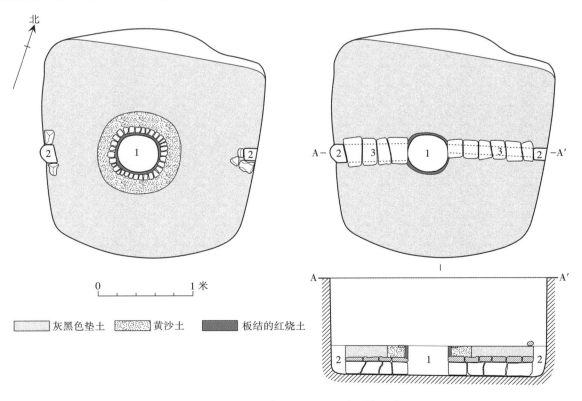

图二〇八 大刘台山遗址 JT1 平、剖面图
1. 火膛 2. 出烟口 3. 烟道

火膛位于操作台中部，直通坑底，平面呈圆形，内壁平直。火膛直径 0.40 ~ 0.43、深 0.32 米。在掏制火膛时，先在操作台上向下挖出一个直径约 0.87 ~ 0.91 米的圆坑，圆坑内填充一圈宽约 0.18 ~ 0.24 米的极为细腻的黄沙，黄沙层上部再摆码一圈碎瓦片，其中部即为火膛。火膛由于内腔受火程度较高，内壁现已形成一圈厚约 0.02 ~ 0.05 米的红烧土板结面（彩版四二，2）。

烟道共发现有 2 条，位于操作台内部，连接火膛及出烟孔。烟道呈西南—东北向，南、北两壁由石板拼接立砌而成，其上横搭小石板。东侧烟道长 0.90、宽 0.09、高 0.16 米；西侧烟道长 0.67、宽 0.20、高 0.14 米。

出烟孔共发现 2 处，分别靠近东、西两壁，外侧围绕石块。

井台内堆积以黑土为主，夹杂有大量红烧土颗粒、炭粒等，土质较疏松。

（2）出土遗物

井台内出土大量的建筑构件及铁渣。建筑构件均为板瓦残块，未见可复原者，均为泥质灰陶，凸面为素面，凹面满施布纹，瓦坯分割方式均为内切法。铁渣数量庞大，大多板结在一起，但未见形制规整的铁器，均为炼铁后残留的废渣。

（五）灰坑

大刘台山遗址共发掘金代灰坑 23 个，除 H20 开口于第②层下，其余灰坑均开口于第①层下。这些灰坑按平面形状可分为圆形坑、椭圆形坑、圆角（长）方形坑、三角形坑及不规则形坑等五种类型，大多数灰坑的坑壁及底部没有明显的加工痕迹。现按编号顺序对这 23 个灰坑分别予以介绍。

1. H1

（1）形制与规格

位于 I 区 T1306 中部，开口于第①层下，开口距地表深约 26 厘米。H1 平面近似椭圆形，坑壁斜弧内收，微圜底；坑壁及底部均未经过特殊加工处理。H1 开口处长径 98、短径 80、深 22 厘米（图二〇九）。

坑内堆积以黑土为主，夹杂有大量黑灰、红烧土块、炭粒等，土质较疏松。

（2）出土遗物

坑内包含物较为丰富，出土有大量的建筑构件及生活用品。建筑构件均为板瓦残块，可复原者较少，多为泥质灰陶，少量为黄褐陶，凸面为素面，凹面满施布纹，瓦坯分割方式均为内切法。生活用品按质地可分为陶器、瓷器及铁器等。陶器多为泥质灰陶，偶见黑褐陶，多为素面，少量器表施有弦纹等，可辨器形有罐、网坠等。瓷器均为白瓷，较为残碎，可辨器形仅见有碗等。铁器数量较少，仅出土有钉、鼻。

板瓦　2 件。制法及形制相似，瓦坯分割均采用内切的方法，由凹面一侧切割至三分之一后掰折分离，瓦身两侧直边的凹面一侧可见切割形成的平整面，凸面一侧则不同程度的保持掰断后凸凹不平的折痕；瓦身平面近梯形，凸面素面无纹，凹面施有布纹，横截面呈弧形。

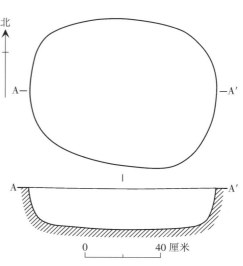

图二〇九　大刘台山遗址 H1 平、剖面图

标本 H1：7，泥质灰陶。残长 25.4、残宽 24.3~24.8、厚 1.8 厘米（图二一〇，1）。

标本 H1：8，泥质灰褐陶。残长 29.7、残宽 23.2~25.8、厚 1.9 厘米（图二一〇，2）。

陶罐　2 件。

标本 H1：5，泥质灰陶。口部残缺，大平底。素面，内壁轮旋痕迹明显。底径 16.6、残高 7.6、壁厚 0.5~0.7 厘米（图二一〇，3）。

标本 H1：6，泥质黄褐陶。圆唇，突缘，近直口，溜肩，鼓腹，底部残缺。素面。口径 19.3、残高 4.6、壁厚 0.4~0.6 厘米（图二一〇，4）。

陶网坠　1 件。

标本 H1：2，泥质黑褐陶。整体呈圆柱状，近两端处各施有一周凹槽用于拴系网绳。素面。长

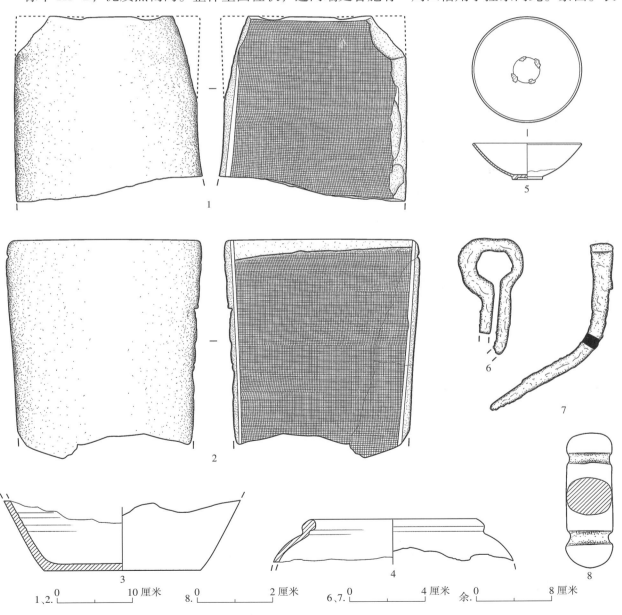

图二一〇　大刘台山遗址 H1 出土器物

1、2. 板瓦（H1：7、8）　3、4. 陶罐（H1：5、6）　5. 瓷碗（H1：1）　6. 铁鼻（H1：4）　7. 铁钉（H1：3）　8. 陶网坠（H1：2）

3.7、宽 1.2 厘米（图二一○，8；彩版四五，2）。

瓷碗　1 件。

标本 H1∶1，胎质细腻，器壁较薄，露胎处呈灰白色，施有白色化妆土。釉色乳白，局部呈灰白色，内壁施满釉，外壁施釉不到底，略有流釉现象。尖圆唇，敞口，斜弧腹，矮圈足较直。内底上对称留有四个支烧痕。素面。口径 11.6、底径 3.3、高 4.0、壁厚 0.2～0.3 厘米（图二一○，5；彩版四四，2）。

铁鼻　1 件。

标本 H1∶4，锻制。上部由铁条向内弯曲呈圆环状，下部为呈直线并拢的双钉，尾端残损。残长 6.4、宽 3.5 厘米（图二一○，6）。

铁钉　1 件。

标本 H1∶3，锻制。钉首斜平，截面呈长方形；钉身宽厚，截面呈长方形，尾部向外侧弯折。长 12.0、钉首宽 1.1、钉身宽 0.8、钉身厚 0.5 厘米（图二一○，7）。

2. H2

（1）形制与规格

位于 I 区 T1307、T1308 内，开口于第①层下，开口距地表深约 25 厘米。H2 平面呈不规则的圆角方形，坑壁斜弧内收，底部不甚平整，坑底散落有少量石块，坑壁及底部均未经过特殊加工处理。H2 开口处长 142、宽 120、深 12 厘米（图二一一）。

坑内堆积以黑灰为主，夹杂有少量石块、黄土、红烧土块及炭粒等，土质较疏松。

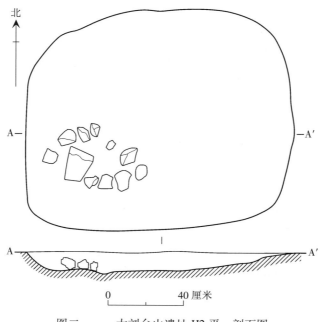

图二一一　大刘台山遗址 H2 平、剖面图

（2）出土遗物

坑内包含物较少，仅出土少量的陶器、瓷器、铁器及铜器等。陶器均为泥质灰陶，多为素面，少量器表施有附加堆纹，可辨器形有瓮等。瓷器均为白瓷，较为残碎，可辨器形有碗等。铁器数量较少，仅出土有斧。铜器数量较少，仅出土一枚熙宁元宝。

陶瓮　　1 件。

标本 H2：4，泥质灰陶。仅存口部残片，尖圆唇，卷沿，微敛口，溜肩，鼓腹。近口处施有二周附加堆纹。口径48.3、残高9.3、壁厚0.7～1.2 厘米（图二一二，1）。

瓷碗　　1 件。

标本 H2：3，胎质粗糙、疏松，露胎处呈灰黄色，施有白色化妆土。釉色白中略泛黄，内、外壁满釉，釉层较厚。仅存口部残片，圆唇，敞口，口沿外侧有唇口，其截面近似三角形，弧腹。素面。口径23.9、残高5.2、壁厚0.4～0.6 厘米（图二一二，10）。

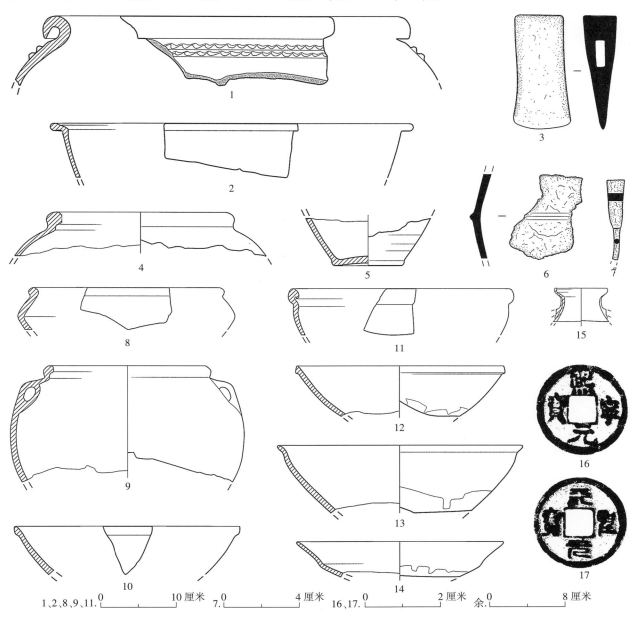

图二一二　大刘台山遗址 H2、H3、H4 出土器物

1. 陶瓮（H2：4）　2. 陶盆（H3：3）　3. 铁斧（H2：2）　4、8、9. 陶罐（H3：4、H4：8、H4：9）　5. 陶壶（H4：6）　6. 铁釜残片（H3：2）　7. 铁锸（H3：1）　10、12、13. 瓷碗（H2：3、H4：2、H4：3）　11. 陶钵（H4：7）　14. 瓷盘（H4：4）　15. 小瓷壶（H4：5）　16. 熙宁元宝（H2：1）　17. 天圣元宝（H4：1）

铁斧　1件。

标本 H2：2，铸制。平面近似长方形，束腰，弧刃，斧身上部有一横穿銎孔。长 12.4、刃宽 6.1、厚 3.6 厘米（图二一二，3）。

熙宁元宝　1枚。

标本 H2：1，宋神宗熙宁年间（1068～1077 年）所铸。平钱，方穿，正背面郭缘稍宽，正面真书 "熙宁元宝" 四字，旋读。郭径 2.46、穿宽 0.73、郭厚 0.10 厘米，重 2.86 克（图二一二，16）。

3. H3

（1）形制与规格

位于 Ⅰ 区 T1308 西南角，开口于第①层下，开口距地表深约 30 厘米。H3 平面形状大体呈椭圆形，坑壁斜弧内收，圜底，坑壁及底部均未经过特殊加工处理。H3 开口处长径 72、短径 60、深 40 厘米（图二一三）。

坑内堆积以灰土为主，夹杂有少量黑灰、黄土、红烧土块、炭粒等，土质较疏松。

（2）出土遗物

坑内包含物较少，仅出土少量的建筑构件及生活用品。建筑构件均为板瓦残块，未见可复原者，均为泥质灰陶，凸面为素面，凹面满施布纹，瓦坯分割方式均为内切法。生活用品按质地可分为陶器及铁器等。陶器均为泥质灰陶，多为素面，少量器表施有凹槽，可辨器形有罐、盆等。铁器数量较少，仅出土有釜、镞。

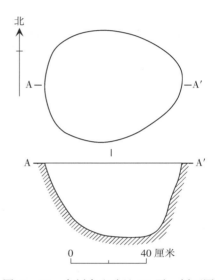

图二一三　大刘台山遗址 H3 平、剖面图

陶罐　1件。

标本 H3：4，泥质灰陶。圆唇，敛口，溜肩，鼓腹，底部残缺。素面。口径 19.8、残高 4.8、壁厚 0.5～0.7 厘米（图二一二，4）。

陶盆　1件。

标本 H3：3，泥质灰陶。仅存口部残片，圆唇，折沿较宽厚，沿面施有一周凹槽，大敞口，腹壁略弧。素面。口径 48.2、残高 7.3、壁厚 0.5～0.7 厘米（图二一二，2）。

铁釜　1件。

标本 H3：2，铸制。仅存腹部残片，鼓腹，中部施有一周扉棱。残长 9.4、残宽 7.7、壁厚 0.6～0.8 厘米（图二一二，6）。

铁镞　1件。

标本 H3：1，锻制。镞叶呈凿形，平锋，直刃，截面呈长方形；无下关，圆柱状铤残损。残长 4.5、铤截面直径 0.3 厘米（图二一二，7）。

4. H4

（1）形制与规格

位于 Ⅰ 区 T1203 中部，开口于第①层下，开口距地表深约 37 厘米。H4 平面近似圆形，斜直壁，平底，坑底用夹杂有红烧土的黄土堆砌成一圈宽 20～40 厘米的熟土二层台，二层台高约 16 厘米。坑壁及底部均经过简单平整，较为平滑。H4 开口处直径 177～194、底部直径 100～107、深 110～127 厘米（图二一四）。

坑内堆积以灰土为主，夹杂有少量黑灰、炭粒等，土质较疏松。

（2）出土遗物

坑内包含物较为丰富，出土有大量的建筑构件及生活用品。建筑构件均为板瓦残块，未见可复原者，均为泥质灰陶，凸面为素面，凹面满施布纹，瓦坯分割方式均为内切法。生活用品按质地可分为陶器、瓷器及铜器等。陶器多为泥质灰陶，少量为黑陶，均为素面，可辨器形有罐、壶、钵等。瓷器多为白瓷，较为残碎，可辨器形有碗、盘、小壶等。铜器数量较少，仅出土一枚天圣元宝。

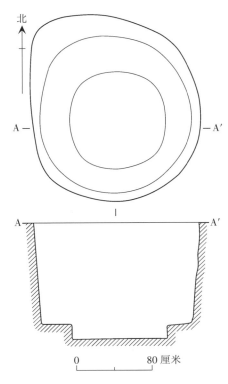

图二一四　大刘台山遗址 H4 平、剖面图

陶罐　2件。

标本 H4：8，泥质黑陶，器表磨光。仅存口部残片，圆唇，敛口，溜肩，折腹。素面。口径 25.8、残高 5.8、壁厚 0.7～0.8 厘米（图二一二，8）。

标本 H4：9，泥质灰陶。圆唇，微敛口，溜肩，肩部对称置有两个桥形耳，鼓腹，腹部最大径位置靠近肩部，底部残缺。素面。口径 20.7、最大腹径 30.8、残高 15.7、壁厚 0.5～0.8 厘米（图二一二，9）。

陶壶　1件。

标本 H4：6，泥质灰陶。口部残缺，台底内凹。素面，器表轮旋痕迹明显。底径 7.6、残高 5.3、壁厚 0.5～0.6 厘米（图二一二，5）。

陶钵　1件。

标本 H4：7，泥质灰陶。仅存口部残片，圆唇，唇面内卷，侈口，束颈，弧腹。素面。口径 29.8、残高 6.3、壁厚 0.4～0.6 厘米（图二一二，11）。

瓷碗　2件。

标本 H4：2，胎质细腻，露胎处呈米黄色。釉色白中泛黄，内壁施满釉，釉面有细小的冰裂纹；外壁施釉不到底，略有流釉现象。仅存口沿部分，尖唇，敞口，口沿外侧有唇口，其截面呈三角形，斜弧腹，底部残缺。素面。口径 22.0、残高 5.5、壁厚 0.5～0.6 厘米（图二一二，12）。

标本 H4：3，胎质粗糙、细密，露胎处呈米黄色，施有白色化妆土。釉色白中略泛黄，内壁满釉，可见细小的开片，外壁施釉不到底，有流釉现象。仅存口部残片，圆唇，敞口，弧腹。素面。口径 26.0、残高 7.3、壁厚 0.4～0.6 厘米（图二一二，13）。

瓷盘　1件。

标本 H4：4，胎质粗糙、细密，露胎处呈砖红色，施有白色化妆土。釉色白中略泛黄，内壁满釉，可见细小的开片，外壁施釉不到底，有流釉现象。仅存口部残片，圆唇，敞口，折腹。素面。口径22.0、残高3.8、壁厚0.3~0.5厘米（图二一二，14）。

小瓷壶 1件。

标本H4:5，胎质细腻，露胎处呈米黄色。青釉，内壁仅口部施釉，外壁施满釉。方唇，直口，束颈，颈部原贴附有双系，但均已残断，腹部残缺。素面。口径5.5、残高3.6、壁厚0.2~0.4厘米（图二一二，15）。

天圣元宝 1枚。

标本H4:1，宋仁宗天圣年间（1023~1032年）所铸。平钱，方穿，正背面郭缘稍宽，正面篆书"天圣元宝"四字，旋读。郭径2.50、穿宽0.70、郭厚0.18厘米，重4.61克（图二一二，17）。

5. H5

（1）形制与规格

位于Ⅰ区T1205东部，开口于第①层下，开口距地表深约30厘米。H5平面呈不规则形，斜壁，坑底不甚平整；坑壁及底部均未经过特殊加工处理。H5开口处最长径241、最短径132、深26~31厘米（图二一五）。

坑内堆积以黑土为主，夹杂有大量黑灰、红烧土块、炭粒等，土质极为疏松。

（2）出土遗物

坑内包含物较为丰富，出土有大量的建筑构件及生活用品。建筑构件均为板瓦残块，未见可复原者，多为泥质灰陶，凸面为素面，凹面满施布纹，瓦坯分割方式均为内切法。生活用品按质地可分为陶器、瓷器、铁器及石器等。陶器均为泥质灰（褐）陶，多为素面，少量器表施有附加堆纹，可辨器形有瓮、罐、盆等。瓷器均为白瓷，较为残碎，可辨器形有钵等。铁器数量较少，仅出土有钉、铲。石器数量较少，仅出土一件磨石。

陶瓮 1件。

标本H5:7，泥质灰陶。口部残缺，仅存大平底。素面。底径31.2、残高9.2、壁厚0.8~0.9厘米（图二一六，1）。

陶罐 1件。

标本H5:8，泥质灰褐陶。仅存口部残片，圆唇，敛口，溜肩，鼓腹。素面。口径22.9、残高5.3、壁厚0.4~0.5厘米（图二一六，2）。

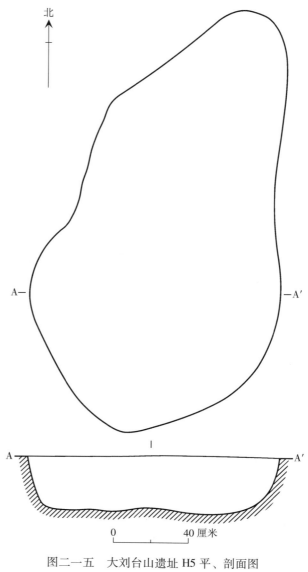

北

A—   —A'

A   A'

0   40厘米

图二一五 大刘台山遗址H5平、剖面图

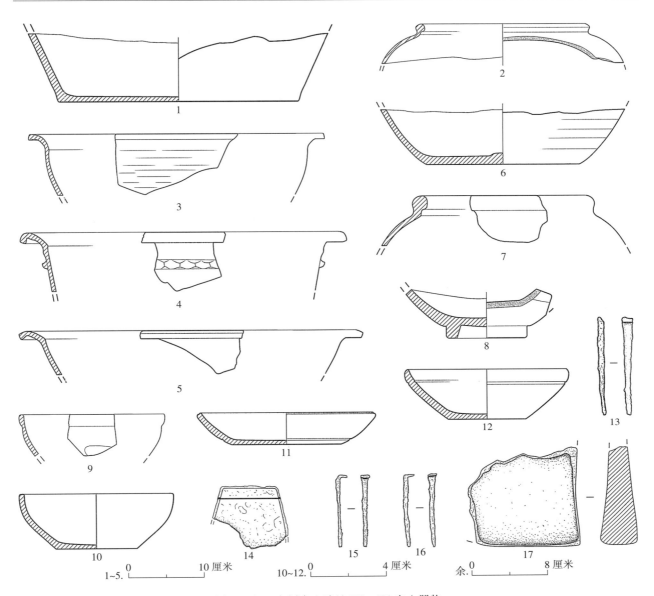

图二一六　大刘台山遗址 H5、H6 出土器物

1. 陶瓮（H5:7）　2、6、7. 陶罐（H5:8、H6:8、H6:9）　3、4、5. 陶盆（H5:5、H5:6、H6:7）　8. 瓷碗（H6:6）　9. 瓷钵（H5:4）
10～12. 陶灯盏（H6:4、3、5）　13、15、16. 铁钉（H5:1、H6:1、H6:2）　14. 铁铲（H5:2）　17. 磨石（H5:3）

陶盆　2件。

标本 H5:5，泥质灰褐陶。仅存口部残片，方唇，宽沿微卷，大敞口，弧腹。素面，器表轮旋痕迹明显。口径 38.9、残高 8.3、壁厚 0.4～0.6 厘米（图二一六，3）。

标本 H5:6，泥质灰陶。仅存口部残片，方唇，卷沿较宽厚，大敞口，斜腹。近口处施有一周附加堆纹。口径 43.1、残高 7.9、壁厚 0.5～0.6 厘米（图二一六，4）。

瓷钵　1件。

标本 H5:4，胎质粗糙，露胎处呈米黄色，施有白色化妆土。釉色白中略泛灰，内壁满釉，外壁施釉未到底。仅存口部残片，圆唇，侈口，弧腹，底部残缺。近口处施有一周凹槽。口径 15.3、残高 4.6、壁厚 0.2～0.4 厘米（图二一六，9）。

铁钉　1件。

标本 H5∶1，锻制。钉首斜平，截面呈长方形；钉身宽厚竖直，截面呈长方形，尾端略有残损。残长 10.8、钉首宽 1.1、钉身宽 0.9、钉身厚 0.5 厘米（图二一六，13）。

铁铲　1件。

标本 H5∶2，仅存顶部残片，推测平面呈梯形，器表平直，四周起棱。残长 6.8、顶宽 6.1 厘米（图二一六，14）。

磨石　1件。

标本 H5∶3，灰白色砂岩，岩质较为细腻。仅存残块，平面呈束腰圆角长方形，表面由于长时间研磨现已严重内凹。残长 11.8、残宽 10.9、厚 1.9～3.8 厘米（图二一六，17）。

6. H6

（1）形制与规格

位于 I 区 T1105、T1205 内，开口于第①层下，开口距地表深约 26 厘米。H6 平面近似圆角长方形，斜壁，平底；坑壁及底部均未经过特殊加工处理。H6 开口处长 308、宽 190、坑底长 292、宽 174、深 18 厘米（图二一七）。

坑内堆积以黑土为主，夹杂有大量黑灰、红烧土块等，土质较疏松。

（2）出土遗物

坑内包含物较为丰富，出土有大量的建筑构件及生活用品。建筑构件均为板瓦残块，未见可复原者，多为泥质灰

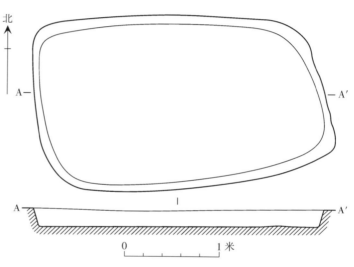

图二一七　大刘台山遗址 H6 平、剖面图

陶，凸面为素面，凹面满施布纹，瓦坯分割方式均为内切法。生活用品按质地可分为陶器、瓷器及铁器等。陶器多为泥质灰陶，另有少量的黄褐陶、黑陶，多为素面，可辨器形有罐、盆、灯盏等。瓷器均为白瓷，较为残碎，可辨器形有碗等。铁器数量较少，仅出土有钉。

陶罐　2件。

标本 H6∶8，泥质灰陶。口部残缺，仅存大平底。素面，器表轮旋痕迹明显。底径 16.2、残高6.0、壁厚 0.5～0.6 厘米（图二一六，6）。

标本 H6∶9，泥质灰陶，陶色不纯，局部呈黄褐陶。仅存口部残片，圆唇，突缘，微敛口，溜肩，鼓腹。素面。口径 19.2、残高 5.4、壁厚 0.4～0.5 厘米（图二一六，7）。

陶盆　1件。

标本 H6∶7，泥质灰褐陶。仅存口部残片，方唇，宽卷沿，大敞口，腹壁略弧。素面。口径45.5、残高 5.9、壁厚 0.6～0.7 厘米（图二一六，5）。

陶灯盏　3件。

标本 H6∶3，泥质灰陶。方唇，唇面施有一周凹槽，敞口，弧腹，平底。下腹部施有一周凹弦

纹。口径 9.4、底径 5.8、高 1.8、壁厚 0.2~0.3 厘米（图二一六，11）。

标本 H6:4，泥质灰陶。方唇，直口，弧腹，平底。素面。口径 8.2、底径 4.3、高 3.0、壁厚 0.2~0.3 厘米（图二一六，10）。

标本 H6:5，泥质黑陶。尖唇，敞口，弧腹，平底。近口处饰有一周凹弦纹。口径 8.6、底径 4.1、高 2.8、壁厚 0.2~0.4 厘米（图二一六，12）。

瓷碗　1 件。

标本 H6:6，胎质粗糙、厚实，露胎处呈灰白色，施有白色化妆土。釉色白中略泛黄，内壁满釉且釉层较厚，外壁施釉不到底。口部残缺，深腹，圈足宽厚，足跟略有旋削。内底残留有三个支烧痕。素面。底径 8.5、残高 5.3、壁厚 0.6~1.1 厘米（图二一六，8）。

铁钉　2 件。

标本 H6:1，锻制，锈蚀地较为严重。钉首宽扁外折，钉身竖直轻薄，与钉首呈直角，截面呈长方形，尾端略有残损。残长 7.9、钉首宽 0.9、钉身宽 0.5、钉身厚 0.2 厘米（图二一六，15）。

标本 H6:2，锻制。钉首宽扁外折，钉身竖直，与钉首呈直角，截面呈长方形，尾端圆钝。长 8.0、钉首宽 0.9、钉身宽 0.5、钉身厚 0.2 厘米（图二一六，16）。

7. H7

（1）形制与规格

位于 I 区 T1308 西部，开口于第①层下，开口距地表深约 26 厘米。H7 平面近似圆形，斜壁，微圜底；坑壁及底部均未经过特殊加工处理。H7 开口处直径 47~53、深 30 厘米（图二一八）。

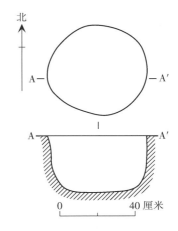

图二一八　大刘台山遗址 H7 平、剖面图

坑内堆积以灰土为主，夹杂有少量石块、黄土及红烧土块等，土质较疏松。

（2）出土遗物

坑内包含物较少，仅出土有少量的陶器及铁器。陶器均为泥质灰陶，多为素面，少量施篦齿纹，可辨器形有壶、盆等。铁器数量较少，仅出土有镢。

陶壶　1 件。

标本 H7:3，泥质灰陶。口部残缺，斜颈，溜肩，鼓腹，腹部最大径位置靠近肩部，平底。肩部饰有四周密集的篦齿纹，下腹部满饰较为稀疏的篦齿纹。最大腹径 20.0、底径 10.9、残高 20.5、壁厚 0.5~0.6 厘米（图二一九，3）。

陶盆　1 件。

标本 H7:2，泥质灰陶。圆唇，敞口，弧腹，平底。素面，器表轮旋痕迹明显。口径 26.4、底径 9.9、高 9.4、壁厚 0.3~0.5 厘米（图二一九，8）。

铁镢　1 件。

标本 H7:1，锻制。镢叶呈凿形，平锋，直刃，截面呈长方形；无下关，圆柱状铤残损。残长 5.7、铤截面直径 0.4 厘米（图二一九，2）。

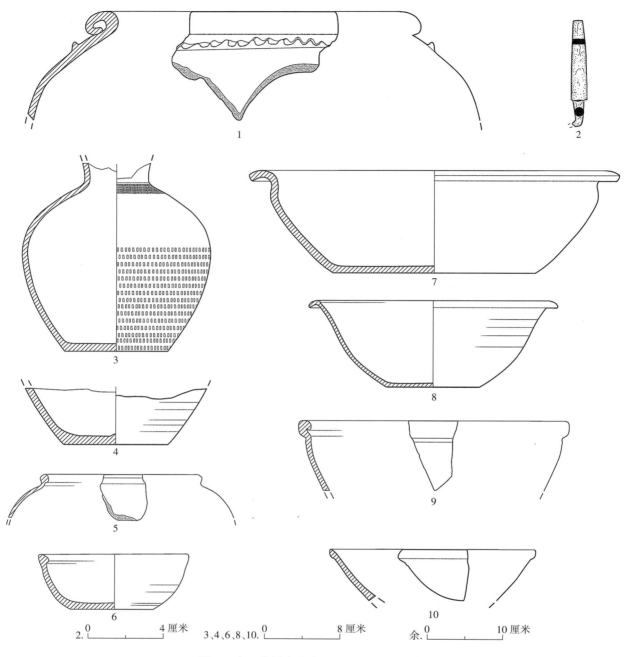

图二一九　大刘台山遗址 H7、H8 出土器物

1. 陶瓮（H8∶5）　2. 铁镞（H7∶1）　3. 陶壶（H7∶3）　4、5. 陶罐（H8∶4、6）　6、9. 陶钵（H8∶1、7）　7、8. 陶盆（H8∶3、H7∶2）
10. 瓷碗（H8∶2）

8. H8

（1）形制与规格

位于 I 区 T1304、T1404 内，开口于第①层下，开口距地表深约 28 厘米。H8 平面呈不规则形，坑壁斜弧内收，圜底不甚平整；坑壁及底部均未经过特殊加工处理。H8 开口处最长径 401、最短径 283、深 30 厘米（图二二〇）。

坑内堆积以黑土为主，夹杂有大量黑灰、黄土、红烧土块及炭粒等，土质较疏松。

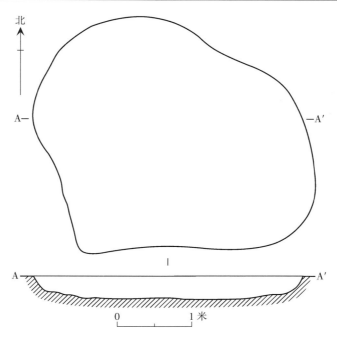

图二二〇 大刘台山遗址 H8 平、剖面图

（2）出土遗物

坑内包含物较为丰富，出土有大量的建筑构件及生活用品。建筑构件均为板瓦残块，未见可复原者，均为泥质灰陶，凸面为素面，凹面满施布纹，瓦坯分割方式均为内切法。生活用品按质地可分为陶器及瓷器等。陶器多为泥质灰陶，另有少量的黑褐、黄褐、红陶等，多为素面，少量器表施有附加堆纹，可辨器形有瓮、罐、盆、钵等。瓷器均为白瓷，较为残碎，可辨器形有碗等。

陶瓮 1件。

标本 H8：5，泥质灰陶，陶色不纯，局部呈黑褐色。仅存口部残片，圆唇，卷沿，敛口，溜肩，鼓腹。近口处施有一周附加堆纹。口径44.3、残高14.7、壁厚0.9~1.2厘米（图二一九，1）。

陶罐 2件。

标本 H8：4，泥质灰陶。口部残缺，仅存大平底。素面，器表轮旋痕迹明显。底径11.0、残高6.1、壁厚0.6~0.7厘米（图二一九，4）。

标本 H8：6，泥质黄褐陶。仅存口部残片，圆唇，敛口，溜肩，鼓腹。素面。口径21.4、残高6.1、壁厚0.4~0.6厘米（图二一九，5）。

陶盆 1件。

标本 H8：3，泥质灰陶，陶色不纯，局部呈黄褐色。方唇，卷沿，大敞口，弧腹，腹部最大径位置靠近口部，下腹部急收成大平底。素面。口径49.0、底径26.9、高13.9、壁厚0.8~1.0厘米（图二一九，7；彩版四三，3）。

陶钵 2件。

标本 H8：1，泥质红陶。尖圆唇，敞口，弧腹，平底。素面，器表轮旋痕迹明显。口径16.0、底径8.8、高6.0、厚0.5~0.7厘米（图二一九，6）。

标本 H8：7，泥质灰陶。仅存口部残片，圆唇，唇面内卷，侈口，束颈，弧腹。素面。口径 35.8、残高 9.7、壁厚 0.6~0.7 厘米（图二一九，9）。

瓷碗 1 件。

标本 H8：2，胎质粗糙、紧密，露胎处呈米黄色，施有白色化妆土。釉色白中略泛黄，内、外壁皆满釉，釉层较厚。仅存口部残片，圆唇，敞口，口沿外侧有唇口，其截面呈三角形，弧腹。素面。口径 21.6、残高 5.5、壁厚 0.5~0.8 厘米（图二一九，10）。

9. H9

（1）形制与规格

位于 I 区 T1206 西北角，开口于第①层下，开口距地表深约 30 厘米。H9 平面近似圆形，斜直壁，微圜底，底部不甚平整；坑壁及底部均未经过特殊加工处理。H9 开口处直径 92~108、底部直径 80~96、深 52 厘米（图二二一）。

坑内堆积以灰黑土为主，夹杂有大量石块及少量红烧土块、炭粒等，土质较疏松。

（2）出土遗物

坑内包含物较为丰富，均为陶器。陶器多为泥质灰陶，另有少量的灰黑陶等，多为素面，少量器表施有弦纹、水波纹等，可辨器形有瓮、灯盏等。

陶瓮 1 件。

标本 H9：11，泥质灰陶。仅存口部残片，圆唇，卷沿，敛口，溜肩，鼓腹。近口处施有上、下两组多周凹弦纹界格，界格内施有多条水波纹。口径 44.8、残高 10.1、壁厚 0.7~1.2 厘米（图二二二，1）。

陶灯盏 10 件。

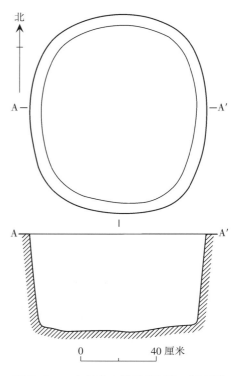

图二二一 大刘台山遗址 H9 平、剖面图

标本 H9：1，泥质灰陶。圆唇，敞口，弧腹，平底内凹。素面。口径 9.4、底径 4.6、高 3.2、壁厚 0.2~0.3 厘米（图二二二，2）。

标本 H9：2，泥质黑陶。圆唇，敞口，弧腹，平底。素面。口径 9.4、底径 5.4、高 3.0、壁厚 0.1~0.3 厘米（图二二二，3）。

标本 H9：3，泥质黑褐陶。圆唇，微敛口，弧腹，平底。素面。口径 9.0、底径 4.1、高 2.6、壁厚 0.2~0.4 厘米（图二二二，4）。

标本 H9：4，泥质灰黑陶。圆唇，微敛口，斜腹，平底。素面，下腹部修坯削痕明显。口径 9.0、底径 4.0、高 3.2、壁厚 0.1~0.3 厘米（图二二二，5）。

标本 H9：5，泥质黑陶。方唇，近直口，弧腹，平底。素面，下腹部修坯削痕明显。口径 9.1、底径 4.9、高 2.8、壁厚 0.2~0.3 厘米（图二二二，6）。

标本 H9：6，泥质黑褐陶。圆唇，敞口，弧腹，平底。素面。口径 9.1、底径 4.6、高 3.3、壁厚 0.2~0.4 厘米（图二二二，7）。

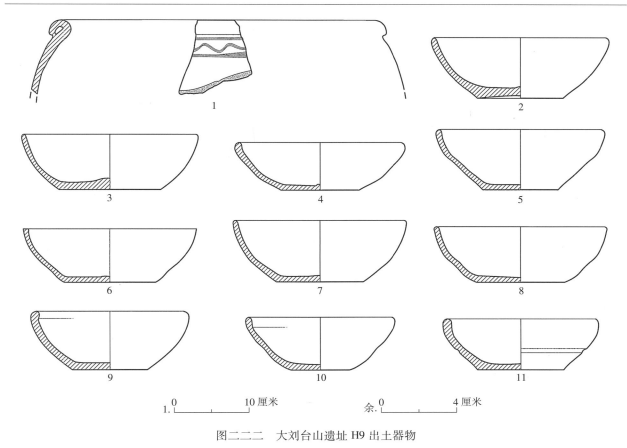

图二二二 大刘台山遗址 H9 出土器物

1. 陶瓮（H9：11） 2~11. 陶灯盏（H9：1、2、3、4、5、6、7、8、9、10）

标本 H9：7，泥质灰陶。圆唇，敞口，弧腹，下腹部内凹，平底。素面。口径 9.2、底径 4.6、高 3.0、壁厚 0.2~0.3 厘米（图二二二，8）。

标本 H9：8，泥质黑陶。圆唇，敛口，弧腹，平底。素面。口径 8.4、底径 4.0、高 3.2、壁厚 0.3~0.4 厘米（图二二二，9）。

标本 H9：9，泥质黑陶。圆唇，近直口，弧腹，下腹部内凹，平底。素面。口径 7.9、底径 3.2、高 2.9、壁厚 0.2~0.3 厘米（图二二二，10）。

标本 H9：10，泥质灰陶。圆唇，直口，弧腹，平底。腹部施有一周凹弦纹。口径 8.2、底径 4.6、高 2.8、壁厚 0.3~0.4 厘米（图二二二，11）。

10. H10

（1）形制与规格

位于 I 区 T1105、T1205 内，开口于第①层下，开口距地表深约 9 厘米。H10 平面近似圆角长方形，直壁，平底；坑壁及底部均未经过特殊加工处理。H10 长 92、宽 66、深 50 厘米（图二二三）。

坑内堆积以灰土为主，夹杂有大量的石块及少量黑灰、

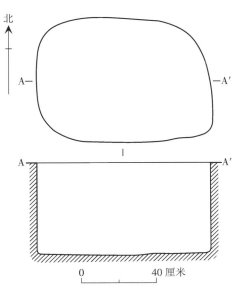

图二二三 大刘台山遗址 H10 平、剖面图

炭粒等，土质较疏松。

（2）出土遗物

坑内包含物较少，出土有少量的建筑构件及生活用品。建筑构件均为板瓦残块，未见可复原者，多为泥质灰陶，凸面为素面，凹面满施布纹，瓦坯分割方式均为内切法。生活用品仅见有瓷器，均为白瓷，较为残碎，可辨器形有碗等。

瓷碗　1件。

标本 H10：1，仅存口沿残片。胎质粗糙，露胎处呈土黄色；釉色白中泛黄。尖唇，敞口，口沿外侧有唇口，其截面呈三角形，斜弧腹，底部残缺。素面。口径 22.0、残高 4.6、壁厚 0.5～0.6 厘米（图二二四，2）。

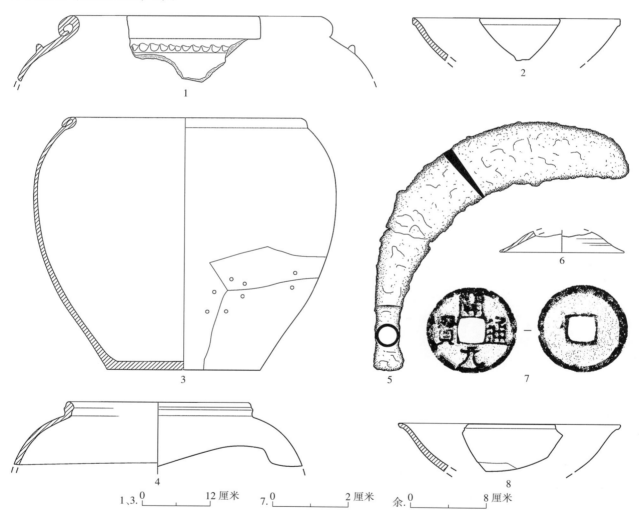

图二二四　大刘台山遗址 H10、H11、H12 出土器物

1、3. 陶瓮（H11：3、H12：1）　2、8. 瓷碗（H10：1、H12：2）　4. 陶罐（H11：4）　5. 铁刀（H11：2）　6. 瓷器盖（H12：3）　7. 开元通宝（H11：1）

11. H11

（1）形制与规格

位于 I 区 T1104、T1105、T1204、T1205 内，开口于第①层下，开口距地表深约 35 厘米。H11

平面呈圆角三角形，斜壁，底部不甚平整；坑壁及底部均未经过特殊加工处理。H11 开口处三边边长分别为 174、185、204 厘米，深 48 厘米（图二二五）。

坑内堆积以黑土为主，夹杂有大量黑灰、红烧土块、炭粒等，土质较疏松。

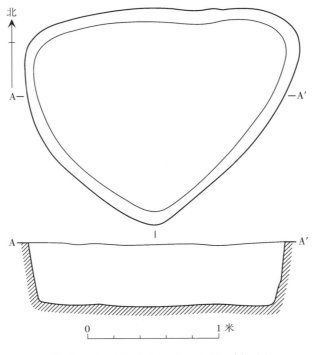

图二二五　大刘台山遗址 H11 平、剖面图

（2）出土遗物

坑内包含物较为丰富，出土有大量的建筑构件及生活用品。建筑构件均为板瓦残块，未见可复原者，多为泥质灰陶，凸面为素面，凹面满施布纹，瓦坯分割方式均为内切法。生活用品按质地可分为陶器、瓷器、铁器及铜器等。陶器多为泥质灰陶，另有少量的黑陶、黄褐陶等，多为素面，少量器表施有附加堆纹，可辨器形有瓮、罐等。瓷器均为白瓷，极为残碎，多为碗腹残片，未见可复原者。铁器数量较少，仅出土有刀。铜器数量较少，仅出土一枚开元通宝。

陶瓮　1 件。

标本 H11：3，泥质灰陶，陶色不纯，局部呈黑褐色。仅存口部残片，圆唇，卷沿，敛口，溜肩，鼓腹，腹部最大径位置靠近肩部。近口处施有一周附加堆纹。口径 48.1、残高 12.0、壁厚 0.7～1.0 厘米（图二二四，1）。

陶罐　1 件。

标本 H11：4，泥质黄褐陶。仅存口部残片，圆唇，子母口微敛，溜肩，鼓腹。素面。口径 19.5、残高 7.0、壁厚 0.4～0.6 厘米（图二二四，4）。

铁刀　1 件。

标本 H11：2，锻制。弧背，弧刃，筒状圆銎较短。长 26.9、宽 27.5、最大銎径 3.0 厘米（图二二四，5；彩版四五，5）。

开元通宝　1枚。

标本 H11：1，唐高祖武德四年（621 年）始铸。平钱，方穿，正背面郭缘稍宽，正面真书"开元通宝"四字，顺读。郭径 2.42、穿宽 0.63、郭厚 0.11 厘米，重 3.00 克（图二二四，7）。

12. H12

（1）形制与规格

位于Ⅰ区 T1208 东南角，开口于第①层下，打破 H16，开口距地表深约 20 厘米。H12 平面呈不规则的椭圆形，直壁，底部凹凸不平；坑壁及底部均未经过特殊加工处理。H12 长径 144、短径 104、深 26 厘米（图二二六）。

坑内堆积以灰土为主，夹杂有少量石块、黑灰、红烧土块、炭粒等，土质较疏松。

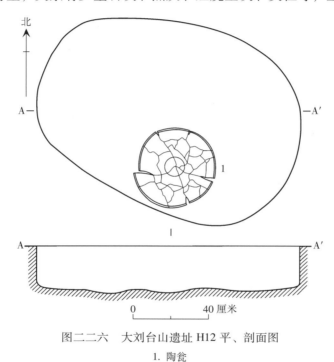

图二二六　大刘台山遗址 H12 平、剖面图
1. 陶瓮

（2）出土遗物

坑内包含物较少，出土有少量的建筑构件及生活用品。建筑构件均为板瓦残块，未见可复原者，均为泥质灰陶，凸面为素面，凹面满施布纹，瓦坯分割方式均为内切法。生活用品按质地可分为陶器及瓷器等。陶器多为泥质黄褐陶，另有少量的灰褐陶，均为素面，可辨器形有瓮等。瓷器多为白瓷，另有少量的酱釉瓷，较为残碎，可辨器形有碗、器盖等。

陶瓮　1件。

标本 H12：1，泥质黄褐陶，陶色不纯，局部呈灰褐色。圆唇，卷沿，敞口，溜肩，鼓腹，腹部最大径位置靠近肩部，下腹部存留有多个圆形修补锔孔，平底。素面。口径 40.5、最大腹径 53.3、底径 27.0、高 46.3、壁厚 0.5～0.7 厘米（图二二四，3）。

瓷碗　1件。

标本 H12：2，胎质粗糙、紧密，露胎处呈米黄色，施有白色化妆土。釉色白中略泛黄，内壁满釉，外壁釉层较厚且施釉不到底。仅存口部残片，圆唇，敞口，弧腹。素面。口径 23.6、残高

5.2、壁厚 0.4~0.7 厘米（图二二四，8）。

瓷器盖 1件。

标本 H12:3，胎质细腻、紧密，露胎处呈灰白色，施有白色化妆土。外壁施酱褐釉，内壁施白釉。仅存口部残片，尖圆唇，弧腹。素面，器表轮旋痕迹明显。口径 13.2、残高 2.2、壁厚 0.2~0.5 厘米（图二二四，6）。

13. H14

（1）形制与规格

位于 I 区 T1203、T1204 内，开口于第①层下，开口距地表深约 13 厘米。H14 平面近似圆角方形，斜壁，底部不甚平整；坑壁及底部均未经过特殊加工处理。H14 开口处长 106、宽 97、坑底长 90、宽 85、深 69 厘米（图二二七）。

坑内堆积以灰黑土为主，夹杂有少量黑灰、炭粒等，土质较疏松。

（2）出土遗物

坑内包含物较少，仅出土有少量的建筑构件及生活用品。建筑构件均为板瓦残块，未见可复原者，均为泥质灰陶，凸面为素面，凹面满施布纹，瓦坯分割方式均为内切法。生活用品按质地可分为陶器、瓷器及铁器等。陶器均为泥质灰陶，极为残碎，素面为主，多为罐腹部残片。瓷器均为白瓷，较为残碎，可辨器形有碗、钵等。铁器数量较少，仅出土有镞。

瓷碗 1件。

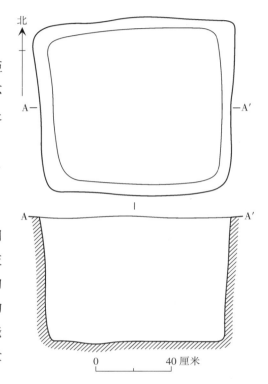

图二二七 大刘台山遗址 H14 平、剖面图

标本 H14:3，胎质粗糙、细密，露胎处呈米黄色，施有白色化妆土。釉色白中略泛青，内壁满釉，外壁施釉不到底，釉层可见细小的开片。仅存口部残片，尖圆唇，敞口，口沿外侧有唇口，其截面呈三角形，弧腹。素面。口径 21.8、残高 5.6、壁厚 0.4~0.7 厘米（图二二八，1）。

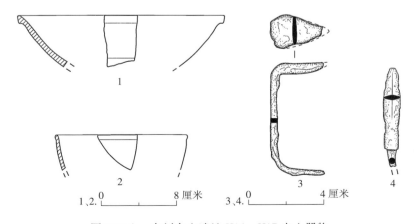

图二二八 大刘台山遗址 H14、H17 出土器物

1. 瓷碗（H14:3） 2. 瓷钵（H14:2） 3、4. 铁镞（H14:1、H17:1）

瓷钵　1件。

标本 H14：2，胎质细腻，露胎处呈米黄色，施有白色化妆土。釉色白中泛黄。仅存口沿残片，圆唇，敞口，弧腹，底部残缺。近口处施有一周凹槽。口径 14.0、残高 3.8、壁厚 0.2～0.4 厘米（图二二八，2）。

铁镞　1件。

标本 H14：1，锻制。镞叶呈桂叶形，叶面微隆，尖锋，曲刃；无下关，四棱柱状铤。残长 10.1、铤截面直径 0.4 厘米（图二二八，3）。

14. H17

（1）形制与规格

位于 I 区 T1308 东部，开口于第①层下，开口距地表深约 13 厘米。H17 平面形状大致呈椭圆形，直壁，底部不甚平整；坑壁及底部均未经过特殊加工处理。H17 长径 170、短径 128、深 73 厘米（图二二九）。

坑内堆积以灰土为主，夹杂有少量黑灰、炭粒等，土质较疏松。

（2）出土遗物

坑内包含物较少，仅出土有少量的建筑构件及生活用品。建筑构件均为板瓦残块，未见可复原者，均为泥质灰陶，凸面为素面，凹面满施布纹，瓦坯分割方式均为内切法。生活用品按质地可分为陶器及铁器等。陶器均为泥质灰陶，即为残碎，素面为主，多为罐腹部残片。铁器数量较少，仅出土有镞。

铁镞　1件。

标本 H17：1，锻制。镞叶呈矛形，尖锋残损，弧刃，截面呈菱形；具圆柱状下关，圆柱状铤残损。残长 5.4、铤截面直径 0.3 厘米（图二二八，4；彩版四五，6）。

15. H18

（1）形制与规格

位于 I 区 T1307 西南角，开口于第①层下，开口距地表深约 30 厘米。H18 平面呈圆角长方形，直壁，底部不甚平整；坑壁四周均匀涂抹厚约 2 厘米的白石灰，底部也平铺有一层厚约 1～3 厘米的白石灰。H18 长 120、宽 94、深 38 厘米（图二三〇）。

坑内堆积以灰土为主，夹杂有大量白灰、石块及少量黑灰、炭粒等，土质较疏松。

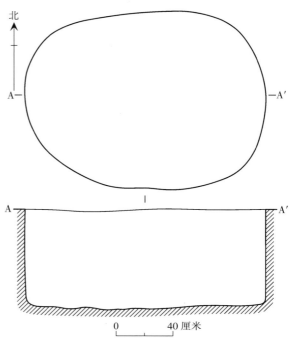

图二二九　大刘台山遗址 H17 平、剖面图

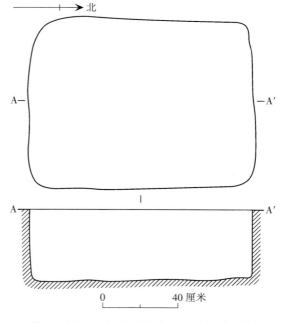

图二三〇　大刘台山遗址 H18 平、剖面图

（2）出土遗物

坑内包含物极少，仅出土少量素面泥质灰陶陶片，均为罐腹部残片，未见可复原者。

16. H19

（1）形制与规格

位于Ⅰ区T1307东北部，开口于第①层下，开口距地表深约17厘米。H19平面形状大致呈圆角长方形，斜直壁，平底；坑壁及底部均未经过特殊加工处理。H19开口处长196、宽93、坑底长180、宽75、深80厘米（图二三一）。

坑内堆积以灰土为主，夹杂有大量黄土块、石块及少量红烧土块等，土质较疏松。

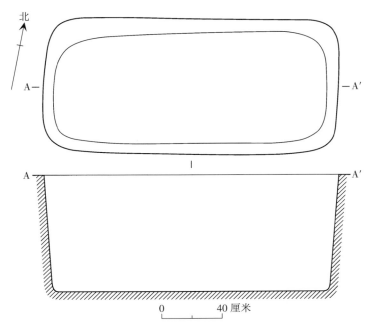

图二三一 大刘台山遗址H19平、剖面图

（2）出土遗物

坑内包含物较为丰富，出土有大量的建筑构件及生活用品。建筑构件均为板瓦残块，未见可复原者，均为泥质灰陶，凸面为素面，凹面满施布纹，瓦坯分割方式均为内切法。生活用品按质地可分为陶器、瓷器、铜器及石器等。陶器多为泥质灰（褐）陶，另有少量的黄褐陶，多为素面，少量器表施有弦纹、水波纹等，可辨器形有瓮、盆等。瓷器均为白瓷，较为残碎，可辨器形有碗等。石器数量较少，仅出土有圆孔梭形器。铜器数量较少，仅出土一枚皇宋通宝。

陶瓮 1件。

标本H19：5，泥质黄褐陶。仅存口部残片，圆唇，卷沿，微敛口，溜肩，鼓腹。近口处施有上、下两组多周凹弦纹界格，界格内施有多条水波纹。口径48.2、残高6.8、壁厚0.1~1.2厘米（图二三二，1）。

陶盆 1件。

标本H19：4，泥质灰褐陶。仅存口部残片，方唇，唇面施有一周凹槽，折沿，沿面施有一周凹槽，大敞口，腹壁斜直。素面。口径49.3、残高7.9、壁厚0.6~0.7厘米（图二三二，2）。

瓷碗　1件。

标本 H19∶3，胎质粗糙、细密，露胎处呈米黄色，施有白色化妆土。釉色白中略泛黄，内壁满釉，外壁施釉不到底，釉层较厚。仅存口部残片，尖圆唇，敞口，口沿外侧有唇口，其截面呈三角形，弧腹。素面。口径22.7、残高6.2、壁厚0.5～0.7厘米（图二三二，4）。

梭形石器　1件。

标本 H19∶2，由青灰色花岗岩磨制而成。平面近似梭形，上、下两端尖锐，左、右两侧圆隆，中部穿有一圆孔用于装柄。长16.0、宽7.6、孔径2.9厘米（图二三二，5；彩版四五，4）。

皇宋通宝　1枚。

标本 H19∶1，宋仁宗宝元二年（1039年）所铸。平钱，方穿，正背面郭缘稍宽，正面篆书"皇宋通宝"四字，顺读。郭径2.45、穿宽0.63、郭厚0.12厘米，重3.53克（图二三二，6）。

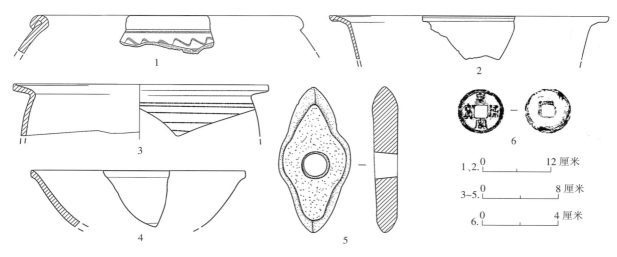

图二三二　大刘台山遗址 H19、H20 出土器物

1. 陶瓮（H19∶5）　2. 陶盆（H19∶4）　3. 陶罐（H20∶1）　4. 瓷碗（H19∶3）　5. 梭状石器（H19∶2）　6. 皇宋通宝（H19∶1）

17. H20

（1）形制与规格

位于 I 区 T1204、T1304 内，开口于第②层下，打破 F2，开口距地表深约35厘米。H20 平面呈不规则的椭圆形，直壁，底部不甚平整；坑壁及底部均未经过特殊加工处理。H20 长径164、短径126、深40厘米（图二三三）。

坑内堆积以灰土为主，夹杂有少量炭粒等，土质较疏松。

（2）出土遗物

坑内包含物较少，仅出土有少量的建筑构件及生活用品。建筑构件均为板瓦残块，未见可复原者，均为泥质灰陶，凸面为素面，凹面满施布纹，瓦坯分割方式均为内切法。生活用品按质地可分为陶器及瓷器等。陶器均为泥质灰黑陶，多为素面，少量器表施有横条状暗纹，可辨器形有罐等。瓷器均为白瓷，极为残碎，多为碗腹部残片，未见可复原者。

陶罐　1件。

标本 H20∶1，泥质灰黑陶。方唇，折沿，沿面施有一周凹槽，大敞口，溜肩，鼓腹，底部残

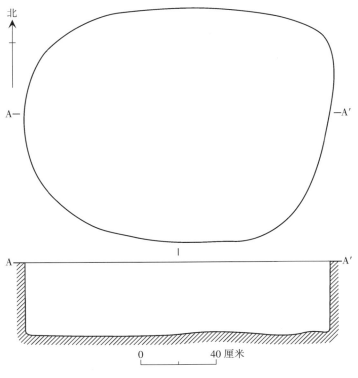

图二三三　大刘台山遗址 H20 平、剖面图

缺。上腹部抹压有多周条状暗纹。口径 26.8、残高 5.7、壁厚 0.4 ~ 0.5 厘米（图二三二，3）。

18. H27

（1）形制与规格

位于 I 区 T1107 中部，开口于第①层下，打破 F1，开口距地表深约 24 厘米。H27 平面近似圆形，斜直壁，平底；坑壁未经过特殊加工处理，底部经过简单平整。H27 开口处直径 98 ~ 107、底部直径 75 ~ 80、深 81 厘米（图二三四；彩版四二，3）。

坑内堆积以灰土为主，夹杂有少量石块及大量红烧土块、炭粒等，土质极疏松。

（2）出土遗物

坑内包含物较少，仅出土有少量的建筑构件及生活用品。建筑构件均为板瓦残块，未见可复原者，均为泥质灰陶，凸面为素面，凹面满施布纹，瓦坯分割方式均为内切法。生活用品按质地可分为陶器、瓷器及铁器等。陶器多为泥质灰陶，另有少量的黄褐陶，多为素面，少量器表施有附加堆纹，可辨器形有瓮、网坠等。瓷器均为白瓷，极为残碎，多为碗腹残片，未见可复原者。铁器数量较少，仅出土有小刀。

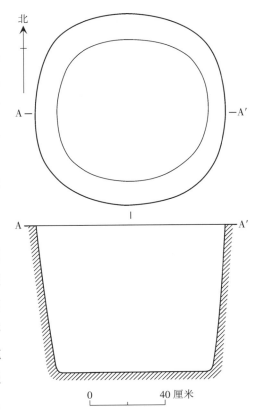

图二三四　大刘台山遗址 H27 平、剖面图

陶瓮　1件。

标本 H27:3，泥质灰陶。仅存口部残片，圆唇，卷沿，敛口，圆肩，鼓腹，腹部最大径位置靠近肩部。近口处施有一周附加堆纹。口径 52.4、残高 12.3、壁厚 0.8～1.1 厘米（图二三五，1）。

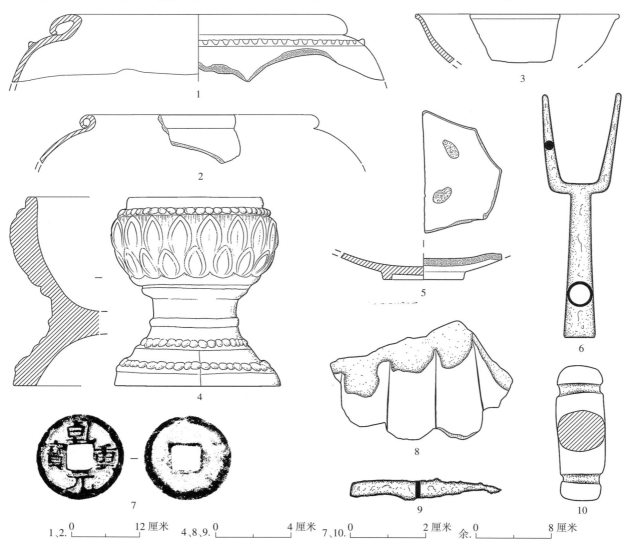

图二三五　大刘台山遗址 H27、H31、H39 出土器物

1、2. 陶瓮（H27:3、H39:4）3、5. 瓷碗（H31:3、H39:3）4. 陶熏（H31:2）6. 铁叉（H39:2）7. 乾元重宝（H39:1）8. 手部残块（H31:1）9. 小铁刀（H27:1）10. 陶网坠（H27:2）

陶网坠　1件。

标本 H27:2，泥质黄褐陶。整体呈圆柱状，近两端处各施有一周凹槽用于拴系网绳。素面。长 3.7、宽 1.3 厘米（图二三五，10；彩版四五，2）。

小铁刀　1件。

标本 H27:1，锻制。柄部较窄，弧背，刃部残损。残长 7.9 厘米（图二三五，9）。

19. H31

（1）形制与规格

位于 I 区 T1204 中部，开口于第①层下，开口距地表深约 28 厘米。H31 平面近似圆形，直壁，平底；坑壁及底部均经过简单加工，较为光滑、平整。
H31 直径 162～184、深 101 厘米（图二三六）。

坑内堆积以黑土为主，夹杂有少量黑灰、炭粒
等，土质较疏松。

（2）出土遗物

坑内包含物较少，仅出土有少量的建筑构件及
生活用品。建筑构件均为板瓦残块，未见可复原者，
均为泥质灰陶，凸面为素面，凹面满施布纹，瓦坯
分割方式均为内切法。生活用品按质地可分为陶器、
瓷器及石器等。陶器多为泥质灰陶罐腹部残片，另
有一件熏。瓷器均为白瓷，较为残碎，可辨器形有
碗等。石器数量较少，仅出土一件人物手部残块。

陶熏 1件。

标本 H31：2，泥质灰陶，烟炱痕迹明显，炉内
存有修坯的指压痕迹。整体呈豆状，方唇，子母口
微侈，鼓腹较深，柄部较粗短，六角须弥座外撇。
口沿下部施有一周连珠纹，其下雕塑二层仰莲花瓣，
炉柄中部施有一周凸棱，炉座上施有两周连珠纹。
口径 7.0、底边长 5.0～5.1、高 10.4、壁厚 0.6～
1.5 厘米（图二三五，4；彩版四三，2）。

瓷碗 1件。

标本 H31：3，胎质粗糙、细密，露胎处呈米黄
色，施有白色化妆土。釉色白中略泛灰，内、外壁
皆满釉，釉层较厚，可见细小的开片。仅存口部残
片，圆唇，敞口，弧腹。素面。口径 21.4、残高
5.3、壁厚 0.4～0.6 厘米（图二三五，3）。

手部残块 1件。

标本 H31：1，青灰色砂岩。手部宽大，残存 4
个手指。残长 6.6、残宽 9.6 厘米（图二三五，8）。

20. H39

（1）形制与规格

位于 I 区 T1109 西南角，开口于第①层下，开
口距地表深约 21 厘米。H39 平面呈不规则圆形，斜
直壁，平底；坑壁及底部均未经过特殊加工处理。
H39 开口处直径 115～129、底部直径 106～120、深
40 厘米（图二三七）。

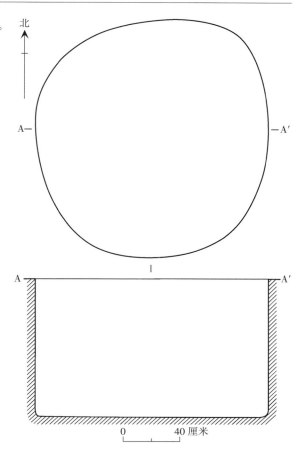

图二三六 大刘台山遗址 H31 平、剖面图

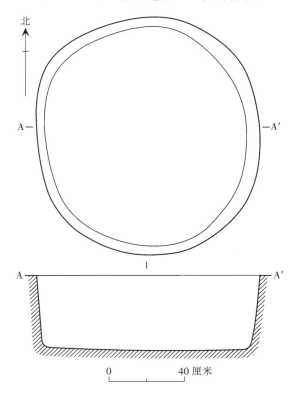

图二三七 大刘台山遗址 H39 平、剖面图

坑内堆积以灰土为主，夹杂有大量黑灰、红烧土块等，土质较疏松。

（2）出土遗物

坑内包含物较为丰富，出土有大量的建筑构件及生活用品。建筑构件均为板瓦残块，未见可复原者，均为泥质灰陶，凸面为素面，凹面满施布纹，瓦坯分割方式均为内切法。生活用品按质地可分为陶器、瓷器、铁器及铜器等。陶器均为泥质灰陶，多为素面，可辨器形有瓮等。瓷器均为白瓷，较为残碎，可辨器形有碗等。铁器数量较少，仅出土有叉。铜器数量较少，仅出土一枚乾元重宝。

陶瓮　1件。

标本 H39∶4，泥质灰陶。仅存口部残片，圆唇，卷沿，敛口，溜肩，鼓腹，腹部最大径位置靠近肩部。素面。口径 42.3、残高 8.7、壁厚 0.6～0.8 厘米（图二三五，2）。

瓷碗　1件。

标本 H39∶3，胎质粗糙、厚实，露胎处呈灰白色，内壁施有白色化妆土。釉色白中略带米黄色，内壁施满釉，外壁施釉不到底，内壁釉面有细小的开片。口部残缺，浅腹，圈足宽厚。内底残留有二个支烧痕。素面，外壁轮旋痕迹明显。底径 8.5、残高 2.9、壁厚 0.6～0.9 厘米（图二三五，5）。

铁叉　1件。

标本 H39∶2，锻制。整体近似"丫"字形，双股，股锋圆钝，圆柱状銎较长，便于插接木柄。长 26.6、最大銎径 3.3 厘米（图二三五，6）。

乾元重宝　1枚。

标本 H39∶1，唐肃宗乾元元年（758 年）始铸。减重大钱，方穿，正背面郭缘稍宽，正面隶书"乾元重宝"四字，顺读。郭径 2.48、穿宽 0.56、郭厚 0.10 厘米，重 2.67 克（图二三五，7）。

21. H42

（1）形制与规格

位于 I 区 T1309 西部，开口于第①层下，开口距地表深约 18 厘米。H42 平面呈不规则形，斜直壁，平底；坑壁及底部均未经过特殊加工处理。H42 开口处最长径 221、最短径 100、深 39厘米（图二三八）。

坑内堆积以黑土为主，夹杂有大量黑灰、黄土、红烧土块及炭粒等，土质较疏松。

（2）出土遗物

坑内包含物较少，仅出土有少量的建筑构件及生活用品。建筑构件多为板瓦残块，另有一件滴水。板瓦残块均为泥质灰陶，未见可复原者，

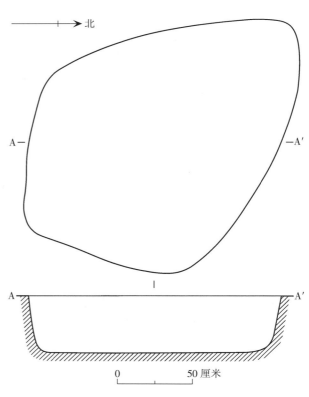

图二三八　大刘台山遗址 H42 平、剖面图

凸面为素面，凹面满施布纹，瓦坯分割方式均为内切法。生活用品按质地可分为陶器、瓷器、铁器、铜器、石器等。陶器均为泥质灰陶，素面为主，多为罐腹部残片，未见可复原者。瓷器均为白瓷，极为残碎，多为碗腹残片，未见可复原者。铁器数量较少，仅出土有钉。铜器数量较少，仅出土一枚祥符元宝。

滴水 1件。

标本 H42：2，泥质灰陶。檐面外折，与瓦身呈钝角。檐面中部饰有多组戳印的麦粒纹，弧形边缘。残长 11.9、宽 3.7 厘米（图二三九，5）。

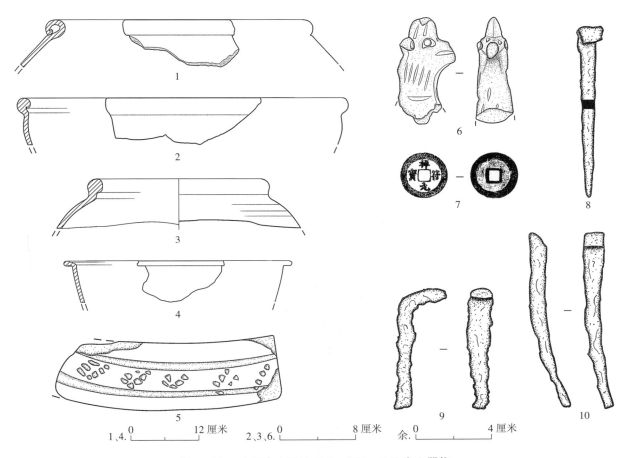

图二三九　大刘台山遗址 H42、H45、H49 出土器物

1. 陶瓮（H45：2）　2. 陶钵（H49：5）　3. 陶罐（H49：4）　4. 陶盆（H49：3）　5. 滴水（H42：2）　6. 凤首（H45：1）　7. 祥符元宝（H42：1）　8～10. 铁钉（H42：3、H49：1、H49：2）

铁钉 1件。

标本 H42：3，锻制。钉首宽扁外卷，钉身竖直，与钉首呈直角，截面呈长方形，尾端锋锐。长 9.3、钉首宽 1.2、钉身宽 0.7、钉身厚 0.4 厘米（图二三九，8）。

祥符元宝 1枚。

标本 H42：1，宋真宗祥符年间（1008～1016 年）所铸。平钱，方穿，正背面郭缘较宽，正面真书"祥符元宝"四字，旋读。郭径 2.48、穿宽 0.56、郭厚 0.10 厘米，重 3.40 克（图二三九，7）。

22. H45

（1）形制与规格

位于Ⅰ区T1218北部，其延伸至北隔梁内部分未经发掘，开口于第①层下，开口距地表深约17厘米。通过已发掘部分推测，H45平面呈圆形，斜壁，底部不甚平整；坑壁及底部均未经过特殊加工处理。H45开口处直径170、底部直径148、深38～40厘米（图二四〇）。

坑内堆积以灰黑土为主，夹杂有少量石块、黑灰、红烧土块等，土质较疏松。

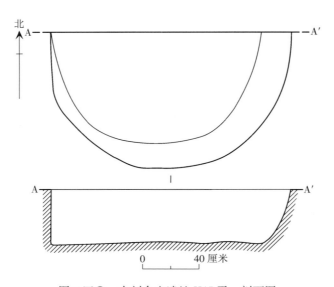

图二四〇　大刘台山遗址H45平、剖面图

（2）出土遗物

坑内包含物较少，仅出土有少量的建筑构件及生活用品。建筑构件多为板瓦残块，另有一件凤首。板瓦残块均为泥质灰陶，未见可复原者，凸面为素面，凹面满施布纹，瓦坯分割方式均为内切法。生活用品均为陶器，泥质灰黑陶为主，均为素面，可辨器形有瓮等。

凤首　1件。

标本H45:1，泥质灰陶，系脊兽残块。形态威猛，琴冠竖直状，两侧刻划二条凹槽以示翎羽；杏眼圆睁，眉框凸出，圆形耳朵，尖缘残损；短颈，颈部刻划多个凹槽以示羽毛。残高11.6、宽6.1厘米（图二三九，6）。

陶瓮　1件。

标本H45:2，泥质灰黑陶。仅存口部残片，圆唇，卷沿，敛口，溜肩，鼓腹。素面。口径47.1、残高8.6、壁厚0.7～1.0厘米（图二三九，1）。

23. H49

（1）形制与规格

位于Ⅰ区T1018、T1118内，开口于第①层下，开口距地表深约21厘米。H49平面近似不规则的椭圆形，斜直壁，平底；坑壁及底部均未经过特殊加工处理。H49开口处长径216、短径150、底部长径196、短径130，深39厘米（图二四一）。

坑内堆积以灰黑土为主，夹杂有少量石块、红烧土块等，土质较疏松。

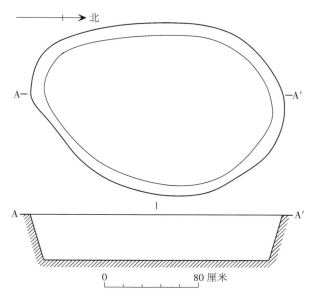

图二四一　大刘台山遗址 H49 平、剖面图

（2）出土遗物

坑内包含物较为丰富，出土有大量的建筑构件及生活用品。建筑构件均为板瓦残块，未见可复原者，均为泥质灰陶，凸面为素面，凹面满施布纹，瓦坯分割方式均为内切法。生活用品按质地可分为陶器、瓷器及铁器等。陶器多为泥质灰（褐）陶，另有少量的黄褐陶、黑陶等，多为素面，可辨器形有罐、盆、钵等。瓷器均为白瓷，极为残碎，多为碗腹残片，未见可复原者。铁器数量较少，仅出土有钉。

陶罐　1 件。

标本 H49:4，泥质黄褐陶。仅存口部残片，圆唇，微敛口，溜肩，鼓腹。素面，器表轮旋痕迹明显。口径 19.2、残高 5.4、壁厚 0.4～0.5 厘米（图二三九，3）。

陶盆　1 件。

标本 H49:3，泥质灰褐陶。仅存口部残片，圆唇，折沿较厚，沿面施有一周凹槽，大敞口，腹壁微弧。素面。口径 40.2、残高 7.5、壁厚 0.6～0.7 厘米（图二三九，4）。

陶钵　1 件。

标本 H49:5，泥质灰黑陶。仅存口部残片，圆唇，唇面内卷，侈口，束颈，弧腹。素面。口径 34.9、残高 4.9、壁厚 0.5～0.6 厘米（图二三九，2）。

铁钉　2 件。

标本 H49:1，锻制，锈蚀得较为严重。钉首齐平，钉身短小宽扁，上部现已弯折，截面呈长方形，尾端残损。残长 8.0、钉首宽 1.1、钉身宽 1.2、钉身厚 0.4 厘米（图二三九，9）。

标本 H49:2，锻制。钉首斜平，截面呈长方形；钉身宽厚，截面呈长方形，尾部向外侧弯曲，尾端略有残损。残长 9.7、钉首宽 1.1、钉身宽 1.0、钉身厚 0.7 厘米（图二三九，10）。

二　地层出土遗物

遗物均出土于第②层，主要分为建筑构件及生活用品两大类，以生活用品为主。

（一）建筑构件

数量较多，均为陶质，种类主要有板瓦、筒瓦、瓦当、滴水、鸱吻等，其中以板瓦残块最为大宗。

1. 板瓦

数量最为大宗，均为泥质，以灰陶为主，另有少量的灰褐、黄褐陶。几乎均为较小的残片，可复原者较少。瓦的制法、施纹方法基本相同。瓦坯的分割采用内切的方法，即凹面一侧切割至半后掰折分离的做法，瓦身两侧直边的凹面一侧可见切割形成的平整面，凸面一侧则不同程度的保持掰断后凹凸不平的折痕。所有的瓦身凸面均为素面无纹，凹面均施布纹，在个别瓦身凹面边缘可见凹底的浅槽，此种凹槽多与布纹共同出现，且叠压在布纹之上，应是制瓦过程中固定绑缚瓦坯的绳索所致。

标本Ⅰ区T1106②：1，瓦身较厚重，平面呈梯形，凹面可见衬布挤压痕迹。长35.7、宽24.0～26.7、厚1.8米（图二四二，1）。

2. 筒瓦

数量较少，均为泥质，以灰陶为主，偶见黄褐陶。多为较小的残片，未见可复原者。瓦的制法、施纹方法基本相同。瓦坯的分割采用内切的方法，即凹面一侧切割至三分之一后掰折分离的做法，瓦身两侧直边的凹面一侧可见切割形成的平整面，凸面一侧则不同程度的保持掰断后凹凸不平的折痕。所有的瓦身凸面均为素面无纹，凹面均施布纹，在个别瓦身凹面边缘可见凹底的浅槽，此种凹槽多与布纹共同出现，且叠压在布纹之上，应是制瓦过程中固定绑缚瓦坯的绳索所致。瓦的形制大体形同，整体呈半圆筒状，凹面前端设有瓦舌，用于筒瓦间的套接。瓦舌略有曲度，但不见曲节，唇部较为圆缓。瓦肩上翘，均较低矮，多数高度不超过1厘米，肩、舌交角几乎均为钝角，仅个别接近直角。

标本Ⅰ区T1310②：5，泥质灰陶。瓦舌较窄短。瓦舌长1.3、残长24.9、宽14.8、厚1.9厘米（图二四二，2）。

3. 瓦当

数量较少，地层内仅出土2件。

标本Ⅰ区T1406②：1，残损，泥质灰陶。圆瓦当，当面饰人面，人面外饰有一周连珠纹。人面宽额，双眉直立，双眼上挑，鼻梁矮平，颧骨圆隆，神态威严安详。当面直径约7.6厘米（图二四二，3）。

标本Ⅰ区T1704②：1，残损，泥质灰陶。圆瓦当，当面饰兽面，兽面外饰有一周连珠纹。兽面眉眼上挑，双睛圆瞪，短鼻梁，阔口，口下及两腮饰放射线状髭须，神态威严狰狞。当面直径约10.6厘米（图二四二，4）。

4. 滴水

数量较少，地层内仅出土7件。

标本Ⅰ区T1107②：2，泥质灰陶。檐面外折，与瓦身呈钝角。檐面中部凸棱上戳印内压椭圆形窝的长麦粒纹；波浪状边缘上部戳印多组麦粒纹。残长12.2、宽4.0厘米（图二四三，1）。

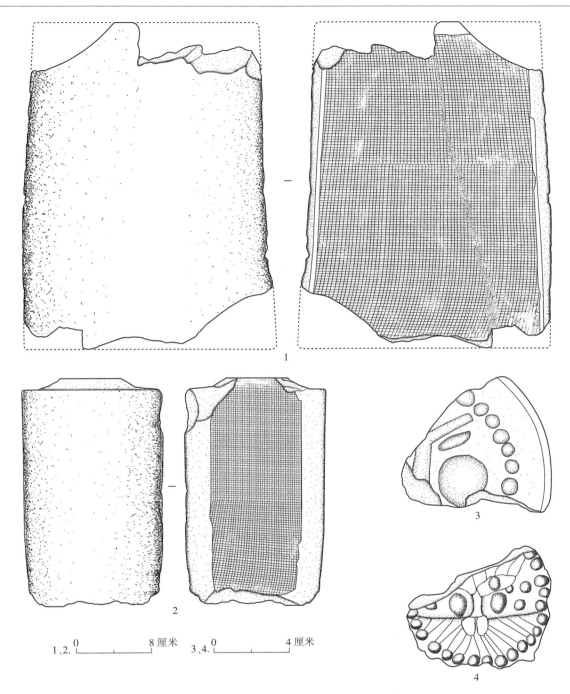

图二四二　大刘台山遗址第②层出土建筑构件

1. 板瓦（Ⅰ区 T1106②:1）　2. 筒瓦（Ⅰ区 T1310②:5）　3、4. 瓦当（Ⅰ区 T1406②:1、Ⅰ区 T1704②:1）

　　标本Ⅰ区 T1205②:1，泥质灰陶。檐面外折，与瓦身呈钝角。檐面中部凸棱上戳印内压椭圆形窝的长麦粒纹；波浪状边缘上部戳印多组麦粒纹。残长 13.4、宽 4.8 厘米（图二四三，2）。

　　标本Ⅰ区 T1205②:2，泥质灰陶。檐面外折，与瓦身呈钝角。檐面中部凸棱上戳印心形圆窝；波浪状边缘上部戳印多组麦粒纹。残长 17.0、宽 4.6 厘米（图二四三，3）。

　　标本Ⅰ区 T1205②:6，泥质灰黑陶。檐面外折，与瓦身呈钝角。檐面中部凸棱上戳印内压椭圆形窝的长麦粒纹；波浪状边缘上部戳印多组麦粒纹。残长 9.4、宽 4.1 厘米（图二四三，4）。

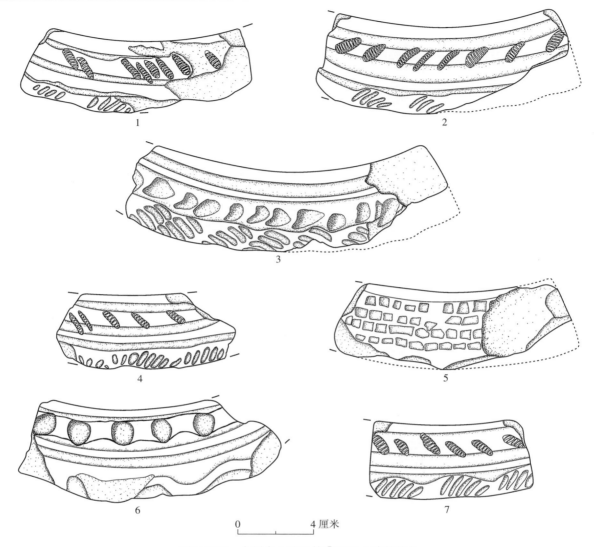

图二四三　大刘台山遗址第②层出土建筑构件

1~7. 滴水（Ⅰ区 T1107②:2、Ⅰ区 T1205②:1、Ⅰ区 T1205②:2、Ⅰ区 T1205②:6、Ⅰ区 T1309②:1、Ⅰ区 T1411②:1、Ⅰ区 T1411②:2）

标本Ⅰ区 T1309②:1，泥质灰褐陶。檐面外折，与瓦身呈钝角。檐面施有四组同向的连缀平行四边形方格纹，弧形边缘残损。残长 16.2、残宽 5.9 厘米（图二四三，5）。

标本Ⅰ区 T1411②:1，泥质灰陶。檐面外折，与瓦身呈钝角。檐面上部凸棱上戳印圆窝纹；波浪状边缘上部施有一条粗波浪纹。残长 14.1、宽 5.2 厘米（图二四三，6）。

标本Ⅰ区 T1411②:2，泥质灰陶。檐面外折，与瓦身呈钝角。檐面上部凸棱上戳印内压椭圆形窝的长麦粒纹；波浪状边缘上部戳印多组麦粒纹。残长 8.6、宽 4.1 厘米（图二四三，7）。

5. 鸱吻

地层内出土 11 件，均为残块，按残存部位可分为鳍刺、鬃毛、吻部、犄角、鳞身、器身等。

鳍刺　1 件。

标本Ⅲ区 TG3②:12，泥质灰褐陶。板状，现残存鸱吻兽头上部右侧部分，两条呈放射性排列的凸棱纹表示鳍刺，鳍刺外侧残留有两条凹槽以示鬃毛。残长 13.1、残宽 11.3、厚 1.6~2.3 厘米（图二四四，1）。

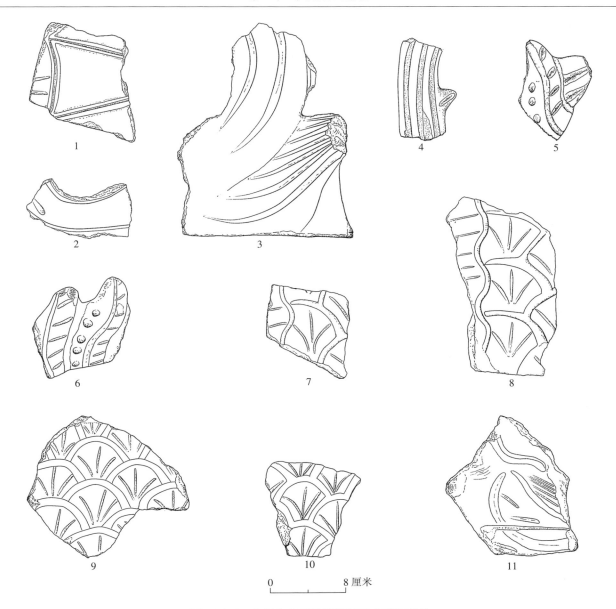

图二四四　大刘台山遗址第②层出土鸱吻残块

1. 鳍刺（Ⅲ区 TG3②：12）　2. 吻部（Ⅲ区 TG3②：11）　3. 鬃毛（Ⅲ区 TG3②：4）　4~6. 犄角（Ⅲ区 TG3②：4、Ⅲ区 TG3②：8、Ⅲ区 TG3②：17）　7~10 鳞身．（Ⅲ区 TG3②：5、Ⅲ区 TG3②：6、Ⅲ区 TG3②：7、Ⅲ区 TG3②：9）　11. 器身（Ⅲ区 TG3②：16）

　　鬃毛　1件。

　　标本Ⅲ区 TG3②：4，泥质灰陶。鬃毛束拢；鬃毛顶部为弯月状犄角，犄角表面施有三周凹槽。残长 23.4、残宽 18.9、厚 3.2~3.8 厘米（图二四四，3）。

　　吻部　1件。

　　标本Ⅲ区 TG3②：11，泥质灰陶。现存吻部侧面，呈圆弧状，表面圆隆，前端戳印水滴状凹坑。残长 11.1、残宽 5.8、厚 2.7 厘米（图二四四，2）。

　　犄角　3件。

　　标本Ⅲ区 TG3②：4，泥质灰陶。整体近似弯月状，表面圆隆，依犄角走势施有三周凹槽；犄角外侧置有倒刺。残长 11.5、宽 6.2、厚 2.0 厘米（图二四四，4）。

标本Ⅲ区 TG3②：8，泥质灰陶。整体呈波浪状，表面圆隆，各残留一排依犄角走势戳印的麦粒纹及圆窝纹，中间以凹槽相隔；犄角外侧置有倒刺。残长 11.0、残宽 7.7、厚 3.4 厘米（图二四四，5）。

标本Ⅲ区 TG3②：17，泥质灰陶。整体呈波浪状，表面圆隆，依犄角走势戳印二排麦粒纹及一排圆窝纹，中间以凹槽相隔。残长 11.1、残宽 10.2、厚 3.3 厘米（图二四四，6）。

鳞身　4 件。

标本Ⅲ区 TG3②：5，泥质灰褐陶。板状，表面饰有大面积的鱼鳞纹。残长 10.3、残宽 8.7、厚 1.6～2.6 厘米（图二四四，7）。

标本Ⅲ区 TG3②：6，泥质灰褐陶。板状，表面饰有大面积的鱼鳞纹，左侧有一根波浪状的鳍刺。残长 19.6、残宽 11.7、厚 2.3～2.8 厘米（图二四四，8）。

标本Ⅲ区 TG3②：7，泥质灰陶。板状，表面饰有大面积的鱼鳞纹；背面有横向的素面隔板。残长 17.1、残宽 15.6、厚 1.8～3.4 厘米（图二四四，9）。

标本Ⅲ区 TG3②：9，泥质灰陶。板状，表面饰有大面积的鱼鳞纹；背面有横向的素面隔板。残长 10.6、残宽 10.1、厚 1.5～2.7 厘米（图二四四，10）。

器身　1 件。

标本Ⅲ区 TG3②：16，泥质灰陶。板状，表面饰有波浪状的凸棱。残长 15.4、残宽 14.0、厚 4.1～4.5 厘米（图二四四，11）。

6. 脊兽

依据造型的不同，可分为龙首形脊兽和凤鸟形脊兽两类。

（1）龙首形脊兽

地层内出土 11 件，均为残块，按残存部位可分为上颌部、下颌部、兽眼、兽舌、兽牙等。

上颌部　2 件。

标本Ⅲ区 TG3②：13，泥质灰陶。现存上颚及獠牙，上颚厚肥，表面刻划树状短线纹。残长 4.4、残宽 9.1 厘米（图二四五，1）。

标本Ⅲ区 TG3②：14，泥质灰陶。仅存上颚，颚面刻划"⌒"形纹。残长 10.5、残宽 6.5 厘米（图二四五，2）。

下颌部　4 件。

标本Ⅲ区 TG3②：21，泥质灰陶。整体近似三角形，兽舌肥厚圆隆，舌面刻划"⌒"形纹；2 枚犬齿顶部均已残断；下颌底部平整、粗糙，便于贴附斜脊上。残长 24.3、残宽 18.4、残高 12.8 厘米（图二四五，5）。

标本Ⅲ区 TG3②：22，泥质灰陶。下颌唇部上翘，中部刻划四个门齿，唇周刻划麦粒纹表示髭毛。残长 13.4、残宽 13.2 厘米（图二四五，6）。

标本Ⅲ区 TG3②：23，泥质灰陶。现存下颌后端左侧部分，颌骨上附有二个臼齿。残长 10.8、残宽 9.6、残高 6.0 厘米（图二四五，8）。

标本Ⅲ区 TG3②：24，泥质灰褐陶。现存下颌左侧部分，下颌外侧施有卷曲的髭毛，前端戳有蜂窝状圆圈纹。残长 16.4、残宽 6.6、残高 5.2 厘米（图二四五，7）。

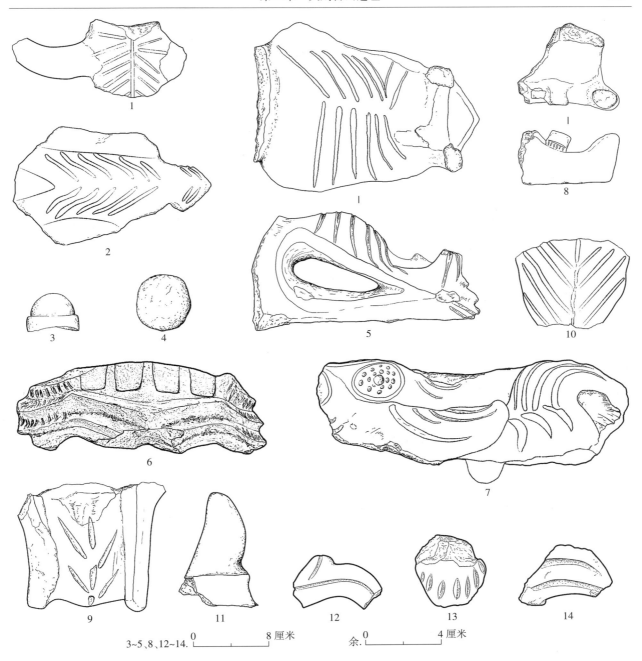

图二四五　大刘台山遗址第②层出土脊兽残块

1、2. 上颌部（Ⅲ区 TG3②:13、Ⅲ区 TG3②:14）　3、4. 兽眼（Ⅲ区 TG3②:19、Ⅲ区 TG3②:20）　5～8. 下颌部（Ⅲ区 TG3②:21、Ⅲ区 TG3②:22、Ⅲ区 TG3②:24、Ⅲ区 TG3②:23）　9、10. 兽舌（Ⅲ区 TG3②:3、Ⅲ区 TG3②:15）　11. 兽牙（Ⅲ区 TG3②:18）　12. 脑后翎羽（Ⅰ区 T1104②:4）　13. 颈部（Ⅲ区 TG3②:10）　14. 凤尾（Ⅰ区 T1403②:5）

兽眼　2件。

标本Ⅲ区 TG3②:19，泥质灰陶。眼睛外鼓凸出，台状眼眶。残高3.5、球径4.0厘米（图二四五，3）。

标本Ⅲ区 TG3②:20，泥质灰陶。眼球外凸。残高2.4厘米（图二四五，4）。

兽舌　2件。

标本Ⅲ区 TG3②:3，泥质灰陶。卷舌上扬，两侧略内翻，舌面饰有鸡爪状的麦粒纹。残长

7.1、残宽7.8、厚2.5～2.8厘米（图二四五，9）。

标本Ⅲ区TG3②：15，泥质灰陶。卷舌上扬，舌面饰有狭长的麦粒纹。残长4.9、残宽6.0、厚0.5～1.5厘米（图二四五，10）。

兽牙　1件。

标本Ⅲ区TG3②：18，泥质灰陶。犬齿尖翘。残长6.3厘米（图二四五，11）。

（2）凤鸟形脊兽

数量较少，地层内仅出土3件。

脑后翎羽　1件。

标本Ⅰ区T1104②：4，泥质灰陶。翎羽近似弯月状，表面刻划凹槽表示羽毛；翎羽根部分一小枝。残长9.4、残宽5.0、厚2.7厘米（图二四五，12）。

颈部　1件。

标本Ⅲ区TG3②：10，泥质灰陶。表面戳印麦粒纹表示羽毛。残宽7.4、残高3.4厘米（图二四五，13）。

凤尾　1件。

标本Ⅰ区T1403②：5，泥质灰陶。平面近似扇形，由尾根向尾尖逐渐变薄，表面刻划有二周凹槽。残长10.0、残宽5.4、厚3.5厘米（图二四五，14）。

（二）生活用品

生活用品依据质地的不同，可分为陶器、瓷器、铁器及铜器四类，其中以陶器、瓷器最为大宗。

1. 陶器

数量较多，但可复原者较少，均为泥质，以灰（褐）陶为主，另有少量的黑陶、黄褐陶等。容器均为轮制，器形较为规整；网坠等小件物品则多为手工捏制而成。器表多为素面，纹饰以附件堆纹为主，偶见弦纹、水波纹、篦齿纹及抹压暗纹等。器类主要有瓮、罐、盆、盘、甑、钵、灯盏、砚、纺轮、网坠、管状器、多孔器等。

瓮　数量较多，但未见可复原者，多为口部及底部残片，现选取2件标本予以介绍。

标本Ⅰ区T1311②：2，泥质黄褐陶。仅存口部残片，圆唇，卷沿较甚，微敛口，溜肩，鼓腹，腹部最大径位置靠近肩部。近口处施有上、下两组多周凹弦纹界格，界格内施有多条水波纹。口径46.5、残高10.1、壁厚0.6～1.0厘米（图二四六，1）。

标本Ⅰ区T1403②：3，泥质灰黑陶。仅存口部残片，圆唇，卷沿，敛口，溜肩，鼓腹，腹部最大径位置靠近肩部。近口处施有一周附加堆纹。口径49.0、残高14.7、壁厚0.6～0.9厘米（图二四六，2）。

罐　数量较多，但仅1件可复原，多为口沿及腹部残片，多见双耳，器耳采用贴附的形式，现选取3件标本予以介绍。

标本Ⅰ区T1011②：1，泥质灰黑陶，器表磨光。口部残缺，鼓腹，腹部最大径位置靠近肩部，平底。素面，器表轮旋痕迹明显。最大腹径19.6、底径10.6、残高13.1、壁厚0.5～0.7厘米（图二四六，4）。

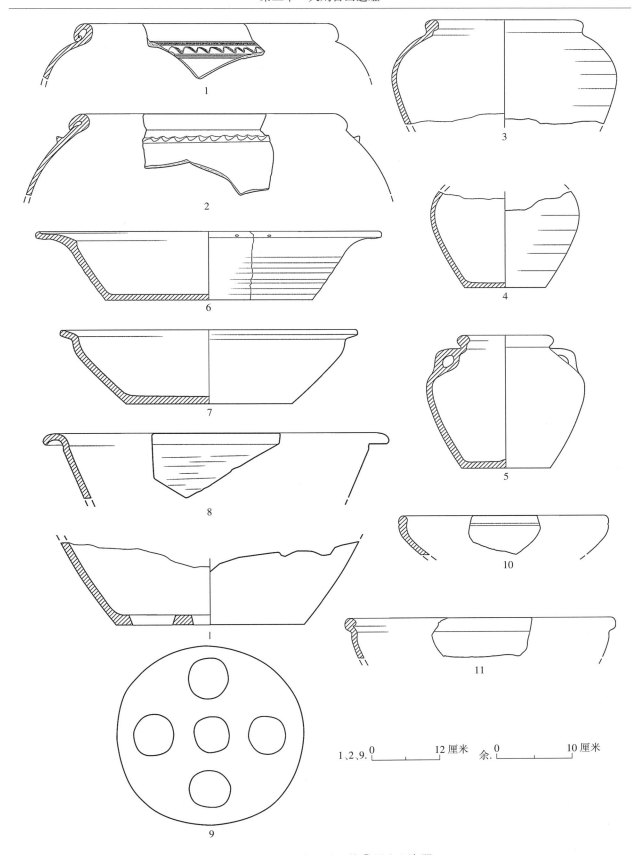

图二四六 大刘台山遗址第②层出土陶器

1、2. 瓮（Ⅰ区T1311②:2、Ⅰ区T1403②:3） 3~5. 罐（Ⅰ区T1409②:1、Ⅰ区T1011②:1、Ⅲ区TG1②:4） 6~8. 盆（Ⅰ区T1103②:1、Ⅰ区T1408②:1、Ⅲ区TG1②:1） 9. 甑（Ⅲ区TG2②:2） 10、11. 钵（Ⅰ区T1407②:2、Ⅰ区T1213②:2）

标本Ⅰ区T1409②：1，泥质灰陶。圆唇，敛口，溜肩，鼓腹，腹部最大径位置靠近肩部，底部残缺。素面，器表轮旋痕迹明显。口径20.8、最大腹径29.7、残高14.2、壁厚0.5~0.7厘米（图二四六，3）。

标本Ⅲ区TG1②：4，泥质灰陶。圆唇，微敛口，溜肩，肩部对称置有两个桥形耳，鼓腹，腹部最大径位置靠近肩部，平底。素面。口径12.8、最大腹径20.9、底径11.7、高18.3、壁厚0.6~0.8厘米（图二四六，5）。

盆　数量较多，但仅2件可复原，多为口部及腹部残片，现选取3件标本予以介绍。

标本Ⅰ区T1103②：1，泥质灰陶。圆唇，敞口，折沿较宽，沿面施有一周凹槽，斜直腹，平底。素面，器表轮旋痕迹明显；残存有五组圆形铜补痕。口径45.9、底径27.4、高9.4、壁厚0.7~1.4厘米（图二四六，6；彩版四三，4）。

标本Ⅰ区T1408②：1，泥质灰陶。方唇，折沿，大敞口，弧腹，腹部最大径位置靠近口部，下腹部急收成平底。素面。口径39.5、底径21.9、高10.1、壁厚0.8~0.9厘米（图二四六，7）。

标本Ⅲ区TG1②：1，泥质灰陶，器表磨光。仅存口部残片，圆唇，卷沿，大敞口，斜腹。素面，器表轮旋痕迹明显。口径45.7、残高8.8、壁厚0.7~0.8厘米（图二四六，8）。

盘　1件。

标本Ⅰ区T1104②：1，泥质灰陶，仅存底部残片。盘心摹印圆形凹面界格，界格内施有一周凸棱，凸棱内饰联珠纹，其内饰鱼纹。该鱼鱼嘴大张，鱼眼圆瞪，嘴须自然、舒展，胸鳍做游动状，鱼身密布圆珠状鱼鳞，刻划精细、生动写实。残长9.0、壁厚0.5~0.6厘米（图二四七，2）。

甑　1件。

标本Ⅲ区TG2②：2，泥质灰陶。口部残缺，斜腹，大平底，底部穿有五个圆形甑孔。素面。底径33.0、残高14.7、壁厚1.0~1.1厘米（图二四六，9）。

钵　数量较少，多为口沿残片，现选取2件标本予以介绍。

标本Ⅰ区T1213②：2，泥质灰黑陶。仅存口部残片，圆唇，唇面内卷，侈口，束颈，弧腹。素面。口径35.8、残高5.3、壁厚0.6~0.7厘米（图二四六，11）。

标本Ⅰ区T1407②：2，泥质灰黑陶。仅存口部残片，圆唇，微敛口，弧腹。近口处施有一周凹槽。口径27.8、残高5.2、壁厚0.6~0.9厘米（图二四六，10）。

灯盏　1件。

标本Ⅰ区T1104②：3，泥质灰陶。尖圆唇，侈口，弧腹，下腹部急收成平底。素面。口径7.8、底径4.5、高2.5、壁厚0.2~0.4厘米（图二四七，3）。

砚　1件。

标本Ⅰ区T1804②：1，泥质灰陶，簸箕形砚残块。砚池四周作斜波状，砚池平滑；砚体前端下设矮四棱足。砚池四周刻划有卷云纹，砚体侧面及外底刻划有龙纹。该龙头部生有双角，圆睁双目，龇牙咧嘴，下颚较长，血盆巨口大张，露出利齿，长舌外探，面部表情较为狰狞；龙身遍布鳞片，含胸弓背，背鬣森立，四肢粗壮，龙爪锋利，整体矫健有力，呈升腾状。残长7.5、残宽8.7、高3.4、壁厚1.2~1.4厘米（图二四七，1；彩版四三，5）。

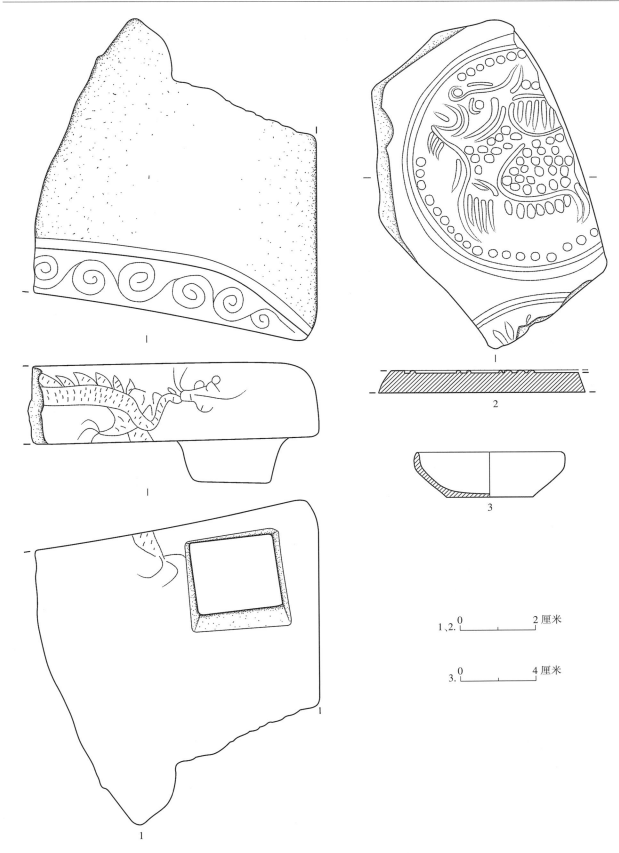

图二四七 大刘台山遗址第②层出土陶器

1. 砚（Ⅰ区 T1804②：1） 2. 盘（Ⅰ区 T1104②：1） 3. 灯盏（Ⅰ区 T1104②：3）

纺轮　4件。

标本Ⅰ区T1006②：1，泥质灰陶，陶色不纯，局部呈黑褐色。圆饼状，较扁薄，纵向穿有一孔。素面。轮径3.4、厚0.6厘米（图二四八，1；彩版四五，1）。

标本Ⅰ区T1206②：4，泥质灰陶，由布纹板瓦残块改制而成。算珠状，较厚重，纵向穿有一孔。轮径6.7、厚2.8厘米（图二四八，2；彩版四五，1）。

标本Ⅰ区T1304②：2，泥质黄褐陶。圆饼状，较厚重，纵向穿有一孔。素面。轮径5.4、厚1.3厘米（图二四八，3；彩版四五，1）。

标本Ⅲ区TG1②：2，泥质灰陶，由布纹板瓦残块磨制而成。圆饼状，较厚重，纵向穿有一孔。轮面施有一周凹槽。轮径5.6、厚1.7厘米（图二四八，4；彩版四五，1）。

网坠　2件。

标本Ⅰ区T1311②：1，泥质黄褐陶。整体呈圆柱状，近两端处各施有一周凹槽用于拴系网绳。素面。长3.9、宽1.6厘米（图二四八，5；彩版四五，2）。

标本Ⅲ区TG1②：3，泥质黄褐陶。整体呈圆柱状，近两端处各施有一周凹槽用于拴系网绳。素面。长3.4、宽1.5厘米（图二四八，6；彩版四五，2）。

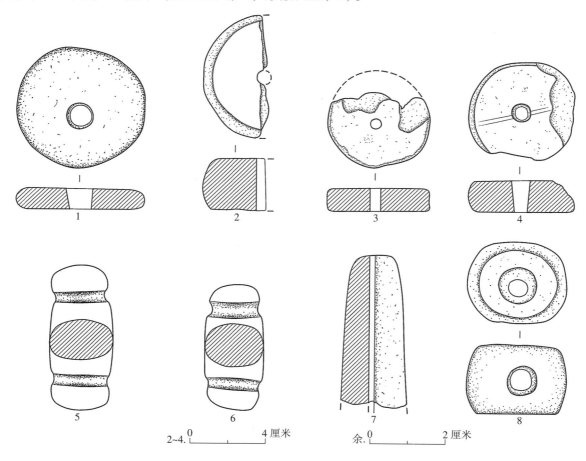

图二四八　大刘台山遗址第②层出土陶器

1~4. 纺轮（Ⅰ区T1006②：1、Ⅰ区T1206②：4、Ⅰ区T1304②：2、Ⅲ区TG1②：2）　5、6. 网坠（Ⅰ区T1311②：1、Ⅲ区TG1②：3）　7. 管状器（Ⅰ区T1002②：1）　8. 多孔器（Ⅰ区T1310②：3）

管状器　1件。

标本 Ⅰ 区 T1002②：1，泥质黑褐陶。整体呈圆柱状，一端细，一端粗，粗端残断，纵向穿有一孔。素面。残长4.2、孔径0.3厘米（图二四八，7）。

多孔器　1件。

标本 Ⅰ 区 T1310②：3，泥质灰陶，由布纹板瓦残块磨制而成。整体近似圆柱状，两端齐平，腰部外鼓。在顶面及相邻的一侧面各穿有一互通的圆孔。宽2.6、高1.8厘米（图二四八，8）。

2. 瓷器

数量较多，但可复原者较少。瓷器以白瓷为主，另有少量的青瓷、酱釉瓷及辽三彩。可辨器形种类较少，主要为有碗、盘、小壶等。

碗　数量较多，但仅2件可复原，多为口部残片，现选取2件标本予以介绍。

标本 Ⅰ 区 T1403②：1，胎质细腻，露胎处呈米黄色。釉色白中泛青，内壁施满釉，外壁施釉不到底，略有流釉现象，表面开片痕迹明显，碗外挂有烟炱。尖圆唇，敞口，口沿外侧有唇口，其截面呈三角形，斜弧腹，矮圈足较直。内底残留有一个支烧痕。素面。口径24.4、底径8.7、高7.3、壁厚0.5～0.7厘米（图二四九，1）。

标本 Ⅲ 区 TG1②：6，胎质细腻，露胎处呈米黄色。釉色白中泛黄，内壁施满釉，外壁施釉不到底，略有流釉现象。尖圆唇，敞口，口沿外侧有唇口，其截面近似三角形，斜弧腹，矮圈足较直。内底上残留有三个支烧痕。素面。口径22.8、底径7.1、高7.0、壁厚0.5～0.7厘米（图二四九，2；彩版四四，3）。

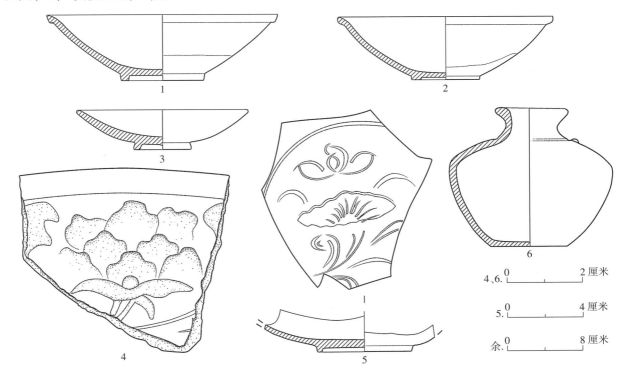

图二四九　大刘台山遗址第②层出土瓷器

1、2. 碗（Ⅰ区 T1403②：1、Ⅲ区 TG1②：6）　3～5. 盘（Ⅰ区 T1306②：1、Ⅰ区 T1403②：2、Ⅰ区 T1603②：1）　6. 小壶（Ⅰ区 T1205②：5）

盘　数量较少，仅1件可复原，多为口部残片，现选取3件标本予以介绍。

标本Ⅰ区T1306②：1，胎质细腻，器壁较厚重，露胎处呈砖红色。釉色呈乳白色，剥落严重，内壁施满釉，釉面有细小的冰裂纹；外壁未施釉。圆唇，敞口，斜弧腹，矮圈足外撇。素面。口径18.2、底径6.1、高4.4、壁厚0.4~1.0厘米（图二四九，3；彩版四四，4）。

标本Ⅰ区T1403②：2，米黄色胎，施白色化妆土。内壁施黄、绿、白三彩，外壁施深黄褐彩，釉面局部有细小的龟裂。仅存口部残片，圆唇，敞口，斜直壁。内壁近口处施有一周凸弦纹，内饰团状牡丹纹。所有纹饰均先模印，再涂黄、绿二彩，白彩为地，纹饰与釉彩不完全吻合。壁厚0.4~0.5厘米（图二四九，4）。

标本Ⅰ区T1603②：1，胎质细腻、坚实，器壁较薄，露胎处呈鸡骨白。通体施白釉，外壁略施釉不均，釉层较厚处略呈淡绿色。口部残缺，弧腹，矮圈足。盘心处施有一周凹弦纹，弦纹内划刻莲花纹。顶部为一朵盛开的莲花，莲瓣错落有致；中部为荷叶，荷叶叶脉清晰，四周以水波纹环绕。底径5.0、残高2.3、壁厚0.2~0.4厘米（图二四九，5；彩版四五，3）。

小壶　1件。

标本Ⅰ区T1205②：5，胎质细腻、厚实，露胎处呈砖红色。釉色呈浅褐色，口部有积釉现象，外壁施满釉，内壁施釉不到底，外壁釉面有细小的龟裂。圆唇，侈口，小束颈，溜肩，肩部等距置有三个乳丁，折腹，腹部最大径位置靠近肩部，平底。肩部施有一周凹弦纹。口径1.9、最大腹径4.3、底径2.0、高3.8、壁厚0.2~0.3厘米（图二四九，6）。

3. 铁器

出土数量不多，种类主要有镞、钉、锥、剪、镬、带扣等。

镞　18件。

标本Ⅰ区T1408②：2，完整，锻制。镞叶呈四棱锥状，尖锋，直刃，中脊发达，截面呈菱形；无下关，圆柱状长铤。长23.6、铤截面直径0.4~0.7厘米（图二五〇，1）。

标本Ⅰ区T1217②：1，锻制。镞叶呈矛状，尖锋略残损，弧刃，叶面微隆，截面近似椭圆形；具下关，下关呈圆柱状且较长，圆柱状铤现已弯折。残长13.9、铤截面直径0.2~0.5厘米（图二五〇，18；彩版四五，6）。

标本Ⅰ区T1204②：4，锻制。镞叶呈矛状，尖锋，弧刃，中脊发达，截面近似菱形；具下关，圆柱状铤残损。残长9.2、铤截面直径0.3~0.5厘米（图二五〇，6；彩版四五，6）。

标本Ⅰ区T1310②：4，锻制。镞叶呈矛状，尖锋，曲刃，中脊发达，截面呈菱形；具下关，镞叶与下关连接圆滑，圆柱状铤残损。残长5.3厘米（图二五〇，7）。

标本Ⅰ区T1005②：1，锻制。镞叶呈盾状，圆钝锋，弧刃，中脊发达，截面呈菱形；具圆柱状下关，圆柱状铤残损。残长5.4、铤截面直径0.3厘米（图二五〇，2；彩版四五，6）。

标本Ⅰ区T1203②：1，锻制。镞叶呈凿形，平锋，直刃，截面呈长方形；具圆柱状下关，圆柱状铤较长。长7.2、铤截面直径0.3厘米（图二五〇，4；彩版四五，6）。

标本Ⅰ区T1208②：1，锻制。镞叶呈凿形，平锋，直刃，截面呈长方形；无下关，圆柱状铤微残。残长5.3、铤截面直径0.3厘米（图二五〇，8）。

标本Ⅰ区T1204②：2，锻制。镞叶呈桂叶形，尖锋，弧刃，截面呈扁长方形；无下关，圆柱状铤现已弯折。长 7.9、铤截面直径 0.3 厘米（图二五〇，5；彩版四五，6）。

标本 Ⅰ区 T1013②：1，锻制。镞叶呈四棱锥状，尖锋，直刃，截面呈长方形；具下关，下关呈束腰四棱柱，圆柱状铤微残。残长 5.7、铤截面直径 0.3 厘米（图二五〇，3）。

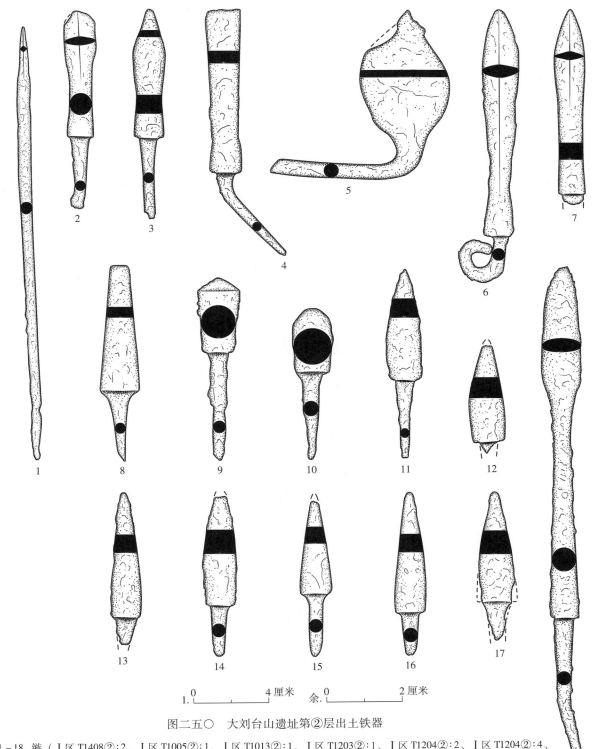

图二五〇　大刘台山遗址第②层出土铁器

1~18. 镞（Ⅰ区 T1408②：2、Ⅰ区 T1005②：1、Ⅰ区 T1013②：1、Ⅰ区 T1203②：1、Ⅰ区 T1204②：2、Ⅰ区 T1204②：4、Ⅰ区 T1310②：4、Ⅰ区 T1208②：1、Ⅰ区 T1203②：3、Ⅰ区 T1302②：1、Ⅰ区 T1306②：4、Ⅰ区 T1213②：1、Ⅰ区 T1303②：1、Ⅰ区 T1304②：3、Ⅰ区 T1803②：1、Ⅰ区 T1803②：2、Ⅲ区 TG2②：1、Ⅰ区 T1217②：1）

标本Ⅰ区T1213②：1，锻制。镞叶呈四棱锥状，尖锋残损，直刃，中脊发达，截面呈梯形；无下关，圆柱状铤残损。残长2.9厘米（图二五〇，12）。

标本Ⅰ区T1303②：1，锻制。镞叶呈四棱锥状，尖锋，直刃，中脊发达，截面呈梯形；无下关，圆柱状铤残损。残长4.1、铤截面直径0.4厘米（图二五〇，13；彩版四五，6）。

标本Ⅰ区T1304②：3，锻制。镞叶呈四棱锥状，尖锋残损，直刃，中脊发达，截面呈梯形；无下关，圆柱状铤。残长4.3、铤截面直径0.3厘米（图二五〇，14；彩版四五，6）。

标本Ⅰ区T1306②：4，锻制。镞叶呈四棱锥状，尖锋，直刃，中脊发达，截面呈梯形；无下关，圆柱状铤。长5.2、铤截面直径0.2厘米（图二五〇，11；彩版四五，6）。

标本Ⅰ区T1803②：1，锻制。镞叶呈四棱锥状，尖锋微残，直刃，中脊发达，截面呈梯形；无下关，圆柱状铤较短。残长4.2、铤截面直径0.3厘米（图二五〇，15）。

标本Ⅰ区T1803②：2，锻制。镞叶呈四棱锥状，尖锋，直刃，中脊发达，截面呈梯形；无下关，圆柱状铤微残。残长4.5、铤截面直径0.3厘米（图二五〇，16）。

标本Ⅲ区TG2②：1，锻制。镞叶呈四棱锥状，尖锋，直刃，中脊发达，截面呈梯形；无下关，圆柱状铤残损。残长4.0厘米（图二五〇，17）。

标本Ⅰ区T1203②：3，锻制。镞叶呈圆锥状，尖锋，直刃，截面呈圆形；无下关，圆柱状铤。长5.0、铤截面直径0.3～0.5厘米（图二五〇，9；彩版四五，6）。

标本Ⅰ区T1302②：1，锻制。镞叶呈圆锥状，直刃，截面呈圆形，整体较为圆钝；无下关，圆柱状铤。长4.1、铤截面直径0.3～0.5厘米（图二五〇，10；彩版四五，6）。

钉　6件。

标本Ⅰ区T1009②：1，锻制，锈蚀较为严重。钉首宽扁外折，钉身宽扁竖直，与钉首呈直角，尾部残损，截面呈长方形。残长5.2、钉首宽1.5、钉身宽0.8、钉身厚0.4厘米（图二五一，1）。

标本Ⅰ区T1203②：2，锻制。钉首宽扁外折，钉身扁薄竖直，与钉首呈直角，尾部略有残损，截面呈长方形。残长6.2、钉首宽1.6、钉身宽0.5、钉身厚0.2厘米（图二五一，3）。

标本Ⅰ区T1302②：2，锻制。钉首窄扁外折，钉身窄扁竖直，与钉首呈直角，尾部残损，截面呈长方形。残长5.6、钉首宽0.9、钉身宽0.6、钉身厚0.4厘米（图二五一，2）。

标本Ⅰ区T1310②：1，锻制。钉首齐平，截面呈长方形；钉身宽厚，略显外鼓，截面呈长方形，尾端圆钝。长7.6、钉首宽0.6、钉身宽0.6、钉身厚0.4厘米（图二五一，5）。

标本Ⅰ区T1310②：2，锻制。钉首窄扁外折，钉身宽厚，与钉首呈直角，尾部弯折外撇，截面呈长方形。长7.8、钉首宽1.1、钉身宽0.6、钉身厚0.5厘米（图二五一，4）。

标本Ⅲ区TG1②：5，锻制。钉首齐平，截面呈长方形；钉身宽厚竖直，截面呈长方形，尾端锋锐。长14.9、钉首宽1.1、钉身宽0.9、钉身厚0.8厘米（图二五一，6）。

锥　1件。

标本Ⅰ区T1204②：3，扁方体，首、尾两端略有残损，尾端窄而锋利，锥体横截面呈长方形。残长17.1、宽0.9、厚0.3厘米（图二五一，7）。

剪　1件。

标本Ⅰ区T1303②：2，锻制，仅存铰部及柄部上段，铰部和柄部分铸后合体。铰部扁平，弧刃，直背，刃、背相交处外隆。残长17.1、厚0.4厘米（图二五一，8）。

镢　1件。

标本Ⅰ区T1304②：4，铸制。平面近似长方形，长方形銎孔，侧面呈梯形。残长6.8、残宽3.4、厚2.9厘米（图二五一，10）。

带扣　1件。

标本Ⅰ区T1205②：4，整体近似"凸"字形，"一"字形扣针，背部纵向置有二个圆柱状穿

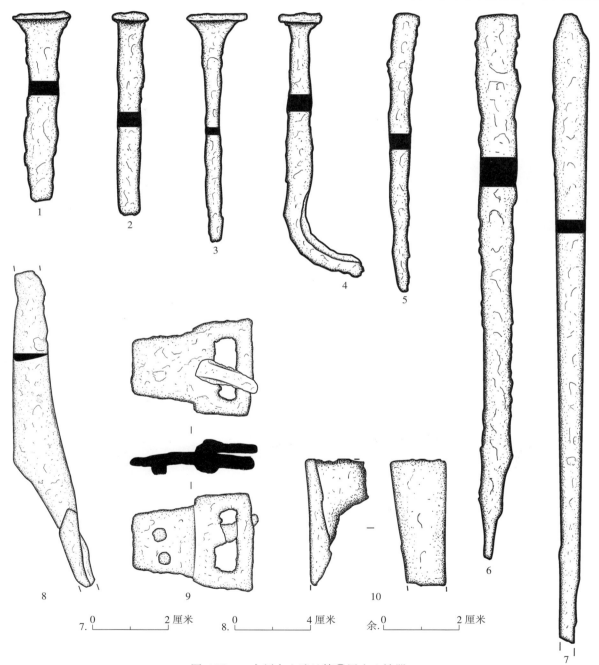

7. └─0──────2厘米┘
8. └─0──────4厘米┘
余 └─0──────2厘米┘

图二五一　大刘台山遗址第②层出土铁器

1~6. 钉（Ⅰ区T1009②：1、Ⅰ区T1302②：2、Ⅰ区T1203②：2、Ⅰ区T1310②：2、Ⅰ区T1310②：1、Ⅲ区TG1②：5）　7. 锥（Ⅰ区T1204②：3）　8. 剪（Ⅰ区T1303②：2）　9. 带扣（Ⅰ区T1205②：4）　10. 镢（Ⅰ区T1304②：4）

钉。长3.4、宽2.6厘米（图二五一，9）。

4. 铜器

仅13件，多为铜钱，另有少量簪。

簪 2件。

标本Ⅰ区T1104②：2，扁平条状，顶端耳勺残缺，尾端略有残损，窄而锋利。簪体正面微鼓，背面较平。残长6.1、厚0.1厘米（图二五二，1）。

标本Ⅰ区T1111②：1，扁平条状，顶端为椭圆形耳勺，尾端窄而锋利。簪体正面微鼓，背面较平。长12.4、厚0.1～0.2厘米（图二五二，2）。

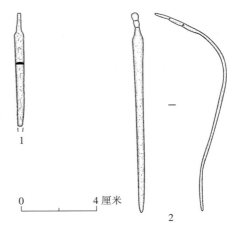

图二五二 大刘台山遗址第②层出土铜器
1、2. 簪（Ⅰ区T1104②：2、Ⅰ区T1111②：1）

铜钱 11枚，种类计有五铢、开元通宝、太平通宝、天禧通宝、皇宋通宝、嘉祐元宝及嘉祐通宝等。

五铢 1枚。

标本Ⅰ区T1108②：1，整体轻薄，方穿，正背面郭缘较窄，穿背有郭。钱文"五"字瘦长，竖划缓曲；"金"头三角形，四竖点；"朱"头较圆，"朱"下较圆。郭径2.59、穿宽0.92、郭厚0.10厘米，重2.11克（图二五三，1）。

开元通宝 4枚。唐高祖武德四年（621年）始铸。

标本Ⅰ区T1107②：1，平钱，方穿，穿背上、下各有一星月纹，正背面郭缘稍宽，正面真书"开元通宝"四字，顺读。郭径2.33、穿宽0.73、郭厚0.15厘米，重3.06克（图二五三，2）。

标本Ⅰ区T1308②：1，平钱，方穿，正背面郭缘较宽，正面真书"开元通宝"四字，顺读。郭径2.45、穿宽0.59、郭厚0.14厘米，重3.72克（图二五三，3）。

标本Ⅲ区TG3②：1，平钱，方穿，正背面郭缘较宽，正面篆书"开元通宝"四字，顺读。郭径2.52、穿宽0.56、郭厚0.14厘米，重4.32克（图二五三，4）。

标本Ⅲ区TG4②：1，平钱，方穿，剪轮，正背面郭缘较窄，正面真书"开元通宝"四字，顺读。郭径2.20、穿宽0.70、郭厚0.10厘米，重2.58克（图二五三，5）。

太平通宝 1枚。

标本Ⅰ区T1206②：2，宋太宗太平兴国年间（976～984年）所铸。平钱，方穿，正背面郭缘稍宽，正面隶书"太平通宝"四字，顺读。郭径2.43、穿宽0.60、郭厚0.13厘米，重3.20克（图二五三，6）。

天禧通宝 1枚。

标本Ⅲ区TG4②：2，宋真宗天禧年间（1017～1021年）所铸。平钱，方穿，正背面郭缘稍宽，正面真书"天禧通宝"四字，旋读。郭径2.49、穿宽0.63、郭厚0.18厘米，重4.42克（图二五三，7）。

皇宋通宝 1枚。

标本Ⅰ区T1205②：3，宋仁宗宝元二年（1039年）所铸。平钱，方穿，正背面郭缘稍宽，正面真书"皇宋通宝"四字，顺读。郭径2.46、穿宽0.64、郭厚0.13厘米，重3.44克（图二五三，8）。

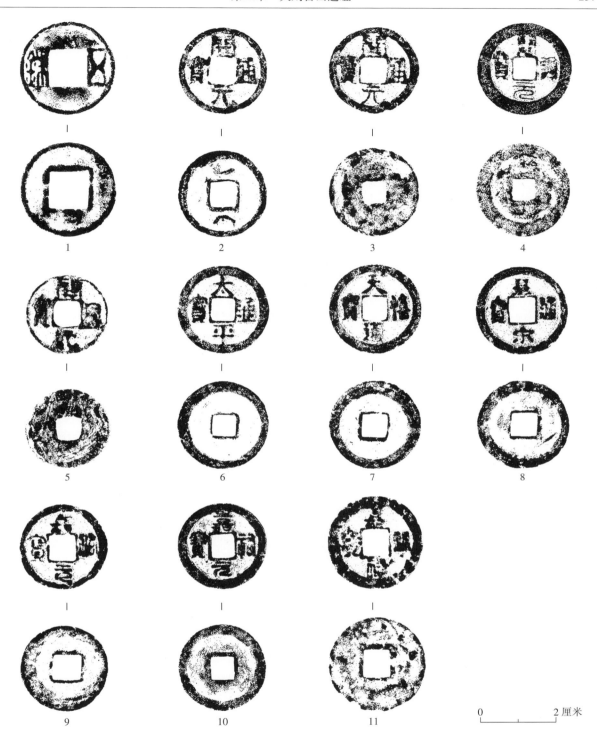

图二五三　大刘台山遗址第②层出土铜钱拓片

1. 五铢（Ⅰ区 T1108②：1）　2～5. 开元通宝（Ⅰ区 T1107②：1、Ⅰ区 T1308②：1、Ⅲ区 TG3②：1、Ⅲ区 TG4②：1）　6. 太平通宝（Ⅰ区 T1206②：2）　7. 天禧通宝（Ⅲ区 TG4②：2）　8. 皇宋通宝（Ⅰ区 T1205②：3）　9、10. 嘉祐元宝（Ⅰ区 T1209②：1、Ⅲ区 TG2②：3）　11. 嘉祐通宝（Ⅲ区 TG3②：2）

嘉祐元宝　2 枚。宋仁宗嘉祐年间（1056～1063 年）所铸。平钱，方穿，正背面郭缘稍宽，正面篆书"嘉祐元宝"四字，旋读。

标本Ⅰ区 T1209②：1，郭径 2.36、穿宽 0.68、郭厚 0.14 厘米，重 3.18 克（图二五三，9）。

标本Ⅲ区 TG2②:3，郭径 2.35、穿宽 0.59、郭厚 0.16 厘米，重 4.39 克（图二五三，10）。

嘉祐通宝　1 枚。

标本Ⅲ区 TG3②:2，宋仁宗嘉祐年间（1056～1063 年）所铸。平钱，方穿，正背面郭缘较宽，正面篆书"嘉祐通宝"四字，顺读。郭径 2.61、穿宽 0.71、郭厚 0.16 厘米，重 3.46 克（图二五三，11）。

第五节　清代遗存

大刘台山遗址已发掘的区域内，有 1 个灰坑出土有属于清代的器物。虽然在发掘区内我们并未发现有这 1 个灰坑所专属的层位，但这类遗存表明清代这一阶段曾在本遗址客观存在过，其本身就属于本遗址的文化内涵。换言之，大刘台山遗址未发掘的区域内还可能有清代的文化堆积，只是在已发掘的范围内，没有发现其独立的地层堆积而已。

下面对属于清代的这 1 个灰坑做详细介绍。

H74

（1）形制与规格

位于Ⅰ区 T1113、T1213 内，开口于第①层下，打破 F9 西南角，开口距地表深约 22 厘米。H74 平面近似椭圆形，直壁，平底，坑壁及底部均经过简单平整，较为平滑。H74 口长径 109、口短径 74、深 31 厘米（图二五四）。

坑内堆积以灰褐土为主，夹杂有少量黑灰、炭粒等，土质较疏松。

（2）出土遗物

坑内出土遗物较少，仅见有几件瓷器，可辨器形主要有碗、小壶、杯等。

青花瓷碗　4 件。

标本 H74:1，胎质细腻，露胎处呈灰白色。内、外壁满施白釉，釉色莹白。青花近天蓝色，较为鲜亮。圆唇，敞口，弧腹，圈

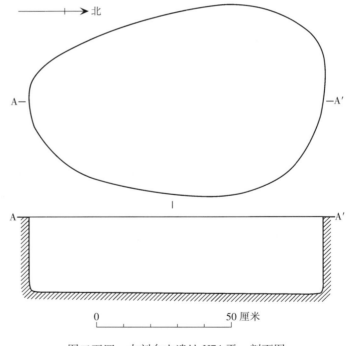

图二五四　大刘台山遗址 H74 平、剖面图

足较深，内底存有涩圈。外壁近口处、下腹部及圈足中部各施有一周蓝圈，腹部施有团花纹饰；内壁近底处施有一周蓝圈。口径 15.2、底径 8.0、高 6.7、壁厚 0.2～0.4 厘米（图二五五，1）。

标本 H74:4，胎质细腻，露胎处呈灰白色。内、外壁满施白釉，釉色白中泛灰。青花近墨色，较为暗沉。圆唇，大敞口，斜腹，内底存有涩圈，圈足较深，足跟内侧旋削。外壁施有团花纹饰。口径 13.7、底径 6.5、高 5.9、壁厚 0.2～0.3 厘米（图二五五，2）。

标本 H74:5，胎质细腻，露胎处呈灰白色，施有白色化妆土。未施釉，素烧。青花较浅淡。

圆唇，大敞口，弧腹，内底存有涩圈，圈足较深，足跟外侧旋削。内壁近口处施有一周蓝圈，近底处施有二周蓝圈；外壁近口处施有二周蓝圈，腹部施有缠枝花卉纹。口径13.0、底径4.3、高5.9、壁厚0.2~0.5厘米（图二五五，3）。

标本 H74：8，胎质细腻，露胎处呈灰白色。内、外壁满施白釉，釉色白中泛青。青花近墨色，较为暗沉。圆唇，大敞口，弧腹，矮圈足，足跟外侧旋削。外壁施有花卉纹饰。口径13.3、底径5.5、高5.9、壁厚0.2~0.5厘米（图二五五，4）。

蓝釉瓷碗 1件。

标本 H74：2，胎质细腻，露胎处呈灰白色。内壁施白釉，外壁施深蓝釉。器体较小，圆唇，敞口，弧腹，矮圈足。素面。口径10.4、底径4.3、高4.3、壁厚0.2~0.3厘米（图二五五，5）。

茶叶末釉小瓷壶 1件。

标本 H74：3，胎质细腻，露胎处呈米黄色。内壁未施釉；外壁施茶叶末釉，但未到底。器体较小，口部残缺，颈部较粗，溜肩，肩部二系现已残断，扁腹，腹部最大径位置靠近肩部，矮圈足外底极浅。素面。最大腹径7.7、底径4.9、残高5.1、壁厚0.2~0.3厘米（图二五五，6）。

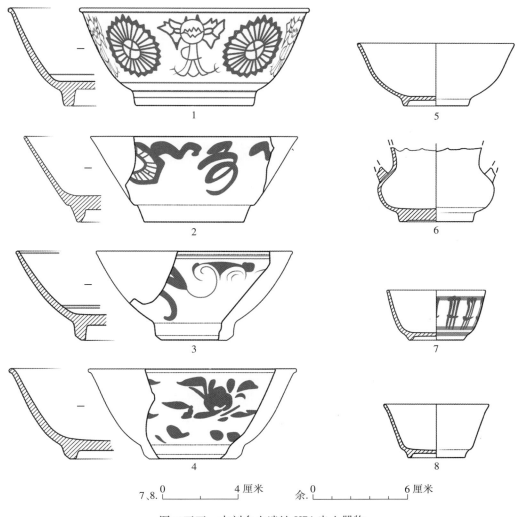

图二五五 大刘台山遗址 H74 出土器物

1~5. 瓷碗（H74：1、4、5、8、2） 6. 小瓷壶（H74：3） 7、8. 瓷杯（H74：6、7）

青花瓷杯　1件。

标本 H74∶6，胎质细腻，露胎处呈灰白色。内、外壁满施白釉，釉色白中泛青。青花近墨色，较为暗沉。圆唇，大敞口，弧腹，矮圈足，足跟外侧旋削。外壁施有花卉纹饰。口径 5.8、底径 2.8、高 2.7、壁厚 0.2~0.5 厘米（图二五五，7）。

蓝釉瓷杯　1件。

标本 H74∶7，胎质细腻，露胎处呈乳白色。内施白釉，外壁施蓝釉。圆唇，敞口，腹壁微内凹，矮圈足。素面。口径 5.6、底径 3.0、高 2.9、壁厚 0.1~0.2 厘米（图二五五，8）。

第六节　结语

大刘台山遗址两年来发掘的总面积近 3450 平方米，清理各类遗迹 121 个，分属于夏家店下层文化、战国晚期、金代及清代四个阶段。

一　夏家店下层文化遗存相关问题的初步分析

（一）遗物分析

遗物可分为陶器、石器及骨器等，另有少量的动物骨骼。

1. 陶器

陶器在出土遗物中数量最多，但完整及可复原的器物数量较少，多为残片。器形主要有甗、鬲、瓮、罐、壶、尊、盆、钵、甑、鼎、三足盘、杯、豆、圈足碗等容器及箅、盘状器、纺轮、网坠、扣形饰等工具。本节仅对这些陶器的制法、纹饰以及其中的主要器物的演变规律进行初步分析。

陶质以夹砂红（褐）陶和黑（褐）陶为主，泥质黑（褐）陶数量也较为大宗，另有少量的泥质黄（褐）陶、夹砂灰陶等。个别者器表施有一层红陶衣。

陶器制法以泥条套接为主，另有少量的轮制。甗盆、瓮、罐等体形较大的容器多为泥条套接成型，个别者再经轮修成器，底部与腹部对接时多见有"底包帮"或"帮包底"的情况，因此呈现圆饼状台底或平底内凹现象。尊、豆等容器则多用轮制成型。

陶器纹饰以绳纹为主，另外弦断绳纹、附加堆纹弦纹、篮纹、麦粒纹、贴附圆饼等也较为常见，而尊、鼎及豆类表面则多经磨光或抹光处理。

甗　数量较多，未见可复原者，多为甗盆或甗足。

甗盆　依据腹部是否施有绳纹，可分为甲、乙两大类。

甲类　数量较多。腹部施有绳纹。依据腹部特征，可分为 2 型。

A 型　数量最为大宗。弧腹。依据腹盆特点，又可细分为 2 亚型。

Aa 型　腹盆较浅。依据整体演变规律，可分为 3 式。

Ⅰ式　敞口，腹部绳纹较为密集。如标本 F3∶15（图二五六，1）。

Ⅱ式　大敞口，微弧腹，腹部绳纹较Ⅰ式退化。如标本Ⅰ区 T1217③∶9（图二五六，2）。

Ⅲ式　敞口更甚，弧腹近斜，腹部局部施有绳纹或绳纹多经抹平处理。如标本 SJ3∶7（图二五六，3）。

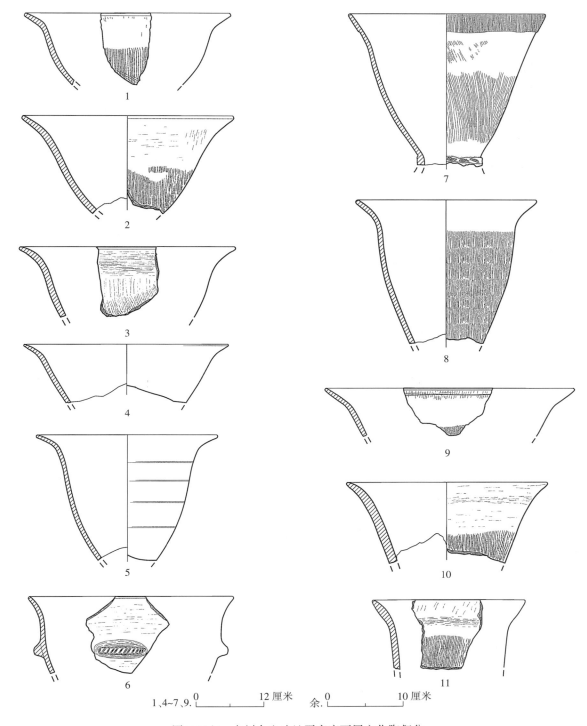

1、4~7、9. 0 _____ 12 厘米　　　余. 0 _____ 10 厘米

图二五六　大刘台山遗址夏家店下层文化陶甗盆

1. 甲 Aa I 式（F3：15）　2. 甲 Aa II 式（I 区 T1217③：9）　3. 甲 Aa III 式（SJ3：7）　4. 乙 A I 式（H63：3）　5. 乙 A II 式（H16：4）
6. 乙 B 型（I 区 T1203③：8）　7. 甲 Ab I 式（SJ5：2）　8. 甲 Ab II 式（I 区 T1416③：4）　9. 甲 B I 式（H67：25）　10. 甲 B II 式（H38：2）　11. 甲 C 型（H52：1）

　　Ab 型　腹盆较深。依据整体演变规律，可分为 2 式。

　　I 式　外叠方唇或圆唇，敞口，口沿外侧施有绳纹。如标本 SJ5：2（图二五六，7）。

　　II 式　无外叠唇，敞口更甚，口沿外侧未施绳纹。如标本 I 区 T1416③：4（图二五六，8）。

B 型　数量不多。斜腹。依据口部及腹部演变规律，可细分为 2 式。

Ⅰ式　敞口，斜腹。如标本 H67：25（图二五六，9）。

Ⅱ式　敞口更甚，斜腹急收。如标本 H38：2（图二五六，10）。

C 型　数量极少。筒形腹。如标本 H52：1（图二五六，11）。

乙类　数量较少。腹部多施有弦纹或素面，不见绳纹。依据有、无錾耳，可分为 2 型。

A 型　无錾耳。依据口部及腹部演变规律，可细分为 2 式。

Ⅰ式　大敞口较甚，微弧腹。如标本 H63：3（图二五六，4）。

Ⅱ式　敞口，弧腹较鼓。如标本 H16：4（图二五六，5）。

B 型　近口处贴附錾耳。如标本Ⅰ区 T1203③：8（图二五六，6）。

甗足　数量较多。依据腹部是否施有绳纹，可分为甲、乙两大类。

甲类　数量较多。腹部施有绳纹。依据腹部特征，可分为 2 型。

A 型　鼓腹。依据整体演变规律，可分为 2 式。

Ⅰ式　鼓腹，腹部绳纹较为密集。如标本 H53：5（图二五七，1）。

Ⅱ式　腹部更显宽肥，局部施有绳纹或绳纹大面积抹平。如标本 H16：1（图二五七，2）。

B 型　垂腹。如标本Ⅰ区 T1403③：5（图二五七，3）。

乙类　数量极少。素面，不见绳纹。如标本Ⅰ区 T1117③：1（图二五七，4）。

鬲　数量不多。依据口部装饰特征可细分为甲、乙两大类。

甲类　口部外侧不见装饰性"花边"附加堆纹。依据肩部及腹部特征，可分为 4 型。

A 型　鼓腹鬲。依据纹饰特征，又可细分为 2 亚型。

Aa 型　腹部施有绳纹。如标本 F3：16（图二五七，5）。

Ab 型　素面。依据口部演变规律，又可细分为 2 式。

Ⅰ式　长展沿。如标本 F6：1（图二五七，6）。

Ⅱ式　沿面较Ⅰ式更显低矮。如标本Ⅰ区 T1114③：2（图二五七，7）。

B 型　筒形腹鬲。如标本Ⅰ区 T1217③：1（图二五七，8）。

C 型　弧腹鬲。如标本Ⅰ区 T1008③：8（图二五七，9）。

D 型　折肩鬲。依据纹饰特征，又可细分为 2 亚型。

Da 型　腹部施有绳纹。如标本Ⅰ区 T1208③：10（图二五七，10）。

Db 型　素面。如标本 H65①：1（图二五七，11）。

乙类　口部外侧装饰有"花边"状附加堆纹。依据有、无錾耳，可分为 2 型。

A 型　无錾耳。如标本 F3：10（图二五七，12）。

B 型　近口处贴附錾耳。如标本 SJ4：26（图二五七，13）。

瓮　数量较多，多为腹部残片，可复原者较少。依据口部特征，可分为 2 型。

A 型　大口瓮。依据整体演变规律，可细分为 3 式。

Ⅰ式　腹壁较鼓，腹部施有戳压麦粒纹或指甲纹的附加堆纹。如标本 H58：20（图二五八，1）。

Ⅱ式　鼓腹，腹部的附加堆纹上未见其他的戳压纹饰。如标本Ⅰ区 T1413③：4（图二五八，2）。

Ⅲ式　折腹，腹部的附加堆纹上未见其他的戳压纹饰。如标本 H16：2（图二五八，3）。

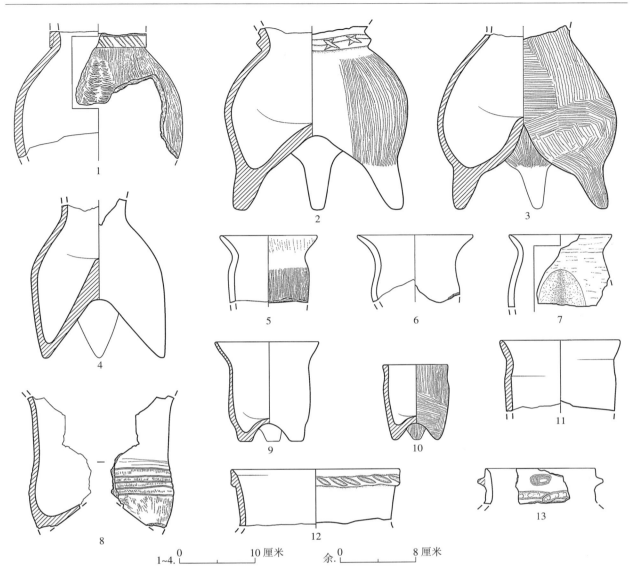

图二五七　大刘台山遗址夏家店下层文化陶甗足、鬲

1. 甲 A I 式甗足（H53∶5）　2. 甲 A II 式甗足（H16∶1）　3. 甲 B 型甗足（I 区 T1403③∶5）　4. 乙甗足（I 区 T1117③∶1）　5. 甲 Aa 型鬲（F3∶16）　6. 甲 Ab I 式鬲（F6∶1）　7. 甲 Ab II 式鬲（I 区 T1114③∶2）　8. 甲 B 型鬲（I 区 T1217③∶1）　9. 甲 C 型鬲（I 区 T1008③∶8）　10. 甲 Da 型鬲（I 区 T1208③∶10）　11. 甲 Db 型鬲（H65①∶1）　12. 乙 A 型鬲（F3∶10）　13. 乙 B 型鬲（SJ4∶26）

　　B 型　小口瓮。如标本 H58∶10（图二五八，4）。

　　罐　数量最为大宗，但多为残片，可复原者较少。依据体形大小，可分为甲、乙、丙三大类。

　　甲类　大型罐。依据腹部特征，可分为 2 型。

　　A 型　腹壁圆弧。如标本 SJ5∶11（图二五八，5）。

　　B 型　腹壁外鼓较甚。依据整体演变规律，又可细分为 2 式。

　　I 式　大敞口，沿面外折明显。如标本 H71∶2（图二五八，6）。

　　II 式　敞口，沿面略显外折，上腹部较 I 式更显圆鼓。如标本 H70∶10（图二五八，7）。

　　乙类　中型罐。依据底部特征，可分为 2 型。

　　A 型　平底或台底。依据腹部特征，又可分为 5 亚型。

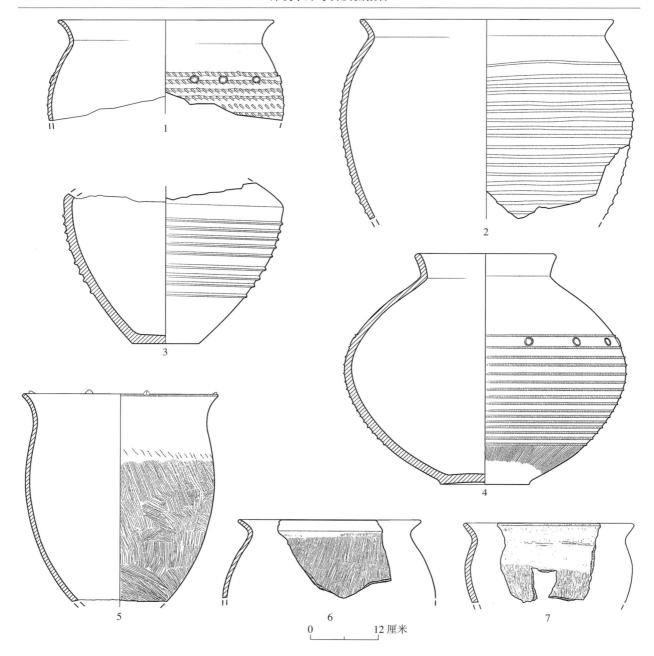

图二五八　大刘台山遗址夏家店下层文化陶瓮、陶罐

1. A Ⅰ 式瓮（H58：20）　2. A Ⅱ 式瓮（Ⅰ区 T1413③：4）　3. A Ⅲ 式瓮（H16：2）　4. B 型瓮（H58：10）　5. 甲 A 型罐（SJ5：11）　6. 甲 B Ⅰ 式罐（H71：2）　7. 甲 B Ⅱ 式罐（H70：10）

　　Aa 型　大口，卵形腹，腹部纵截面近似椭圆形。依据整体演变规律，又可细分为 3 式。

　　Ⅰ式　圆唇或方唇，外叠唇或唇部较厚，唇部外侧多施有绳纹，腹部多施有绳纹，个别者局部抹平。如标本 H58：12（图二五九，1）。

　　Ⅱ式　圆唇或方唇，领部较 Ⅰ 式变高，腹部绳纹较为凌乱。如标本 H60①：1（图二五九，2）。

　　Ⅲ式　尖圆唇或圆唇，领部持续增高，腹部较 Ⅰ 式变矮，腹部绳纹多经抹平处理。如标本 SJ4：10（图二五九，3）。

　　Ab 型　大口，卵形腹，腹部纵截面近似水滴状。如标本 H61①：1（图二五九，4）。

图二五九　大刘台山遗址夏家店下层文化陶罐

1. 乙 Aa I 式（H58：12）　2. 乙 Aa II 式（H60①：1）　3. 乙 Aa III 式（SJ4：10）　4. 乙 Ab 型（H61①：1）　5. 乙 Ac I 式（H25：6）　6. 乙 Ac II 式（H54：5）　7. 乙 Ad I 式（H33：3）　8. 乙 Ad II 式（H24：1）　9. 乙 Ae I 式（H67：23）　10. 乙 Ae II 式（SJ4：13）　11. 乙 Ba 型（H44：2）　12. 乙 Bb 型（H61①：9）

　　Ac 型　大口，鼓腹。依据整体演变规律，又可细分为 2 式。

　　I 式　圆唇或方唇，腹部圆鼓，腹部多施有绳纹。如标本 H25：6（图二五九，5）。

　　II 式　尖圆唇，腹部扁圆，腹部绳纹大面积抹平。如标本 H54：5（图二五九，6）。

　　Ad 型　大口，垂腹。依据整体演变规律，又可细分为 2 式。

Ⅰ式　圆唇或方唇，腹部多施有绳纹。如标本 H33∶3（图二五九，7）。

Ⅱ式　领部较Ⅰ式更长，腹部略显瘦长，腹部绳纹大面积抹平。如标本 H24∶1（图二五九，8）。

Ae 型　小口，鼓腹。依据整体演变规律，又可细分为 2 式。

Ⅰ式　圆唇或方唇。如标本 H67∶23（图二五九，9）。

Ⅱ式　尖圆唇。如标本 SJ4∶13（图二五九，10）。

B 型　圈足。依据底部细节，又可分为 2 亚型。

Ba 型　底壁较薄。如标本 H44∶2（图二五九，11）。

Bb 型　底壁较厚。如标本 H61①∶9（图二五九，12）。

丙类　小型罐。依据腹部特征，可分为 4 型。

A 型　卵形腹。如标本 H25∶9（图二六〇，1）。

B 型　鼓腹。如标本Ⅰ区 T1303③∶5（图二六〇，2）。

C 型　筒形腹。如标本 H34∶1（图二六〇，4）。

D 型　球形腹。如标本 H47∶1（图二六〇，3）。

壶　数量较少，依据整体特征，可分为 4 型。

A 型　展沿，束颈。如标本 H58∶11（图二六〇，5）。

B 型　喇叭口。如标本 H41∶4（图二六〇，6）。

C 型　高领，领部一次套接而成。依据有、无錾耳，又可细分为 2 亚型。

Ca 型　无錾耳。如标本Ⅰ区 T0802③∶1（图二六〇，7）。

Cb 型　近口处贴附錾耳。如标本Ⅰ区 T1116③∶2（图二六〇，8）。

D 型　高领，领部由多周窄泥条套接而成。依据有、无錾耳，又可细分为 2 亚型。

Da 型　无錾耳。如标本Ⅲ区 TG4③∶5（图二六〇，9）。

Db 型　近口处贴附錾耳。如标本Ⅰ区 T0102③∶1（图二六〇，10）。

尊　数量较多。依据口部特征，可分为甲、乙两大类。

甲类　数量较多。大展沿，敞口。依据腹部特征，可分为 4 型。

A 型　上腹部外撇弧度较小近筒状，下腹部斜收。如标本 H71∶1（图二六〇，11）。

B 型　上腹部外撇弧度较大，下腹部内收。依据腹部演变规律，又可细分为 2 式。

Ⅰ式　中腹部折棱明显。如标本 F3∶7（图二六〇，12）。

Ⅱ式　腹部整体更显宽，中腹部外鼓。如标本 SJ5∶9（图二六〇，14）。

C 型　下腹部外鼓。依据腹部演变规律，又可细分为 2 式。

Ⅰ式　下腹部较高。如标本 H63∶2（图二六〇，15）。

Ⅱ式　下腹部较Ⅰ式变矮。如标本 SJ4∶33（图二六〇，13）。

D 型　近弧腹，整体呈盆状。如标本Ⅲ区 TG4③∶3（图二六〇，16）。

乙类　数量极少。沿面不显。如标本Ⅰ区 T1503③∶1（图二六〇，17）。

杯　数量较少，筒形腹。如标本Ⅰ区 T1303③∶1（图二六〇，18）。

盆　数量不多。依据内底特征，可分为甲、乙两大类。

甲类　大平底。依据腹部特征，可分为 2 型。

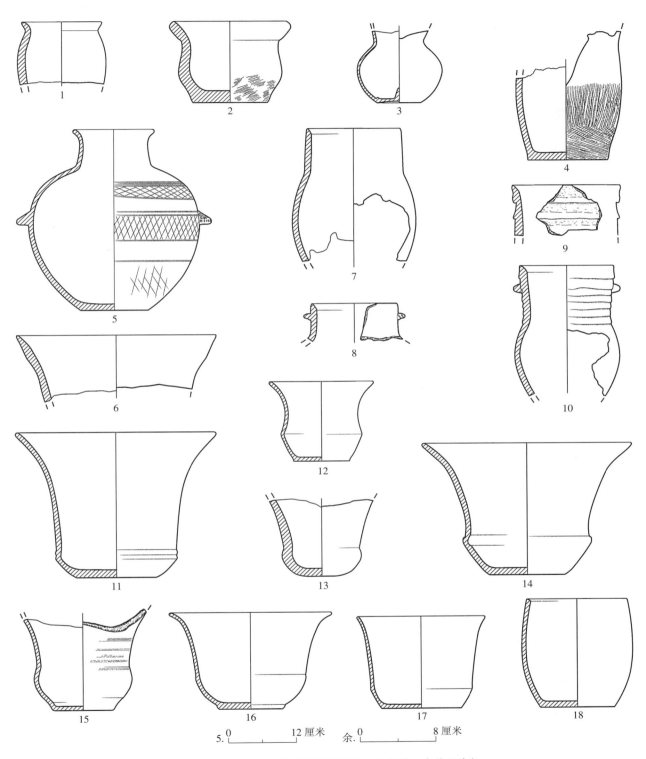

图二六〇　大刘台山遗址夏家店下层文化陶罐、陶尊及陶杯

1. 丙 A 型罐（H25：9）　2. 丙 B 型罐（Ⅰ区 T1303③：5）　3. 丙 D 型罐（H47：1）　4. 丙 C 型罐（H34：1）　5. A 型壶（H58：11）　6. B 型壶（H41：4）　7. Ca 型壶（Ⅰ区 T0802③：1）　8. Cb 型壶（Ⅰ区 T1116③：2）　9. Da 型壶（Ⅲ区 TG4③：5）　10. Db 型壶（Ⅰ区 T0102③：1）　11. 甲 A 型尊（H71：1）　12. 甲 B Ⅰ式尊（F3：7）　13. 甲 C Ⅱ式尊（SJ4：33）　14. 甲 B Ⅱ式尊（SJ5：9）　15. 甲 C Ⅰ式尊（H63：2）　16. 甲 D 型尊（Ⅲ区 TG4③：3）　17. 乙尊（Ⅰ区 T1503③：1）　18. 杯（Ⅰ区 T1303③：1）

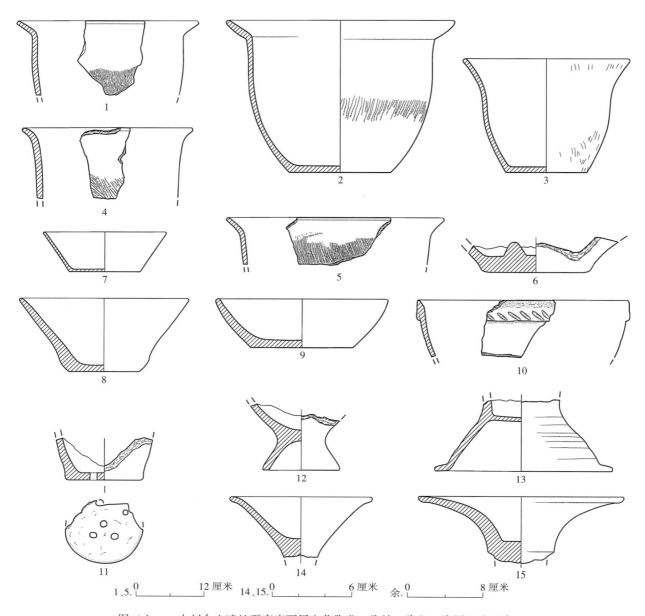

图二六一　大刘台山遗址夏家店下层文化陶盆、陶钵、陶甑、陶圈足碗及陶豆

1. 甲 A I 式盆（H25：16）　2. 甲 A II 式盆（F3：8）　3. 甲 A III 式盆（I 区 T1403③：2）　4. 甲 B I 式盆（H68：10）　5. 甲 B II 式盆（H70：9）　6. 乙类盆（I 区 T1006③：5）　7. 甲 A I 式钵（F5：3）　8. 甲 A II 式钵（I 区 SJ3：5）　9. 甲 B 型钵（II 区 T7③：1）　10. 乙类钵（I 区 T1412③：3）　11. 甑（I 区 T1416③：7）　12. B 型圈足碗（I 区 T0602③：5）　13. A 型圈足碗（I 区 T0902③：5）　14. A 型豆（H68：2）　15. B 型豆（I 区 T0402③：1）

　　A 型　弧腹。依据整体演变规律，又可细分为 3 式。

　　I 式　折沿，腹部大面积施有绳纹。如标本 H25：16（图二六一，1）。

　　II 式　折沿，腹部施有绳纹，绳纹局部抹平。如标本 F3：8（图二六一，2）。

　　III 式　展沿，腹部绳纹多已抹平。如标本 I 区 T1403③：2（图二六一，3）。

　　B 型　斜直腹。依据腹部演变规律，又可细分为 2 式。

　　I 式　腹壁较直，整体更显瘦长。如标本 H68：10（图二六一，4）。

　　II 式　腹部整体更显宽扁。如标本 H70：9（图二六一，5）。

乙类　2 件。内底置有 2 个斜向支柱。如标本 I 区 T1006③：5（图二六一，6）。

钵　数量较少。依据口部装饰特征，可分为甲、乙两大类。

甲类　口部外侧不见装饰性"花边"附加堆纹。依据腹部特征，可分为 2 型。

A 型　斜直腹。依据腹部演变规律，又可细分为 2 式。

I 式　浅腹。如标本 F5：3（图二六一，7）。

II 式　深腹。如标本 I 区 SJ3：5（图二六一，8）。

B 型　弧腹。如标本 II 区 T7③：1（图二六一，9）。

乙类　口部外侧装饰有"花边"状附加堆纹。如标本 I 区 T1412③：3（图二六一，10）。

甑　1 件。底部穿有多个圆形甑孔。标本 I 区 T1416③：7（图二六一，11）。

豆　数量较少，未见可复原者。依据豆盘特征，可分为 2 型。

A 型　喇叭状豆盘较浅。如标本 H68：2（图二六一，14）。

B 型　大展沿豆盘，腹部宽扁。如标本 I 区 T0402③：1（图二六一，15）。

圈足碗　数量较少。依据圈足特征，可分为 2 型。

A 型　覆盆状底座。如标本 I 区 T0902③：5（图二六一，13）。

B 型　覆钵状底座。如标本 I 区 T0602③：5（图二六一，12）。

鼎　数量较少。依据鼎足数量，可分为甲、乙两大类。

甲类　三足鼎。依据腹部特征，可分为 2 型。

A 型　腹部呈盆状。如标本 ST3：1（图二六二，1）。

B 型　腹部呈罐状。如标本 H23：3（图二六二，2）。

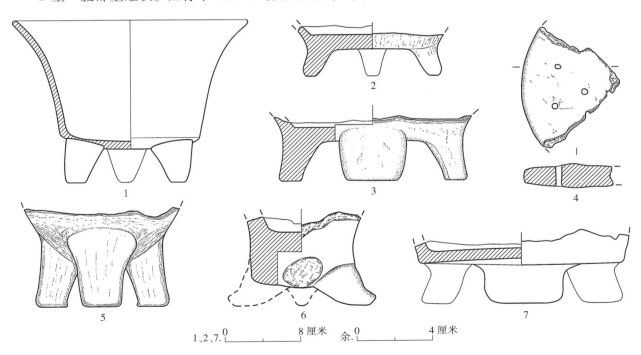

图二六二　大刘台山遗址夏家店下层文化陶鼎、陶三足盘及陶算

1. 甲 A 型鼎（ST3：1）　2. 甲 B 型鼎（H23：3）　3. 乙 A 型鼎（I 区 T1308③：6）　4. 算（NM 填：1）　5. 乙 B 型鼎（I 区 T1202③：4）　6. 乙 C 型鼎（H67：11）　7. 三足盘（II 区 T6③：3）

乙类　四足鼎。依据腹部特征，可分为 3 型。

A 型　腹部呈盆状。如标本 I 区 T1308③：6 （图二六二，3）。

B 型　腹部呈罐状。如标本 I 区 T1202③：4 （图二六二，5）。

C 型　腹部呈壶状。如标本 H67：11 （图二六二，6）。

三足盘　数量较少。大平底，底部附有 3 个片状足。如标本 II 区 T6③：3 （图二六二，7）。

算　2 件。整体呈圆饼状，表面穿有圆孔。如标本 NM 填：1 （图二六二，4）。

盘状器　28 件。依据制作工艺，可分为 2 型。

A 型　2 件。专门烧制而成。如标本 H25：4 （图二六三，1）。

B 型　26 件。由残陶器改制而成。如标本 F5：2 （图二六三，2）。

纺轮　43 件。依据整体特征，可分为 8 型。

A 型　9 件。整体呈薄饼状。如标本 F3：1 （图二六三，3）。

B 型　15 件。整体呈算珠状。如标本 H25：3 （图二六三，4）。

C 型　1 件。整体呈花边算珠状。如标本 I 区 T1704③：1 （图二六三，5）。

D 型　7 件。整体近梭状。如标本 H57：2 （图二六三，6）。

E 型　1 件。整体呈管状。如标本 H50：1 （图二六三，7）。

F 型　7 件。整体呈扁球状。如标本 I 区 T1118③：1 （图二六三，8）。

G 型　1 件。整体呈猪鼻状。标本 II 区 T4③：1 （图二六三，9）。

K 型　2 件。整体呈扁台状，轮面施有放射状纹饰。如标本 I 区 T1216③：2 （图二六三，11）。

网坠　26 件。依据整体特征，可分为 3 型。

A 型　13 件。整体呈圆球状。依据体表有无纵向凹槽，又可细分为 2 亚型。

Aa 型　6 件。体表纵向无凹槽。如标本 H40：1 （图二六三，12）。

Ab 型　7 件。体表有纵向凹槽。如标本 F2：2 （图二六三，13）。

B 型　11 件。整体呈长梭状。依据体表有无纵向凹槽，又可细分为 2 亚型。

Ba 型　8 件。体表纵向无凹槽。如标本 SJ3：4 （图二六三，14）。

Bb 型　3 件。体表有纵向凹槽。如标本 I 区 T1303③：2 （图二六三，10）。

C 型　2 件。整体呈圆管状。如标本 H57：1 （图二六三，15）。

扣形饰　2 件。形制相似，表面均横向穿有二圆孔。如标本 I 区 T1004③：1 （图二六三，16）。

2. 石器

275 件，其中半成品 5 件。成品可分为打制石器、磨制石器及细石器三大类。

（1）打制石器

40 件。种类有锄、铲、斧、盘状器、矛、网坠等。

锄　8 件。依据平面形状的不同，可分为 2 型。

A 型　6 件。亚腰，平面呈 "8" 字形。如标本 G1：6 （图二六四，1）。

B 型　2 件。平面近似 "凸" 字形。如标本 I 区 T1804③：1 （图二六四，4）。

铲　13 件。依据平面形状的不同，可分为 3 型。

A 型　6 件。整体呈长条状。如标本 H24：3 （图二六四，2）。

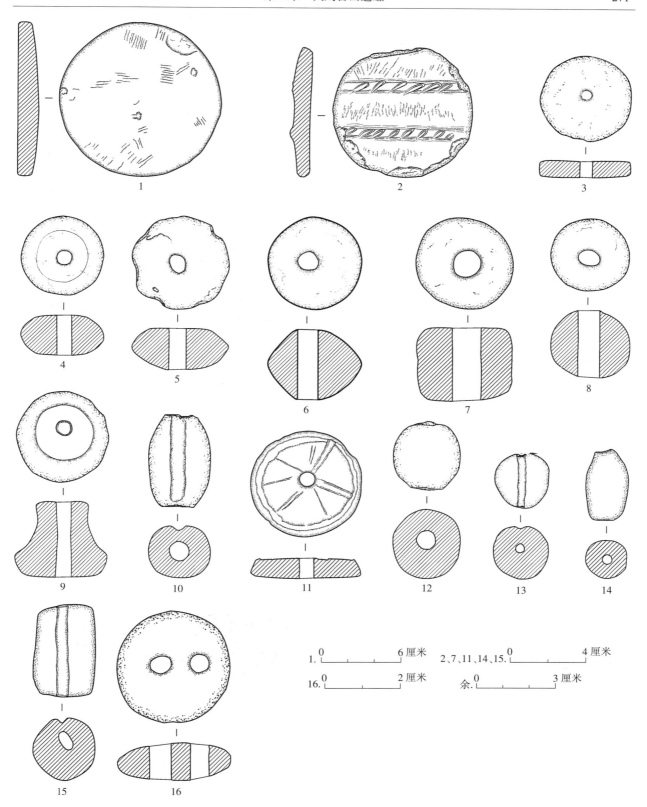

图二六三　大刘台山遗址夏家店下层文化陶盘状器、陶纺轮、陶网坠及陶扣形饰

1. A 型盘状器（H25∶4）　2. B 型盘状器（F5∶2）　3. A 型纺轮（F3∶1）　4. B 型纺轮（H25∶3）　5. C 型纺轮（Ⅰ区 T1704③∶1）
6. D 型纺轮（H57∶2）　7. E 型纺轮（H50∶1）　8. F 型纺轮（Ⅰ区 T1118③∶1）　9. G 型纺轮（Ⅱ区 T4③∶1）　10. Bb 型网坠（Ⅰ区
T1303③∶2）　11. K 型纺轮（Ⅰ区 T1216③∶2）　12. Aa 型网坠（H40∶1）　13. Ab 型网坠（F2∶2）　14. Ba 型网坠（SJ3∶4）　15. C 型网
坠（H57∶1）　16. 扣形饰（Ⅰ区 T1004③∶1）

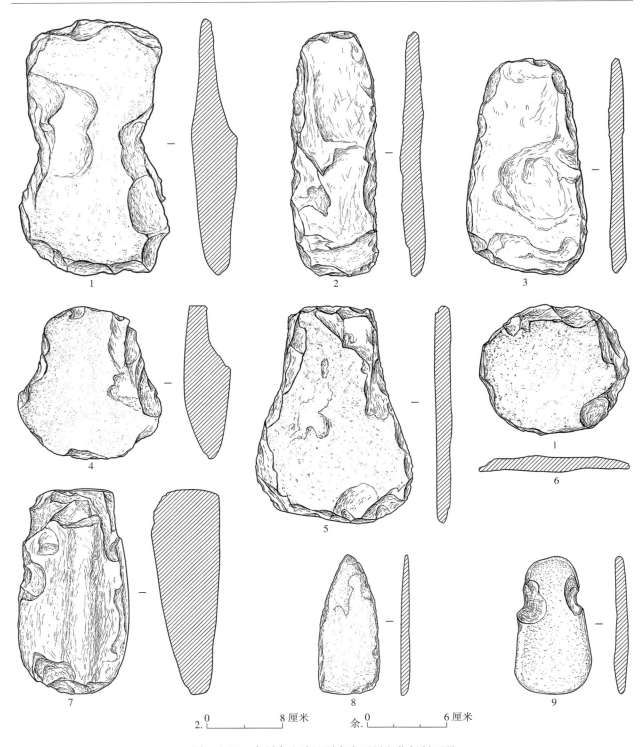

图二六四　大刘台山遗址夏家店下层文化打制石器

1. A 型锄（G1：6）　2. A 型铲（H24：3）　3. B 型铲（H24：2）　4. B 型锄（Ⅰ区 T1804③：1）　5. C 型铲（Ⅰ区 T1103③：8）
6. 盘状器（Ⅰ区 T1107③：2）　7. 斧（Ⅰ区 T1107③：3）　8. 矛（Ⅰ区 T1503③：3）　9. 网坠（Ⅱ区 T6③：2）

　　B 型　4 件。平面近似梯形。如标本 H24：2（图二六四，3）。

　　C 型　3 件。平面近似"凸"字形。如标本Ⅰ区 T1103③：8（图二六四，5）。

　　斧　3 件。形制相似，平面均近似圆角长方形，大部分器体仍保留有完整的石皮，平背。如标本Ⅰ区 T1107③：3（图二六四，7）。

盘状器　9件。形制相似，平面均近似圆形，整体呈薄饼状。如标本Ⅰ区 T1107③：2（图二六四，6）。

矛　2件。形制相似，平面均近似圭状，体薄，锋部较为锐利，体侧外弧，微弧底或平底。如标本Ⅰ区 T1503③：3（图二六四，8）。

网坠　5件。形制相似，均将片状石坯或卵石的腰部打击成凹腰用于系绳。如标本Ⅱ区 T6③：2（图二六四，9）。

（2）磨制石器

232件。种类主要有铲、钺、斧、镰、刀、凿、锛、研磨器、锤、磨棒、磨石、镞、端刃器、刮削器、璧、环、坠饰等。

铲　80件，其中可辨型式者51件。依据形制的不同，可分为2型。

A型　17件。铲面的长度明显大于宽度，铲面呈长条状。依据形制的演变规律，可分为3式。

Ⅰ式　3件。无肩，整体呈长条状。如标本Ⅰ区 T1417③：1（图二六五，1）。

Ⅱ式　4件。无肩，平面近似梯形，在柄部左、右两端打击出小凹豁用于缚柄捆绑。如标本Ⅰ区 T1017③：2（图二六五，2）。

Ⅲ式　10件。有肩，平面呈"凸"字形。如标本 H44：1（图二六五，3）。

B型　34件。铲面的长度与宽度大体相当，铲面近方形。依据形制的演变规律，可分为4式。

Ⅰ式　4件。无肩，平面近似梯形。如标本 F8：2（图二六五，4）。

Ⅱ式　3件。无肩，平面近似梯形，但柄部尾端呈浅圆弧状内凹。如标本 F9：2（图二六五，5）。

Ⅲ式　18件。有肩，呈"凸"字形。如标本 SJ5：10（图二六五，6）。

Ⅳ式　9件。肩部极明显，呈"凸"字形。如标本Ⅰ区 T1002③：1（图二六五，7）。

钺　13件（包含1件半成品）。依据形制的不同，可分为2型。

A型　5件。整体较为宽扁。如标本Ⅰ区 T1317③：4（图二六五，8）。

B型　8件。整体较为细长。如标本 H67：7（图二六五，9）。

斧　25件。依据形制的不同，可分为3型。

A型　12件。锤状斧，体厚，正面及背面较圆鼓，横截面近似椭圆形，椭圆状刃口。如标本 SJ4：7（图二六六，1）。

B型　9件。板状斧，体薄，正面及背面均较平，横截面近似弧边圆角长方形，月牙状刃口。如标本Ⅰ区 T1009③：1（图二六六，2）。

C型　4件。棒状斧，体厚，正面及背面较圆鼓，横截面近似宽体弧边圆角方形，椭圆状刃口。如标本 G1：1（图二六六，4）。

镰　29件（包含2件半成品）。依据整体特征的不同，可分为2型。

A型　26件。平面均近似直角三角形，弧刃。依据体形的不同，又可细分为2个亚型。

Aa型　9件。整体较为狭长。如标本 NM：1（图二六六，5）。

Ab型　17件。整体较为宽短。如标本 H46：1（图二六六，7）。

B型　3件。平面近似不规则的圆角长方形，弧刃内凹。如标本 G1：8（图二六六，11）。

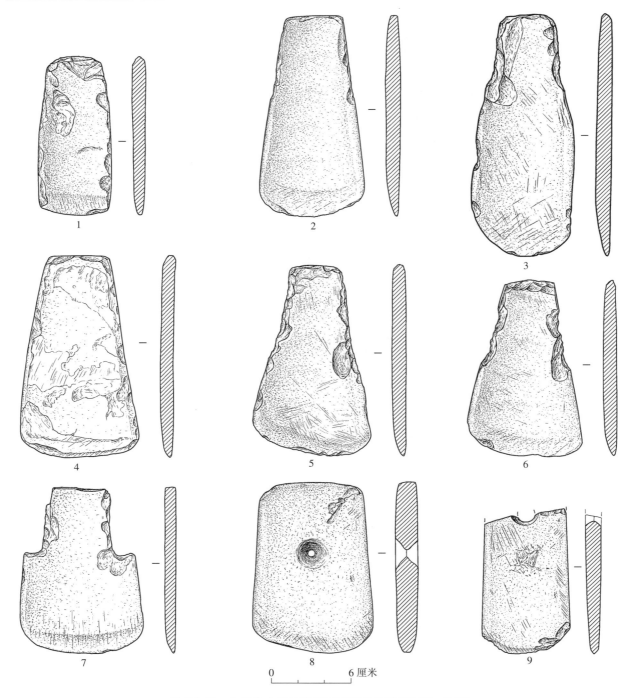

0 ————————— 6 厘米

图二六五　大刘台山遗址夏家店下层文化磨制石铲、石钺

1. A I 式铲（I 区 T1417③：1）　2. A II 式铲（I 区 T1017③：2）　3. A III 式铲（H44：1）　4. B I 式铲（F8：2）　5. B II 式铲（F9：2）
6. B III 式铲（SJ5：10）　7. B IV 式铲（I 区 T1002③：1）　8. A 型钺（I 区 T1317③：4）　9. B 型钺（H67：7）

刀　55 件（包含 2 件半成品）。依据形制的不同，可分为 3 型。

A 型　7 件。弧背，弧刃。依据弧度的差异，又可分为 2 亚型。

Aa 型　2 件。弧度较大。如标本 I 区 T0902③：3（图二六六，8）。

Ab 型　5 件。弧度较小。如标本 I 区 T1412③：2（图二六六，9）。

B 型　29 件。直背，弧刃。如标本 F9：1（图二六六，10）。

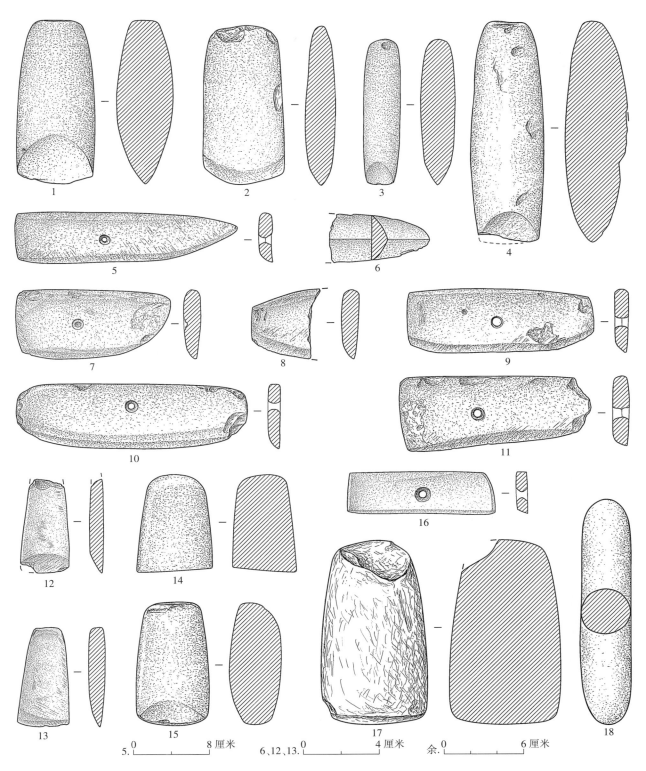

图二六六　大刘台山遗址夏家店下层文化磨制石器

1. A 型斧（SJ4∶7）　2. B 型斧（Ⅰ区 T1009③∶1）　3. 凿（SJ6∶1）　4. C 型斧（G1∶1）　5. Aa 型镰（NM∶1）　6. D 型刀（Ⅰ区 T1106
③∶2）　7. Ab 型镰（H46∶1）　8. Aa 型刀（Ⅰ区 T0902③∶3）　9. Ab 型刀（Ⅰ区 T1412③∶2）　10. B 型刀（F9∶1）　11. B 型镰（G1∶
8）　12. A 型锛（Ⅰ区 T1218③∶1）　13. B 型锛（F1∶1）　14. A 型研磨器（SJ5∶7）　15. B 型研磨器（H72∶2）　16. C 型刀（G1∶3）
17. 锤（Ⅲ区 TG1③∶2）　18. 磨棒（Ⅰ区 T1315③∶1）

　　C 型　18 件。直背，直刃。如标本 G1∶3（图二六六，16）。

　　D 型　1 件。整体近似柳叶状，刀身一面磨成两个斜坡，中部形成脊棱，截面呈三角形。标本 I 区 T1106③∶2（图二六六，6）。

　　凿　5 件。形制相似，整体呈圆棒状，横截面近似圆形，双面刃。如标本 SJ6∶1（图二六六，3）。

　　锛　8 件。平面均呈梯形，直背，单面刃。依据正面形制的不同，可分为 2 型。

　　A 型　2 件。正面圆鼓或略鼓。如标本 I 区 T1218③∶1（图二六六，12）。

　　B 型　6 件。正面较平。如 F1∶1（图二六六，13）。

　　研磨器　5 件。依据形制的不同，可分为 2 型。

　　A 型　2 件。整体近似圆柱状，横截面近似不规则的圆形，体厚。如标本 SJ5∶7（图二六六，14）。

　　B 型　3 件。平面近似圆角长方形，横截面近似圆角长方形，体扁。如标本 H72∶2（图二六六，15）。

　　锤　2 件。形制相似，整体呈圆柱状或圆锥状，锤头外鼓。如标本 III 区 TG1③∶2（图二六六，17）。

　　磨棒　2 件。形制相似，均呈圆棒状。如标本 I 区 T1315③∶1（图二六六，18）。

　　磨石　1 件。顶部圆隆，底部内凹，横截面呈弯月状。标本 F1∶3（图二六七，1）。

　　镞　2 件。镞叶均呈三棱状。依据有无铤部，可分为 2 型。

　　A 型　1 件。无铤，底部掏挖一圆形孔用于插入镞杆。标本 I 区 T1306③∶1（图二六七，2）。

　　B 型　1 件。有铤。标本 I 区 T1215③∶1（图二六七，3）。

　　端刃器　1 件。整体呈长条状，周壁均磨制成斜坡状刃边。标本 I 区 T1103③∶14（图二六七，4）。

　　刮削器　1 件。整体近似刀形，弧刃极窄。标本 I 区 T1218③∶2（图二六七，5）。

　　璧　1 件。整体呈圆环状，周缘出牙，内缘面较直，外缘磨成刃边状。标本 I 区 T1011③∶3（图二六七，6）。

　　环　1 件。整体呈圆环状，外缘起棱。标本 I 区 T1202③∶3（图二六七，7）。

　　坠饰　1 件。整体近似束腰椭圆形环状。标本 I 区 T1203③∶5（图二六七，8）。

　　（3）细石器

　　3 件。种类有镞、骨柄端刃等。

　　镞　2 件。依据镞叶平面形状的不同，可分为 2 型。

　　A 型　1 件。镞叶近似三角形。标本 I 区 T1310③∶2（图二六七，11）。

　　B 型　1 件。镞叶近似柳叶状。标本 I 区 T1412③∶1（图二六七，9）。

　　骨柄刀端刃　1 件。整体近似三角形，尾端呈圆弧状内凹，便于装插骨柄。如标本 I 区 T1009③∶5（图二六七，10）。

　　3. 骨器

　　6 件。主要有匕、管、笄、簪、骨料等。

　　匕　1 件。前端由长骨剖去一半以便于绑缚石刃，中段有多道切割痕便于缚绳，柄部横截面呈椭圆形便于把握。标本 H60①∶6（图二六八，1）。

　　管　1 件。整体呈圆筒状。标本 I 区 T1217③∶5（图二六八，2）。

　　笄　2 件。形制相同，均呈圆棒状，横截面呈圆形，尾端较圆钝。如标本 H58∶5（图二六八，3）。

　　簪　1 件。整体呈扁条状，横截面近似半月状。标本 I 区 T1603③∶6（图二六八，4）。

骨料　1件。制作骨器截取的骨料。标本 SJ5：8（图二六八，5）。

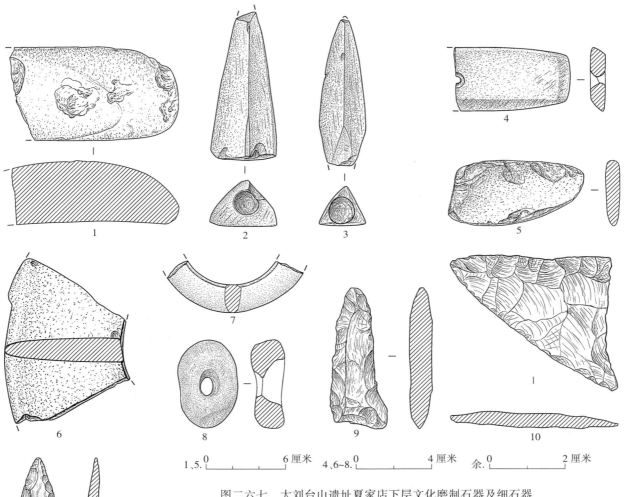

1、5.　0———————6 厘米　　　4、6~8.　0——————4 厘米　　　余. 0——————2 厘米

图二六七　大刘台山遗址夏家店下层文化磨制石器及细石器

1. 磨石（F1：3）　2. A 型磨制镞（Ⅰ区 T1306③：1）　3. B 型磨制镞（Ⅰ区 T1215③：1）　4. 端刃器（Ⅰ区 T1103③：14）　5. 刮削器（Ⅰ区 T1218③：2）　6. 璧（Ⅰ区 T1011③：3）　7. 环（Ⅰ区 T1202③：3）　8. 坠饰（Ⅰ区 T1203③：5）　9. B 型细石器镞（Ⅰ区 T1412③：1）　10. 骨柄刀端刃（Ⅰ区 T1009③：5）　11. A 型细石器镞（Ⅰ区 T1310③：2）

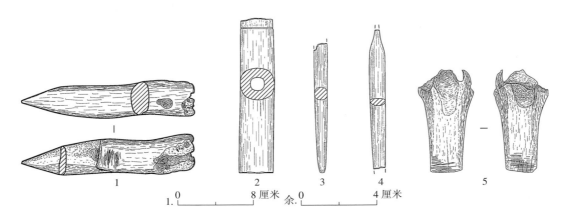

1.　0—————8 厘米　　余. 0—————4 厘米

图二六八　大刘台山遗址夏家店下层文化骨器

1. 匕（H60①：6）　2. 管（Ⅰ区 T1217③：5）　3. 笄（H58：5）　4. 簪（Ⅰ区 T1603③：6）　5. 骨料（SJ5：8）

（二）分期研究

在夏家店下层文化的遗迹中有以下几组存在较为明确的打破关系：

H21→F2

H22→H23

H30→F3

H38→F2、F4

H43→F8

H50→F9

H52→H55、H56→F5

H54→F5

通过分析上述及其他典型单位的出土遗物，并结合地层堆积关系，可将夏家店下层文化遗存分为两期。这两期的遗迹单位虽然数量多寡不均，但整体的文化面貌和文化特征差别不大，应属于同一类型考古学文化遗存。分述如下。

第一期：以 F2、F3、F4、F5、F6、F8、C1、ST3、ST4、ST5、SJ5、H15、H21、H25、H32、H33、H40、H41、H44、H46、H48、H51、H53、H57、H58、H59、H60、H61、H63、H64、H65、H66、H67、H68、H71 为典型的遗迹单位。这些遗迹中出土的陶容器以夹砂陶为主，但泥质陶数量也较多；红（褐）陶与黑（褐）陶数量大体相当；纹饰以绳纹为主，绳纹抹平现象不多，且多为局部抹平；陶器唇部以圆唇或方唇为主，尖圆唇数量较少。这一时期的典型陶容器类型有甲 Aa Ⅰ 式甗盆、甲 Ab Ⅰ 式甗盆、甲 Ba Ⅰ 式甗盆、甲 C 型甗盆、乙 A Ⅰ 式甗盆、甲 A Ⅰ 式甗足、甲 Aa 型鬲、甲 Ab 型鬲、乙 A 型鬲、A Ⅰ 式瓮、B 型瓮、甲 A 型罐、甲 B Ⅰ 式罐、乙 Aa Ⅰ 式罐、乙 Aa Ⅱ 式罐、乙 Ab 型罐、乙 Ac Ⅰ 式罐、乙 Ad Ⅰ 式罐、乙 Ae Ⅰ 式罐、乙 Ba 型罐、乙 Bb 型罐、甲 A 型尊、甲 B Ⅰ 式尊、甲 C Ⅰ 式尊、甲 A Ⅰ 式盆、甲 A Ⅱ 式盆、甲 B Ⅰ 式盆、甲 A 型鼎等。

第二期：以 F1、F9、F10、F12、Q3、Q4、Q5、Q6、C2、C3、C4、C5、C6、ST1、ST2、SJ1、SJ2、SJ3、SJ4、SJ6、H13、H16、H22、H23、H24、H26、H28、H29、H30、H34、H35、H36、H37、H38、H43、H47、H50、H52、H54、H55、H56、H69、H70、H72、G1 为典型的遗迹单位。这些遗迹中出土的陶容器以夹砂陶为主，泥质陶数量迅速减少；陶色则以红（褐）陶为主，黑（褐）陶所占比例较少；纹饰虽仍以绳纹为主，但绳纹多经抹平处理；陶器唇部除圆唇、方唇外，尖圆唇数量急剧增多，且占据主导地位。这一时期的典型陶容器类型有甲 Aa Ⅲ 式甗盆、甲 Ba Ⅱ 式甗盆、甲 C 型甗盆、乙 A Ⅱ 式甗盆、甲 A Ⅱ 式甗足、乙 B 型鬲、A Ⅱ 式瓮、甲 B Ⅱ 式罐、乙 Aa Ⅲ 式罐、乙 Ac Ⅱ 式罐、乙 Ad Ⅱ 式罐、乙 Ae Ⅱ 式罐、甲 B Ⅱ 式尊、甲 C Ⅱ 式尊、甲 A Ⅲ 式盆、甲 B Ⅱ 式盆等。

（三）文化属性分析

大刘台山夏家店下层文化石城址内出土的陶器多为夹砂陶，容器种类主要有甗、鬲、瓮、罐、壶、尊、盆、钵、甑、鼎、三足盘、杯、豆、圈足碗等。通过对比周边地区年代相近的考古学文化陶器群，可将大刘台山城址的陶容器分为以下三组。

甲组包括绝大多数的甗、鬲、瓮、罐、尊、盆、甑、鼎、三足盘、豆等。这组器物数量巨大，占据总数的90%以上，具有典型的夏家店下层文化特征。夏家店下层文化是广泛分布于辽西地区的青铜时代早期文化，其核心区域位于今赤峰、朝阳境内。辽宁地区以前发掘的夏家店下层文化遗址较多，如朝阳县罗锅地遗址[①]、建平县水泉遗址[②]、北票市丰下遗址[③]、北票市康家屯城址[④]等。大刘台山遗址青铜时代的大多数遗物都与上述遗址的陶器群高度相似，其属夏家店下层文化晚期阶段无疑。

乙组包括乙B型甗盆、Ca型壶、Cb型壶及B型圈足碗等。这组器物数量较少，多数为红陶或器表施有红陶衣，口沿内抹斜现象较常见，个别器表贴附有鋬耳，这些特点都是高台山文化的典型特征。其中，Ⅰ区T1203③:8甗盆，展沿、敞口、弧腹、腹部贴附有鋬耳，这种特征与辽宁彰武平安堡遗址H1008:2[⑤]形制相似；Ⅰ区T0802③:1壶，口沿内抹斜、直口、高领、素面的整体造型风格与辽宁阜新勿欢池遗址M16:3[⑥]口部特征高度一致；Ⅰ区T1116③:2壶，口沿内抹斜、近口处贴附鋬耳的制作手法与彰武平安堡遗址M3005:1[⑦]十分接近；Ⅰ区T1704③:4圈足碗，内底较厚、足跟外撇，这种形制十分接近于辽宁新民腰高台山墓地74 M3:2[⑧]。上述遗址及墓地的文化属性均属于典型的高台山文化，因此，大刘台山遗址此类陶器可视为高台山文化西进交流的产物。

丙组包括乙A型鬲、Da型壶、Db型壶等。这组器物数量也不多，主要以夹砂红褐陶为主，"花边"状口沿是其典型特征。其中Ⅰ区T1106③:6鬲，尖圆唇、侈口、斜领、近口处贴附一周戳压麦粒纹的附加堆纹，这种特征与辽宁喀左后坟出土的鬲[⑨]形制相似；Ⅰ区T0601③:1壶，领部由窄泥条套接而成，近口处贴附鋬耳的特点与辽宁义县向阳岭遗址T9③:13[⑩]高度相似。上述遗址均属于魏营子文化的典型遗址。此外，大刘台山遗址中大量绳纹抹平处理的装饰手法也应是魏营子文化因素的具体体现。

综上，大刘台山夏家店下层文化遗存的文化因素以夏家店下层文化为主，另有少量的高台山文化及魏营子文化因素。

（四）生业模式探讨

大刘台山城址是小凌河下游地区发掘面积最大、内涵较为丰富的一处夏家店下层文化石城址。该城址的发掘，为研究辽西山地地区东缘地带青铜文化的类型与谱系提供了翔实的资料。该城址依"势"而建，利用现有陡坡及断崖，在地势平缓处修筑石城墙，城内房址、石窖穴、石仓、石台、灰坑、灰沟等遗迹密布，这些都说明了当时的人们已经处于定居模式。

城址内出土有大量与农业生产及粮食加工有关的石器，如锄、铲、斧、镰、刀、磨棒等。锄

① 辽宁省文物考古研究所：《朝阳罗锅地夏家店下层文化遗址发掘报告》，《辽宁省道路建设考古报告集》，辽宁民族出版社，2004年。
② 辽宁省博物馆、朝阳市博物馆：《建平水泉遗址发掘简报》，《辽海文物学刊》1986年第3期。
③ 辽宁省文物干部培训班：《辽宁省北票县丰下遗址1972年春发掘简报》，《考古》1976年第3期。
④ 辽宁省文物考古研究所：《辽宁北票市康家屯城址发掘简报》，《考古》2001年第8期。
⑤ 辽宁省文物考古研究所等：《辽宁彰武平安堡遗址》，《考古学报》1992年第4期。
⑥ 辛岩：《阜新勿欢池遗址发掘简报》，《辽海文物学刊》1997年第2期。
⑦ 辽宁省文物考古研究所等：《辽宁彰武平安堡遗址发掘简报》，《辽海文物学刊》1989年第2期。
⑧ 沈阳市文物管理办公室：《沈阳新民县高台山遗址》，《考古》1982年第2期。
⑨ 喀左县文化馆：《记辽宁喀左现后坟村发现的一组陶器》，《考古》1982年第1期。
⑩ 辽宁省文物考古研究所：《辽宁义县向阳岭青铜时代遗址发掘报告》，《考古学集刊·第13集》，中国大百科全书出版社，2000年。

均为打制，较为厚重、粗笨，用于破荒、碎土；铲除少量为打制外，多为磨制，体薄，多用于翻土及挖土；斧多用于砍、劈木制品；镰、刀为收割工具，用于割取谷穗；磨棒则用于压磨谷粒。这些石器的发现，充分地说明了当时的原始农业较为发达。

此外，城址内还出土有少量的石镞、石网坠、陶网坠等与狩猎和捕捞活动有关的生产工具。同时，我们也发掘出少量的动物骨骼，其中既有驯养的家猪骨骼，也有野猪、梅花鹿、貉等野生动物骨骼。这些都是当时人类获取肉类蛋白质的直接证据。

通过以上分析可知，大刘台山夏家店下层文化城址的社会经济形态以农业生产为主，同时兼营养殖、渔猎业。

二 历史时期遗存的年代与性质

（一）战国晚期遗存的年代与性质

大刘台山遗址共发现两个战国晚期灰坑（H73、H75），坑内出土了 12 件陶器标本及 1 枚布币。陶器以泥质灰陶为主，另有少量的夹砂红陶，器表多施有绳纹。器形种类虽然不多，但出土有时代特征明显的红陶釜、灰陶罐、灰陶豆。陶釜 H75∶2 口沿外翻上折、上腹部施有多周瓦棱纹的整体特征与辽宁建平县河东遗址出土的釜（T1⑧∶18）[1] 相同；陶罐 H73∶1 凹唇，上腹部施有弦断绳纹，下腹部满施绳纹的作风与河北燕下都郎井村 10 号作坊遗址出土的罐（LJ10T113③H891∶1）相近[2]；陶豆 H75∶4 豆盘折腹，高柄的风格与河北燕下都高陌村 2 号遗址出土的豆（G2T11③H74∶4）相近[3]。上述遗址的年代最晚可至战国晚期，因此大刘台山遗址此类遗存的年代也大体相当，约为战国晚期。

由于发掘区域内未发现有该时期的原生地层，所以，我们推测该时期的大刘台山遗址仅为一般的居住址，且规模不大。

（二）金代遗存的年代与性质

大刘台山遗址金代地层堆积较为简单，各遗迹单位出土遗物具有很大的相似性。出土的瓷器数量不多，主要有粗白瓷和细白瓷之分，多数具有典型的金代瓷器特点。粗白瓷瓷胎较粗，多为辽阳江官屯窑系产品，如双系瓷罐和瓷壶均能在江官屯窑址第一地点[4]中发现相似品。细白瓷多为刻花瓷盘，这类瓷盘盘心多刻划单支荷叶脱荷花，具有典型的定窑瓷器特点，在黑龙江绥滨中兴墓地[5]、河北曲阳涧磁村定窑遗址[6]、山东淄博窖藏[7]等地均能见到同类品。陶容器以泥质灰陶为主，双耳罐与吉林白城金家遗址[8]、辽宁岫岩长兴遗址[9]等地所出品相似；陶盆与辽宁新民偏堡子

① 辽宁省博物馆文物工作队、朝阳地区博物馆文物组：《辽宁建平县喀喇沁河东遗址试掘简报》，《考古》1983 年第 11 期。
② 河北省文物研究所：《燕下都》，文物出版社，1996 年。
③ 河北省文物研究所：《燕下都》，文物出版社，1996 年。
④ 辽宁省文物考古研究所：《辽宁辽阳市江官屯窑址第一地点 2013 年发掘简报》，《考古》2016 年第 11 期。
⑤ 黑龙江省文物考古工作队：《黑龙江畔绥滨中兴古城和金代墓群》，《文物》1977 年第 4 期。
⑥ 河北省文物局文物工作队：《河北曲阳县涧磁村定窑遗址调查与试掘》，《考古》1965 年第 8 期。
⑦ 淄博市博物馆、淄博区文管所：《山东淄博出土宋代窖藏瓷器》，《考古》1985 年第 3 期。
⑧ 吉林省文物考古研究所：《吉林省白城市金家金代遗址的发掘》，《边疆考古研究·第 10 辑》，科学出版社，2012 年 12 月。
⑨ 辽宁省文物考古研究所、岫岩满族博物馆：《辽宁岫岩县长兴辽金遗址发掘简报》，《考古》1999 年第 6 期。

遗址①、吉林德惠揽头窝堡遗址②等地出土品相似；灯盏则更为普遍，在上述的多数遗址中均能见到相同者。

大刘台山遗址虽然金代时期遗迹较少，仅清理出 3 座房址，却发现有炼铁的铸造井台，并且遗址内也出土了大量的铁器，因此我们推测大刘台山遗址在金代时应为一处炼铁作坊址。此次发掘的成果，对我们研究小凌河流域金代平民建筑形制和冶金铸造史提供了重要的实物资料。

（三）清代遗存的年代与性质

大刘台山遗址清理出一个清代灰坑（H74），坑内仅出土几件瓷器。这些瓷器均带有典型的清代晚期的时代特征，相关研究也较为清楚，如青花瓷碗 H74：8 的纹饰及整体造型就与辽宁沈阳市盛京城豫亲王府遗址出土的碗（2012SY②：38）③、"中街恒隆广场"遗址出土的碗（H1：1）④ 高度一致。

虽然发掘区域内未发现有清代的原生地层，但由于紧邻大刘台山遗址的山下在清代建有寺庙，并且大刘台山遗址所在山岗的东坡曾发现有清代的火葬骨灰罐，因此我们推测该灰坑的形成或与该寺庙有关。

---

① 沈阳市文物考古研究所等：《沈阳市新民偏堡子遗址辽金时期遗存发掘简报》，《边疆考古研究·第 10 辑》，科学出版社，2011 年 12 月。

② 吉林省揽头窝堡遗址考古队：《吉林德惠市揽头窝堡遗址六号房址的发掘》，《考古》2003 年第 8 期。

③ 沈阳市文物考古研究所：《清盛京城豫亲王府遗址考古发掘报告》，《沈阳考古文集·第 4 集》，科学出版社，2014 年。

④ 沈阳市文物考古研究所：《沈阳市"中街恒隆广场"工程 2006 年发掘简报》，《沈阳考古文集·第 4 集》，科学出版社，2014 年。

第三章　西大砬子遗址

　　西大砬子遗址是一处单纯的夏家店下层文化时期的人类居住址，位于辽宁省锦州凌海市翠岩镇金宝岭屯西约 400 米的一处河岸台地上，小凌河从遗址西侧及南侧环绕而过，而遗址西行约 1 千米处即为二道河和小凌河交汇处（参见图一；彩版四六）。遗址南北长约 100 米，东西宽约 80 米，面积约 8000 平方米，中心地理坐标为北纬 41°11′17.39″、东经 120°55′10.34″，海拔 63 米。

　　2012 年度的发掘区域位于遗址中心偏南处，发掘面积约 1000 平方米，共清理出房址 1 座、灰坑 60 个（图二六九；彩版四七），出土有 200 余件的石器、陶器及骨器。现将此次遗址发掘的主要收获介绍如下。

第一节　地层堆积

　　2012 年度发掘区域的地层堆积较为简单，现以 T0403 西壁（图二七○）为例予以介绍：

　　第①层：现代耕土层。厚约 10 ~ 25 厘米，土色呈黄褐色，土质疏松，植物根系发达，出土少量的夹砂红褐陶片。该层分布于整个发掘区域内，多数灰坑开口于此层下。

　　第②层：厚约 5 ~ 35 厘米，土色呈灰褐色，土质较疏松，包含有大量的夹砂红褐、灰褐陶片及石器等。该层分布于发掘区域的北侧。

　　第③层：厚约 10 ~ 40 厘米，土色呈灰黑色，土质较黏结，包含有少量的夹砂红褐陶、灰褐陶片等。该层分布于发掘区域西北部地势较高的区域。

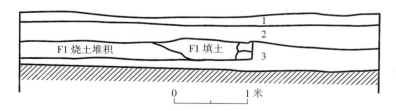

图二七○　西大砬子遗址 T0403 西壁剖面图

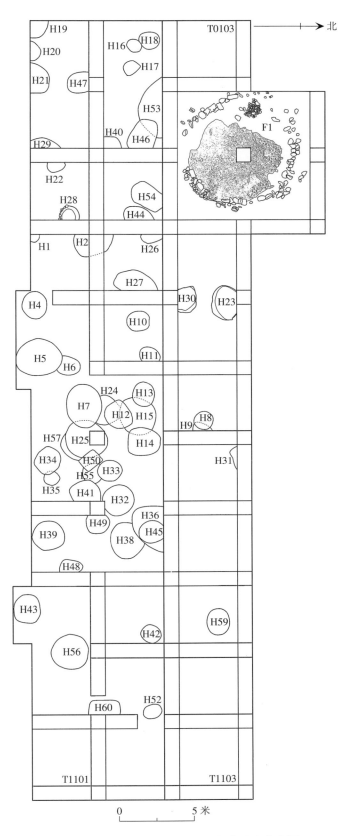

图二六九　西大砬子遗址 2012 年度遗迹分布图

第二节　典型遗迹选介

（一）房址

F1

位于 T0203、T0204、T0303、T0304 内，开口于第②层下，打破第③层。房址平面大致呈圆形，门向正南，墙体由石块垒筑而成，现仅存局部。房址西侧发现有用小石块垒筑而成的半圆形台，台周围并未发现有灶或用火的痕迹，推测其用途是搁置杂物。房址直径约 6.0 米，墙体残存

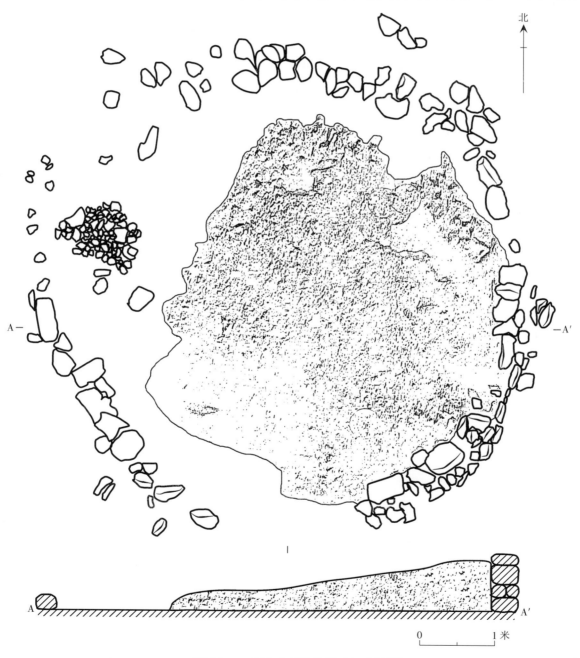

图二七一　西大砬子遗址 F1 平、剖面图

最高约0.5米（图二七一；彩版四八，1）。房址内堆积有直径5.0、厚0.4米的红烧土块带和泥质墙皮，推测应是房址废弃后被辟为生活垃圾倾倒处。

（二）灰坑

灰坑平面形状主要为圆形和椭圆形，少数为长方形、不规则形；坑底多数为平底和圜底。现选取7个简单介绍。

1. H5

位于T0501及扩方内，开口于第①层下，打破H6。平面近似椭圆形，弧壁，底部不平。口部长径460、短径265、深75厘米（图二七二；彩版四八，2）。

2. H7

位于T0601内，开口于第①层下，打破H24及H25。平面呈椭圆形，斜直壁，平底。口部长径296、短径208、深47厘米（图二七三）。

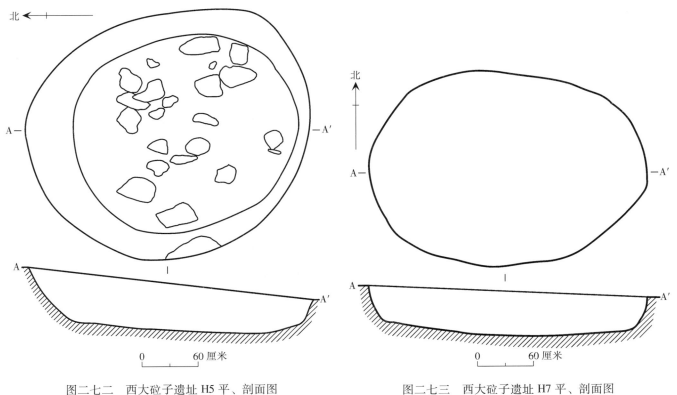

图二七二　西大碰子遗址H5平、剖面图　　　　图二七三　西大碰子遗址H7平、剖面图

3. H12

位于T0602内，开口于第①层下，打破H15及H24。平面近似长方形，弧壁，平底，口部长198、宽158、深50厘米（图二七四）。

4. H28

位于T0301内，开口于第①层下。已发掘部分平面呈半圆形，弧壁，部分坑壁用石块砌筑，平底。直径140、深50厘米（图二七五；彩版四九，1）。

5. H38

位于T0802内，开口于第①层下，被H36、H45打破。平面呈圆形，弧壁，圜底。直径260、深 40 厘米（图二七六）。

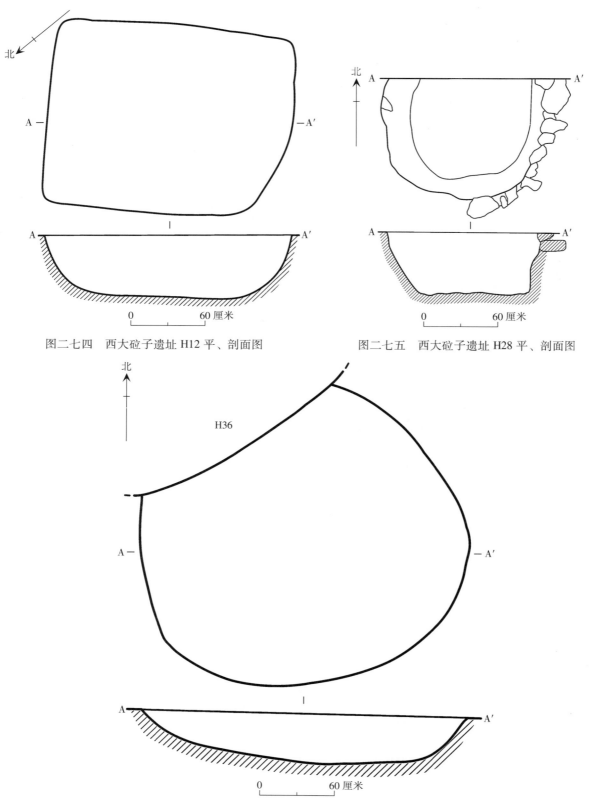

图二七四　西大砬子遗址 H12 平、剖面图

图二七五　西大砬子遗址 H28 平、剖面图

图二七六　西大砬子遗址 H38 平、剖面图

6. H43

位于 T0901 及扩方内，开口于第①层下。平面呈圆形，直壁，平底。直径 190、深 48 厘米（图二七七；彩版四九，2）。

7. H56

位于 T0901、T1001 内，开口于第①层下。平面呈圆形，斜壁，平底。直径 262、深 41 厘米（图二七八）。

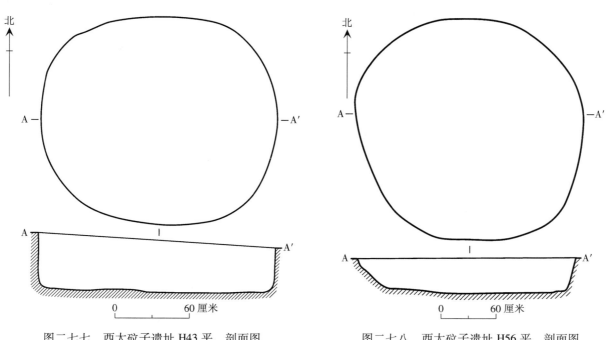

图二七七　西大砬子遗址 H43 平、剖面图　　　　图二七八　西大砬子遗址 H56 平、剖面图

第三节　出土遗物

（一）陶器

陶系以夹砂红褐和灰褐陶为主，另有少量泥质灰陶、红陶，而彩绘陶则极少；器表纹饰以粗绳纹最为大宗，其次为附加堆纹、弦纹、方格纹等，弦纹和篮纹常饰于同一器物上，在弦纹带之间拍印竖行方格纹，且方格纹多经抹平处理。多数器物唇外侧加厚或回泥呈叠唇状，且在叠唇上饰抹平绳纹；可辨器形有罐、鬲、甗、尊、瓮、钵、豆、盆、兽足、环、饼、纺轮、网坠、玩具、祖形器等。

罐　6 件。依据腹部形态的不同，可分为 3 型。

A 型　2 件。弧腹。

标本 H23：1，夹砂灰褐陶。方唇，敞口，矮领，束颈，溜肩，弧腹，平底微内凹。素面。口径 22.7、底径 9.3、高 28.9、壁厚 0.8 厘米（图二七九，1）。

标本 H43：1，夹砂灰褐陶。圆唇，侈口，矮领，溜肩，弧腹，平底。周身饰粗绳纹。口径 19.2、底径 8.8、高 24.7、壁厚 0.7 厘米（图二七九，2）。

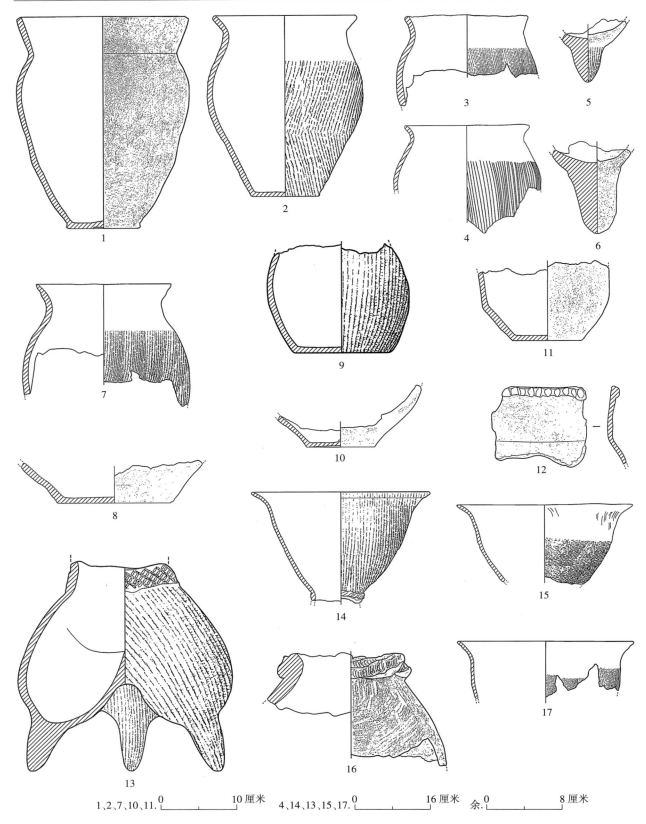

图二七九 西大砬子遗址出土陶器

1~4、7、9. 罐（H23：1、H43：1、H25：1、H56：1、H52：1、H60：1） 5、6、12. 鬲（T0302②：1、H43：2、T1003②：1） 8、10、11. 器底（T0304②：2、H5：5、H4：2） 13~17. 甗（T0303②：2、H5：1、H10：1、H33：4、H5：4）

B 型　3 件。鼓腹，器体较大。

标本 H25：1，夹砂红褐陶。圆唇，侈口，矮领，溜肩，鼓腹，下腹部及底部残损。上腹部饰绳纹。口径 13.1、残高 9.8、壁厚 0.7 厘米（图二七九，3）。

标本 H52：1，夹砂红褐陶。圆唇，侈口，矮领，溜肩，鼓腹，腹部及底部残损。腹部饰绳纹。口径 17.9、残高 16.9、壁厚 0.8 厘米（图二七九，7）。

标本 H56：1，夹砂红褐陶。尖唇，侈口，矮领，溜肩，弧腹，下腹部及底部残损。肩部及上腹部饰绳纹。口径 26.5、残高 23.8、壁厚 0.7 厘米（图二七九，4）。

C 型　1 件。鼓腹，器体较小。

标本 H60：1，夹砂红褐陶。口部残损，鼓腹，平底。周身饰细绳纹。底径 10.2、残高 11.9、壁厚 0.5 厘米（图二七九，9）。

器底　3 件。

标本 H4：2，泥质红陶。平底微内凹。素面。底径 9.0、残高 8.5、壁厚 0.7 厘米（图二七九，11）。

标本 H5：5，夹砂灰褐陶。平底。素面。底径 9.0、残高 8.5、壁厚 0.8 厘米（图二七九，10）。

标本 T0304②：2，夹砂红褐陶。下腹部折收，平底。素面。底径 9.2、残高 10.8、壁厚 0.8 厘米（图二七九，8）。

鬲　3 件。未见完整器，多为鬲足。

标本 T1003②：1，夹砂红褐陶。仅存口部残片，圆唇，直口，高领。口沿外侧饰一周按窝附加堆纹。残高 8.7、壁厚 0.5 厘米（图二七九，12）。

标本 T0302②：1，夹砂红褐陶。仅存鬲足。足跟饰绳纹。残高 6.9 厘米（图二七九，5）。

标本 H43：2，夹砂黄褐陶。仅存鬲足。素面。残高 10.2 厘米（图二七九，6）。

甑　5 件。未见完整者。

标本 H5：1，夹砂红褐陶。仅存甑盆及甑腰，圆唇，唇外侧加厚，敞口，弧腹。唇外侧及腹部饰绳纹，甑腰饰一周按窝附加堆纹。口径 37.9、残高 24.5、壁厚 0.6 厘米（图二七九，14）。

标本 H5：4，夹砂灰褐陶。仅存甑盆，圆唇，敞口，弧腹。腹部饰绳纹。口径 37.5、残高 12.2、壁厚 0.8 厘米（图二七九，17）。

标本 H10：1，夹砂红褐陶。仅存甑盆，尖唇，斜沿，敞口，弧腹。口沿外侧饰稀疏的绳纹，腹部饰细密绳纹。口径 37.4、残高 17.6、壁厚 0.6 厘米（图二七九，15）。

标本 H33：4，夹砂红褐陶。仅存甑腰及袋足上部。甑腰饰附加堆纹，袋足饰绳纹。残高 12.3、壁厚 1.1 厘米（图二七九，16）。

标本 T0303②：2，夹砂灰褐陶。仅存甑腰及袋足，袋足肥大，实足跟较粗壮。甑腰饰一周按窝附加堆纹，袋足与实足跟饰绳纹。残高 23.0、壁厚约 0.7 厘米（图二七九，13）。

尊　4 件。依据腹部形态的不同，可分为 3 型。

A 型　2 件。折腹外鼓，器体较小。

标本 H5：8，泥质灰陶，器表磨光。口部残损，折腹，平底内凹。素面。底径 7.4、残高 8.8、壁厚约 0.4 厘米（图二八○，3）。

标本 H5：9，泥质灰陶，器表磨光。尖唇，敞口，折腹，平底内凹。素面。口径 16.0、底径

7.5、高9.0、壁厚约0.5厘米（图二八〇，2）。

　　B型　1件。直腹。

　　标本 H5：2，泥质灰陶，器表磨光。圆唇，卷沿，敞口，筒形直腹，近底部折收，平底。素

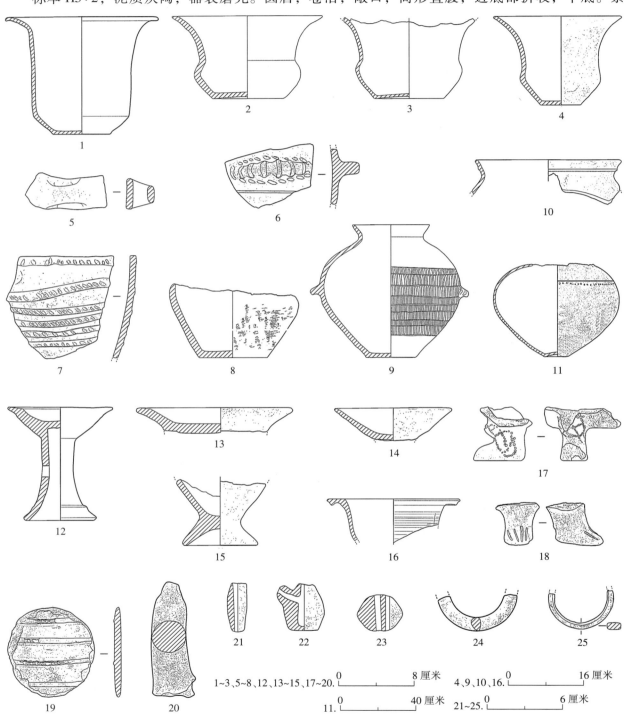

图二八〇　西大碇子遗址出土陶器

1～4. 尊（H5：2、H5：9、H5：8、H7：2）　5、6. 器耳（H5：12、H60：4）　7、8. 钵（T0503②：1、H2：1）　9～11. 瓮（H33：2、H5：7、H23：2）　12～15. 豆（H5：6、H12：3、H5：3、H27：1）　16. 盆（H11：1）　17、18. 鼎足（H27：2、H60：3）　19. 盘状器（H56：2）　20. 祖形器（T0403②：1）　21. 网坠（T0203③：3）　22. 玩具（T0301②：1）　23. 纺轮（H4：1）　24、25. 环（T0302②：2、H5：10）

面。口径 16.2、底径 6.1、高 12.9、壁厚 0.3 厘米（图二八〇，1）。

C 型　1 件。折腹外鼓，器体较大。

标本 H7：2，泥质红陶。圆唇，敞口，折腹，平底。素面。口径 26.5、底径 8.6、高 19.4、壁厚约 0.8 厘米（图二八〇，4；彩版五〇，2）。

钵　2 件。

标本 H2：1，夹砂灰褐陶。器形不甚规整，尖唇，敛口，弧腹，平底。腹部饰杂乱的粗绳纹。口径 12.4、底径 7.2、高 8.1、壁厚 0.6 厘米（图二八〇，8）。

标本 T0503②：1，泥质灰褐陶。仅存残片，方唇，直口，弧腹。口部及腹部饰六道按窝附加堆纹。残高 11.3、壁厚 0.8 厘米（图二八〇，7）。

器耳　主要有扁桥形耳及鸡冠耳，但后者数量较多。现选取 2 件予以介绍。

标本 H5：12，泥质灰陶。桥形耳。残长 8.7、宽 4.0、壁厚 0.5 厘米（图二八〇，5）。

标本 H60：4，泥质黄褐陶。鸡冠状耳。残长 9.4、宽 7.1、壁厚 3.2 厘米（图二八〇，6）。

瓮　3 件。

标本 H5：7，泥质红陶。仅存口部残片，方唇，敞口，矮领，束颈。素面。口径 30.3、残高 9.8、壁厚 0.6 厘米（图二八〇，10）。

标本 H23：2，夹砂灰褐陶。口部残损，鼓肩，弧腹，平底内凹。肩部饰一周凹弦纹及按窝纹。底径 12.9、残高 50.4、壁厚 1.0 厘米（图二八〇，11）。

标本 H33：2，夹砂红褐陶。圆唇，敞口，矮领，束颈，圆肩，鼓腹，上腹部贴附两个鸡冠状鋬耳，下腹斜收为平底。肩部及上腹部饰数道凹弦纹，弦纹之间施蓝纹。口径 16.4、最大腹径 30.2、底径 10.6、高 29.0、壁厚 0.6～1.0 厘米（图二八〇，9；彩版五〇，1）。

豆　4 件。依据豆盘形态特征，可分为 2 型。

A 型　3 件。覆钵状。

标本 H5：3，泥质红陶，器表磨光。仅存豆盘，尖唇，敞口，豆盘较浅。素面。口径 12.5、残高 3.6、壁厚 0.6 厘米（图二八〇，14）。

标本 H5：6，泥质黑褐陶，器表磨光。圆唇，斜沿，敞口，豆盘较浅，豆柄中部有对称的圆形穿孔，高圈足。素面。口径 11.2、底径 7.2、高 12.6、壁厚 0.6～1.5 厘米（图二八〇，12）。

标本 H12：3，泥质灰褐陶。仅存豆盘，圆唇，斜沿，浅腹。口径 16.6、残高 2.8、壁厚 1.0 厘米（图二八〇，13）。

B 型　1 件。碗状。

标本 H27：1，夹砂红陶。口部残损，豆盘较深，矮圈足。素面。残高 7.3、底径 7.7、壁厚 0.5～1.3 厘米（图二八〇，15）。

盆　1 件。

标本 H11：1，泥质灰陶。方唇，平沿，敞口，弧腹微鼓，下腹部及底部现已残损。沿面及上腹部刻画"十"字形图案，腹部轮旋痕迹明显。口径 28.3、残高 9.7、壁厚 0.4 厘米（图二八〇，16）。

鼎足　2 件。

标本 H27：2，夹砂红陶。整体近似靴状，侧面戳压菱形篦齿纹。残高 5.9 厘米（图二八〇，17）。

标本 H60∶3，夹砂红陶，表面施有红陶衣。整体近似扁足状，足面前部刻划分趾的凹槽。残高 4.7 厘米（图二八〇，18；彩版五〇，4）。

环　2 件。

标本 H5∶10，泥质红陶，外侧施黑陶衣，内侧露胎。整体呈圆环状，横截面呈圆角长方形。外径 5.2、内径 4.2、肉厚 0.5 厘米（图二八〇，25）。

标本 T0302②∶2，泥质红陶。整体呈扁环状，横截面呈卵圆形。外径 6.8、内径 4.4、肉厚 1.2 厘米（图二八〇，24）。

盘状器　1 件。

标本 H56∶2，泥质灰陶。整体呈圆饼状，由陶器腹部残片修整而成，周缘整修痕迹明显。表面残留有附加堆纹。直径 9.3~9.7、厚 0.7 厘米（图二八〇，19）。

纺轮　1 件。

标本 H4∶1，泥质红陶。整体呈算珠状，中间纵向穿有两个圆孔。直径 3.7、高 2.9 厘米（图二八〇，23）。

网坠　1 件。

标本 T0203③∶3，泥质灰陶。整体呈梭管状，中部纵向穿有圆孔。长 4.0、最大体径 1.6 厘米（图二八〇，21）。

玩具　1 件。

标本 T0301②∶1，夹砂黄褐陶。整体呈带流小陶壶状。底径 2.1、高 3.8、壁厚 1.0 厘米（图二八〇，22；彩版五〇，3）。

祖形器　1 件。

标本 T0403②∶1，泥质红陶。尾端略有残损。通长 12.6 厘米（图二八〇，20；彩版五〇，5）。

（二）石器

磨制石器较多，打制者较少，石料多为砂岩，少数为页岩、石英岩等。可辨器形主要有锄、铲、斧、凿、刀、磨棒、磨盘、饼、锤、球、镞、玉芯等。

锄　1 件。

标本 H32∶1，砂岩，通体打制。尖顶，亚腰，弧刃。长 21.4、宽 11.1、厚 2.9 厘米（图二八一，3；彩版五一，7）。

铲　6 件。依据有无肩部，可分为 2 型。

A 型　2 件。无肩。

标本 H15∶1，页岩，通体磨制。平背，无肩，弧刃，刃部有使用痕迹。长 22.7、宽 7.1、厚 1.0 厘米（图二八一，2；彩版五一，6）。

标本 H60∶2，砂岩，通体磨制。平背，无肩，直刃，刃部有使用痕迹。长 13.6、宽 8.1、厚 1.3 厘米（图二八一，6；彩版五一，4）。

B 型　4 件。有肩。

标本 H33∶1，页岩，通体磨制。平背，有肩，直刃，刃部有使用痕迹。长 11.7、宽 9.1、厚 0.8 厘米（图二八一，7；彩版五一，1）。

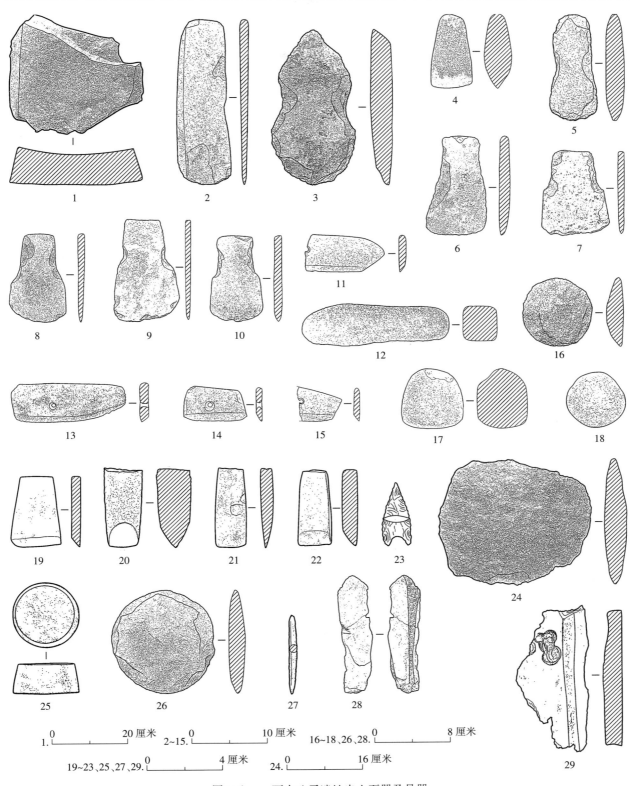

图二八一　西大砬子遗址出土石器及骨器

1. 石磨盘（T0602③:1）　2、6～10. 石铲（H15:1、H60:2、H33:1、H52:2、T0803②:1、T0903②:1）　3. 石锄（H32:1）　4、5. 石斧（H33:3、采:7）　11、13～15. 石刀（H5:12、H55:3、H12:2、T0201②:1）　12. 石磨棒（H5:11）　16. 石盘状器（H59:2）　17. 石锤（T0304②:1）　18. 石球（T1102②:1）　19～22. 石凿（H55:2、H7:1、H23:4、H7:2）　23. 石镞（H12:1）　24、26. 石器盖（H23:2、H28:1）　25. 玉芯（H54:1）　27. 骨针（H59:1）　28. 骨匕（H52:3）　29. 卜骨（H60:3）

标本 H52：2，砂岩，通体磨制。平背，有肩，弧刃，刃部有使用痕迹。长 12.1、宽 7.6、厚 0.8 厘米（图二八一，8；彩版五一，5）。

标本 T0803②：1，页岩，通体磨制。平背，窄肩，弧刃，刃部由使用痕迹。长 14.0、宽 8.6、厚 0.7 厘米（图二八一，9；彩版五一，3）。

标本 T0903②：1，砂岩，通体磨制。平背，窄肩，弧刃，刃部有使用痕迹。长 11.8、宽 7.0、1.1 厘米（图二八一，10；彩版五一，2）。

斧　2 件。

标本 H33：3，砂岩，通体磨光。平顶，侧边斜直，弧刃。长 10.2、宽 5.4、厚 3.7 厘米（图二八一，4；彩版五二，1）。

标本 采：7，砂岩，通体打制，局部磨光。平顶，亚腰，弧刃。长 14.7、宽 6.3、厚 2.5 厘米（图二八一，5）。

凿　4 件。依据横截面的不同，可分为 2 型。

A 型　1 件。横截面呈圆形。

标本 H7：1，通体磨制。顶部残损，双面直刃。残长 4.5、厚 2.1 厘米（图二八一，20）。

B 型　3 件。横截面呈长方形。

标本 H7：2，通体磨制。顶部微残，平背，单面直刃。长 4.2、宽 1.8、厚 0.8 厘米（图二八一，22；彩版五二，4）。

标本 H23：4，通体磨制。平背，双面直刃。长 4.4、宽 1.7、厚 0.7 厘米（图二八一，21；彩版五二，3）。

标本 H55：2，通体磨制。平背，侧边斜直，单面直刃。长 4.0、宽 2.6、厚 0.5 厘米（图二八一，19；彩版五二，2）。

刀　4 件。依据背部形态的不同，可分为 2 型。

A 型　2 件。弧背。

标本 H5：12，砂岩，通体磨制。残损，弧背，单面直刃，置有对穿圆孔。残长 10.5、宽 5.1、厚 1.0 厘米（图二八一，11）。

标本 T0201②：1，砂岩，通体磨制。残损，弧背，单面直刃，置有对穿圆孔。残长 5.9、宽 4.7、厚 0.8 厘米（图二八一，15）。

B 型　2 件。直背。

标本 H12：2，砂岩，通体磨制。直背，单面直刃，置有对穿圆孔。长 8.4、宽 4.7、厚 0.9 厘米（图二八一，14；彩版五三，6）。

标本 H55：3，砂岩，通体磨制。长条形，直背，单面弧刃，置有对穿圆孔。长 15.1、宽 5.5、厚 1.2 厘米（图二八一，13；彩版五三，5）。

磨棒　1 件。

H5：11，砂岩，通体磨制。整体呈长条状，横截面近似圆角方形。长 19.6、宽 4.6 厘米（图二八一，12；彩版五三，4）。

磨盘　1 件。

标本 T0602③：1，砂岩，磨制而成。整体呈片状，表面内凹。残长 35.7、宽 32.4、厚 9.9 厘米（图二八一，1）。

盘状器　1 件。

标本 H59：2，砂岩，周边打制痕迹明显，两侧面后经磨制。整体呈圆饼状，表面略鼓。直径约 7.7、厚 1.8 厘米（图二八一，16；彩版五二，5）。

锤　1 件。

标本 T0304②：1，砂岩，通体磨制。弧顶，椭圆形锤面。高 6.7、体径 5.2 厘米（图二八一，17）。

球　1 件。

标本 T1102②：1，砂岩，磨制。整体呈圆球状。直径 6.4 厘米（图二八一，18；彩版五三，3）。

器盖　2 件。

标本 H28：1，砂岩，磨制而成，周边打制痕迹明显，两侧面后经磨制地较平整。整体呈圆饼状。直径 11.1、厚 1.8 厘米（图二八一，26；彩版五二，6）。

标本 H23：2，砂岩，通体打制，局部磨光。平面近似不规则的长方形，边缘较锋利，中间较厚。长 32.2、宽 27.6、厚 4.9 厘米（图二八一，24）。

镞　1 件。

标本 H12：1，石英，琢制。尖锋，弧刃，凹底。长 3.5、宽 1.6、厚 0.3 厘米（图二八一，23；彩版五三，2）。

玉芯　1 件。

标本 H54：1，通体磨制得较为光滑。整体呈台柱状。顶径 3.1、底径 3.6、高 1.6 厘米（图二八一，25；彩版五三，1）。

（三）骨器

数量较少，主要有匕、针及卜骨等。

匕　1 件。

标本 H52：3，由大型哺乳动物的肋骨磨制而成，整体呈"圭"状，前端薄，末端厚，一侧边缘有切割痕迹。长 12.9、最大体宽 3.4、厚 1.2 厘米（图二八一，28）。

针　1 件。

标本 H59：1，由动物肢骨磨制而成，针鼻残损。残长 4.4、最大体径 0.4 厘米（图二八一，27）。

卜骨　1 件。

标本 H60：3，由大型哺乳动物的肩胛骨制成，制作方法是先去除肩胛骨背面的棱脊，然后将棱脊打磨平整再用作占卜，从钻孔看，有钻无凿，钻后个别灼烧，有在正面钻孔也有在背面钻孔，还有两面都有钻孔的，钻孔有大有小但都比较规整，残存 5 个钻孔。残长 8.0、最大体宽 4.0、厚 1.1 厘米（图二八一，29）。

第四节　小结

经过对出土材料的初步整理，并结合周边遗址分析，我们确定西大砬子遗址为一处夏家店下层文化时期的人类居住址。

夏家店下层文化是广泛分布于辽西地区的青铜时代早期文化，其核心区域位于今赤峰、朝阳境内，年代从夏代中期至商代。小凌河流域以前所发掘的夏家店下层文化遗址较少，见有锦西邰集屯①、锦州前西山②等；临近的大凌河流域已发掘遗址较多，有北票丰下③、北票康家屯④、义县向阳岭⑤、朝阳罗锅地⑥、建平水泉⑦、阜新平顶山⑧等。

以上已发掘并发表材料的遗址，义县向阳岭和朝阳罗锅地遗址经过了系统的分期。义县向阳岭分为四期，其中一期和二期分属于夏代晚期和商代前期，即夏家店下层早期偏晚和晚期偏早阶段。朝阳罗锅地分为三期，一期属于夏家店下层早期，二期和三期属于夏家店下层文化晚期早晚两段。

西大砬子遗址出土陶器与上述两处遗址出土的夏家店下层文化遗存较为接近，如西大砬子遗址的罐（H52：1、H43：1、H56：1）、尊（H5：2）与义县向阳岭第二期的罐（H220：2、H212：4、H200：2）、尊（H21：6）形制相近。由此推断遗址年代为夏家店下层文化晚期偏早。

但同时我们也可以看出，西大砬子遗址的夏家店下层文化与赤峰、朝阳等地的夏家店下层文化有所不同，其中以鬲最为明显。赤峰、朝阳地区夏家店下层文化晚期典型的尊形鬲、筒腹鬲在该遗址没有发现，该遗址发现的陶鬲口沿和鬲足均为鼓腹鬲个体。根据王立新先生《夏家店下层文化渊源刍论》一文的研究，尊形鬲、筒腹鬲和鼓腹鬲同时存在于燕山南北地区的夏家店下层文化和大坨头文化中；但是在夏家店下层文化中尊形鬲和筒腹鬲的比重远远超过鼓腹鬲；而在大坨头文化中恰好相反，呈现出鼓腹鬲较多，另外两种形态的鬲较少的局面。⑨ 因此我们认为尊形鬲、筒腹鬲的缺失以及鼓腹鬲的数量较多，体现了燕山以南的大坨头文化对本遗址夏家店下层文化的影响。此外夏家店下层文化常见的鼎和三足盘在该遗址中也没有发现。以往已有学者指出，夏家店下层文化自早期以后开始逐步分化，东、西区的差别开始明显，其中小凌河流域及辽西走廊地区与大坨头类型关系更密切⑩。

---

①　吉林大学考古系等：《辽宁锦西邰集屯古城址勘察与试掘报告》，《考古学集刊11》，1997 年，中国大百科全书出版社。

②　辽宁省文物考古研究所：《锦州前西山青铜时代遗址发掘简报》，《辽宁省道路建设考古报告集·2003》，2004 年，辽宁民族出版社。

③　辽宁省文物干部培训班：《辽宁省北票县丰下遗址 1972 年春发掘简报》，《考古》1976 年第 3 期。

④　辽宁省文物考古研究所：《辽宁北票市康家屯城址发掘简报》，《考古》2001 年第 8 期。

⑤　辽宁省文物考古研究所：《辽宁义县向阳岭青铜时代遗址发掘报告》，《考古学集刊13》，2000 年，中国大百科全书出版社。

⑥　辽宁省文物考古研究所：《朝阳罗锅地夏家店下层文化遗址发掘报告》，《辽宁省道路建设考古报集·2003》，2004 年，辽宁民族出版社。

⑦　辽宁省博物馆、朝阳市博物馆：《建平水泉遗址发掘简报》，《辽海文物学刊》1986 年第 3 期。

⑧　辽宁省文物考古研究所等：《辽宁阜新平顶山石城址发掘报告》，《考古》1992 年第 5 期。

⑨　王立新、齐晓光、夏保国：《夏家店下层文化渊源刍论》，《北方文物》1993 年第 2 期。

⑩　华玉冰、张振军、杜守昌：《朝阳罗锅地夏家店下层文化遗址的分期及相关问题》，《边疆考古研究·第 1 辑》，2002 年，科学出版社。

由此可见，西大砬子遗址因其所处地理位置远离夏家店下层文化中心区，在商代早期夏家店下层文化开始衰落后，燕山以南的大坨头文化开始逐步影响这一地区。西大砬子所出土的遗物体现了两个考古学文化在该遗址的交集。

综上，西大砬子遗址的发掘对研究小凌河流域夏家店下层文化及燕山南北文化交流具有重要意义。

第四章　龙台遗址

　　龙台遗址位于辽宁省锦州凌海市板石沟乡大牛屯东约1.5千米处，东南距锦州市区约14千米。遗址位于一处北高南低的坡地上，北侧为断崖，断崖下即为小凌河（参见图一；彩版五四，1），遗址西北角近断崖处有一座烽火台，现存高约5米。遗址东西长约500米，南北宽约100米，总面积约50000平方米，遗址中心地理坐标为北纬41°17′78″、东经120°97′92″，海拔75米。

　　由于锦凌水库工程开工在即，从2011年6月开始，辽宁省文物考古研究院对其进行了抢救性考古发掘工作。受地貌限制，发掘区共分为两区：其中，Ⅰ区位于烽火台东侧，西北距烽火台约30米，布5米×5米探方22个（图二八二）；Ⅱ区位于烽火台南侧，北距烽火台约20米，东距Ⅰ区约30米，布5米×5米探方10个（图二八三），总发掘面积（计入扩方）约830平方米（彩版五四，2）。此次发掘的收获主要以辽金时期的遗存为主，另有少量青铜时期遗存，现将此次发掘情况简介如下。

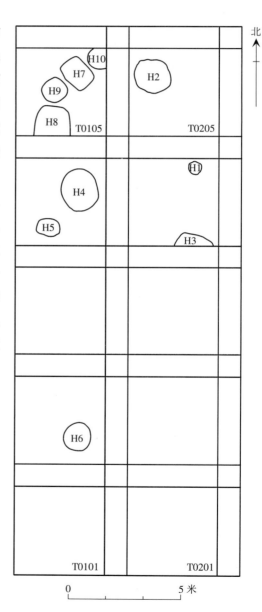

图二八三　龙台遗址发掘Ⅱ区遗迹分布图

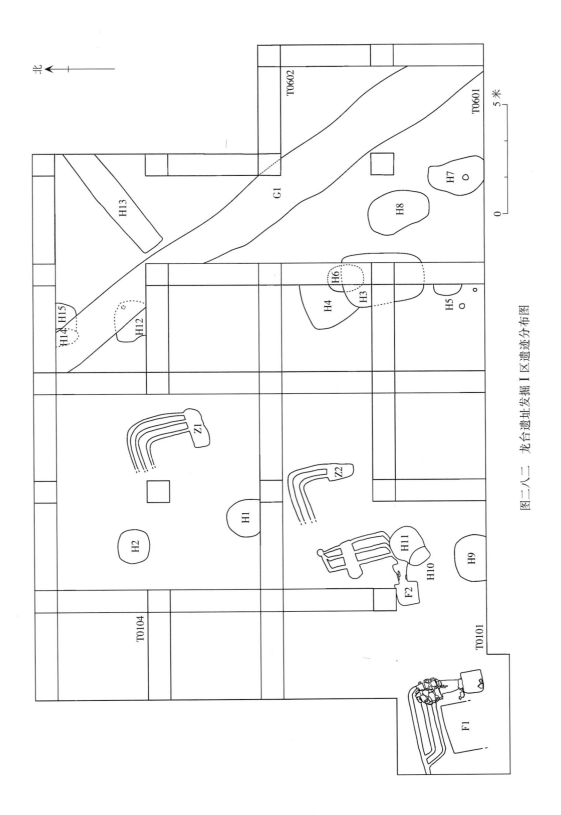

图二八三　龙台遗址发掘Ⅰ区遗迹分布图

第一节　地层堆积

　　龙台遗址的两个发掘区，地层堆积普遍较厚，并且由于自然侵蚀、人类活动等诸多因素的影响，两区之间的具体堆积情况不尽相同。下面以Ⅰ区 T0201 南壁、Ⅱ区 T0103 北壁为例，分别予以介绍。

　　Ⅰ区 T0201 南壁（图二八四），位于Ⅰ区西南角。

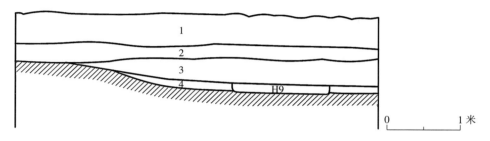

图二八四　龙台遗址Ⅰ区 T0201 南壁剖面图

　　第①层：现代耕土层，厚约 38~47 厘米。黄色沙土，土质较疏松。植物根系发达，包含有大量的夹砂灰陶片、布纹瓦残片、瓷片及少量的夹砂红褐陶片。

　　第②层：厚约 14~30 厘米。黄褐色土，夹杂有黄色料姜石，土质较硬。包含有少量的夹砂灰陶片、布纹瓦残片。

　　第③层：厚约 0~38 厘米。黑褐色土，夹杂有大量的黄色料姜石，土质较硬。包含有较多的夹砂灰陶片、布纹瓦残片、瓷片等。Ⅰ区遗迹均开口于此层下。

　　第④层：厚约 0~11 厘米。黑土，夹杂有少量的黄色料姜石，土质较黏。较为纯净，未见人工遗物。

　　此层下即为黏性较大的黄色生土。

　　Ⅱ区 T0103 北壁（图二八五），位于Ⅱ区中部。

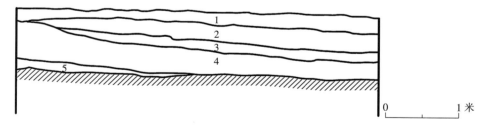

图二八五　龙台遗址Ⅱ区 T0103 北壁剖面图

　　第①层：现代耕土层，厚约 9~24 厘米。黄色沙土，土质较疏松。植物根系发达，包含有少量的夹砂灰陶片、布纹瓦残片、瓷片等。

　　第②层：厚约 0~27 厘米。黄褐色土，夹杂有黄色料姜石，土质较疏松。包含有少量的夹砂灰陶片。

　　第③层：厚约 0~16 厘米。灰褐色土，夹杂有大量的黄色料姜石，土质疏松。包含有少量的夹砂灰陶片。

第④层：厚约24～52厘米。黑褐色土，土质较坚硬。包含有大量的夹砂灰陶片、布纹瓦残片、瓷片及少量的夹砂红褐陶片。Ⅱ区遗迹均开口于此层下。

第⑤层：厚约0～14厘米。黑土，夹杂有少量的黄色料姜石，土质较黏。较为纯净，未见人工遗物。

此层以下为基岩。

依据土色、土质及包含物等因素分析，Ⅰ区①、②层与Ⅱ区①、②、③层时代相同，均为现代耕土层和现代扰土层，包含物较为杂乱，出土有辽金、明清及现代各个时期遗物；Ⅰ区③层与Ⅱ区④层时代相同，为辽金时期原生文化层，出土有夹砂灰陶片、布纹瓦残片、白瓷片、铁器等辽金时期典型遗物；Ⅰ区④层与Ⅱ区⑤层年代相同，为青铜时代地层，但较为纯净，未见人工遗物。

第二节　夏家店下层文化遗存

一　遗迹

数量较少，仅在Ⅰ区清理出灰坑2座。

1. Ⅰ区H12

位于Ⅰ区T0404内，开口于第3层下，部分位于T0403北隔梁内，未进行发掘。平面呈不规则形，直壁，平底。长约1.92、宽约1.40、深0.24米（图二八六；彩版五五，3）。坑内堆积以灰褐色沙土为主，夹杂有少量的石块，土质较疏松。坑内出土有夹砂红褐陶片、灰褐陶片及石铲、石斧、石凿等。

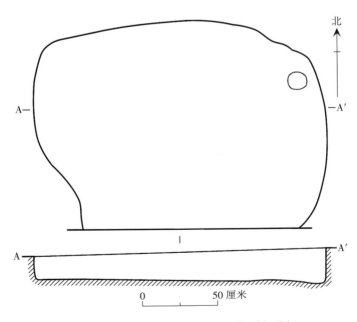

图二八六　龙台遗址Ⅰ区H12平、剖面图

2. Ⅰ区 H15

位于Ⅰ区 T0404 北部，开口于第③层下，被 H14、G1 打破。依据已发掘部分推测，平面呈近似圆形，直壁，平底。口径约 0.9～1.2、深 0.3 米（图二八七）。坑内堆积以黄褐色沙土为主，夹杂有少量的石块，土质较疏松。坑内出土有少量的夹砂褐陶片、石铲等。

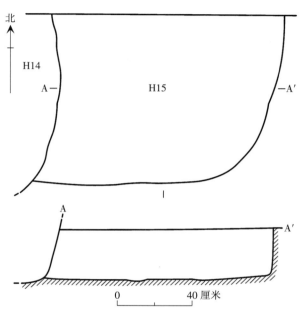

图二八七　龙台遗址Ⅰ区 H15 平、剖面图

二　出土遗物

该遗址出土的青铜时期遗物数量不多，主要有陶器及石器。

（一）陶器

数量较少，未见可复原的容器。陶系以夹砂红褐及灰褐陶为主，不见泥质陶；器表多为素面，另外见有少量的绳纹、附加堆纹、弦纹；可辨器形主要有鬲、盆、钵、罐、器耳、纺轮、网坠等。

鬲　4 件。鬲足较多，口沿残片较少。

标本Ⅰ区采:4，夹砂红褐陶。仅存口部残片，圆唇，敞口，沿外侧贴置一周附加堆纹，附加堆纹上戳压细密的凹窝，矮领。残高 7.1、壁厚 0.9 厘米（图二八八，4）。

标本Ⅰ区采:2，夹砂红褐陶。实心高鬲足，足跟残断。素面。残高 11.1 厘米（图二八八，6）。

标本Ⅰ区采:13，夹砂红褐陶。空心鬲足，足跟残断。表面施有绳纹。残高 5.7、壁厚 0.8 厘米（图二八八，8）。

标本Ⅰ区采:14，夹砂红褐陶。足跟较为圆钝。素面。残高 6.6、壁厚 2.0 厘米（图二八八，7）。

罐　2 件。

标本Ⅰ区采:8，夹砂灰褐陶。口部及上腹部残损，鼓腹，台底。腹部施有细绳纹。底径 6.8、残高 4.9、壁厚 0.7 厘米（图二八八，9）。

标本Ⅰ区 H12:7，夹砂红褐陶。仅存口部残片，尖圆唇，唇外侧回泥呈叠唇状，敞口，束颈，溜肩。器表满施后经抹平处理的绳纹。口径 35.0、残高 11.1、壁厚 0.9 厘米（图二八八，2）。

盆 2件。

标本Ⅰ区 H12：4，夹砂红褐陶。圆唇，敞口，弧腹较深，下腹部及底部残损。腹部饰有数周弦纹，在弦纹带之间拍印绳纹，绳纹后经抹平处理。口径31.1、残高15.9、壁厚0.6厘米（图二八八，3）。

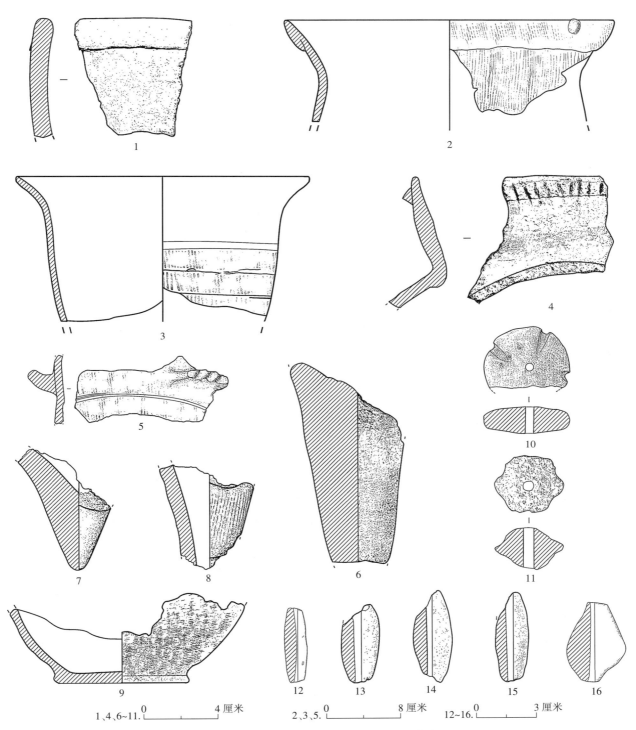

图二八八 龙台遗址出土夏家店下层文化陶器

1. 钵（Ⅰ区 H12：6） 2、9. 罐（Ⅰ区 H12：7、Ⅰ区采：8） 3、5. 盆（Ⅰ区 H12：4、Ⅰ区 H12：5） 4、6~8. 鬲（Ⅰ区采：4、Ⅰ区采：2、Ⅰ区采：14、Ⅰ区采：13） 10、11. 纺轮（Ⅰ区 T0101③：5、Ⅰ区 T0502②：1） 12~16. 网坠（Ⅰ区 T0204②：1、Ⅰ区 T0101③：1、Ⅰ区 T0503②：3、Ⅰ区 T0101②：2、Ⅰ区 T0102②：1）

标本Ⅰ区 H12：5，夹砂红褐陶。仅存腹部残片，横向贴附一鸡冠状鋬耳。腹部饰有弦纹，在弦纹带之间拍印绳纹，绳纹后经抹平处理。残高 7.2、壁厚 0.6 厘米（图二八八，5）。

钵　1 件。

保本Ⅰ区 H12：6，夹砂红陶。仅存口部残片，微敛口，方唇外侧回泥作叠唇状，弧腹。素面。残高 6.5、壁厚 0.9 厘米（图二八八，1）。

纺轮　2 件。

标本Ⅰ区 T0101③：5，夹砂红褐陶。花整体近似圆饼状，从中心向边缘渐薄，轮面等距压制呈放射状排列的沟槽，中部纵向穿有一孔。轮径 4.5、孔径 0.5、最大体厚 1.8 厘米（图二八八，10）。

标本Ⅰ区 T0502②：1，夹砂红褐陶。整体呈花边陀螺状，体厚，中部纵向穿有一孔。轮径 3.7、孔径 0.7、最大体厚 2.7 厘米（图二八八，11）。

网坠　5 件。依据整体特征，可分为二型。

A 型　4 件。整体呈圆梭状。

标本Ⅰ区 T0101②：2，泥质红陶。顶端现已残损，中部纵向穿有一孔。最大体径 1.8、孔径 0.6、残长 4.9 厘米（图二八八，15）。

标本Ⅰ区 T0101③：1，夹砂黄褐陶。顶端现已残损，中部纵向穿有一孔。最大体径 2.0、孔径 0.9、残长 4.3 厘米（图二八八，13）。

标本Ⅰ区 T0204②：1，夹砂黄褐陶。首尾两端现已残损，中部纵向穿有一孔。最大体径 1.2、孔径 0.6、残长 4.1 厘米（图二八八，12）。

标本Ⅰ区 T0503②：3，夹砂红褐陶，表面磨光。中部纵向穿有一孔。最大体径 2.1、孔径 0.6、长 5.1 厘米（图二八八，14）。

B 型　1 件。整体呈纺锤状。

标本Ⅰ区 T0102②：1，夹砂黄褐陶，器表磨光。侧边刻划有一道系绳凹槽，中部纵向穿有一孔。最大体径 3.1、孔径 0.6、长 4.3 厘米（图二八八，16；彩版五六，6）。

（二）石器

数量较少，以磨制石器为主，打制者及琢制者较少，主要有锄、铲、斧、凿、磨棒、盘状器、镞等。

锄　1 件。

标本Ⅰ区采：1，打制。整体呈亚腰状，顶部不甚平整，刃部较钝。长 17.6、宽 13.2、厚 3.0 厘米（图二八九，1）。

铲　2 件。

标本Ⅰ区 H12：1，磨制。平顶，宽柄，窄肩，弧刃略有残损。长 13.3、宽 8.1、厚 0.8 厘米（图二八九，5；彩版五六，2）。

标本Ⅰ区 H15：1，磨制。略显弧顶，宽柄，窄肩，刃部残损。残长 9.8、宽 7.8、厚 0.9 厘米（图二八九，6）。

斧　1 件。

标本Ⅰ区 H12：2。磨制。整体呈长方形，双面刃，刃部有破损，侧边分布密集的崩疤。长 9.8、宽 5.4、厚 3.6 厘米（图二八九，7；彩版五六，1）。

凿　1件。

标本Ⅰ区H12:3，磨制。整体呈长条状，平顶，侧边平直，刃部残损。残长6.4、宽1.6、厚0.9厘米（图二八九，8；彩版五六，5）。

磨棒　1件。

标本Ⅰ区采:16，现已残损，整体呈圆棒状。最大体径6.3、残长9.2厘米（图二八九，3）。

盘状器　1件。

标本Ⅰ区采:12，整体打制而成，局部磨制。整体呈圆饼状，边缘修整的较为粗糙。最大体径10.5、厚0.8厘米（图二八九，2）。

镞　2件。

标本Ⅰ区H12:8，燧石琢制而成。整体呈弧边三角形，凹底。长2.2、底宽1.3、厚0.3厘米

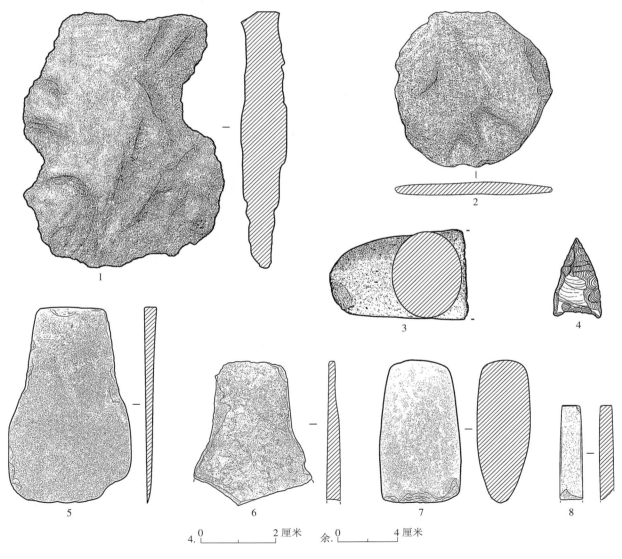

图二八九　龙台遗址出土夏家店下层文化石器

1. 锄（Ⅰ区采:1）　2. 盘状器（Ⅰ区采:12）　3. 磨棒（Ⅰ区采:16）　4. 镞（Ⅰ区H12:8）　5、6. 铲（Ⅰ区H12:1、Ⅰ区H15:1）
7. 斧（Ⅰ区H12:2）　8. 凿（Ⅰ区H12:3）

（图二八九，4；彩版五六，4）。

　　标本Ⅰ区T0201③:3，燧石琢制而成。整体呈弧边三角形，凹底略残。长3.2、底宽1.5、最大体厚0.3厘米（彩版五六，3）。

第三节　辽金时期遗存

一　遗迹

辽金时期的遗迹类型较为单一，仅清理出房址4座、灰坑23个。

（一）房址

4座。均位于发掘Ⅰ区，分南北两排，呈东西向分布，南排分布有F1、F2、F4，北排分布F3。现择要介绍2例。

1. Ⅰ区F1

位于Ⅰ区T0101西部扩方内，开口于第3层下。房址平面呈长方形，室内西高东低、北高南低，由灶台、烟道及室内活动面组成。房址通长4.46、宽3.48米（图二九〇；彩版五五，1）。

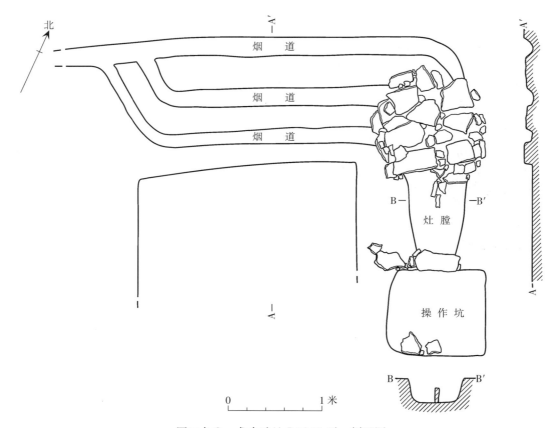

图二九〇　龙台遗址Ⅰ区F1平、剖面图

　　灶台（彩版五五，2）位于室内东部，北与烟道相通。平面近圆形，顶部由石块和布纹瓦覆盖，直径约1.22、残高0.15米。灶眼位于灶体中部，平面呈圆形，直径0.6米。灶膛平面呈亚腰形，接近灶门的一端有盖石，长1.08、宽0.40～0.65、深0.25米，壁面烧结坚硬且较厚。灶门位于灶体南侧，整体呈长方形，平顶，顶部盖石，宽 0.37、高 0.25 米。操作坑平面近方形，火烧痕迹明显，长 1.06、宽 0.94、深 0.25 米。

烟道共计 3 条，并列排置，于西北角汇合。烟道形制大致相同，宽约 0.15 ~ 0.25、深 0.15 米。

室内活动面南部被破坏殆尽，残存部分平面呈长方形，长约 2.31、残宽约 1.50 米。活动面较之烟道隔墙低约 0.15 米。

房址活动面、烟道及灶址内出土有大量的夹砂灰陶片、布纹瓦残片及铁镞、铜钱、瓷器等遗物。

2. Ⅰ区 F2

位于Ⅰ区 T0201 西北角，开口于第 3 层下，被Ⅰ区 H10、Ⅰ区 H11 打破。房址因破坏严重而平面形状不明，整体北高南低，室内存留有灶台、烟道及出烟孔。房址残长 4.06、残宽 3.26 米（图二九一）。

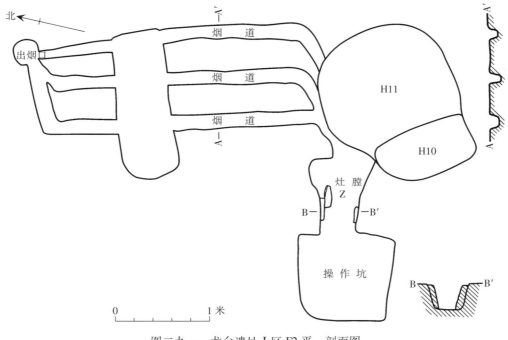

图二九一　龙台遗址Ⅰ区 F2 平、剖面图

灶台多被Ⅰ区 H11 打破，仅存西北角，平面形状不详，深 0.25 米。灶眼亦遭破坏，形制不明。灶膛平面呈亚腰形，两侧立石，立石面和火道壁烧结成红褐色，长约 0.85、宽 0.40 ~ 0.65、深 0.30 米。灶门位于灶体西侧，平面长方形，宽 0.39、高 0.29 米。操作坑平面近方形，火烧痕迹不显，长 1.05、宽约 0.96、深 0.25 米。

烟道共计 3 条，并列排置，于北部汇合。烟道形制大致相同，宽约 0.1 ~ 0.15、深约 0.1 米。

出烟口位于房址北部，平面呈圆形，直径 0.30、深约 0.30 米。

灶址及烟道内出土有少量的夹砂灰陶片、布纹瓦残片等。

（二）灰坑

23 座。平面形状主要有圆形、椭圆形和（圆角）长方形三种类型；坑壁多为直壁，少数为弧壁；坑底以平底居多，圜底及底不平者较少。现择要介绍 3 例。

1. Ⅰ区 H4

位于Ⅰ区 T0402 东部，局部延伸至东隔梁内未发掘，开口于第③层下，被Ⅰ区 H3、H6 打破。平面推测呈圆角长方形，直壁，平底。已发掘部分长 2.27、宽 2.04、深 0.32 米（图二九二）。坑内堆积以褐色土为主，夹杂有黄色料姜石，土质较疏松。坑内出土有大量的夹砂灰陶片及少量的瓷片、铁匕、铁钉、铜钱等。

2. Ⅱ区 H4

位于Ⅱ区 T0104 东北，开口于第④层下。平面近似椭圆形，弧壁，底部不甚平整。口长径 2.10、短径 1.66、深 0.35 米（图二九三）。坑内堆积以褐色土为主，夹杂有大量的料姜石及红烧土颗粒，土质较疏松。坑内出土有大量的夹砂灰陶片及瓷片。

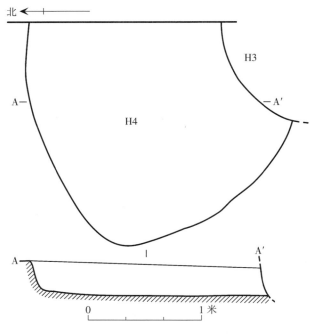

图二九二　龙台遗址Ⅰ区 H4 平、剖面图

3. Ⅱ区 H8

位于Ⅱ区 T0105 南部，局部延伸至Ⅱ区 T0104 北隔梁内未发掘，开口于第③层下。平面推测近似椭圆形，直壁，平底。已发掘部分长径 1.60、短径 1.34、深 0.46 米（图二九四）。坑内堆积以褐色土为主，夹杂有大量的黄色料姜石块及红烧土颗粒，土质疏松。坑内出土大量的夹

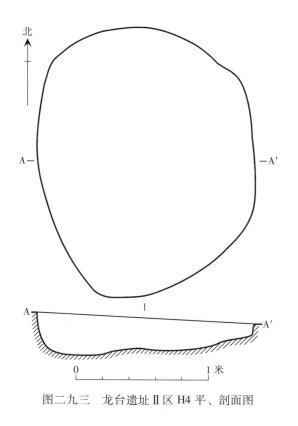

图二九三　龙台遗址Ⅱ区 H4 平、剖面图

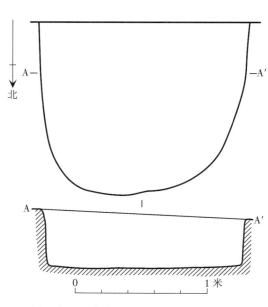

图二九四　龙台遗址Ⅱ区 H8 平、剖面图

砂灰陶片及铁锄、铁铲、铁钉等。

二　出土遗物

该遗址出土的辽金时期遗物数量不多，主要有陶器、瓷器、铁器、铜钱及石器。

（一）陶器

陶系以夹砂灰陶为主，另有少量的夹砂红褐陶及泥质陶；器表多素面磨光；可辨器形主要有罐、器盖、纺轮、圆陶片等。

罐　1件。

标本Ⅰ区 H4:5，夹砂灰陶。仅存底部，下腹斜收，平底。素面，器表轮旋痕迹明显。底径10.4、残高4.2、壁厚0.6厘米（图二九五，2）。

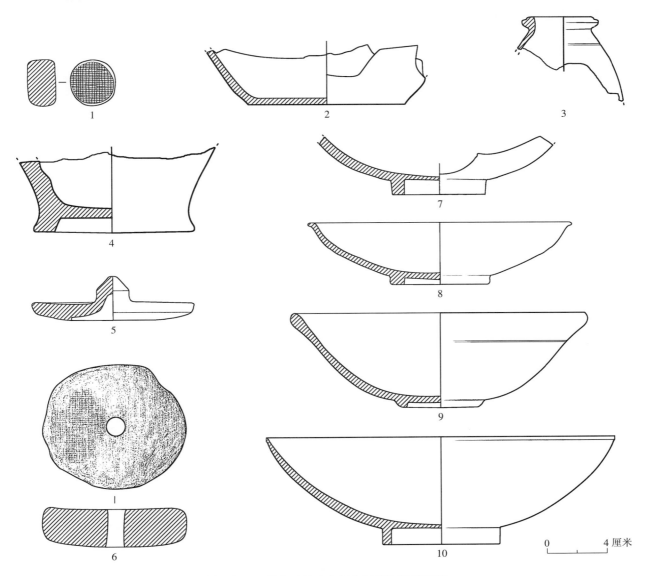

图二九五　龙台遗址出土辽金时期陶器及瓷器

1. 圆陶片（Ⅰ区 F1:7）　2. 陶罐（Ⅰ区 H4:5）　3. 鸡腿瓷坛（Ⅱ区 T0104④:1）　4. 瓷罐（Ⅱ区 H4:1）　5. 陶器盖（Ⅱ区 H2:1）

6. 陶纺轮（Ⅰ区 G1:6）　7~10. 瓷碗（Ⅰ区 H4:3、Ⅰ区 F1:2、Ⅰ区 T0601②:3、Ⅰ区 H7:1）

器盖 1件。

标本Ⅱ区H2:1，夹砂灰陶。整体低矮，平顶微内凹，蘑菇状纽。素面。口径10.8、高3.1、壁厚0.8~1.0厘米（图二九五，5；彩版五七，1）。

纺轮 1件。

标本Ⅰ区G1:6，夹砂灰陶。由布纹瓦残片磨制而成，整体呈圆饼状，中部纵向穿有一孔。轮径9.0、孔径1.2、厚2.4厘米（图二九五，6）。

圆陶片 1件。

标本Ⅰ区F1:7，夹砂灰陶。由布纹瓦残片磨制而成，整体呈圆饼状。直径3.2、厚1.8厘米（图二九五，1）。

（二）瓷器

瓷器以白釉及酱釉为主，器底多不施釉；器表多为素面，偶见弦纹；可辨器形主要有碗、罐、鸡腿坛等。

碗 4件。依据圈足形态的不同，可分为2型。

A型2件。圈足较高。

标本Ⅰ区H7:1，白釉，外壁近底部及圈足未施釉。尖圆唇，敞口，弧腹，内底支烧痕迹明显，高圈足。口径23.1、底径7.8、高7.3、壁厚0.2~0.6厘米（图二九五，10）。

标本Ⅰ区H4:3，白釉，圈足未施釉。口部残损，下腹弧收，内底支烧痕迹明显，圈足高陡。下腹部轮旋痕迹明显。残高4.1、底径6.2、壁厚0.8厘米（图二九五，7）。

B型2件。圈足较矮。

标本Ⅰ区F1:2，白釉，外壁近底部及圈足未施釉，下腹部流釉现象明显。尖圆唇，敞口，展沿，弧腹略鼓，内底支烧痕迹明显，矮圈足。口径17.5、底径6.4、高4.3、壁厚0.5厘米（图二九五，8）。

标本Ⅰ区T0601②:3，内壁施白釉，釉色微黄；外壁及底部施酱釉。圆唇，唇外侧加厚，敞口，深弧腹微鼓，内底支烧痕迹明显，足墙旋削。上腹部施有一周弦纹。口径19.3、底径5.1、高6.5、壁厚0.7厘米（图二九五，9）。

罐 1件。

标本Ⅱ区H4:1，白釉，釉色发黄，内壁及圈足未施釉。口部现已残损，高圈足，足墙外撇，足跟较厚。内壁施有瓦棱纹。底径10.5、残高6.0、壁厚0.7~1.3厘米（图二九五，4）。

鸡腿坛 1件。

标本Ⅱ区T0104④:1，酱釉，内壁未施釉。圆唇，侈口，小窄沿，沿面施有一周凹槽，束颈，卵形长腹，下腹部及底部残损。肩部施有一周弦纹，内壁施有瓦棱纹。口径5.1、残高5.8、壁厚0.3~0.8厘米（图二九五，3）。

（三）铁器

数量较多，以镞数量最为大宗，另有钉、铲、刀、匕、剪、环、挂钩、甲片等。

镞22件。依据形制的不同，可分为4型。

A型 1件。铲形镞。

标本Ⅱ区 H5：1，扁铲状镞叶，平锋，扁柱状细铤。长 8.0、宽 2.6、铤径 0.4 厘米（图二九六，7；彩版五七，8）。

B 型　10 件。矛形镞。

标本Ⅰ区 T0301③：1，矛形镞叶，横截面呈卵形，叶接圆銎。长 5.9、銎径 0.8 厘米（图二九六，5）。

标本Ⅱ区 T0105②：1，矛形镞叶，圆铤。残长 10.6、铤径 0.6 厘米（彩版五七，5）。

标本Ⅱ区 T0105③：1，矛形镞叶，横截面呈卵形，长关，圆铤。残长 8.7、铤径 0.2 厘米（图

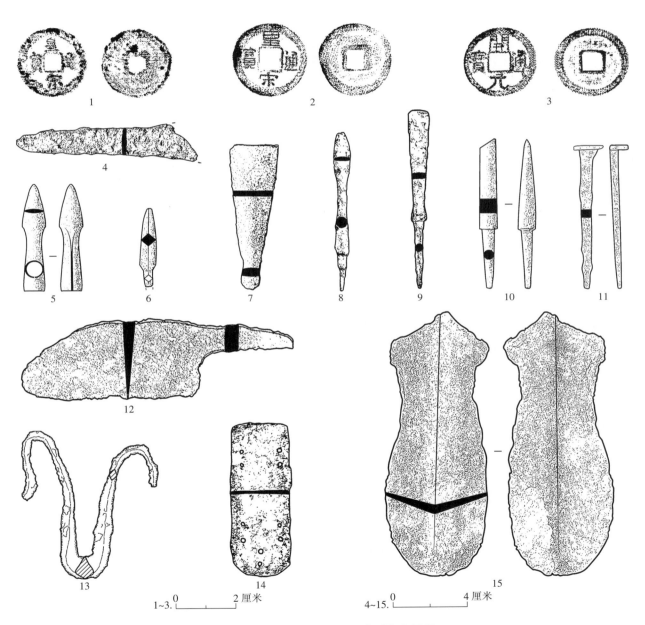

图二九六　龙台遗址出土辽金时期金属器

1～3. 铜钱（Ⅰ区 F1：1-1、Ⅰ区 F1：1-2、Ⅰ区 F1：1-4）　4. 铁匕（Ⅰ区 H4：2）　5～10. 铁镞（Ⅰ区 T0301③：1、Ⅰ区 T0301③：2、Ⅱ区 H5：1、Ⅱ区 T0105③：1、Ⅰ区 F1：6、Ⅰ区 T0404③：1）　11. 铁钉（Ⅰ区 T0201③：4）　12. 铁刀（Ⅰ区 T0101③：3）　13. 铁挂钩（Ⅰ区 T0204②：2）　14. 铁甲片（Ⅰ区 G1：2）　15. 铁铲（Ⅱ区 H8：2）

二九六，8；彩版五七，6）。

标本Ⅰ区T0201②：1，矛形镞叶，尖锋，体扁薄，圆铤。长9.7、铤径0.3厘米（彩版五七，7）。

C型　8件。凿形镞。

标本Ⅰ区T0404③：1，柱状镞叶，斜锋，斜刃，圆铤。长8.2、铤径0.5厘米（图二九六，10）。

标本Ⅰ区F1：6，扁长方体状镞叶，平锋，斜刃，圆铤。长9.8、铤径0.3厘米（图二九六，9）。

D型　3件。四棱状镞。

标本Ⅰ区T0301③：2，四棱锥状镞叶，斜刃，圆铤微残。残长4.4、铤径0.4厘米（图二九六，6）。

钉　10件。

标本Ⅰ区ⅠT0201③：4，锻制。长方形钉帽，钉身细长，横截面呈长方形。长7.9、宽0.8厘米（图二九六，11）。

铲　1件。

标本Ⅱ区H8：2，銎部残损，铲身内折呈三角状，窄肩，肩部以下内凹，铲刃部圆鼓。残长14.5、宽5.4、厚0.5厘米（图二九六，15）。

刀　1件。

标本Ⅰ区T0101③：3，弧背，直刃，刀把较短。长14.4、宽4.3厘米（图二九六，12）。

匕　1件。

标本Ⅰ区H4：2，尖锋，直背，弧刃，柄部残损。残长9.7、残宽1.8、厚0.2厘米（图二九六，4）。

挂钩　1件。

标本Ⅰ区T0204②：2，整体近似"Ω"形，截面呈菱形。长8.1、宽7.3、厚0.9厘米（图二九六，13）。

甲片　1件。

标本Ⅰ区G1：2，整体近似长方形片状，上端平直，下端圆弧，周边排列两两成组的10个穿孔。长8.4、宽3.3、厚0.2厘米（图二九六，14）。

（四）铜钱

数量较多，主要以宋钱为主，另有少量的开元通宝。

标本Ⅰ区F1：1－4，开元通宝。钱文真书，对读。钱径2.4、穿径0.6厘米；重3.7克（图二九六，3）。

标本Ⅰ区F1：1－1，皇宋通宝。钱文真书，对读。钱径2.3、穿径0.6厘米；重3.9克（图二九六，1）。

标本Ⅰ区F1：1－2，皇宋通宝。钱文真书，对读。钱径2.4、穿径0.7厘米；重4.0克（图二九六，2）。

（五）石器

数量较少，多为雕像残件。

石雕残件　3件。

标本Ⅰ区 T0303②：3，砂岩。仅存头像冠部。残高 8.0 厘米（图二九七，3；彩版五七，3）。

标本Ⅰ区 T0503②：2，砂岩。仅存头部，面阔方圆，头戴帻巾，无眉，睁双目，鼻直，翼阔，双唇紧闭。残高 9.9、面宽 7.4 厘米（图二九七，1；彩版五七，2）。

标本Ⅱ区 T0105②：2，砂岩。残损，半圆丘状，上刻波浪形纹饰，波浪纹明显分为上下两层，上层减地雕刻而成，两层波浪纹之间有一半圆形明月，明月处残留有红色印迹，整个石像刻画了一幅"海上生明月"的图景。残高 7.4 厘米（图二九七，2；彩版五七，4）。

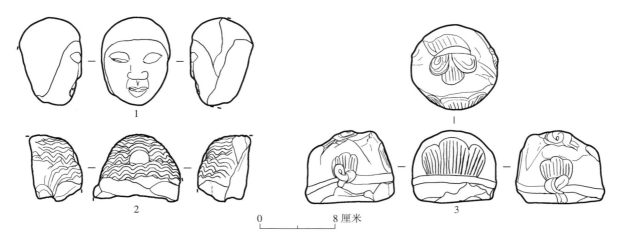

图二九七　龙台遗址出土辽金时期石雕像

1~3. 石雕残件（Ⅰ区 T0503②：2、Ⅱ区 T0105②：2、Ⅰ区 T0303②：3）

第四节　小结

龙台遗址夏家店下层文化遗存性质较为单纯，属于夏家店下层文化。夏家店下层文化是广泛分布于辽西地区的青铜时代早期文化，其核心区域位于今赤峰、朝阳境内，年代从夏代中期至商代。小凌河流域目前发掘的夏家店下层文化遗址较少，仅见有锦西邰集屯[1]、锦州前西山[2]等；而大凌河流域已发掘的遗址数量则较多，见有北票丰下[3]、北票康家屯[4]、义县向阳岭[5]、朝阳罗锅地[6]、建平水泉[7]、阜新平顶山[8]等。通过与上述遗址的比较分析，龙台遗址的青铜时期遗存属于夏家店下层晚期。

龙台遗址辽金时期遗存比较丰富，所发现的四座房址，尤其是保存较好的 F1 对于研究辽金时

①　吉林大学考古系等：《辽宁锦西邰集屯古城址勘察与试掘报告》，《考古学集刊 11》，1997 年，中国大百科全书出版社。

②　辽宁省文物考古研究所：《锦州前西山青铜时代遗址发掘简报》，《辽宁省道路建设考古报告集·2003》，2004 年，辽宁民族出版社。

③　辽宁省文物干部培训班：《辽宁省北票县丰下遗址 1972 年春发掘简报》，《考古》1976 年第 3 期。

④　辽宁省文物考古研究所：《辽宁北票市康家屯城址发掘简报》，《考古》2001 年第 8 期。

⑤　辽宁省文物考古研究所：《辽宁义县向阳岭青铜时代遗址发掘报告》，《考古学集刊 13》，2000 年，中国大百科全书出版社。

⑥　辽宁省文物考古研究所：《朝阳罗锅地夏家店下层文化遗址发掘报告》，《辽宁省道路建设考古报告集·2003》，2004 年，辽宁民族出版社。

⑦　辽宁省博物馆、朝阳市博物馆：《建平水泉遗址发掘简报》，《辽海文物学刊》1986 年第 3 期。

⑧　辽宁省文物考古研究所等：《辽宁阜新平顶山石城址发掘报告》，《考古》1992 年第 5 期。

期北方少数民族政权中心腹地的人类生产、生活提供了新的材料。

　　龙台遗址在调查和发掘的过程中，在地表及耕土层中采集有大量的夏家店下层文化遗物，但在发掘过程中仅发现两座灰坑属于这一时期，其他遗迹已被晚期人类活动所破坏。如此大规模的破坏应与遗址北侧修建烽火台大量取土有关。因未对烽火台进行解剖与发掘，推测其年代下限应为辽金时期。

第五章　锡匠沟遗址

　　锡匠沟遗址位于辽宁省锦州凌海市板石沟乡锡匠沟村北山的阳坡上（图一），南侧紧临村落，东南距锦州市区约 22 千米。遗址北高南低，落差较大，东西长约 100、南北宽约 70 米，面积约 7000 平方米。2011 年 8 月，为配合锦凌水库淹没区动迁工程，辽宁省文物考古研究院对锡匠沟遗址进行了考古发掘工作。

　　本次发掘区域位于遗址西部边缘，发掘面积约 680 平方米（图二九八、图二九九）。其中，Ⅰ区发掘面积 380 平方米、Ⅱ区（东距Ⅰ区约 30 米）发掘面积 300 平方米。发掘区域内，共清理出房址 2 座、灰坑 22 个，出土有大量的陶器及石器。经过初步整理研究，该遗址是一处凌河遗存时期的人类居住址。现将此次发掘的主要收获简介如下。

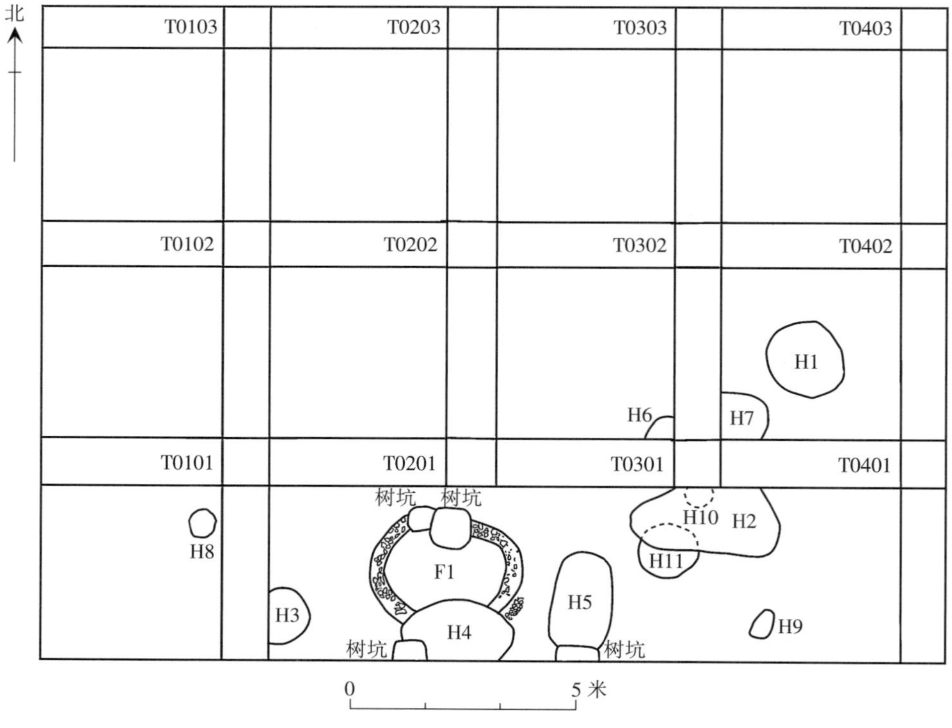

图二九八　锡匠沟遗址Ⅱ区遗迹分布图

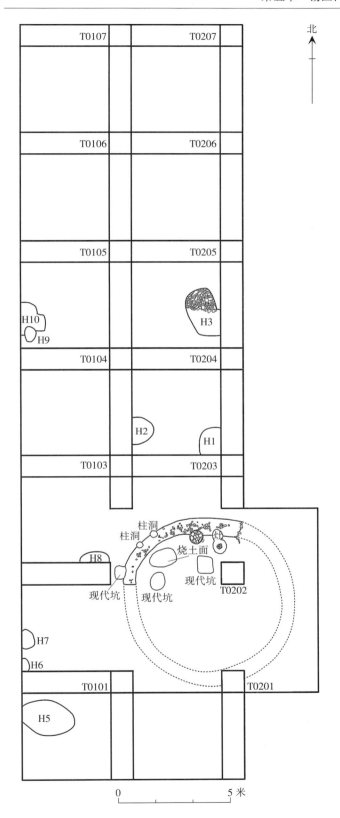

图二九九　锡匠沟遗址Ⅰ区遗迹分布图

第一节　地层堆积

锡匠沟遗址的二个发掘区，地层堆积普遍不厚，两区之间的具体堆积情况不尽相同。下面以Ⅰ区T0204西壁、Ⅱ区T0402南壁为例，分别予以介绍。

Ⅰ区T0204西壁（图三〇〇），位于Ⅰ区中部。

第①层：现代耕土层，厚10～15厘米。黄褐色土，土质较疏松。植物根系发达，未见人工遗物。

第②层：厚15～25厘米。黑褐色土，土质较疏松。包含有少量的夹砂红褐陶片。Ⅰ区遗迹多开口于此层下。

此层下即为基岩。

Ⅱ区T0402南壁（图三〇一），位于Ⅱ区东南部。

第①层：现代耕土层，厚10～15厘米。黄褐色土，土质较疏松。植物根系发达，未见人工遗物。

第②层：厚15～30厘米。黑褐色土，土质较疏松。包含有少量的夹砂红褐陶片。Ⅱ区遗迹多开口于此层下。

第③层：厚10～25厘米。黄褐色土，土质略硬。包含有少量的夹砂红褐陶片。

此层下即为基岩。

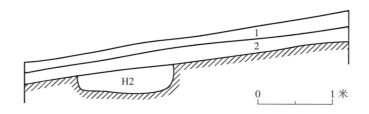

图三〇〇　锡匠沟遗址 I 区 T0204 西壁剖面图

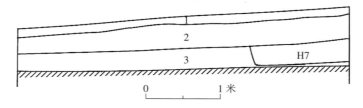

图三〇一　锡匠沟遗址 II 区 T0402 南壁剖面图

第二节　典型遗迹选介

（一）房址

2 座。

1. I 区 F1

位于 I 区 T0102、T0103、T0201、T0202、T0203 及其东扩方内，坐落于基岩上，被 3 个现代坑打破。房址北高南低，保存状况较差，仅存西北部。房址残长 5.8、残宽 4.0 米（图三〇二）。

墙体由小石块夹杂黄土垒砌而成，保存状况极差，多已不存。墙体宽约 0.5～0.8、残高约 0.1 米。居住面系在基岩上铺垫一层不甚纯净的褐色土，但较平整，西北角保留有红烧土面。灶址位于室内北部，由火膛和操作面组成，火膛北部置于北墙内。灶通长 1.17、宽 0.48～0.63、深 0.14 米。灶址西侧深埋一高领罐，且罐体北部嵌入墙体内。

2. II 区 F1

位于 II 区 T0201 及 T0301 内，坐落于第③层上，北部被 2 个现代树坑打破，南部被 II 区 H4 打破。房址保存状况较差，平面呈不规则的圆形，门向南。房址直径约 3.0～3.4 米（图三〇三）。

墙体由小石块夹杂黄土垒砌而成，仅存基础。墙体宽约 0.3～0.4、残高 0.15 米。居住面较平整。室内未发现灶址，但根据现代树坑壁发现的大量红烧土块分析，可能位于房内北侧。房址南部近门道处的室外埋有一陶罐，罐内发现有婴儿头骨残片及牙齿，应为居室外瓮棺葬。

（二）灰坑

23 个，坑口形状多为圆形、椭圆形及不规则形。因为遗址所处山坡较陡，而灰坑多挖至基岩上，所以坑底多不平整。

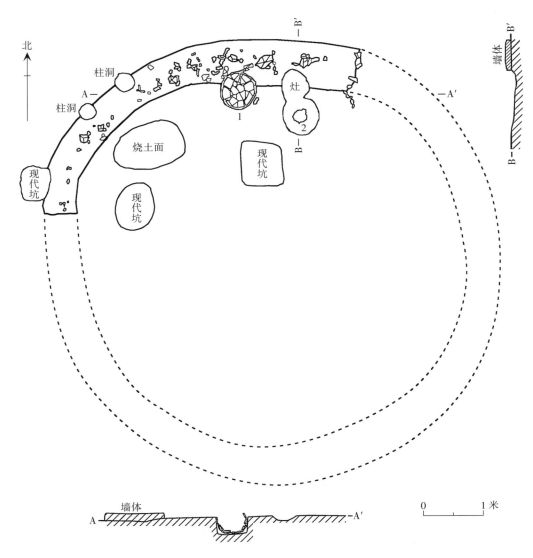

图三〇二　锡匠沟遗址 I 区 F1 平、剖面图

1. 陶瓮　2. 陶罐

1. I 区 H2

位于 I 区 T0104 及 T0204 内，位于 T0104 东隔梁内部分未发掘，开口于第②层下。平面推测呈圆形，直壁，底部不平整（图三〇四）。坑口直径约 1.36、深 0.38 米。

2. I 区 H5

位于 I 区 T0101 内，局部位于发掘区之外未发掘，开口于第②层下。平面推测近似椭圆形，斜壁，底部凹凸不平（图三〇五）。坑口长径 2.17、短径 1.48、深 0.43 米。

3. II 区 H1

位于 II 区 T0402 中部，开口于第②层下。平面近似椭圆形，弧壁，斜底（图三〇六）。坑口长径 1.82、短径 1.56、深 0.56 米。

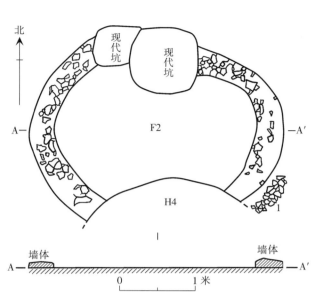

图三〇三　锡匠沟遗址Ⅱ区 F1 平、剖面图

1. 陶罐

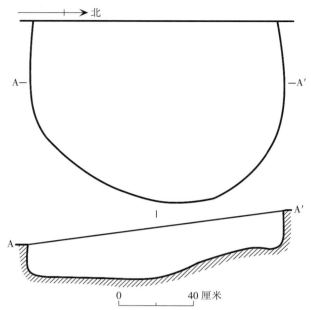

图三〇四　锡匠沟遗址Ⅰ区 H2 平、剖面图

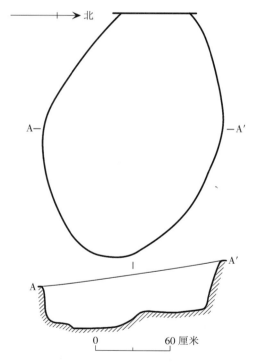

图三〇五　锡匠沟遗址Ⅰ区 H5 平、剖面图

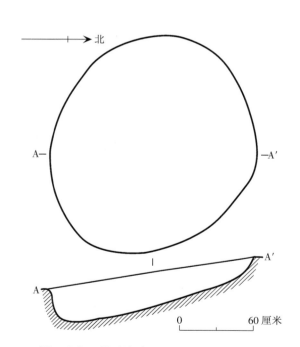

图三〇六　锡匠沟遗址Ⅱ区 H1 平、剖面图

第三节　出土遗物

遗址内出土遗物不甚丰富，主要有陶器及石器。

（一）陶器

陶器以夹砂红褐陶和夹砂黄褐陶为主；器表多为素面，少量施有绳纹、按窝附加堆纹等纹饰；可辨器形主要有鬲、罐、瓮、钵、甑、纺轮等，容器可复原者较少。

鬲　4件。均为口沿残片及鬲足，未见可复原者。

标本Ⅱ区H1∶5，夹砂红褐陶。仅存鬲足，锥状实足跟，素面。残高10.2厘米（图三〇七，5）。

标本Ⅱ区H1∶6，夹砂红陶。仅存鬲足，六棱柱状实足跟，足周施有绳纹。残高12.6厘米（图三〇七，4）。

标本Ⅱ区H1∶7，夹砂红褐陶。仅存鬲足，锥状实足跟，素面。残高11.6厘米（图三〇七，6）。

标本Ⅱ区T0103③∶3，夹砂黄褐陶。仅存口部残片，尖圆唇，直口，高领，领部施有一周按窝附加堆纹。残高5.4、壁厚0.7厘米（图三〇七，2）。

瓮　1件。

标本Ⅰ区F1∶1，夹砂红褐陶。方唇，直口，高领，溜肩，鼓腹，下腹急收成小平底。素面。口径34.3、底径10.9、高55.2、壁厚1.1厘米（图三〇七，1）。

罐　6件。

标本Ⅰ区F1∶2，夹砂黄褐陶。口部及上腹部残损，卵形鼓腹，平底。素面。底径9.7、残高23.8、壁厚0.8厘米（图三〇七，8）。

标本Ⅱ区F1∶1，夹砂红褐陶。方唇，敞口，斜领，束颈，圆肩，鼓腹，中腹部间隔贴附一组唇状耳及鸡冠耳，平底。素面。口径24.3、底径12.0、高34.0、壁厚0.9厘米（图三〇七，10）。

标本Ⅱ区F1填∶2，夹砂黄褐陶。仅存口部残片，方唇，敞口，斜领，束颈，溜肩，肩部贴附瘤状鋬耳。素面。残高7.4、壁厚0.6厘米（图三〇七，9）。

标本Ⅱ区H8∶2，夹砂红褐陶。仅存口部，圆唇，敞口，矮领，束颈。素面。口径24.1、残高10.2、壁厚0.6厘米（图三〇七，7）。

标本Ⅰ区H11∶1，夹砂黄褐陶。圆唇，侈口，小矮领，束颈，深腹，下腹部及底部残损。素面。口径30.7、残高26.4、壁厚0.9厘米（图三〇七，11）。

标本Ⅱ区T0301③∶4，夹砂红褐陶。筒形罐，圆唇，敛口，弧腹略鼓，下腹及底部残损。素面。口径17.5、残高10.4、壁厚0.6厘米（图三〇七，12）。

口沿残片　5件。

标本Ⅱ区F1填∶1，夹砂黄褐陶。圆唇，大敞口，口沿外侧施有一周按窝附加堆纹。残高5.8、壁厚0.8厘米（图三〇七，14）。

标本Ⅱ区H1∶3，夹砂红褐陶。方唇，唇部回泥外叠，直口。器表施粗绳纹。残高7.9、壁厚0.7厘米（图三〇七，16）。

标本Ⅱ区H1∶4，夹砂红褐陶。方唇，唇部回泥外叠，敞口。叠唇施细绳纹。残高10.3、壁厚0.6厘米（图三〇七，17）。

标本Ⅱ区H11∶2，夹砂红褐陶。圆唇，唇部回泥外叠，直口。素面。残高6.0、壁厚0.6厘米（图三〇七，15）。

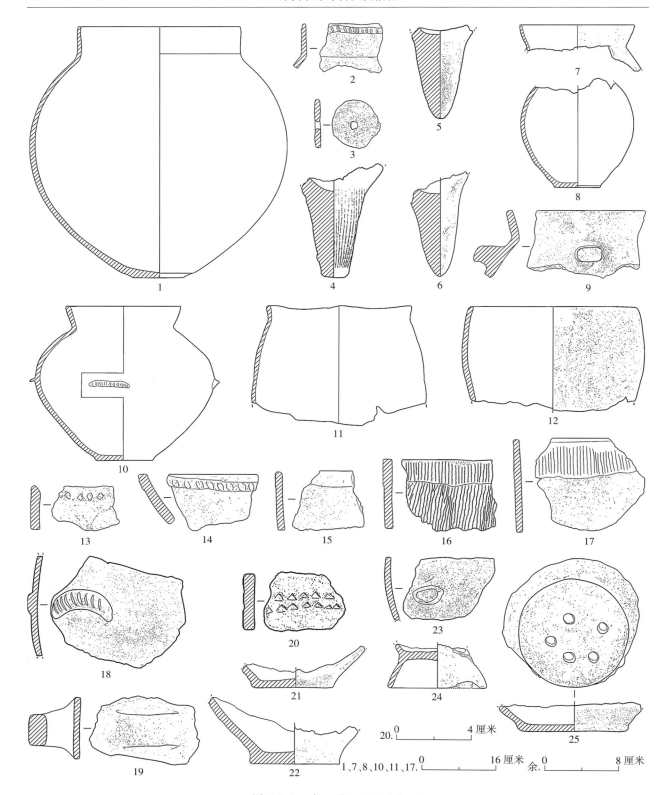

图三〇七　锡匠沟遗址出土陶器

1. 瓮（Ⅰ区 F1：1）　2、4~6. 鬲（Ⅱ区 T0103③：3、Ⅱ区 H1：6、Ⅱ区 H1：5、Ⅱ区 H1：7）　3. 纺轮（Ⅱ区 T0401②：1）　7~12. 罐（Ⅱ区 H8：2、Ⅰ区 F1：2、Ⅱ区 F1 填：2、Ⅱ区 F1：1、Ⅰ区 H11：1、Ⅱ区 T0301③：4）　13~17. 口沿残片（Ⅱ区 T0301③：2、Ⅱ区 F1 填：1、Ⅱ区 H11：2、Ⅱ区 H1：3、Ⅱ区 H1：4）　18、19. 器耳（Ⅰ区 T0302②：1、Ⅱ区 T0301②：1）　20. 腹部残片（Ⅱ区 T0401③：1）　21、22、24. 器底（Ⅱ区 T0201③：2、Ⅱ区 H1：1、Ⅱ区 H1：2）　23. 钵（Ⅱ区 T0301③：1）　25. 甑（Ⅱ区 T0201③：1）

标本Ⅱ区T0301③：2，夹砂红褐陶。尖圆唇抹斜，直口。外唇戳压菱形窝。残高4.4、壁厚0.9厘米（图三〇七，13）。

器耳　2件。

标本Ⅱ区T0301②：1，夹砂红褐陶。横桥耳，耳廓较宽。耳长10.7、耳宽6.8、耳厚1.8厘米（图三〇七，19）。

标本Ⅰ区T0302②：1，夹砂红褐陶。月牙状鋬耳，耳廓按压指甲纹。耳长5.8、耳宽2.0、耳厚0.5厘米（图三〇七，18）。

腹部残片　1件。

标本Ⅱ区T0401③：1，夹砂红褐陶。器腹残片，器表戳压二周三角形窝。残长4.3、残宽4.8、壁厚0.6厘米（图三〇七，20）。

器底　3件。

标本Ⅱ区H1：1，夹砂红褐陶。素面。底径9.3、残高7.2、壁厚1.2厘米（图三〇七，22）。

标本Ⅱ区H1：2，夹砂黄褐陶。高圈足，足墙外撇，素面。底径9.3、残高4.4、壁厚0.6厘米（图三〇七，24）。

标本Ⅱ区T0201③：2，夹砂红褐陶。饼状底较厚，素面。底径8.3、残高4.6、壁厚1.7厘米（图三〇七，21）。

钵　1件。

标本Ⅱ区T0301③：1，夹砂红褐陶。仅存口部残片，方唇，直口，弧腹，近口处贴附瘤状鋬耳。素面。残高7.0、壁厚0.6厘米（图三〇七，23）。

甑　1件。

标本Ⅱ区T0201③：1，夹砂红褐陶。仅存底部，底部呈梅花状戳有5个圆形甑孔。素面。底径10.8、残高3.0、壁厚0.6厘米（图三〇七，25）。

纺轮　1件。

标本Ⅱ区T0401②：1，夹砂红褐陶。由残陶片改制而成，整体近似薄饼状，中部穿有一孔。轮径4.8、孔径0.8、厚0.5厘米（图三〇七，3）。

（二）石器

数量较少，均为磨制石器，主要为铲、斧、刀等。

铲　1件。

标本Ⅱ区H1：8，整体扁平，凹顶，斜侧边，近顶处穿有一孔，刃部残损。残长14.9、宽18.6、厚1.2厘米（图三〇八，1）。

斧　1件。

标本Ⅱ区H5：1，平面呈梯形，平顶，平背，双面直刃。长12.5、宽7.4、厚4.6厘米（图三〇八，2）。

刀　1件。

标本Ⅱ区T0401③：2，平面呈弯月状，弧背，锯齿状凹弧刃。长10.8、宽4.4、厚0.6厘米（图三〇八，3）。

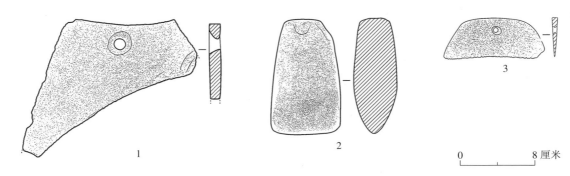

图三〇八　锡匠沟遗址出土石器

1. 铲（Ⅱ区 H1：8）　2. 斧（Ⅱ区 H5：1）　3. 刀（Ⅱ区 T0401③：2）

第四节　小结

　　锡匠沟遗址出土的遗存性质较为单一，应属于同一文化，其特征可归纳如下：陶器以夹砂红褐陶为主，多为素面，见有少量的附加堆纹、绳纹；器耳发达，有鸡冠耳、桥形耳、唇状耳、瘤状耳；器形有罐、瓮、鬲、钵、甗等；大型陶器如罐和瓮多为高领，小陶器多为外叠唇。

　　经过对以往本地区及相邻地区夏家店下层文化考古学遗存的梳理，并结合锡匠沟遗址的文化面貌和地理位置分析，该遗址与目前学术界所关注的凌河遗存有一定的相似性。凌河遗存主要分布于大凌河、小凌河流域，其文化特征为随葬曲刃青铜短剑的墓葬，陶器口沿多呈外叠唇状。目前所发现的凌河遗存多以墓葬材料为主，居址极少，资料比较零散，见有朝阳袁台子 M1[①]，朝阳十二台营子[②]，喀左和尚沟 B、C、D 点墓葬[③]，喀左南洞沟[④]，喀左南沟门[⑤]，喀左老爷庙[⑥]，锦西邰集屯[⑦]等。根据学界目前对凌河遗存的认识，其墓葬随葬品与遗址出土器物有很大的区别，因此用邰集屯出土的遗物与锡匠沟遗址相比，更为合理。两地直线距离约 13 千米，锡匠沟遗址出土的钵（Ⅱ区 T0103③：4）和罐（Ⅱ区 H8：2）与邰集屯小荒地古城出土的钵（T3⑤：4）和壶（T3⑤：8）较相似。凌河遗存的年代一般认为是西周中晚期至战国早期，朱永刚先生将邰集屯小荒地城址凌河遗存的年代界定为春秋至战国早期[⑧]。据此，将锡匠沟遗址的年代推定为春秋至战国早期比较合理。

　　已发掘的凌河遗存材料显示：其墓葬随葬品受到辽东地区曲刃青铜短剑墓的影响，而遗址却少见到此类元素。此次发掘的锡匠沟遗址表明在凌河遗存遗址中亦能看到曲刃青铜短剑遗存的因

　　① 辽宁省文物考古研究所等：《朝阳袁台子》，2010 年，文物出版社。

　　② 朱贵：《朝阳十二台营子青铜短剑墓》，《考古学报》1960 年第 1 期。

　　③ 辽宁省文物考古研究所等：《喀左和尚沟墓地》，《辽海文物学刊》1991 年第 2 期。

　　④ 辽宁省博物馆等：《辽宁喀左南洞沟石椁墓》，《考古》1977 年第 6 期。

　　⑤ 郭大顺：《试论魏营子类型》，《考古学文化论集（一）》，1987 年，文物出版社。

　　⑥ 刘大志、柴贵明：《喀左老爷庙乡青铜短剑墓》，《辽海文物学刊》1993 年第 3 期。

　　⑦ 吉林大学考古学系、辽宁省文物考古研究所：《辽宁锦西市邰集屯小荒地秦汉古城址试掘简报》，《考古学集刊·11 辑》，1997 年，中国大百科全书出版社。

　　⑧ 朱永刚：《锦西邰集屯小荒地出土的曲刃青铜短剑与屠何故城》，《文物春秋》2000 年第 1 期。

素。辽东地区的曲刃青铜短剑墓随葬陶器上可见有各种形态的器耳，如桥形耳、瘤状耳、唇状耳等，这几种形态的器耳在锡匠沟遗址都可以见到，尤其是唇状耳，在辽西地区之前的考古学文化中几乎未见，而在锡匠沟遗址唇状耳与辽西地区常见的鸡冠耳共存于一件陶器上，从侧面说明了辽东文化与辽西文化在本地区的有机结合。

辽西走廊地处辽西文化核心区东部边缘，在周代以前与燕山以南文化交流较多；从西周中晚期开始，先是受到辽东地区曲刃青铜短剑墓的影响；到春秋至战国早期，随着燕文化的北上，这一地区最先接受了燕文化的影响。凌河遗存在年代上正好处于西周中晚期至战国早期这一辽西走廊历史巨变的时代。此次锡匠沟遗址的发掘为研究凌河遗存以及燕文化扩张之前的辽西地区文化面貌提供了新的考古学材料。

附　表

附表一　大刘台山遗址夏家店下层文化房址登记表

（单位：米）

序号	编号	位置	开口层位	形制	方向	尺寸（长×宽×直径－高）	结构					出土遗物
							护坡墙	房墙	门道	灶址	柱洞	
1	F1	I区 T1006、T1007、T1106、T1107、T1206 及 T1207 内	坐落于第③层上	圆形地面式建筑	190°	7.06－0.28	1道	土石混筑	房址南壁	石块垒砌，损毁严重	无	石锛1、磨石1、陶瓮1、陶瓶腰残片1、中型大口深腹陶罐1、陶网坠1、兽骨2
2	F2	I区 T1304、T1305、T1404 及 T1405 内	坐落于第④层上	圆形地面式建筑	—	8.86－0.36	无	土石混筑	不明	不明	无	中型大口深腹陶罐2、小型大口深腹陶罐1、陶袋足1、陶纺轮1、陶网坠1
3	F3	I区 T0906、T0907、T1006 及 T1007 内	坐落于第④层上	圆角方形地面式建筑	—	5.48×5.40－0.23	1道	土石混筑	不明	不规则椭圆形浅坑式灶	无	石铲2、石镰2、石刀3、陶瓮1、陶瓶1、花边陶鬲1、筒腹陶鬲1、陶盆1、中型大口深腹陶罐3、陶尊2、陶纺轮2
4	F4	I区 T1205、T1206、T1305 及 T1306 内	坐落于第④层上	圆角长方形地面式建筑	—	5.35×（4.53～5.79）－0.40	无	土石混筑	不明	圆形浅坑式灶	无	陶瓶残片1、中型大口深腹陶罐1
5	F5	I区 T1014、T1015、T1114、T1115、T1116、T1205 及 T1206 内	坐落于第④层上	圆形地面式建筑	206°	（7.60～8.18）－0.26	3道	黄土干垒	房址南壁	圆形浅坑式灶	无	石铲1、陶瓮1、中型大口深腹陶罐1、陶豆1、陶袋足1、陶钵1、陶盘状器1、兽骨2
6	F6	I区 T1011、T1012、T1111 及 T1112 内	坐落于第④层上	圆角长方形地面式建筑	—	残 3.30×2.76－0.27	无	黄土干垒	不明	圆角方形浅坑式灶	无	中型大口深腹陶罐1、陶尊1、陶鬲1
7	F8	I区 T1011、T1012、T1111 及 T1112 内	坐落于第④层上	带基槽的圆角长方形地面式建筑	90°	5.35×4.42－0.07	无	黄土干垒	房址西壁	圆形浅坑式灶	无	石铲1、石钺1、石刀2、陶瓶残片1、中型大口深腹陶罐1、陶尊1、陶鬲足1

续附表一

序号	编号	位置	开口层位	形制	方向	尺寸（长×宽/直径－高）	护坡墙	房墙	门道	灶址	柱洞	出土遗物
8	F9	I区T1213及T1214内	坐落于第③层上	圆角长方形地面式建筑	—	(4.46~4.90)×3.78－0.26	无	黄土干垒	不明	椭圆形浅坑式灶	无	石铲1、石刀1、中型大口深腹陶罐1、陶鬲足1
9	F10	I区T1010及T1110内	坐落于第③层上	圆角长方形地面式建筑	90°	(3.96~4.60)×4.66－?	不明	不明	推测房址东壁	椭圆形浅坑式灶	4个	无
10	F12	I区T1417内	坐落于第③层上	圆形地面式建筑	—	3.95－0.14	无	毛石垒砌	不明	椭圆形浅坑式灶	1个	无

附表二　大刘台山遗址夏家店下层文化灰坑登记表

（单位：厘米）

序号	编号	位置	层位关系	长	宽	长径	短径	直径	深	坑口形状	出土遗物
1	H13	I区T1308北部	开口于第②层下	190	142				49	圆角长方形	石铲2、圈足陶罐1
2	H15	I区T1306南部	开口于第③层下	121					37	不规则的圆角方形	中型大口深腹陶罐1、陶高足1
3	H16	I区T1208南部	开口于第②层下	76	66				76	圆角长方形	陶瓶2、陶盆1、陶尊1
4	H21	I区T1304、T1305内	开口于第③层下			233	174		16~67	椭圆形	陶罐腹部残片若干
5	H22	I区T1303东部	开口于第②层下			175	137		51	椭圆形	陶甗残片1、中型大口深腹陶罐2、陶高足3
6	H23	I区T1303东部	开口于第②层下			200	161		48	椭圆形	石锛1、陶鼎1
7	H24	I区T1306、T1307内	开口于第②层下					137~155	23	圆形	石铲4、中型大口深腹陶罐2、陶高足2
8	H25	I区T1102、T1103、T1202及T1203内	开口于第③层下	237	110~151				85	不规则的圆角长方形	石铲2、石盘状器1、陶甗3、中型大口深腹陶罐1、陶盆1、小型大口深腹陶罐2、陶纺轮1、陶盘状器2、陶高足2
9	H26	I区T1307及T1308内	开口于第②层下	128	101				44	不规则形	陶甑1、中型大口深腹陶罐1
10	H28	I区T1108北部	开口于第②层下					134~148	40~49	圆形	小型大口深腹陶罐1、陶尊1
11	H29	I区T1005及T1006内	开口于第②层下					234~250	58~65	圆形	石刀1、中型大口深腹陶罐2
12	H30	I区T0906及T1006内	开口于第②层下	203	165				33	不规则的圆角长方形	石铲1、陶甗1、中型大口深腹陶罐1、陶盘状器1、陶网坠1

续附表二

序号	编号	位置	层位关系	长	宽	长径	短径	直径	深	坑口形状	出土遗物
13	H32	Ⅰ区T1004及T1005内	开口于第③层下			316	218		36～101	不规则的椭圆形	中型大口深腹陶罐1、小型大口深腹陶罐1、陶盆1、陶鬲足1
14	H33	Ⅰ区T1108中部	开口于第③层下					128～146	50～54	圆形	石铲1、陶瓮1、中型大口深腹陶罐2、陶纺轮1
15	H34	Ⅰ区T1207东部	开口于第②层下			225	160		54～57	不规则的圆角长方形	中型大口深腹陶罐1、小型大口深腹陶罐2、陶杯1、陶鬲足1
16	H35	Ⅰ区T1317北部	开口于第②层下	171	140				45	圆角长方形	陶甗1、陶鬲足1
17	H36	Ⅰ区T1317西南角	开口于第②层下					59～64	25	圆形	大型大口深腹陶罐2、中型大口深腹陶罐2、陶鬲足1
18	H37	Ⅰ区T1314及T1315内	开口于第②层下	136、154、184					34～37	三角形	陶罐腹部残片若干
19	H38	Ⅰ区T1205及T1305内	开口于第②层下			330	228		32	不规则的椭圆形	陶甗1、中型大口深腹陶罐1
20	H40	Ⅰ区T1011西南部	开口于第③层下			194	137		90～94	椭圆形	石铲2、中型大口深腹陶罐4、陶鬲足2、陶网坠1
21	H41	Ⅰ区T1011北部	开口于第③层下			221	165		82～85	椭圆形	石铲1、陶甑2、中型小口鼓腹陶罐1、小型小口鼓腹陶罐1、陶尊1、陶盘状器2
22	H43	Ⅰ区T1211及T1311内	开口于第②层下					81～88	48	圆形	中型大口深腹陶罐1、小型大口深腹陶罐1
23	H44	Ⅰ区T1118及T1218内	开口于第③层下			198	149		37～42	不规则的椭圆形	石铲1、大型大口深腹陶罐1、中型大口深腹陶罐1、中型圈足陶罐1
24	H46	Ⅰ区T1217及T1218内	开口于第③层下			184	158		76～80	不规则的椭圆形	石镰1、陶甑1

续附表二

序号	编号	位置	层位关系	尺寸						坑口形状	出土遗物
				长	宽	长径	短径	直径	深		
25	H47	Ⅰ区 T1118 东部	开口于第②层下	196	144				39	不规则的圆角长方形	中型大口深腹陶罐 2、小型大口深腹陶罐 1、陶盆 1、陶鬲足 1
26	H48	Ⅰ区 T1218 东南部	开口于第③层下	81、104、108					40	三角形	石铲 1、大型大口深腹陶罐 1、陶盘状器 1
27	H50	Ⅰ区 T1213 及 T1214 内	开口于第②层下			225			30 ~ 35	不规则形	陶纺轮 1
28	H51	Ⅰ区 T1410 北部	开口于第③层下			126	111		58 ~ 65	不规则的椭圆形	中型大口深腹陶罐 2、陶尊 1
29	H52	Ⅰ区 T1216 中部	开口于第②层下					148 ~ 162	30	不规则的圆形	陶甗 1、小型大口深腹陶罐 1
30	H53	Ⅰ区 T1018 西部	开口于第③层下	153	99				28 ~ 32	不规则的圆角长方形	石铲 1、石斧 1、陶甗 1、陶罐 1、陶网坠 1
31	H54	Ⅰ区 T1115、T1215、T1116、T1216 内	开口于第②层下					336 ~ 356	85	不规则的圆形	陶甗 2、陶瓮 1、中型大口深腹陶罐 4、陶鋬耳 1、陶鬲足 2、陶盘状器 1
32	H55	Ⅰ区 T1216 中部	开口于第②层下			147	91		62	不规则的椭圆形	陶罐腹部残片若干
33	H56	Ⅰ区 T1216 东南部	开口于第②层下			197			29	不规则形	陶罐腹部残片若干
34	H57	Ⅰ区 T1117 及 T1217 内	开口于第③层下			164			37 ~ 40	不规则形	陶纺轮 1、陶网坠 1
35	H58	Ⅰ区 T1313 及 T1314 内	开口于第③层下	242	184				168 ~ 176	不规则的圆角长方形	石铲 2、石钺 1、石斧 1、石镰 1、石刀 1、石盘状器 1、陶瓮 2、陶壶 1、中型大口深腹陶罐 2、中型小口鼓腹陶罐 1、花边陶鬲 1、陶尊 2、陶豆 1、陶鬲足 2、陶纺轮 1、陶网坠 1、骨笄 1

续附表二

序号	编号	位置	层位关系	尺寸						坑口形状	出土遗物
				长	宽	长径	短径	直径	深		
36	H59	I区 T1218 东南部	开口于第③层下			134	103		41	椭圆形	中型大口深腹陶罐 1，陶壶 1
37	H60	I区 T1111 及 T1211 内	开口于第③层下					125～130	63～98	不规则的圆形	石斧 2，石盘状器 1，陶瓮 1，大型大口深腹陶罐 1，中型大口深腹陶罐 3，小型大口深腹陶罐 1，骨匕 1
38	H61	I区 T1210 中部	开口于第③层下			251			18～55	不规则形	中型大口深腹陶罐 5，中型小口鼓腹陶罐 1，圈足陶罐 1，兽骨 3
39	H62	I区 T1016 东北部	开口于第③层下			203			39～46	不规则形	陶罐腹部残片若干
40	H63	I区 T1315 东北部	开口于第③层下			177	133		32～35	椭圆形	石铲 1，中型大口深腹陶罐 1，小型大口深腹陶罐 1，陶尊 1，陶鏊耳 1
41	H64	I区 T1016 西北部	开口于第③层下			197	158		46	椭圆形	陶瓮 1，中型大口深腹陶罐 1，中型小口深腹陶罐 1，陶器盖 1，陶两足 2，陶鏊耳 1
42	H65	I区 T1016 西南部	开口于第③层下					156～172	47～54	不规则的圆形	石铲 1，陶甑 1，陶尊 1
43	H66	I区 T1117 中部	开口于第③层下					118～134	31	不规则的圆形	石铲 1，陶甗 1，大型大口深腹陶罐 1
44	H67	I区 T1113 中部	开口于第③层下			274	217		160～238	不规则的椭圆形	石铲 3，石钺 1，陶甗 3，陶瓮 2，大型大口深腹陶罐 2，中型大口深腹陶罐 1，中型小口鼓腹陶罐 1，圈足陶罐 1，陶鼎 1，陶豆 2，陶两足 2，陶盘状器 3，陶鏊耳 1，陶纺轮 1，兽骨 1
45	H68	III区 TG1 西部	开口于第③层下			222			30～95	不规则形	陶瓮 1，大型大口深腹陶罐 1，中型大口深腹陶罐 3，中型小口鼓腹陶罐 1，陶豆 1，陶尊 2，陶盆 1，陶两足 2

续附表二

序号	编号	位置	层位关系	尺寸						坑口形状	出土遗物
				长	宽	长径	短径	直径	深		
46	H69	Ⅲ区 TG3 西部	开口于第③层下	201	202				132	圆角长方形	石铲 1、石镰 1、陶豆 2、陶盘状器 1
47	H70	Ⅱ区 T3 南部	开口于第①层下			191	189		60 ~ 71	不规则的椭圆形	石镞 1、石刀 1、石矛 1、石盘状器 1、陶瓮 1、大型大口深腹陶罐 1、中型大口深腹陶罐 1、小型大口深腹陶罐 1、陶盆 1、陶鏊耳 1、陶鬲两足 1、陶盘状器 1
48	H71	Ⅰ区 T1405 及 T1406 内	开口于第②层下	241	87				58	不规则的圆角长方形	大型大口深腹陶罐 1、中型大口深腹陶罐 1、陶尊 1、陶鏊耳 1
49	H72	Ⅰ区 T1412 及 T1413 内	开口于第③层下	253	183				52 ~ 58	不规则的圆角长方形	石铲 1、石研磨器 1、中型大口深腹陶罐 2、陶袋足 1

附表三　大刘台山遗址金代房址登记表

（单位：米）

序号	编号	位置	开口层位	形制	方向	尺寸（长×宽-深）	烟道 形状	烟道 条数	灶址 形状	灶址 数量	出烟孔 形状	出烟孔 数量	门址 形状	门址 数量	出土遗物
1	F7	I 区 T1111、T1112、T1211、T1212 内	开口于第②层下	方形半地穴式	180°	(3.96~4.60)×4.66 - (0.29~0.54)	长条状	3	圆形、梨形	2	圆形	1	长方形	1	板瓦残块、陶盆 1、瓷碗 2、瓷盘 1、瓷钵 1、铁剪 1、铁钉 2、铁鼻 1
2	F11	I 区 T1310、T1311、T1410、T1411 内	开口于第②层下	方形半地穴式	—	3.58×3.48 - 0.38	曲尺形	3	圆形、梨形	2	圆形	1	未见	—	板瓦 1、陶瓷 1、陶罐 1、陶盆 2、瓷碗 2、瓷壶 1、瓷罐 1、瓷钵 1、铁穿 1、铁锁 1、开元通宝 1
3	F13	I 区 T1409、T1410 内	开口于第①层下	方形半地穴式	—	3.47×3.04 - 0.31	曲尺形	1	圆形、椭圆形	2	未见	—	未见	—	板瓦残块、陶盆 1、陶网坠 1、瓷碗 1、瓷盘 1、瓷渣斗 1、铁钉 1

附表四　大刘台山遗址金代时期灰坑登记表

（单位：厘米）

序号	编号	位置	层位关系	尺寸						坑口形状	出土遗物
				长	宽	长径	短径	直径	深		
1	H1	I区T1306中部	开口于第①层下			98	80		22	近椭圆形	板瓦2、陶罐2、陶网坠1、瓷碗1、铁钉1、铁鼻1
2	H2	I区T1307、T1308内	开口于第①层下	142	120				12	不规则圆角方形	陶瓮1、瓷碗1、铁釜1、熙宁元宝1
3	H3	I区T1308西南角	开口于第①层下			72	60		40	椭圆形	板瓦残块1、陶罐1、陶盆1、铁釜1、铁镞1
4	H4	I区T1203中部	开口于第①层下					177～194	110～127	近圆形	板瓦残块2、陶罐2、陶壶1、陶钵1、瓷碗2、瓷盘1、小瓷壶1、天圣元宝1
5	H5	I区T1205东部	开口于第①层下			241	132		26～31	不规则形	板瓦残块1、陶瓮1、陶罐1、陶盆2、瓷钵1、铁钉1、铁钎1、磨石1
6	H6	I区T1105、T1205内	开口于第①层下	308	190				18	圆角长方形	板瓦残块1、陶罐2、陶盆1、陶灯盏3、瓷碗1、铁钉2
7	H7	I区T1308西部	开口于第①层下					47～53	30	近圆形	陶壶1、陶盆1、铁镞1
8	H8	I区T1304、T1404内	开口于第①层下			401	283		30	不规则形	板瓦残块1、陶罐2、陶盆1、陶钵2、瓷碗1
9	H9	I区T1206西北角	开口于第①层下					92～108	52	近圆形	陶瓮1、陶灯盏10
10	H10	I区T1105、T1205内	开口于第①层下	92	66				50	近圆角长方形	板瓦残块1、瓷碗1
11	H11	I区T1104、T1105、T1204、T1205内	开口于第①层下			204	174		48	圆角三角形	板瓦残块1、陶瓮1、陶罐1、瓷碗腹部残片、铁刀1、开元通宝1
12	H12	I区T1208东南角	开口于第①层下			144	104		26	不规则椭圆形	板瓦残块1、陶瓮1、瓷碗1、瓷器盖1
13	H14	位于I区T1203、T1204内	开口于第①层下	106	97				69	近圆角方形	板瓦残块1、陶罐腹部残片、瓷碗1、瓷钵1、铁镞1

续附表四

序号	编号	位置	层位关系	尺寸						坑口形状	出土遗物
				长	宽	长径	短径	直径	深		
14	H17	I区T1308东部	开口于第①层下			170	128		73	椭圆形	板瓦残块、陶罐腹部残片、铁镢1
15	H18	I区T1307西南角	开口于第①层下	120	94				38	圆角长方形	陶罐腹部残片
16	H19	I区T1307东北部	开口于第①层下	196	93				80	圆角长方形	板瓦残块、陶盆1、瓷碗1、梭形石器1、皇宋通宝1
17	H20	I区T1204、T1304内	开口于第②层下			164	126		40	不规则椭圆形	板瓦残块、瓷碗腹部残片
18	H27	I区T1107中部	开口于第①层下					98~107	81	近圆形	板瓦残块、陶瓮1、陶网坠、瓷碗腹部残片、小铁刀1
19	H31	I区T1204中部	开口于第①层下					162~184	101	近圆形	板瓦残块、陶熏1、瓷碗1、石质手部塑件残块1
20	H39	I区T1109西南角	开口于第①层下					115~129	40	不规则圆形	板瓦残块、陶瓮1、瓷碗1、铁叉1、乾元重宝1
21	H42	I区T1309西部	开口于第①层下			221	100		39	不规则形	板瓦残块、滴水1、陶罐腹部残片、瓷碗腹部残片、铁钉1、祥符元宝1
22	H45	I区T1218北部	开口于第①层下					170	38~40	推测呈圆圆形	板瓦残块、凤首状建筑构件1、陶瓮1
23	H49	I区T1018、T1118内	开口于第①层下			216	150		39	不规则椭圆形	板瓦残块、陶罐1、陶盆1、陶钵1、瓷碗腹部残片、铁钉2

后　记

　　本报告是对锦凌水库考古发掘工作的阶段性总结。

　　锦凌水库的考古发掘工作始于2011年，到2012年底，野外工作基本结束。2013年3月，在辽宁省文物考古研究院领导的大力支持下，编写组于发掘结束后迅速成立。在领队白宝玉对报告体例、内容及编写工作进行安排后，交予徐政、褚金刚负责组织实施，但由于编写组成员陆续主持其他考古发掘工地，编写工作一度停滞。2018年初，编写工作重新启动，并于2019年12月初步定稿。报告编写的具体分工如下：

　　报告第一章、第二章由徐政执笔，遗迹线图由徐政绘制，器物线图由马宏光、姚志勇及胡国富绘制，拓片由李军拓制；第三章、第四章及第五章由褚金刚执笔，遗迹图由李霞、王宇、马宏光绘制，器物线图由李霞、王宇、褚金刚绘制；附表由徐政统计编写；遗迹照片由孙力、徐政、褚金刚拍摄，器物照片由图旭刚拍摄；英文摘要由吉林大学考古学院班琳、刘艺文翻译。最后，全书由徐政、褚金刚统稿。

　　锦凌水库考古发掘工作是在辽宁省文物局的关心、锦州市文化旅游广电局及锦州市政府的支持与帮助下顺利完成的，锦州市博物馆、阜新市公共文化服务中心考古研究部的吴鹏等多名同志直接参与了发掘工作，给予了很大帮助。

　　本报告的整理和出版得到了辽宁省文物考古研究院领导的大力支持与鼓励，多位同事在资料整理过程中付出了辛勤劳动。

　　最后，向为本报告出版给予关心和帮助的所有先生和女士表示诚挚的感谢！

　　由于编者对材料的理解和驾驭能力有限，难免出错，恳请各位专家、学者、同仁不吝赐教。

编者

2020年1月

ABSTRACT

In 2011 and 2012, for cooperating with the construction of Jinling Reservoir the Liaoning Provincial Institute of Cultural Relics and Archaeology excavated six sites: Daliutaishan(大刘台山), Xidalazi(西大砬子), Longtai(龙台), Xijianggou(锡匠沟), Damananshan(大马南山) and Shahepu(沙河堡).

The Jinling area belonging to the Xiaoling River Basin is located in the transition zone from the mountainous area of western Liaoning to the Liaohe Plain. It has been a cross-region of multiple cultures since ancient times. The archaeologists explored the layout of the Bronze Age city site in the Xiaoling River Basin and studied related issues.

Daliutaishan sites located on the west side of Daliutun, Daniu Village, Jinzhou City, Liaoning Province. In the excavation area, we collected the remains of the Lower Xiajiadian period, the late Warring States period, the Liao and Jin dynasties and the Qing Dynasty.

The Daliutaishan city site of the Lower Xiajiadian period is located at the first-level platform on the south bank of the Xiaoling River. Stone walls were built at the south and west of the city site. The relics found in the city site reflected three functions of the city, including residence, sacrifice and defense. The Daliutaishan's remains belonging to the Lower Xiajiadian period are mainly from the Lower Xiajiadian culture, but there are also a small amount of Gaotaishan culture and Weiyingzi cultural factors. We speculate that the Daliutaishan site of this period is only a general residential site, and the scale is not large. The Jin Dynasty stratum accumulation at the DaliuTaishan site is relatively simple. The results of this archaeological excavation have provided us with important material evidences for our study of the Jin Dynasty civilian architecture and metallurgical casting history in the Xiaoling River Basin. The primary stratum of the Qing Dynasty were not found in the excavation area of the Daliutaishan site.

The Xidalazi Site is a simple human settlement during the Lower Xiajiadian period. But at the same time we can also find out that the Lower Xiajiadian culture at the Xidalazi site is different from the Lower Xiajiadian culture in Chifeng, Chaoyang and other places. The Xidalazi site was far away from the center of Lower Xiajiadian culture. In the early Shang Dynasty, the Lower Xiajiadian culture began to decline and the

Datuotou culture south of Yanshan began to gradually influence this area. The relics unearthed in Xidalazi reflect the intersection of two archaeological cultures at the site.

The Longtai Site is located about 1. 5 kilometers east of Daniu Village, Jinzhou City, Liaoning Province. The nature of the Bronze Age remains of the Longtai site is relatively simple and belongs to the late period of the Lower Xiajiadian culture. The Longtai site contains relatively rich remains during the Liao and Jin Dynasties.

The Xijianggou site is located on the sunny slope of the North Mountain of Xijianggou Village. The excavation area is located on the western edge of the site. In the excavation area, houses, ash pits, a large number of pottery and stone tools were found. The excavation of the Xijianggou site provided new archaeological materials for studying the Linghe remains and the cultural features of the western Liaoning region before the expansion of the Yan culture.

彩　版

大刘台山遗址远景照片（东南—西北）

大刘台山遗址鸟瞰照片（上北下南）

大刘台山遗址全景

1.大刘台山遗址南城墙东段及中段鸟瞰（上北下南）

2.大刘台山遗址南城墙中段东端局部特写（东—西）

大刘台山遗址南城墙特写照片

1.大刘台山遗址南城墙中段局部特写（北—南）

2.大刘台山遗址南城墙中段（西—东）

大刘台山遗址南城墙中段

1.大刘台山遗址南城墙西段局部（东—西）

2.大刘台山遗址南城墙西段局部（北—南）

大刘台山遗址南城墙西段

1.大刘台山遗址南门址（北—南）

2.大刘台山遗址南门址局部（南—北）

大刘台山遗址南门址

1.大刘台山遗址东南门址（北—南）

2.大刘台山遗址东南门址门道内火烧痕迹（东—西）

大刘台山遗址东南门址

1.大刘台山遗址东南门址（南—北）

2.大刘台山遗址马面（南—北）

大刘台山遗址东南门址及马面

1.大刘台山遗址Q3、C2（西—东）

2.大刘台山遗址Q3、C2（北—南）

大刘台山遗址 Q3、C2

1.大刘台山遗址Q4、C3（北—南）

2.大刘台山遗址C3（西—东）

大刘台山遗址 Q4、C3

1.大刘台山遗址C1（北—南）

2.大刘台山遗址C2（北—南）

大刘台山遗址 C1、C2

1.大刘台山遗址ST1（西—东）

2.大刘台山遗址ST2（西—东）

大刘台山遗址 ST1、ST2

1.大刘台山遗址F1（东—西）

2.大刘台山遗址F2（西—东）

大刘台山遗址 F1、F2

1.大刘台山遗址F5（东—西）

2.大刘台山遗址F5灶址（北—南）

3.大刘台山遗址F5发掘前照片（东—西）

大刘台山遗址 F5

1.大刘台山遗址F6（北—南）

2.大刘台山遗址F6发掘前照片（东—西）

大刘台山遗址 F6

1.大刘台山遗址F8（北—南）

2.大刘台山遗址F8基槽内石台（南—北）

大刘台山遗址 F8

1.大刘台山遗址F9发掘前照片（东—西）

2.大刘台山遗址F9（西—东）

大刘台山遗址 F9

1.大刘台山遗址SJ3（南—北）

2.大刘台山遗址SJ4（东—西）

大刘台山遗址 SJ3、SJ4

1.大刘台山遗址SJ5（东—西）

2.大刘台山遗址SJ6（西—东）

大刘台山遗址 SJ5、SJ6

1.大刘台山遗址H16（南—北）

2.大刘台山遗址H24（南—北）

大刘台山遗址 H16、H24

1.大刘台山遗址H60第1层（北—南）

2.大刘台山遗址H65（西—东）

大刘台山遗址 H60、H65

1.甗（SJ5：2）

2.甗（Ⅰ区T1117③：1）

3.甗（H16：1）

4.甗（Ⅰ区T1403③：5）

5.无花边鬲（Ⅰ区T1008③：8）

6.无花边鬲（Ⅰ区T1217③：1）

大刘台山遗址出土夏家店下层文化时期陶甗、陶鬲

1.瓮（H16：2）

2.瓮（H58：10）

3.大型大口深腹罐（SJ5：11）

4.中型罐（F1：4）

5.中型大口深腹罐（H24：1）

6.中型大口深腹罐（H33：3）

大刘台山遗址出土夏家店下层文化时期陶瓮、陶罐

1.中型大口深腹罐（H40：2）

2.中型大口深腹罐（H51：1）

3.中型大口深腹罐（H58：4）

4.中型大口深腹罐（H58：12）

5.中型大口深腹罐（H60①：1）

6.中型大口深腹罐（H61①：1）

大刘台山遗址出土夏家店下层文化时期陶罐

1.中型大口深腹罐（Ⅰ区T1210③：4）

2.小型大口深腹罐（H34：1）

3.小型大口鼓腹罐（H47：1）

4.小型大口罐（Ⅰ区T1303③：5）

5.小型大口罐（Ⅰ区T1403③：1）

6.杯（Ⅰ区T1303③：1）

大刘台山遗址出土夏家店下层文化时期陶罐、陶杯

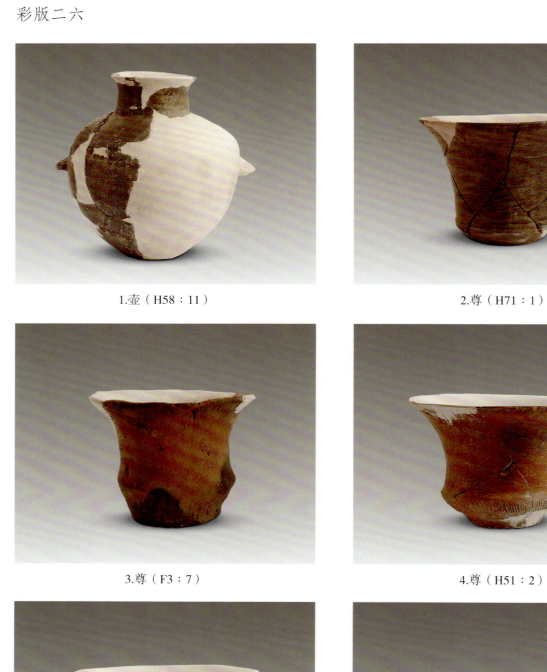

1.壶（H58：11）

2.尊（H71：1）

3.尊（F3：7）

4.尊（H51：2）

5.尊（SJ5：9）

6.尊（Ⅰ区T1503③：1）

大刘台山遗址出土夏家店下层文化时期陶壶、陶尊

1.盆（F3：8）

2.盆（Ⅰ区T1403③：2）

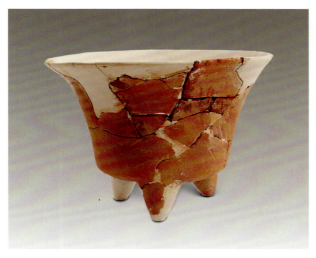

3.鼎（ST3：1）

4.鼎（Ⅱ区T3③：1）

5.钵（F5：3）

6.箅（Ⅰ区T1404③：1）

大刘台山遗址出土夏家店下层文化时期陶盆、陶鼎、陶钵及陶箅

1.盘状器（H25：4）　　　　　　　　　　2.盘状器（Ⅰ区T1015③：1）

3.纺轮(第一排：Ⅰ区T1103③：3、SJ4：6、Ⅰ区T1216③：2、Ⅱ区T4③：1、Ⅰ区T1217③：4、Ⅰ区T1008③：1
第二排：Ⅰ区T1303③：4、Ⅰ区T1213③：1、Ⅰ区T1111③：2、Ⅰ区T1416③：1、Ⅱ区T5③：1、Ⅰ区T1704③：1)

4.网坠(第一排：F2：2、Ⅰ区T1303③：7、Ⅰ区T1310③：1、H30：1、H40：1、F1：2
第二排：Ⅰ区T1008③：7、Ⅰ区T1218③：5、SJ3：4、Ⅰ区T1403③：3、Ⅰ区T1006③：4、Ⅰ区T1110③：1)

大刘台山遗址出土夏家店下层文化时期陶盘状器、陶纺轮及陶网坠

1.锄（G1：6）

2.锄（Ⅰ区T1015③：6）

3.锄（Ⅰ区T1103③：10）

4.锄（Ⅰ区T1804③：1）

5.斧（Ⅰ区T1107③：3）

6.盘状器（H60①：5）

大刘台山遗址出土夏家店下层文化时期打制石锄、石斧及石盘状器

1.铲（H13：2）

2.铲（H24：3）

3.铲（H24：2）

4.铲（Ⅰ区T1208③：4）

5.铲（Ⅰ区T1103③：8）

6.矛（Ⅰ区T1503③：3）

大刘台山遗址出土夏家店下层文化时期打制石铲、石矛

1.铲（F5∶1）

2.铲（F8∶2）

3.铲（F9∶2）

4.铲（H44∶1）

5.铲（H48∶1）

6.铲（H58∶7）

大刘台山遗址出土夏家店下层文化时期磨制石铲

1.铲（H67：4）

2.铲（SJ3：3）

3.铲（SJ5：10）

4.铲（Ⅰ区T1002③：1）

5.铲（Ⅰ区T1011③：2）

6.铲（Ⅰ区T1017③：2）

大刘台山遗址出土夏家店下层文化时期磨制石铲

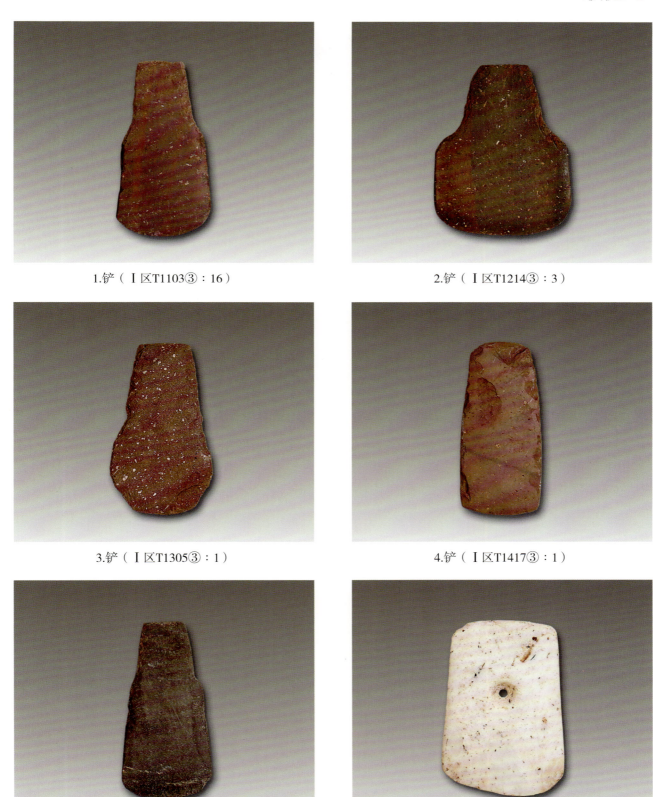

1.铲（Ⅰ区T1103③：16）　　　　　　2.铲（Ⅰ区T1214③：3）

3.铲（Ⅰ区T1305③：1）　　　　　　4.铲（Ⅰ区T1417③：1）

5.铲（Ⅲ区TG3③：2）　　　　　　6.钺（Ⅰ区T1317③：4）

大刘台山遗址出土夏家店下层文化时期磨制石铲、石钺

1.斧（SJ4：7）

2.斧（H53：1）

3.斧（H58：9）

4.斧（G1：1）

5.斧（G1：2）

6.斧（Ⅰ区T1009③：1）

大刘台山遗址出土夏家店下层文化时期磨制石斧

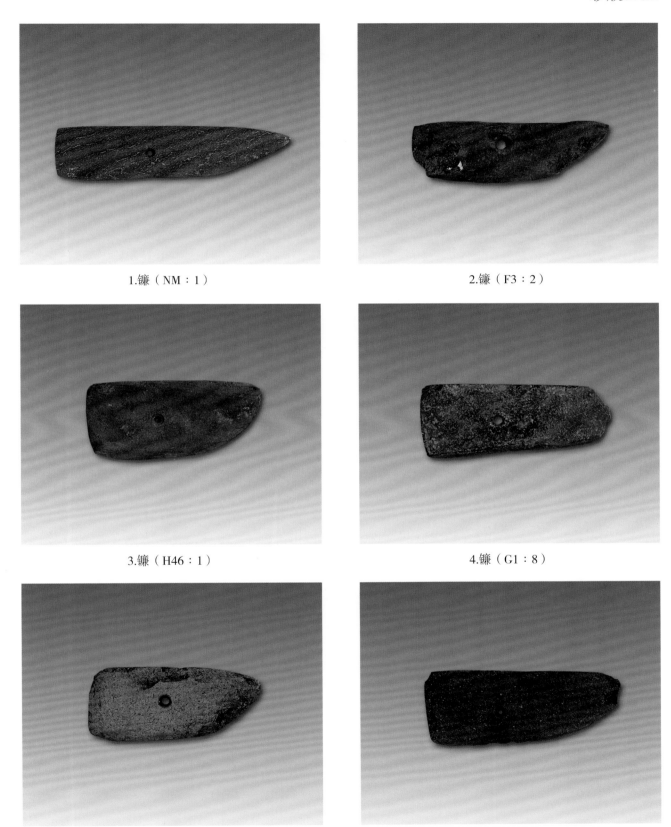

1.镰（NM：1）

2.镰（F3：2）

3.镰（H46：1）

4.镰（G1：8）

5.镰（Ⅰ区T1113③：1）

6.镰（Ⅰ区T1202③：1）

大刘台山遗址出土夏家店下层文化时期磨制石镰

1.刀（F9：1）

2.刀（G1：3）

3.刀（Ⅰ区T1214③：2）

4.刀（Ⅰ区T1406③：5）

5.刀（Ⅰ区T1412③：2）

6.刀（Ⅰ区T1317③：3）

大刘台山遗址出土夏家店下层文化时期磨制石刀

1.凿（SJ6：1）

2.凿（Ⅰ区T1403③：4）

3.锛（F1：1）

4.锛（H23：1）

5.锛（Ⅰ区T1208③：8）

6.锛（Ⅰ区T1218③：1）

大刘台山遗址出土夏家店下层文化时期石凿、石锛

1.研磨器（SJ5：7）

2.研磨器（H72：2）

3.锤（Ⅲ区TG1③：2）

4.锤（采集：1）

5.磨棒（Ⅰ区T1315③：1）

6.磨石（F1：3）

大刘台山遗址出土夏家店下层文化时期磨制石研磨器、石锤、石磨棒及石磨石

1.镞（Ⅰ区T1215③：1）

2.镞（Ⅰ区T1306③：1）

3.镞（Ⅰ区T1310③：2）

4.镞（Ⅰ区T1412③：1）

5.骨柄刀端刃（Ⅰ区T1009③：5）

6.骨匕（H60①：6）

大刘台山遗址出土夏家店下层文化时期磨制石器、细石器及骨器

1.F7全景（北—南）

2.Q1、Q2全景（西—东）

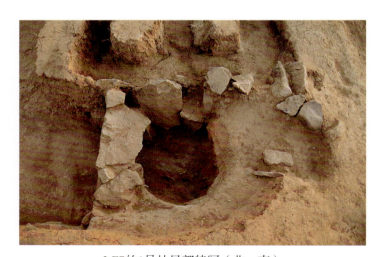

3.F7的1号灶局部特写（北—南）

大刘台山遗址 F7、Q1 与 Q2

1.F11全景（南—北）

2.F11的2号灶内未燃尽的草捆

大刘台山遗址 F11

1.JT1全景（南—北）

2.JT1火膛清理前特写（北—南）

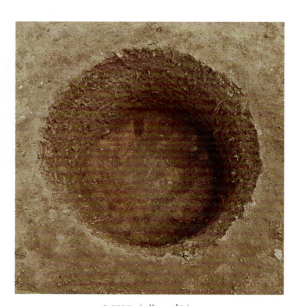

3.H27（北—南）

大刘台山遗址 JT1 与 H27

1.罐（F11：1）

2.熏（H31：2）

3.盆（H8：3）

4.盆（Ⅰ区T1103②：1）

5.砚（Ⅰ区T1804②：1）

6.板瓦（F11：5）

大刘台山遗址金代遗存出土陶器

1.西大砬子遗址F1（南—北）

2.西大砬子遗址H5、H6（西—东）

西大砬子遗址 F1、H5、H6

1.西大碰子遗址H28全景（右为北）

2.西大碰子遗址H43全景（右为北）

西大碰子遗址 H28、H43

1.瓮（H33∶2）

2.尊（H7∶2）

3.玩具（T0301②∶1）

4.鼎足（H60∶3）

5.祖形器（T0403②∶1）

西大砬子遗址出土陶器

1.铲（H33：1）

2.铲（T0903②：1）

3.铲（T0803②：1）

4.铲（H60：2）

5.铲（H52：2）

6.铲（H15：1）

7.锄（H32：1）

西大砬子遗址出土石器

1.斧（H33：3）

2.凿（H55：2）

3.凿（H23：4）

4.凿（H7：2）

5.盘状器（H59：2）

6.器盖（H28：1）

西大砬子遗址出土石器

1.玉芯（H54：1）

2.镞（H12：1）

3.球（T1102②：1）

4.磨棒（H5：11）

5.刀（H55：3）

6.刀（H12：2）

西大砬子遗址出土石器

1.龙台遗址远景（西南—东北）

2.龙台遗址Ⅰ区发掘场景（北—南）

龙台遗址远景及发掘场景

1.龙台遗址Ⅰ区F1（上为北）

2.龙台遗址Ⅰ区F1灶址（南—北）

3.龙台遗址Ⅰ区H12（上为北）

龙台遗址Ⅰ区F1、Ⅰ区H12

1.石斧（Ⅰ区H12：2）

2.石铲（Ⅰ区H12：1）

3.石镞（Ⅰ区T0201③：3）

4.石镞（Ⅰ区H12：8）

5.石凿（Ⅰ区H12：3）

6.陶网坠（Ⅰ区T0102②：1）

龙台遗址出土夏家店下层文化时期遗物

1.器盖（Ⅱ区H2：1）

2.石雕（Ⅰ区T0503②：2）

3.石雕（Ⅰ区T0303②：3）

4.石雕（Ⅱ区T0105②：2）

5.铁镞（Ⅱ区T0105②：1）

6.铁镞（Ⅱ区T0105③：1）

7.铁镞（Ⅰ区T0201②：1）

8.铁镞（Ⅱ区H5：1）

龙台遗址出土辽金时期遗物